마약 전쟁

CHASING THE SCREAM
Copyright © 2015 by Johann Hari
All rights reserved.

Korean translation copyright © 2025 by Across Publishing Group Inc.
Korean translation rights arranged with Rogers, Coleridge and White Ltd.
through EYA(Eric Yang Agency).

이 책의 한국어판 저작권은 EYA Co.,Ltd를 통한
Rogers, Coleridge & White Ltd.사와의 독점계약으로
어크로스출판그룹(주)가 소유합니다.
저작권법에 의하여 한국 내에서 보호를 받는 저작물이므로
무단전재 및 무단복제를 금합니다.

마약 전쟁

CHASING THE SCREAM

우리는 왜 이 전쟁에서 실패를 거듭하는가

요한 하리 지음 | 이선주 옮김

어크로스

일러두기

이 책은 *Chasing the Scream*(Bloomsbury Publishing, 2015)의 한국어판으로, 한국어판 출간을 위해 저자가 직접 재구성한 원고를 우리말로 옮긴 것이다.

한국어판 서문

우리의 생각과 아주 다른 이야기

친척 중 한 사람을 아무리 깨우려고 애써도 소용없었던 일이 내 머릿속에 오래된 기억 중 하나로 남아 있다. 그분이 왜 깨어나지 못했는지 그 당시에는 너무 어려서 이해할 수 없었다. 하지만 철이 들면서 우리 가족 중 몇몇이 마약중독자라는 사실을 알게 되었다.

서양에서 '마약과의 전쟁'이 시작된 지 거의 100년이 지난 그즈음, 나는 이 전쟁의 작은 전쟁터에서 빠져나오지 못하고 있었다. 런던 북부 교외에 사는 가까운 친척 중 한 명은 다시 코카인에 빠져들었다. 런던 동부에 사는 전 남자친구는 헤로인과 맺었던 끈질긴 관계를 끝내고 대신 크랙코카인을 흡입하기 시작했다. 나는 이 모든 상황을 객관적 거리를 두고 관찰하려 했다. 내가 몇 년 동안 하얀색의 통통한 기면증 치료약을 한 움큼씩 삼키고 있었기 때문이기도 했다. 기면증 때문에 그 약을 먹었던 것은 아니다. 그 약을 먹으면 몇 주 동안 쉬지도 않고 미친 듯이 글을 쓸 수 있다는 자료를 여러 해 전에 읽은 적이 있었고, 실제로 먹어보니 효과가 있었다. 나는 약에 취해 있었다.

이 모든 상황이 익숙하게 느껴졌다. 중독자가 있는 집안에서 자라면서 나는 이상하게도 중독자, 그리고 중독에서 벗어나고 있는 사람들에게 끌렸다. 그들이 나의 종족, 무리, 친구들로 느껴졌다. 그런데 이제 처음으로, 나 자신이 중독자가 된 것은 아닌지 의심하는 처지가 되었다. 약을 먹고 오랫동안 미친 듯이 글을 쓰다가 지쳐 쓰러져야만 중단할 수 있었다. 그러곤 며칠 동안 깨어나지 못했다. 어느 날 아침, 나 자신이 예전에 내가 깨우려고 애썼던 친척과 닮아가고 있다는 사실을 깨달았다.

이 같은 상황에 처했을 때 어떻게 대처해야 할지, 우리 정부와 문화가 가르쳐온 내용이 있다. 전쟁을 벌여야 한다는 것이다. 우리 모두 행동지침을 알고 있다. 우리 무의식에 자연스럽게 새겨진 지침이다. '마약복용자나 중독자를 범죄자로 대하자. 그들을 탄압하자. 그들에게 수치심을 주자. 그들에게 그만두라고 강요하자.' 전 세계 거의 모든 나라에 퍼져 있는 견해다. 한국이 마약 문제에 대처할 때도 이런 사고방식이 가장 강력하게 작용한다.

중독자가 되어버린 사랑하는 사람들을 볼 때면, 옛날 베트남전쟁 영화에서 신병들에게 욕설을 퍼붓는 교관처럼 울부짖는 목소리가 내 마음속에서 울려 퍼졌다. '이런 짓을 하다니 넌 바보야. 부끄러운 줄 알아. 마약에서 벗어나지 못하다니 정말 멍청하군. 네가 그런 짓을 못 하도록 누군가가 막아야 해. 너는 처벌받

아야 해.'

나는 수십 년 동안 마약을 복용하는 사람들과 마약을 파는 사람들을 강력하게 처벌해온 나라인 영국에서 살았다. 영국은 마약 문제에 대해 해마다 더 강력하게 단속했지만, 문제는 해마다 더 심각해졌다. 점차 궁금해졌다. 더 나은 결과를 가져올 수 있는 다른 방법은 없을까?

그러던 어느 날 아침, 한 가지 생각이 떠올랐다. 우리, 그리고 우리가 사랑하는 사람들이 겪는 문제는 엄청 커다란 그림의 아주 작은 얼룩일 뿐이다. 우리가 작년과 재작년처럼 올해에도 그 얼룩의 모양에만 집중한다면, 절대 이해의 폭을 넓히지 못할 것이다. 이번만은 한 걸음 물러나 전체 그림을 볼 방법을 찾는다면 어떨까?

나는 여러 해 동안 혼란에 빠졌던 몇몇 질문들을 휘갈겼다.

마약과의 전쟁은 왜 시작되었고, 어째서 계속되고 있을까?

왜 어떤 사람들은 아무 문제없이 마약을 활용할 수 있고, 어떤 사람들은 그러지 못할까?

중독을 일으키는 진짜 원인은 무엇일까?

근본적으로 다른 정책을 선택한다면 어떻게 될까?

나는 이 질문들에 대한 해답을 찾기 위해 마약과의 전쟁 최전방을 가로지르는 여행을 떠나기로 마음먹었다. 그래서 짐을 싸고 남은 알약들을 변기에 버린 후 집을 나섰다. 나는 마약과의 전쟁이 미국에서 시작되었다는 사실을 알고 있었다. 하지만 그 전쟁이 언제, 어떻게 시작되었는지는 몰랐다. 나는 이 분야 전문가들의 명단을 들고 뉴욕에 도착했다. 그때 비행기표를 왕복으로 예약하지 않은 것은 다행이었다. 첫날에는 알지 못했지만, 이 여정은 9개국 4만 8천여 킬로미터를 종횡무진하며 3년 동안 지속되었다.

그 여정에서 처음에는 상상도 할 수 없었던 사람들의 이야기들을 발견했다. 그들은 내가 그렇게 오랫동안 씨름해왔던 질문들에 대한 해답을 가르쳐주었다. 누구 때문에 엄마가 죽었는지 알고 싶어했던 브루클린의 트랜스젠더 마약상. 홀로코스트 시기 부다페스트의 게토에서 겨우 빠져나와, 성인이 된 후 중독의 진짜 원인을 밝혀낸 의사. 밴쿠버에서 말썽을 부리던 마약중독자. 텍사스의 교도소에 갇힌 연쇄살인범. 대마초부터 크랙코카인에 이르기까지 각종 마약 복용을 비범죄화하도록 이끈 포르투갈의 의사. 그저 무슨 일이 벌어지는지 확인하려고 몽구스에게 환각제를 먹인 로스앤젤레스의 과학자.

그들, 그리고 다른 많은 사람들이 나의 스승이었다. 나는 그들을 통해 새로운 사실을 알아나가면서 깜짝 놀랐다. 마약 문제에 대한 우리의 가장 기본적인 가설 중 상당수는 잘못된 것이었다.

마약은 우리 생각과 다르다.

마약중독은 우리가 들어온 바와 다르다.

마약과의 전쟁은 우리 정치인들이 100여 년에 걸쳐 선전해온 내용과 다르다.

우리가 들을 준비가 된다면 아주 다른 이야기, 우리에게 희망을 안겨줄 이야기가 기다리고 있다.

내가 앞에 쓴 글을 읽을 많은 한국인이 이런 문제들은 외국인에게나 해당하는 주제여서, 한국 상황과는 맞지 않다고 생각하리라는 사실을 안다. 한국은 마약 복용이 흔치 않은 나라다. 설사 마약 문제가 있다고 해도 이는 외국인들이 해외에서 마약을 들여오기 때문이라고 한국인들은 오랫동안 생각해왔다.

하지만 세월이 흐를수록 그 믿음이 점차 붕괴하고 있다. 식품의약품안전처의 2023년 마약류 폐해인식 조사에 따르면 성인의 86퍼센트, 청소년의 70퍼센트가 한국을 마약 청정국으로 보기 어렵다고 대답했다. 한국마약퇴치운동본부도 한국에 온라인 불법 마약 판매가 '아주 정말 매우' 널리 퍼져 있다고 〈코리아헤럴드〉 인터뷰에서 밝혔다.

전라남도경찰청 마약범죄수사계 조연진 계장에 따르면, 지난 5년간 청소년들의 마약범죄가 37퍼센트 증가했다. 점점 더 많은 사람들이 텔레그램이나 다크웹을 통해 온라인으로 마약을 구매하고 있다. 판매자가 마약을 공공장소에 두면 구매자가 가져가는 방식으로, 만남 없이 매매가 이루어진다. "마약이 우리 일상생활에 너무 깊이 뿌리내렸기 때문에, 더이상 특정 계층이나 특정 장소에 국한된 문제가 아니다"라고 조연진 계장은 설명한다.

또한 한국은 아시아의 전략적 유통 허브가 되어가고 있다. 바다를 통해 들어온 코카인이 항구마다 넘쳐나는 상황이다. 웹사이트 'KoreaPro'는 "한국의 마약 수요가 역대 최고 수준이다. 마약 밀매부터 소비까지 마약 관련 사건이 지난 10년 동안 급증했다. (…) 관세청 자료에 따르면, 2021년에 적발한 밀수 마약의 양이 2020년에 비해 무려 757퍼센트나 증가했다"라고 전한다.

한국은 지난 100년 동안 세계 여러 지역에서 반복적으로 시도해온 오래된 지침으로 마약 문제에 대처하고 있다. 2022년 보수 성향의 윤석열 전 대통령은 '마약과의 전쟁'을 선포하고, 미국 마약단속국DEA을 본떠 840명으로 구성된 대규모 부서를 신설했다. 그런데 한국은 이미 민주주의 국가 중 가장 혹독한 마약정책들을 시행하고 있었다. 가장 긴 징역형, 가장 가혹한 사회적 낙인, 가장 낮은 수준의 중독 치료…. 당시 마약중독 재활센터는 전국에 여섯 곳밖에 없었다. 또한 〈코리아헤럴드〉에 따르면, 한국의 연간 마약 치료 예산은 164명의 중독자가 한 달 동안 입원 치료를 받을 수 있는 비용밖에 되지 않았다. 2021년 마약 관련 법률 위반으로 유죄 판결이 선고된 사람 중 중독 치료를 받은 비율은 2퍼센트 미만이었다.

나는 마약중독자를 벌주려는 욕구가 어디에서 비롯되는지 이해한다. 나도 처벌을 원했었기 때문이다. 하지만 마약 관련 문제를 줄이려는 우리 모두의 목표를 이런 방법으로 달성한 경우가 세계 어디에서도 없었다는 사실을 알게 되었다. 이 같은 방법으로는 마약 문제가 더 심각해질 뿐이다.

한국에서 많은 생명을 구하고, 한국인들의 안전을 회복할 다른 방법이 있다. 수년간 이 문제를 탐구했기에 나는 한국이 변할 수 있다는 사실을 안다. 다른 나라들의 변화를 지켜보았고, 나 자신도 변했기 때문이다.

내가 할 이야기에 대해 많은 한국인이 처음에는 당연히 의아해하리라는 사실을 안다. 그래도 이 여정에 여러분이 함께해주면 좋겠다.

차례

한국어판 서문: 우리의 생각과 아주 다른 이야기_5

1부 전쟁의 서막

1장 | 중독자, 범죄자 그리고 단속자_19
- 마약 전쟁의 중심에 선 세 인물

비명을 쫓아서 | 어디서나 구할 수 있었던 것 | 검은손 | 빅터 리카타의 결정적 사건 | 재즈와의 전쟁 | "이 노래는 멈출 수 없어요" | 인종차별과 마약 전쟁

2장 | 미래를 예언한 의사_73
- 마약이 금지되자 벌어진 일

의사들이 체포되다 | 중독자를 위한 처방전

3장 | 해리의 총구가 향한 곳_93
- 그는 유령이 되어서도 이 전쟁을 지휘한다

세계로 뻗은 마약국의 그림자 | 이데올로기의 몰락

4장 │ 아무도 그들에게 맞서려 하지 않았다 _105
　　　- 세상을 길들인 마약상

뉴욕에서 가장 두려운 이름 │ 마약을 차지하기 위한 전쟁

2부 반복되는 역사

5장 │ 전쟁터에서 자란 '말썽꾸러기들' _131
　　　- 잡아먹지 않으면 잡아먹히는 세계

전쟁의 실시간을 목격하다 │ 악명을 쌓기 위한 폭력 │ 살아남기 위해 한 선택들 │ 그래서 그는 스스로 마약에 취했다 │ 정의가 없으면, 평화도 없다

6장 │ 마약상을 체포하면 왜 살인이 증가할까? _179
　　　- 마약 범죄의 특이성

KKK단에 잠입한 경찰관의 사연 │ 마약 거래가 줄어들 수 없는 이유

7장 │ 소용돌이의 피해자 _205
　　　- 그들은 '버섯들'이라 불린다

8장 │ 살기 위해 도망친 살인자 _209
　　　- 마약 카르텔 내부의 이야기

천사가 되기로 결심한 사람 │ 서서히 '인간 무기'가 되다 │ 살인자의 질문

3부 중독의 숨겨진 진실

9장 | 기분을 바꾸려는 욕구 _ 243
- 동물들도 마약에 취할까?

슬픔에 빠진 몽구스가 한 선택 | 제4의 욕구

10장 | 중독의 원인에 대한 수수께끼 _ 261
- 우리가 알던 중독의 시나리오는 틀렸다

무엇 때문에 중독되기 쉬운 사람이 되는가 | 어린 시절의 트라우마가 미치는 영향 | 모두 중독자가 되지는 않는다

11장 | '화학적 노예'라는 허구 _ 291
- 중독과 화학물질의 상관관계

중독은 '질병'이 아니다 | 인간은 왜 중독에 빠지는가 | 마약의 증가 vs. 단절감의 심화 | 신체적 의존성과 중독의 차이

12장 | 헤로인을 처방하겠습니다 _ 325
- 중독에서 벗어나기 위한 첫 관문

예방은 존중에서 시작된다 | 스테이크 대신 반죽 덩어리를 먹어야 한다면 | 중독자들이 아니라 자신을 위한 결정

13장 | 1974년, 혁명의 정신으로_ 345
- 마약의 비범죄화를 선언하다

포르투갈의 가장 급진적이고 대담한 시도 | 중독 치료의 핵심 | 마약 혁명 이후 | 모순에 대한 해답

마치며: 중독의 반대말_ 393

주_ 408
참고문헌_ 443

1부

전쟁의 서막

1장
중독자, 범죄자 그리고 단속자

마약 전쟁의 중심에 선 세 인물

나른한 네온사인이 아른거리는 JFK공항의 세관검사 줄에 서서 나는 마약과의 전쟁이 정확히 언제 시작됐는지 기억해내려 애썼다. '마약과의 전쟁'이라는 문구가 처음으로 널리 사용된 1970년대 리처드 닉슨 대통령 때였나. 아니면 '그냥 아니라고 하세요Just Say No'라는 구호가 제2의 국가國歌가 된 듯했던 1980년대 로널드 레이건 대통령 때부터였을까.

하지만 뉴욕을 돌아다니며 마약정책 전문가들을 인터뷰하자, 이 모든 이야기가 사실은 훨씬 전부터 시작됐음을 깨닫게 되었다. 지금은 거의 잊혔지만 1930년대 최초로 마약과의 '끝없는 전쟁'을 선포한 남자가 있었고, 그는 오늘날 우리가 살고 있는 마약 세계를 만드는 데 누구보다 큰 역할을 했다.[1] 나는 펜실베이니아 주립대학교에 이 남자의 일기, 편지, 관련 파일 등 어마어마한 자료가 보관돼 있다는 정보를 입수했다. 그래서 그레이하운드 버스를 타고 가서 이 남자, 해리 앤슬링어Harry Anslinger에 대한 자료를 모조리 찾아 읽었다. 덕분에 그가 누구인지, 그가 우리 모두에게 어떤 의미를 지니는지 이해할 수 있었다.[2]

자료 더미를 뒤지는 동안 '마약과의 전쟁' 시작 단계에서 중심인물이라고 할 수 있는 세 사람이 존재했음을 알게 되었다. 만약 마약 금지정책을 기념하는 러시모어산이 있다면, 이들의 얼굴은 무심한 표정으로 산비탈에 새겨진 채 서서히 풍화되고 있을 것이다. 나는 더 많은 기록들을 뒤지며 정보를 추적했고, 이들을 기억하는 마지막 생존자들까지 찾아내 만났다. 그로부터 12년이 지나 모든 내용을 파악한 지금, 이들의 어린 시절을 상상해본다. 마약 전쟁의 먹구름이 몰려오던 무렵 이들은 어린아이들이었다. 미국 여기저기에 흩어져 살던 이들은 무슨 일이 닥칠지, 또 자신들이 무엇을 해내게 될지 전혀 몰랐다. 내 생각에 마약 전쟁의 역사는 바로 여기서 출발한다.

비명을 쫓아서

1904년, 한 열두 살 소년이 펜실베이니아 서부의 옥수수밭에 위치한 이웃 농가를 방문했다가 비명소리를 들었다.[3] 그 소리는 소년의 머리 위 어딘가에서 들려오고 있었다. 절박하고 고통스러운 비명에 소년은 혼란에 빠졌다. 무슨 일이 벌어지고 있는 걸까? 다 큰 여자가 왜 짐승처럼 울부짖고 있는 거지?[4]

계단을 뛰어내려온 그녀의 남편은 소년에게 다급히 지시했다.

"내 마차를 타고 최대한 빨리 시내로 가. 약국에서 약을 가져와, 지금 당장."

소년은 임무에 실패하면 그녀의 시체를 보게 되리라는 사실을 알았기에, 온 힘을 다해 말을 채찍질했다. 얼마 후 소년이 문을 박차고 들어가 약봉지를 건네자 농부는 곧장 아내에게 달려갔다. 그녀는 비명을 멈추고 차분해졌다. 그 충격적인 장면은 소년의 머릿속에서 평생 동안 사라지지 않았다.

몇 년 후 소년은 "나는 그 비명을 절대 잊지 못했다"라고 썼다.[5] 그 순간부터 그는 우리 주변에는 말과 겉모습은 정상처럼 보여도, 마약이라는 무시무시한 물질과 접촉하면 언제든 '감정적이 되고, 히스테리를 부리고, 퇴폐적이 되고, 정신적으로 문제가 생기고, 사악해질 수 있는' 사람들이 있다는 확신을 품었다.[6]

성인이 된 소년은 소수인종, 중독, 자제력 상실 등 미국인들이 가장 몸서리치게 두려워하는 요소들을 한데 모았다. 이 두려움들을 물리치기 위한 전 세계적 전쟁을 벌여 비명을 막고자 한 것이다. 하지만 그 결과 또 다른, 더 많은 비명들이 터져 나왔다. 오늘 밤 지구상 거의 모든 도시에서 그런 비명을 들을 수 있다.

해리 앤슬링어는 이렇게 마약과의 전쟁에 뛰어들었다.

1885년 어느 날 오후, 맨해튼 어퍼이스트사이드에 사는 부유한 정통 유대인 상인은 이해할 수 없는 장면을 목격했다. 그의 세 살짜리 아들이 잠자는 큰아들을 칼로 찌르려 하고 있었다.[7] "왜… 아들아, 왜 그래?" 상인이 다급하게 묻자 아이는 형이 밉다고 말했다.

그 소년은 살아가면서 많은 사람들, 사실상 거의 모든 사람을 미워하게 된다. 훗날 그는 "인류의 대다수는 바보와 멍청이들이며, 판단력이 형편없고, 머리가 텅 비었다"라고 선언하기도 했다.[8] 그는 다른 사람들을 시켜 흉기를 휘두르게 할 만큼 부와 권력을 얻자마자, 많은 사람들에게 칼을 꽂았다. 보통 이런 성격유형의 사람은 감옥에 가게 되지만, 이 소년은 그렇지 않았다. 그는 자신의 폭력성으로 단순한 이득을 넘어, 새로운 사업까지 손에 넣었다. 북미의 불법 마약시장을 접수한 것이다. 그날 밤 잠든 형을 지켜보던 집으로부터 20블록 떨어진 곳에서 결국 총에 맞아 죽을 때까지, 그는 셀 수 없이 많은 살인을 저지르며 수백만 달러를 벌었다. 그러고도 계속 자유의 몸이었다.

아널드 로스스타인Arnold Rothstein은 이렇게 마약과의 전쟁에서 중심인물이 되었다.

1920년 어느 날 오후, 여섯 살짜리 소녀가 볼티모어의 한 매춘업소 바닥에 누워 재즈음악에 귀기울이고 있었다. 그녀의 어머니는 재즈가 사탄의 짓거리라고 굳게 믿었으므로, 집에서는 한 음절도 듣지 못하게 했다.[9] 그래서 소녀는 동네 매춘업소의 마담에게 자질구레한 청소일을 해주겠다고 제안하며, 한 가지 조건을 걸었다. 심부름값으로 푼돈을 받는 여느 아이들과 달리, 소녀는 혼자 음악에 빠져드는 시간을 보수로 받기로 했다. 그녀는 그 시간에 말로 설명할 수 없는 기분을 느꼈고, 언젠가는 다른 사람들도 이 기분을 느끼게 해주겠다고 결심했다.[10]

강간을 당한 뒤조차, 어쩔 수 없이 매춘을 하게 된 다음에도, 그 고통을 지우기 위해 헤로인을 주사한 후에도 그녀는 음악으로 위로를 받았다.

빌리 홀리데이는 이렇게 마약과의 전쟁에서 중심인물이 되었다.

어디서나 구할 수 있었던 것

해리와 아널드, 빌리가 태어났을 때에는 전 세계 어디에서나 마약을 자유롭게 구할 수 있었다. 미국의 어떤 약국에서든 헤로인이나 코카인 같은 성분으로 만든 제품을 살 수 있었다. 미국에서 가장 인기 있는 기침약 시럽에는 아편제가 들어 있었다. 코카콜라라는 이름의 새로운 탄산음료는 코로 흡입할 수 있는 코카인과 똑같은 식물을 재료로 사용했다.[11] 영국의 최고급 백화점에서는 사교계 여성을 위한 헤로인 통을 판매했다.

하지만 그들은 미국 문화가 '점점 거세지는 불안의 분출구'를 모색하던 시대에 살고 있었다. 세상은 그들의 부모와 조부모는 상상조차 할 수 없던 속도로 빠르게 변하고 있었다. 사람들은 급변하는 세상에 대한 두려움을 무너뜨리고 싶어서, 실제로 파괴할 수 있는 물리적 대상을 찾고 있었다. 사람들이 초점을 맞춘 것은 바로 이 화학물질이었다. 지금으로부터 100여 년 전인 1914년, 그들은 다짐했다. '마약을 없애버리자. 지구에서 추방하자. 마약으로부터 해방되자.'

이 결정이 내려질 즈음 해리와 아널드, 빌리는 첫 번째 전쟁터 여기저기로 흩어져 전투에 돌입했다.

빌리 홀리데이는 머리카락을 단정하게 뒤로 넘기고 무대에 섰다.[12] 그녀의 둥근 얼굴은 조명을 받아 빛났고, 그녀의 목소리는 고통에 젖어 거칠었다. 1939년 어느 날 밤, 홀리데이는 상징적인 대표곡이 될 노래를 부르기 시작했다.[13]

남부의 나무에는 이상한 열매가 열리네
잎사귀와 뿌리에는 피가 흥건하네[14]

그전까지 흑인 여성이 무대에 서려면 실제 감정은 모두 지운 채 그저 밝고 명랑한 모습이어야 했다.[15] 예외는 거의 없었다. 하지만 이 노래를 부르면서 그녀는 남부에서 대량학살된 형제들, 폭력으로 만신창이가 된 채 나무에 매달린 그들의 시체에 대해 비탄과 분노를 표현하는 흑인 여성, '레이디 데이Lady Day'('기품 있는 숙녀'라는 뜻으로, 무대에서 절대 허리를 굽혀 인사하지 않는 모습 때문에 생긴 빌리의 별명 - 옮긴이)로 불리게 되었다.[16]

"생각해보면 정말 용감한 일이었어요." 빌리의 대녀代女 로렌 페더가 내게 말했다. "그 당시에는 모두가 사랑노래밖에 부르지 않았어요. 어떤 호텔이 그렇게 비참하고 잔인한 학살을 폭로하는 노래를 허락하겠어요? 절대 그러지 않았죠." 아프리카계 미국인 여성이 그런 노래를 부른다고? 극악무도한 폭력에 대한 노래를? 하지만 빌리는 자신의 아버지 클래런스가 남부에서 "죽임당한 상황을 잘 설명해주는 듯해서" 그 노래를 불렀다.[17]

관객들은 조용히 귀를 기울였다. 이 순간은 수년 후 '시민 평등권 운동의 시작'으로 불리게 된다.[18] 당국은 레이디 데이에게 그 노래를 부르지 말라고 명령했다. 그러나 그녀는 거부했다. 다음 날부터 해리 앤슬링어가 이끌던 미국 연방마약국FBN이 그녀를 괴롭히기 시작했다.[19] 그리고 오래지 않아 해리는 그녀의 죽음에 결정적 역할을 하게 된다.

해리 앤슬링어는 취임 첫날부터 문제를 안고 있었고, 모두가 그 사실을 알았다. 그는 워싱턴D.C. 재무부 구석에 자리잡은 작은 부서인 연방마약국의 수장으로 임명되었는데,[20] 부서는 곧 없어질 위기에 처한 듯했다. 마약국은 이전에 금주법禁酒法을 담당했지만, 그 법이 폐지되면서 직원들이 맡을 새로운 역할이 필요했다. 해리가 빌리 홀리데이를 추적하기 불과 몇 년 전이었다. 그는 새로운 부하직원들을 살펴보았고,[21] 14년간 알코올과의 전쟁을 벌이다 대패한 후 의기소침해진 무리임을 바로 알아차렸다. 그들은 부패하고 부도덕하기로 악명이 높았지만,[22] 해리는 그들을 채찍질해 미국에서 마약을 영원히 추방할 강력한 조직을 만들 계획이었다.

부하들의 상태는 첫 번째 장애물일 뿐이었다. 대마초를 포함해 많은 마약이 여전히 법으로 허용되고 있을 때였다.[23] 얼마 전에는 대법원이 더 강력한 마약에 중독된 사람들도, 해리 같은 강경파의 처벌이 아니라 의사의 치료에 맡겨야 한다고 판결했다. 또한 해리가 국장 자리에 앉기도 전에 예산이 70만 달러나 삭감되었다.[24] 이 부서, 이 직책, 이 일의 목적은 무엇일까? 마약 금지라는 그의 새로운 왕국은 언제라도 허물어져, 삐뚤어진 관료주의 역사의 사례로만 남을 것 같았다.

몇 년 안에 해리는 조직을 유지하면서 스스로 역할을 만들어내야 했기에 심한 스트레스를 받았다. 오래 지나지 않아 머리카락이 몽땅 빠질 정도였다.[25] 그와 함께 일했던 직원은 해리가 빛바랜 포스터에 원색으로 인쇄된 레슬러처럼 보였다고 설명했다.[26]

해리는 약한 패를 받으면 무조건 판돈을 크게 올려야 한다고 믿는 사람이었다.[27] 그는 어디에 있는 마약이든 몽땅 뿌리 뽑겠다고 다짐했고, 결국 무기력한 직원들과 함께 무너져내리던 연방마약국을 마약과의 전쟁본부로 바꾸어놓는 데 성공했다. 그가 30년가량 연방마약국 국장을 지내는 동안 마약과의 전쟁은 전 세계로 확대되었고, 지금까지 100년 넘게 지속되고 있다. 이는 해리 앤슬링어가 관료적 천재였기에 가능한 일이었다. 더 결정적으로는, 마약 문제에 대해 심한 압박감을 느끼던 미국인들이 해리처럼 명확하고 확실한 해답을 내놓을 사람을 기다리고 있었기에 가능한 일이었다.

검은손

이웃 농가에서 비명을 들었던 그날 이후, 앤슬링어는 지구에서 마약을 추방하는 임무를 맡고 싶다고 생각해왔다. 하지만 맨 바닥에서 시작해 그렇게 빨리 해낼 수 있으리라고는 아무도 상상하지 못했다. 스위스 출신 이발사였던 그의 아버지는, 군 징집을 피해 산속 집에서 펜실베이니아로 도망쳐왔고 아홉 명의 자녀를 낳았다.[28] 아이들을 학교에 보낼 수 없었던 집안 형편상 여덟째였던 해리는 열네 살이 되자 철도회사에서 일해야 했다.[29] 결단력이 강했던 해리는 학교에 다니면서, 오후와 저녁에만 돈을 벌겠다고 고집했다.[30] 하지만 해리가 큰 배움을 얻은 곳은 학교가 아니라 직장이었다. 펜실베이니아의 선로 건설 관련 일을 하면서, 그는 처음으로 비밀스러운 어둠의 세계를 엿보았다. 그 세계는 그가 마약 다음으로 평생 집착한 것이었다. 해리의 임무는 최근 시칠리아에서 건너온 수많은 사람들을 감독하는 일이었다.[31] 그는 그들이 '검은손'이라고 부르는 누군가에 대해 음울하게 속삭이는 이야기를 때때로 들었다고 적었다.[32]

해리는 주의깊게 들었던 그들의 이야기를 통속 스릴러소설 형식으로 기록했다. 그들은 낯선 사람들 앞에서는 입을 열지 않았다. 꼭 필요한 경우가 아니면 가족 앞에서도 말하지 않았다. 한마디만 해도 죽을 수 있었기 때문이다. 검은손은 누구일까?[33] 아무도 말하지 않을 것이었다.

그런데 어느 날 아침, 해리는 작업반원 중 한 명인 조반니라는 이탈리아인이 배수로에서 피를 흘리며 쓰러져 있는 모습을 발견했다.[34] 여러 발의 총알을 맞은 상태였다. 병원에서 조반니가 깨어나자 해리는 무슨 일이 있었는지 물었다. 그러나 그는 너무 겁에 질린 나머지 아무 말도 하지 못했다. 앤슬링어는 몇 시간에 걸쳐 그와 가족을 안전하게 지켜줄 수 있다고 조반니를 안심시켰다.

마침내 조반니가 입을 열었다. 그는 미국으로 건너온 후 이탈리아 이민자들 사이에 숨어 지내는 마피아조직의 폭력배 중 한 명인 '빅마우스 샘'에게 보호비를 줄 수밖에 없다고 했다. 마피아가 온갖 범죄와 관련되어 있고, 선로 일을 하는 사람들은 그들에게 '공포세'를 내야 한다는 것이었다. 돈을 주지 않으면 이처럼 병상에 누워 있게 되거나, 더 나쁜 일을 당할 수도 있다고 했다.[35]

앤슬링어는 검은 머리에 어깨가 떡 벌어지고 땅딸막한 이민자 빅마우스 샘과 맞붙으려고 찾아가 소리쳤다. "만약 조반니가 죽으면 네가 반드시 교수형을 받도록 만들 거야, 알겠어?"[36] 샘이 미처 대답하기도 전에 해리는 계속 말했다. "조반니가 병원에서 나온 다음에도 그를 다시 괴롭히면, 또 내 작업반원 중 누구라도 괴롭히거나 돈을 빼앗으려고 들면 내 손으로 너를 죽일 거야."

그 사건 이후 앤슬링어는 마피아에 집착하게 되었다. 미국인 대부분이 마피아라는 존재가 있다는 사실조차 믿지 않던 시기였다. 지금은 이해하기 어렵지만, 존 에드거 후버 연방수사국FBI 초대국장 이래 1960년대까지 미국 법 집행기관의 모든 관료는 공식적으로 '마피아의 존재가 터무니없는 음모론'이라면서, '네스호의 괴물보다도 현실과 동떨어진 이야기'라고들 했다.[37] 오늘날 우리가 9·11 테러가 미국 정부의 자작극이라는 둥, 버락 오바마 대통령이 미국에서 태어나지 않았다는 둥, 프리메이슨이 세상을 비밀리에 조종한다는 둥 온갖 음모론을 들을 때 어이없어하듯, 그 당시 미국 관료들은 마피아가 있다는 말에 어이없어했다. 그렇게 우스꽝스러운 주장을 누가 믿을지 모르겠다면서.[38]

하지만 해리는 마피아를 직접 목격했고, 빅마우스 샘으로부터 차례차례 거슬러 올라가면 어마어마하게 거대한 조직, 온갖 사건들을 비밀리에 좌지우지하는 '보이지 않는 전 세계적 정부'에 이를 수 있다고 확신했다.[39] 그때부터 그는 마피아에 대한 자료란 자료는 모두 수집했다. 아무리 하찮은 자료라도 상관하지 않았다. 통속적인 대중잡지에 실린 사소한 이야기들까지 스크랩했다. 언젠가 이 자료들을 활용할 날이 오리라 믿으며.[40]

제1차세계대전이 터지자 해리는 군대에 가려고 했으나, 여러 해 전 형에게 돌로 맞아 한쪽 눈의 시력을 잃었기에 입대가 거부되었다. 대신 독일어를 유창하게 구사할 수 있었던 덕분에, 유럽에서 외교요원으로 일해달라는 제안을 받았다. 얼마 후 배를 타고 런던으로 향한 그는 앞이 보이지 않을 정도로 자욱한 안개를 뚫고 영국에 도착했고, 다시 함부르크와[41] 헤이그로 건너갔다.[42] 현지 외교관들로부터 정보를 캐내고 어려움을 겪는 미국인들을 도와주는 일이 그의 역할이었다. 헤로인에 중독되는 바람에 제대한 몇몇 미국 해군 병사들이 배를 타고 집으로 돌아가기 위해 그를 찾아왔다. 해골처럼 뼈밖에 남지 않은 그들의 얼굴을 보면서, 해리는 어린 시절 느꼈던 마약에 대한 증오감이 점점 더 커졌다.⁴³ 그는 이 같은 일은 반드시 막아야 한다고 다짐했다.

전쟁이 끝날 무렵, 독일의 패배가 분명해지자 해리는 지금까지 중 가장 중요한 임무를 맡았다. 독일 황제에게 비밀편지를 전달하는 일이었다. 훗날 해리의 회고에 따르면, 그는 네덜란드의 소도시 아메롱언으로 파견되었는데 독일 황제는 성에 숨어 지내며 퇴위 계획을 세우고 있었다. 해리는 독일 관리로 위장해 황제에게 다가간 후 '퇴위하지 말라'는 우드로 윌슨 대통령의 편지를 전해야 했다. 미국은 독일 황제가 자리를 유지하기 원했다. 그의 갑작스러운 퇴위로 '혁명과 파업, 혼란'⁴⁴이 잇따를까 두려웠던 탓이다.

성문을 지키던 네덜란드 경비원들은 해리에게 신분증명서를 보여달라고 명령했다. 해리가 "네 신분증명서부터 내놓아봐"라고 거친 독일어로 되받아치자, 그가 황제의 신하라고 짐작한 그들은 겁을 먹고 들여보내주었다.⁴⁵ 앤슬링어는 가까스로 편지를 전달했지만, 너무 늦었다. 결정이 이미 내려진 후였다.⁴⁶ 황제는 퇴위했다. 앤슬링어는 만약 자신이 퇴위를 말리는 미국 대통령의 편지를 조금만 일찍 전달했다면 "그 뒤 히틀러가 집권하거나 제2차세계대전이 벌어질 가능성을 막아서, 제대로 된 평화가 이어졌을 것"이라고 일생 동안 믿었다.⁴⁷ 해리는 이때 처음으로 인류 문명의 미래가 자신의 행동에 달려 있다고 느꼈다. 이후로도 그는 계속 그렇게 생각했다.

해리는 잔해만 남은 유럽을 횡단했다. 그리고 "집이 모두 무너지고 폐허가 되어버린 대도시를 보면 설명하기 어려운 기분이

든다"라고 일기에 썼다.[48] 폭파된 다리들이 잔해처럼 놓여 있었다.[49] 공장들은 완전히 파괴되거나 모든 기계가 뜯겨나갔다. 뒤틀려 무용지물이 된 채 길가에 버려진 기계들은 금속 유령처럼 보였다. 포탄 자국으로 숭숭 뚫린 땅, 가시철조망으로 뒤덮인 땅도 있었다. 이전에 무엇을 상상했든 "그 상상의 20배다"라고 그는 썼다.

그러나 해리가 더 큰 충격을 받은 것은 전쟁이 사람들에게 끼친 영향력이었다. 모두가 질서의식을 잊어버린 것 같았다. 굶주린 사람들은 폭동을 일으켰고, 이를 기병대가 진압했으며, 거리 전체가 불길에 휩싸였다.[50] 어느 날 해리가 베를린의 한 호텔 로비에 서 있을 때 사회주의 혁명가들이 갑자기 기관총을 쏘아댔다. 총에 맞은 사람이 흘린 피가 해리의 손에 튀었다. 해리는 마약에 취해 소리를 지르던, 어린 시절에 만난 농부의 아내처럼 서구 문명이 취약하다는 결론을 내렸다. 서구 문명은 언제든 무너질 수 있었다. 해리는 미국 사회도 유럽처럼 쉽게 황폐해질 수 있다고, 평생 심각하게 걱정했다.[51]

1926년 해리 앤슬링어는 유럽의 잿빛 폐허에서 푸른 바다가 물결치는 바하마로 재배치되었다.[52] 하지만 그는 휴식을 취할 이유를 찾는 사람이 아니었다. 당시는 알코올 금지령이 최고조에 이르렀을 때였다.[53] 미국인들은 술을 마시고 싶었고, 밀수업자들은 술을 팔고 싶었다. 바하마에는 위스키가 물처럼 넘쳐났다. 해리는 격분했다. 밀수업자들은 서인도제도와 중앙아메리카의 주민들이었는데 '역겹고 전염성 있는 질병'에 걸려 있는 그들이 취

급하는 술을 마시면 병이 옮을 수 있다는 것이 해리의 믿음이었다.[54]

해리의 동료 중 한 명은 "그냥 나한테 고성능 소총을 줘요. 그 개자식들을 처리하게"라고 말했다.[55] 해리도 똑같은 생각으로 금주법이 실제 효과를 거둘 방법이 있다고 상사들에게 강력히 주장했다. 최대한 물리력을 동원하는 방법이었다. 해군을 파견해 미국의 해안을 샅샅이 뒤져 밀수범을 잡아들이자고 했다. 의료용 알코올 판매까지 금지하자고 했다. 주류 밀수업자들을 모두 감옥에 처넣을 때까지 그들의 징역형을 대폭 늘리자고 했다.[56] 술을 완전히 없애서 기억 속으로 사라질 때까지 술과의 전쟁을 벌이자고 했다.

해리는 좌절감을 느끼면서도 적극적으로 일했던 바하마의 금주법 수사관이었다. 그리고 불과 몇 년 만에 워싱턴D.C.에 있는 부서의 관리자로 승진했다. 어떻게 그럴 수 있었을까? 정확하게 알기는 어렵지만, 미국에서 가장 부유한 가문 중 하나인 멜런 가문의 마사 데니스턴이라는 젊은 여성과의 결혼이 분명 도움되었음직하다. 덕분에 재무부 장관 앤드루 멜런이 가까운 친척이 되었고, 마약국은 재무부 소속이었다.

해리는 그 부서를 맡자마자 자기 자리가 취약하다는 사실을 파악했다. 1914년에 불법이 된 코카인, 헤로인 같은 마약과의 전쟁만으로는 충분하지 않았다. 코카인과 헤로인은 극소수만 복용했고, 그렇게 사소한 일로는 부서 전체가 살아남을 수 없었다. 그에게는 더 큰 역할이 필요했다.

그는 그런 사실을 염두에 둔 채 신문에서 흥미를 끄는 기사를 눈여겨보기 시작했다. 〈뉴욕타임스〉 1927년 7월 6일 자에 실린 '멕시코 출신 가족이 미쳐버렸다' 같은 기사들이었다.[57] "한 과부와 그녀의 네 자녀가 대마를 먹고 미쳐버렸다. 아이들은 생명을 잃을 수밖에 없고, 어머니는 앞으로도 내내 미친 상태일 것이라고 의사들은 말한다"라는 내용이었다. 그 과부는 식용품을 살 돈이 없어 뜰에서 자라던 대마를 조금 뜯어 먹었는데, 얼마 지나지 않아 "폭발적으로 터져 나오는 미친 듯한 웃음소리를 듣고 이웃들이 달려가보니 가족 모두가 제정신이 아니었다."

해리는 대마초를 '정말 맞서 싸워야 할 다른 마약들에 집중하지 못하도록 방해하는 성가신 대상'으로만 생각했다.[58] 그래서 오랫동안 무시해왔다. 그는 대마초가 중독성이 없다고 주장했다.[59] 대마초가 폭력범죄를 일으킨다는 의견보다 "더 터무니없는 착오는 없다"라고까지 했다. 그러나 해리는 거의 하룻밤 만에 완전히 반대 입장을 취했다. 왜 그랬을까? 그는 미국에서 가장 두려워하는 두 집단인 멕시코 이민자와 아프리카계 미국인이 백인보다 대마초를 훨씬 더 많이 흡입하고 있다고 믿었다.[60] 그래서 이와 같은 상황이 가져올 수 있는 악몽 같은 미래를 미국 하원 세출위원회에서 제시했다. "미네소타대학교의 유색 인종 학생들이 백인 여학생들과 파티를 벌이다 인종차별에 대한 이야기로 동정심을 얻었다. 그 결과 한 여학생이 임신했다는 이야기를 들었다."[61] 이 발언은 앞으로 벌어질 큰일을 예고하는 첫 조짐이었다.

빅터 리카타의 결정적 사건

해리는 대마초에 대해 갖가지 질문을 던지는 편지를 과학 전문가 30명에게 보냈다. 그중 29명이 대마초 금지는 옳은 방법이 아니며, 언론이 대마초와 관련해 대단히 잘못 전하고 있다고 답장했다.[62] 앤슬링어는 그들의 말을 무시하기로 마음먹고, 대마초는 엄청 위험하므로 근절되어야 한다고 믿는 한 전문가의 말만 인용했다.

그 전문가의 말을 근거로 해리는 대마초를 피울 때 어떤 일이 일어나는지 사람들에게 경고했다. 첫째로 '미칠 듯한 분노'에 빠져들고, 다음으로 '음란한 망상'에 사로잡힌다고 했다. 그다음에는 '지속적으로 사고할 수 있는 힘을 잃게 되고', 마지막으로 '정신이상'이라는 피할 수 없는 종점에 다다른다고 경고했다.[63] "대마초는 사람을 '야수'로 바꾸어놓기 때문에[64] 정신을 잃고 밖으로 나가 사람을 죽일 수도 있다.[65] 자신이 방에서 나갔다는 사실을 깨닫기도 전에 모든 상황이 벌어진다"고도 주장했다. "섬뜩한 프랑켄슈타인도 괴물 대마초와 마주친다면 겁에 질려 쓰러져 죽을 것이다."[66]

마이클 V. 볼Michael V. Ball이라는 의사는 이 견해에 반박하려고 해리에게 연락했다. 그는 의대생 때 대마 추출물을 흡입해보았지만 그저 졸릴 뿐이었다고 했다. 그는 대마초에 대해 떠도는 소문이 사실일 리 없다고 의심했다. 극히 드물게 대마초로 인해 정신이 이상해지는 사람이 있긴 하지만, 그들은 이미 정신건강에 근본적 문제가 있었으리라고 짐작했다. 그는 적절한 실험 연구로 진실을 찾아낼 수 있도록 자금을 지원해달라고 앤슬링어에게 간청했다. 이에 앤슬링어는 "대마초의 해악에 대해 더이상 우물쭈물 대처할 수 없다"라는 단호한 입장을 담은 답장을 보냈다.[67] 그는 그때나 이후에나 독립적인 과학 연구에 자금을 지원하지 않았다.[68]

의사들은 몇 년에 걸쳐 앤슬링어에게 그의 생각이 틀렸다는 증거를 들이댔지만, 그는 완강히 잡아떼면서 그들이 "스스로 위험을 불러들이고 있다"며 입을 조심하라고 경고했다.[69] 또한 전국의 경찰관들에게 대마초로 인해 살인을 저지른 사건들을 찾아내라고 지시하는 편지를 썼다.[70] 곧 제보가 밀려들어오기 시작했다.

빅터 리카타라는 젊은 남자의 사건이 해리 앤슬링어, 그리고 미국에 결정적인 사건으로 작용했다. 빅터는 플로리다에 사는 스물한 살 청년으로, 대마초를 피우기 전까지만 해도 동네에서 '정신이 온전하고 상당히 조용한 청년'으로 알려져 있었다.[71] 그런데 '대마초의 환각'에 빠져들더니 사람들이 자기 팔을 자르려 한다고 믿었고, 도끼로 어머니와 아버지, 형제자매를 난도질했다.[72]

리카타 사건은 해리의 유도로 언론에 크게 보도되면서 유명해졌다.[73] 이제 사람들은 만약 아들이 대마초를 피우면 자신 역시 아들에게 난도질을 당할 수 있다고 믿게 되었다. 사실 이런 주장을 맨 처음 한 사람은 앤슬링어가 아니다.[74] 19세기 말에 이미 멕시코에 널리 퍼졌던 주장이다. 멕시코에서는 대마초를 피우면

'미친다'고 믿는 사람이 많았다. 미국에서 이 주장을 밀어붙인 사람이 앤슬링어뿐인 것도 아니다. 언론, 특히 윌리엄 랜돌프 허스트가 소유한 매체가 이 같은 이야기들을 정말 좋아했다. 하지만 처음으로 정부 부서의 힘을 실은 사람은 앤슬링어다. 그는 대마초 관련 주장이 사실이라고 정부 차원에서 공식적으로 인정하며 전국에 대대적으로 알렸다. 대마초의 연기가 뭉게뭉게 피어오르면서 우리 주변 어디에나 빅터 리카타 같은 사람들이 늘어나고 있다고 경고한 것이다.

경고는 효과가 있었다. 사람들은 이 무시무시한 위험에 빠지지 않으려고 연방마약국에 자금을 더 지원하라며 아우성쳤다.[75] 그가 맡은 새로운 왕국이 취약하다고 느꼈던 해리 앤슬링어의 고민이 해결되기 시작했다.

몇 년 후 존 캐플런John Kaplan이라는 법학 교수가 빅터 리카타의 의료 기록을 다시 살펴보았다.[76] 빅터를 진찰한 정신과 의사들은 그가 오랫동안 '만성적으로 심한' 정신병에 시달려왔다고 말했다.[77] 빅터의 가족 중에는 그와 비슷하게 극심한 정신병을 앓은 사람들이 많았고, 그중 세 명은 정신병원에 입원했다. 지역 경찰은 살인사건이 일어나기 1년 전부터 리카타도 정신병원에 입원시키고자 노력했으나, 그의 부모는 아들을 집에서 돌보고 싶다며 고집을 부렸다. 리카타를 진찰한 정신과 의사들은 대마초 흡연은 그의 정신병과 아무 관련이 없다고 생각해서 의료 기록에 언급조차 하지 않았다.[78]

그러나 앤슬링어는 이제 사람들에게 들려줄 이야기를 확보했다. 그는 유명한 라디오 방송에 출연해 이렇게 홍보했다.[79] "부모님들은 조심하세요! 자녀들이 마약과도 같은 대마초라는 새로운 위험에 부딪치고 있으니까요. 젊은이들은 이 마약의 노예가 되어 정신상태가 나빠지고, 정신이상이 될 정도로 중독되어 폭력적인 범죄와 살인을 저지를 수도 있어요."

해리는 어떤 반대에도 아랑곳하지 않고 주장을 고집했다. 그가 대마초의 해악에 대한 회의론에 맞서 강하게 자기주장을 하는 동안, 놀라운 사실이 드러난 것도 이유 중 하나였다. 과거 그가 마피아의 존재에 대해 이야기했을 때 모두가 그를 조롱했다. 그들은 "증거가 어디 있어?"라며 비웃듯 물었다. 그러나 이제 앤슬링어는 마피아가 존재할 뿐 아니라 누구도 상상하지 못할 만큼 대규모라는 증거를 자신의 요원들을 통해 밝혀내고 있었다. 그는 미국 전역에서 활동하는 마피아 단원 800명의 이름을 하나하나 기록한 자료집을 만드는 중이었다.[80] 그는 마피아를 급습해 자신이 옳았다는 사실을 증명하고 있었다.[81] 그러나 관계자들은 여전히 인정하지 않으려고 하면서 그저 외면하려고 했다. 어떤 사람들은 마피아에 매수되어서,[82] 어떤 사람들은 어렵고 골치 아픈 '십자군전쟁'(중세에 기독교 세계가 이슬람 세력을 몰아내려고 전쟁을 벌였듯, 마피아를 몰아내려는 대대적인 작전이라는 의미 – 옮긴이)을 벌이면서 100퍼센트 잘 정리된 자신의 경력을 건드리고 싶지 않아서,[83] 어떤 사람들은 겁에 질려서 그랬다. 뉴올리언스 경찰서장 데이비드 헤네시는 마피아에 대해 아주 깊숙이 파고드는 바람에 살해됐다.[84]

앤슬링어는 자신의 직감이 모두 이렇게 사실로 드러날 것이라고 확신했다. 그는 '전문가들'의 말도 믿지 않았다. 어느 누구의 예측보다 자신이 더 옳았다는 사실을 마침내 증명할 때까지 자신의 직감을 계속 따르려고 했다.

그는 자신이 주도한 선동전의 규모를 확대했다. 앤슬링어는 흑인들이 대마초의 영향을 가장 무시무시하게 받는다고 경고했다. 대마초를 피우면 인종 장벽을 잊고 백인 여성에 대한 욕망이 치솟는다는 주장이었다.[85] 물론 1930년대에는 인종차별적인 발언을 하는 사람들이 정말 많았지만, 해리의 태도는 그 당시 사람들도 충격을 받을 만큼 심했다. 그가 공식 기록에 용의자를 '검둥이'라고 썼다는 사실이 드러나자, 앤슬링어의 고향인 펜실베이니아주의 조지프 P. 거피 상원의원은 그의 사임을 요구했다. 그 후 몇 안 되는 흑인 요원 중 한 명인 윌리엄 B. 데이비스가 동료들이 자신을 '검둥이'라고 부른다며 항의하자 해리는 그를 해고해 버렸다.[86]

해리는 자신을 비판하는 사람들을 모두 이런 식으로 대했다. 미국의학협회가 지나치게 극렬한 그의 주장 중 일부를 반박하는 보고서를 발표했을 때, 그는 보고서의 복사본을 한 장이라도 가지고 있는 요원은 곧장 해고하겠다고 으름장을 놓았다.[87] 또한 앨프리드 린더스미스Alfred Lindesmith라는 교수가 마약중독자들을 따뜻하게 보살펴야 한다고 주장한다는 사실을 알게 되자, 그 교수가 범죄조직과 관련이 있다고[88] 소속 대학교에 거짓으로 경고하라는 지시를 부하직원에게 내렸다.[89] 그 교수를 도청한 것은 물론,[90] 직원들을 보내 '입을 다물라'고 경고하기도 했다.[91] 해리는 마약 유통을 통제할 수는 없지만, 마약에 대한 생각의 흐름은 통제할 수 있다는 사실을 깨달았다.[92] 그리고 해리가 침묵시켜야 한다고 믿은 대상은 과학자들만이 아니었다.

재즈와의 전쟁

해리 앤슬링어가 쓴 글을 보면, 그는 분명히 빌리 홀리데이에 대해 집착하고 있었다. 나는 그 부분과 관련해 더 깊은 이야기가 있을지도 모른다고 느꼈다. 그래서 빌리와 알고 지낸 사람들 중 생존자들을 전부 찾아내 이 문제에 대해 물어보았다.[93] 그중 한 명인 빌리의 대자代子 베번 더프티는 자신의 어머니가 그녀의 가장 친한 친구였는데, 사실상 빌리가 미국 정부에 의해 살해되었다고 믿었다고 설명했다. 그는 몇 년 동안 방치해둔 다락방에 어머니의 글이 좀 남아 있다면서, 그 글들을 보고 싶으냐고 내게 물었다. 해리 앤슬링어의 자료, 빌리 홀리데이의 친구들이 들려준 말들, 그리고 빌리 홀리데이의 삶을 정리한 전기들과 베번 더프티가 보여준 글들을 종합하자 이때의 이야기가 더 명확하게 이해됐다.

재즈는 해리 앤슬링어의 신념과 완전히 반대였다. 재즈는 즉흥적이고, 느긋하고, 자유로운 형식의 음악이다. 재즈는 자신만의 리듬을 따른다. 재즈는 유럽, 카리브해, 아프리카 음악의 영향을 받아 만들어진 음악으로, 해리 앤슬링어가 보기에 특히 미국 해안에서 뒤섞인 음악이라는 점이 최악이었다. 앤슬링어에게 이러한 음악은 '음악적 무정부 상태'를 의미했고, 흑인들의 내면에서 모습을 드러내려고 기다리던 원초적 충동이 분출된다는 증거였다. 그는 직원들끼리 보는 글에서 "그 음악은 한밤중 정글의 소리처럼 들렸다"라고 했다.[94] 또 다른 글에서는 이 흑인 음악에서 "믿기지 않을 정도로 오래된 동인도제도의 외설적인 의례가 되살아났다"라고 경고했다.[95] 재즈 연주자들의 삶이 "쓰레기 같은 냄새를 풍긴다"라고도 했다.[96]

해리의 요원들은 "많은 재즈 연주자들이 대마초를 피우고 나면 더 멋지게 연주할 수 있다고 생각하지만, 실제로는 어찌할 수 없을 정도로 혼란스러워하면서 형편없이 연주한다"라고 보고했다.[97] 대마초를 피우면 시간감각이 극적으로 느려지고, 그래서 재즈음악이 그렇게 기괴하게 들린다고,[98] 재즈 뮤지션들은 말 그대로 보통의 인간과는 다른 리듬으로 살고 있다고 해리와 부하들은 믿었다. 그들은 "원래 음악이란 매력적이지만, 이런 음악은 매력적이지 않다"라고 메모했다.[99] 사실 해리는 재즈를 대마초가 사람을 미치게 만든다는 사실을 보여주는 또 다른 증거라고 여겼다. 예를 들어 〈대마초를 피우는 그 웃긴 남자를 만난 적 있니〉라는 노래 중 "그는 생각을 할 때마다 바다를 횡단할 수 있다"라는 구절이 나온다.[100] 해리의 요원들은 "대마초를 피우는 사람은 정말 그렇게 생각한다"라고 경고했다.

앤슬링어는 찰리 파커,[101] 루이 암스트롱,[102] 텔로니어스 멍크[103]

같은 재즈 뮤지션들로 득시글거리는 광경을 상상했다. 저널리스트 래리 슬로먼Larry Sloman의 기록에 따르면, 앤슬링어는 그들 모두가 감옥에 갇힌 모습을 보고 싶어했다.[104] 그는 재즈 뮤지션들의 뒤를 쫓으라고 파견한 모든 요원들에게 편지를 보내면서 이렇게 지시했다. "자네들 관할 구역에서 대마초법을 위반한 뮤지션들과 관련된 모든 사례를 정리해둬. 그런 사람들을 하루 만에 전국적으로 한꺼번에 체포할 거야. 그날이 언제인지 알려줄게."[105] 그가 마약 단속과 관련해 요원들에게 하는 충고는 언제나 "먼저 저질러라"였다.[106]

그는 자신의 집중 단속이 "좋은 음악가들이 아니라 재즈 뮤지션에게만" 영향을 줄 것이라고 연방의회 의원들을 안심시켰다.[107] 그러나 재즈계는 그들을 덮치려는 해리 앤슬링어에 단 하나의 무기로 맞섰다. 바로 절대적 단결이었다. 앤슬링어의 요원들은 재즈계에서 밀고자를 한 명도 찾아낼 수 없었다.[108] 설사 누구 한 명이라도 단속에 걸리면 재즈계의 모두가 나서서 구해내려고 애썼다.[109]

재무부는 결국 앤슬링어에게 왜 절대 분열되지 않는 집단과 맞서 시간을 낭비하느냐고 지적했다.[110] 그래서 그는 범위를 줄여나가다 레이저 광선처럼 하나의 표적에 초점을 맞췄다. 그 표적은 역사상 가장 위대한 여성 재즈 보컬리스트라고 할 수 있는 빌리 홀리데이였다.

"이 노래는 멈출 수 없어요"

빌리 홀리데이는 코카인과 헤로인을 처음으로 금지한 '해리슨 마약법'이 제정된 지 몇 달 후에 태어났다.[111] 그 법은 쌍둥이처럼 평생 그녀를 따라다녔다.[112] 빌리가 태어난 지 얼마 지나지 않아 열아홉 살이던 어머니 사디는 매춘부가 되었고,[113] 열일곱 살이던 아버지는 사라졌다. 그는 훗날 남부에서 흑인을 치료해줄 병원을 찾지 못해 폐렴으로 사망했다.[114]

빌리는 볼티모어의 거리에서 홀로 반항을 일삼으며 성장했다.[115] 거리에는 똥을 태우는 고약한 연기 냄새가 진동을 했다.[116] 그녀가 살았던 추운 빈민가는 '피그타운'이라고 불렸는데 대부분이 판잣집에서 살았다. 어린 빌리는 매일 증조모를 씻기면서 버지니아농장의 노예였던 젊은 시절의 이야기를 들었다.[117]

빌리는 곧 흑인이라는 이유로 갈 수 없는 곳이 많다는 사실을 알게 되었다. 핫도그를 파는 한 가게는 아무도 보지 않을 때 그녀를 들여보내주곤 했으나, 빌리가 가게 안에서 먹으려고 하면 혹시 누가 볼까 싶은 가게 주인이 죽일 듯 화를 냈다.[118] 그녀는 이 같은 상황은 잘못되었고 바꾸어야 한다는 사실을 직감적으로 알았고, 이렇게 다짐했다. "진심이 아니라면 어떤 일도 하지 않고 어떤 말도 하지 않겠다고, 어느 날 그냥 분명히 결심했다. 진심이 아니라면 '부탁합니다, 선생님'이나 '감사합니다, 부인' 같은 말 따위는 하지 않겠다고 마음먹었다. 가난한 흑인이 되어보지 않고는, 그렇게 간단한 결심을 지키려고 얼마나 많이 머리를 맞게 되는지 알 수 없을 것이다."[119] 이런 다짐이 그녀의 삶, 그리고 해리 앤슬링어에 대한 그녀의 태도를 결정했다.

빌리가 열 살 때 윌버트 리치라는 40대 남성 이웃이 찾아왔다.[120] 그는 빌리의 엄마가 그녀를 찾는다고 설명한 후 자기 집으로 데려갔다. 그녀는 앉아서 기다렸지만, 엄마는 오지 않았다. 밤이 되자 빌리는 잠이 온다고 말했고, 그는 침대를 내주었다. 그리고 빌리가 침대에 눕자마자 그 남자는 빌리를 꼼짝 못 하게 밀어붙이고 강간했다.

빌리는 비명을 지르고, 그 남자를 할퀴고, 도와달라고 울부짖었다.[121] 누군가 분명 그 소리를 들었을 것이다. 그래서 경찰이 도착했다. 경찰은 들이닥치자마자 상황을 단번에 판단해버렸다. 그들은 빌리가 이 불쌍한 남자를 꾀어낸 매춘부라고 딱 잘라 말했다. 빌리는 이틀 동안 유치장에 갇혔다. 몇 달 후 윌버트 리치는 징역 3개월을 선고받았고, 빌리는 1년 동안 소년원에 갇혀 지내게 되었다.[122]

벽으로 둘러싸 봉쇄한 소년원을 운영하던 수녀들은 빌리가 질이 나쁜 아이여서, 모질고 단호한 훈육이 필요하다는 결론을 내렸다. 빌리는 통제하려는 그들에게 계속 맞섰다. 결국 그들은 "이 아이에게 교훈을 가르쳐야 한다"라고 결정했고,[123] 시체만 있는 방에 하룻밤 동안 빌리를 가두었다. 빌리는 손에 피가 날 때까지 문을 쾅쾅 두드렸지만 아무도 오지 않았다.[124]

얼마 후 빌리는 소년원에서 탈출해 볼티모어를 벗어났다. 엄마를 찾아갈 생각이었다.[125] 가장 최근에 연락했을 때 엄마는 뉴욕시 할렘에 있었다. 몸이 얼어붙는 겨울날, 빌리는 버스를 타고 뉴욕에 도착했다.[126] 추위에 떨며 엄마에게 마지막으로 확인한 주소로 찾아갔더니, 매춘업소였다. 엄마는 아주 적은 돈을 받고 일했기에 딸과 함께 지낼 수 없었다. 빌리는 오래지 않아 그곳에서 나와야만 했다. 너무 배가 고파서 숨쉴 때마다 통증을 느낄 정도였던 그녀는 결국 해결책이 하나밖에 없음을 알았다. 한 여자 포주가 모르는 사람들과 성행위를 하면 수익의 절반을 주겠다고 제안했다.[127] 그녀 나이 열네 살 때였다.

얼마 지나지 않아 빌리 자신의 포주가 생겼다. 루이스 매케이라는, 폭력적이고 걸핏하면 욕설을 퍼붓는 깡패였다. 나중에는 빌리의 갈비뼈를 부러뜨리고 피를 흘릴 때까지 때리기도 했다. 더 결정적으로는 훗날 앤슬링어를 찾아갔고, 그와 협력해 빌리를 괴롭혔다. 그런데도 빌리의 엄마는 루이스가 아주 괜찮은 남자라면서 그와 결혼하라고 권했다.[128]

빌리는 매춘을 했다는 이유로 경찰에 붙잡혔다.[129] 이번에도 경찰은 포주에 얽매여 매춘을 강요당하는 삶에서 그녀를 구해주지 않았다. 다시 한 번 빌리를 처벌했다.[130] 빌리는 뉴욕 웰페어섬의 교도소에 갇혔다. 출소 후 그녀는 가장 강력하게 머리를 마비시키는 화학물질을 찾기 시작했다. 처음에는 알코올 도수가 무려 70도에 이르는 밀조密造 위스키를 즐겼다.[131] 그러나 나이가 들면서 점점 더 강력한 마약으로 슬픔을 떨쳐버리려고 했다. 어느 날 밤, 스펙이라는 댈러스 출신 백인 소년이 헤로인을 주입하는 방법을 알려주었다.[132] 헤로인을 숟가락에 담아 데운 후 곧장 정맥에 주사하면 끝이었다.[133] 빌리는 술이나 마약에 취한 상태가 아니면 우울증의 깊은 늪에 빠져들었고,[134] 부끄러움에 거의 한 마디도 하지 못했다.[135] 그녀는 강간을 당하고 감옥에 갇혔던 기억 때문에 여전히 밤에 깨서 비명을 지르곤 했다.[136] 그녀는 친구에게 말했다.[137] "내게 습관이 있고, 좋지 않은 습관이라는 사실도 알아. 하지만 그것만이 빌리 홀리데이라는 사람이 존재한다는 사실을 느끼게 해줘. 나는 빌리 홀리데이야."

하지만 그녀는 또 다른 것을 발견했다. 굶주린 배를 움켜잡고 뉴욕 할렘의 거리를 정처 없이 걸어다니던 어느 날, 빌리는 술집마다 들러 일자리가 있는지 물었다. 그러나 모든 곳에서 거절당했다. 마침내 로그캐빈이라는 술집에서 댄서를 구한다는 답을 들었지만, 몇 가지 동작을 보여주자마자 실력이 부족하다는 사실이 바로 드러났다. 절박했던 그녀는 "노래는 할 수 있을지도 모른다"고 말했고, 주인은 구석에 있던 늙은 피아노 연주자를 가리키며 그에게 한 곡 불러주라고 했다.[138] 빌리가 〈트래블린 올 얼론Trav'lin' All Alone〉을 부르자 손님들은 술잔을 내려놓고 귀를 기울였다. 다음 곡 〈바디 앤 소울Body and Soul〉을 마칠 즈음에는 손님들의 뺨 위로 눈물이 흘러내리고 있었다.[139]

그녀는 엇박자로 노래를 부르고, 엇박자로 살았다. 어느 새해 전야, 한 선원이 술집에서 주문하는 빌리를 보고 "이 집은 언제부터 검둥이 년을 손님으로 받기 시작했어?"라고 항의하자 그녀는 술병으로 그의 얼굴을 쳤다.[140] 언젠가는 또 다른 술집에서 한 무리의 군인과 선원들이 그녀의 밍크코트에 담배를 비벼 끈 적이 있었다.[141] 그녀는 친구에게 밍크코트를 들고 있으라며 건넨 다음, 다이아몬드 모양의 재떨이로 선원들을 때려눕혔다.

하지만 여전히 자신의 삶과 얽힌 남자들에 대해서는 스스로를 방어하려는 충동이 자취를 감추었다.[142] 루이스 매케이는 그녀의 포주 역할에서 벗어나 '매니저'이자 남편이 되었다. 그는 그녀의 돈을 거의 모두 빼앗아갔다. 카네기홀에서 최고의 공연을 마친 직후 그는 빌리의 몸이 나자빠질 정도로 심하게 주먹을 날렸다.[143] 빌리의 이야기와 해리 앤슬링어의 이야기가 접목되려는 시점이었다. 알고 보니 해리 앤슬링어는 빌리를 아주 주의깊게 지켜보고 있었다.

해리는 이 떠오르는 흑인 스타가 헤로인을 투약한다는 소문을 들었다.[144] 그래서 지미 플레처라는 요원에게 그녀의 일거수일투족을 감시하는 임무를 맡겼다. 해리는 흑인 요원을 고용하기 싫었지만, 백인을 할렘과 볼티모어에 보내면 금방 눈에 띄었다.[145] 흑인인 지미 플레처가 해결책일 수밖에 없었고, 자신과 같은 흑인을 단속하는 일이 지미의 임무였다. 앤슬링어는 자기가 맡은 부서에서는 어떤 흑인도 절대 백인의 상관이 될 수 없다고 강조했다. 지미는 그 부서에 들어올 수는 있었지만 결코 승진할 수는 없었다. 지미는 계속 '기록원' 역할만 했다.[146] 누가 마약을 팔고, 누가 공급하고, 누구를 급습해야 하는지 알아내는 일을 하는 거리 요원이었다. 그는 다량의 마약을 가지고 다녔고, 직접 마약 거래를 했다. 그렇게 체포를 위해 작업하는 대상의 신뢰를 얻었다.

이런 역할을 맡은 요원들은 자신이 경찰이 아니라는 사실을

'증명'하기 위해 감시 대상들과 함께 헤로인을 투약하곤 했다.[147] 지미가 그렇게 했는지는 알 수 없다. 그러나 그가 중독자들에 대해 전혀 연민을 느끼지 않았다는 사실은 알 수 있다. 그는 "나는 마약의 피해자가 된 사람을 본 적이 없어. 마약중독자가 되면서 스스로를 희생시킨 거지"라고 말한 바 있다.[148]

지미는 빌리의 시동생 아파트에서 그녀를 처음 보았다.[149] 빌리는 비몽사몽이 될 정도로 술을 진탕 마시고, 엄청난 양의 코카인을 흡입하고 있었다. 그다음에는 할렘의 매춘업소에서 빌리를 보았는데, 똑같은 행동을 하고 있었다. 빌리는 노래를 한 후 욕을 정말 많이 했다.[150] 빌리가 누군가를 "쌍놈"이라고 부른다면 최고의 칭찬이었다.[151] 빌리가 지미를 언제 처음 "쌍놈"이라고 불렀는지 알 수 없다. 빌리는 주변을 맴돌면서 자신을 지켜보는 이 남자를 금방 알아차렸고, 좋아하게 되었다.

빌리의 집을 덮치라는 명령을 받자 지미는 전보를 전달하는 척하면서 문을 두드렸다. 빌리의 전기를 쓴 줄리아 블랙번Julia Blackburn은 유일하게 남아 있는 지미 플레처와의 인터뷰를 연구했다(기록보관소에 있던 그 자료는 지금은 사라지고 없다). 그리고 지미가 상세하게 떠올린 기억을 전기에 담았다.

빌리는 "전보를 문 밑으로 밀어넣어"라고 소리쳤다. "문 밑으로 넣기에는 너무 커"라고 지미는 되받아쳤다. 결국 빌리는 지미를 집 안으로 들어오게 했다. 빌리는 혼자 있었고, 지미는 마음이 불편했다. 그는 "빌리, 이 사건을 간단히 해결하는 건 어때? 뭐라도 가지고 있다면 우리에게 넘기지 그래? 그러면 네 옷과 물건을 모두 꺼내서 샅샅이 뒤지지는 않을 거야. 그러니 그렇게 하지 않겠어?"라고 물었다.[152] 하지만 곧 지미의 동료가 도착했고, 몸수색을 위해 여자 경찰을 불렀다. 빌리는 지미에게 "그럴 필요 없어. 내가 옷을 벗을게. 내가 하고 싶은 말은 이거야. 네가 나를 몸수색하고 풀어줄래? 여자 경찰은 내 성기만 살펴보고"라고 말했다.

빌리는 옷을 벗고 그 자리에 섰다. 그리고 볼 테면 보라면서 오줌을 쌌다.

빌리가 "사랑을 주는 남자여, 당신은 어디에 있을까요?"라고 노래할 때, 그녀는 남자 때문이 아니라 헤로인에 취해 울었다.[153] 하지만 재즈계 친구들이 자신처럼 마약을 사용하고 있다는 사실을 알게 되면 끊으라고 간청했다.[154] 빌리는 울면서 "절대 나처럼 되지 마. 절대 그러지 마"라고 호소했다.

그녀는 마약을 끊으려고 끈질기게 노력했다. 금단증상을 겪는 며칠 동안 그들 집에서 지내게 해달라고 친구들에게 부탁하곤 했다. 자신이 뛰쳐나가지 못하도록 가둬달라고 했다. 그러다 다시 마약상에게 달려갈 때면 "인내력도 없군, 홀리데이"라며 스스로를 욕했다.[155] 그녀는 왜 마약을 끊지 못했을까? 빌리는 "우리를 사랑하고 신뢰하고 믿어주는 누군가가 있다면 굳세게 끊어낼 수 있다. 그러나 내게는 아무도 없었다"라고 썼다. 사실 빌리는 이렇게 말하기도 했다. "이것은 별로 공정한 일이 아니야. 앤슬링어의 요원들이 엄청난 시간과 신발이 다 닳을 정도의 노력, 돈을 쏟아부으며 나를 잡으려고 해. 누구든 그런 일을 당하면서 살아가기는 어려워."[156]

처음 빌리의 집을 덮친 날, 지미는 그녀를 한쪽 구석으로 데리고 가서 앤슬링어에게 개인적으로 부탁해보겠다고 약속했다. 지미는 빌리에게 "당신이 일을 그만두게 하고 싶지는 않아"라고 말했다.[157]

얼마 후 지미는 술집에서 우연히 빌리를 만났다. 빌리의 반려견인 치와와 무치를 옆에 둔 채 두 사람은 몇 시간 동안 이야기를 나누었다.[158] 그러던 어느 날 밤, 클럽 에보니에서 두 사람은 드디어 함께 춤을 추게 되었다. 빌리 홀리데이와 앤슬링어의 요원이 음악에 맞춰 같이 몸을 흔들었다. 지미 플레처는 여러 해 후 이렇게 회고했다.[159] "그때 빌리와 친밀한 이야기를 정말 많이 나누었다. 아주 많은 일들에 관해 대화했다. 빌리는 누구든 연민을 느끼게 하는 사람이었다. 사랑이 넘치는 사람이었으니까." 앤슬링어가 빌리 홀리데이를 쫓아다니며 단속하라고 보낸 남자는 그녀와 사랑에 빠졌던 것 같다.[160] 진짜 중독자인 빌리에게 아주 가까이 다가가자 증오는 사라졌다.

앤슬링어는 재즈계 어디에서도 달리 찾을 수 없었던 인물인 빌리 홀리데이를 놓아주려고 하지 않았다. 빌리는 루이스 매케이에게 심하게 두들겨 맞은 후 공연장에 나타날 때가 많았다. 그래서 갈비뼈를 붕대로 감싼 후 무대 위에 올라야 했다.[161] 빌리는 너무 무서워서 경찰에 신고도 못 했지만, 결국 용기를 내서 그와 헤어졌다.

루이스 매케이는 "어떻게 이런 년한테 이따위 취급을 받을 수 있어? 이런 하층민 년한테. 내가 창녀와 관계를 맺는다면 돈을 좀 뜯어내려는 이유뿐이야. 아니면 그년과 아무 관련도 없어. 그런 계집은 필요 없어"라며 격렬하게 화를 냈다.[162] 그러다 해리 앤슬링어가 빌리에 대한 정보를 모은다는 이야기를 듣고 흥미가 생겼다. 매케이는 "그년은 헤로인을 그렇게 많이 해치우고도 용케 피해다녔어"라면서 "홀리데이의 엉덩이를 이스트강의 시궁창에 처박고 싶어"라고 덧붙였다. 매케이의 이런 태도가 빌리의 삶에 결정타가 되었던 것 같다. 그는 "그년을 끝장낼 만한 건더기를 충분히 많이 확보하고 있어. 그년이 평생 잊지 못할 정도로 정말 끔찍한 일을 당하게 할 거야"라고 맹세했다. 매케이는 해리를 만나려고 워싱턴D.C.로 갔고 빌리에게 누명을 씌우기로 마음먹었다.[163]

빌리는 다시 체포돼 재판을 받았다.[164] 그녀는 창백한 얼굴에 멍한 표정으로 법정에 섰다. "그 재판은 '미국과 빌리 홀리데이의 대결'이라고 불렸어. 그냥 그런 느낌이었어"라고 빌리는 말했다.[165] 그녀는 피고인석에서 울지 않으려고 애썼다.[166] 그녀는 어떤 동정도 바라지 않는다고 판사에게 말했다. 그저 병원으로 가서 마약을 끊고 치료받기만을 바란다고, "제발, 치료받고 싶어요"라고 부탁했다.[167]

그러나 빌리는 1년 징역형을 선고받고, 병원이 아니라 웨스트버지니아교도소에서 지내야 했다.[168] 어느 곳보다 돼지우리 같은 그곳에서 갑자기 마약을 끊어 금단증상에 시달리는 가운데 강제노동을 해야 했다.[169] 그녀는 교도소에서 지내는 동안 노래를 한 음절도 부르지 않았다.[170] 여러 해 후 자서전이 출간되었을 때, 빌리는 지미 플레처에게 서명한 책을 보냈다.[171] 책에는 이런 내용이 적혀 있었다. "대부분의 연방요원들은 좋은 사람들이다. 그들은 추잡한 임무를 맡았고, 어쩔 수 없이 그 일을 해야만 한다. 몇몇 더 좋은 사람들은 그들이 해야만 하는 일 때문에, 때때로 스스로가 미워질 정도로 인정이 넘친다. (…) 그들이 비열했다면 내게 더 친절한 척했을지도 모른다. 그랬다면 그들이 내게 하는 말을 믿을 정도로 그들을 신뢰하지 않았을 것이다."[172] 빌리의 말이 맞았다. 지미는 레이디 데이를 감시하는 자신의 일에 대해 계속 죄책감을 느꼈다. 빌리의 친구 중 한 명은 "빌리는 사회에 빚을 갚았다. 하지만 사회는 결코 그녀에게 빚을 갚지 않았다"라고 했다.[173]

이제 전과자가 된 빌리는 카바레 공연자 허가증을 빼앗겼다. 사람들이 빌리의 노래를 들으면 도덕성을 잃을 수 있다는 이유에서였다. 이제 빌리는 미국의 모든 재즈클럽을 포함해 술을 파는 어떤 곳에서도 노래를 부를 수 없었다.[174]

2013년 빌리의 친구 율랜드 바반은 내게 말했다. "어떻게 하면 누군가를 가장 잔인하게 대할 수 있을까요? 그 사람에게서 가장 소중한 무언가를 빼앗는 일이죠." 빌리는 어떤 상황에서도 살아남을 수 있었다. 하지만 이번에는 어떨까? "아무것도 뜻대로 하지 못할 때 절망하게 됩니다. 열정을 느낄 뿐 아니라 생계수단이 되고, 전 세계 사람들에게 기쁨을 안겨주었던 일을 할 수 없게 된다면"이라고 바반은 설명했다. 결국 빌리는 입을 다물었다. 그녀에게는 자신을 돌보거나 제대로 챙겨 먹을 돈도 없었다. 심지어 자신의 이름으로 아파트를 임차할 수조차 없었다.

어느 날 밤 빌리는 술에 취해 넘어졌고, 친구 그리어 존슨은 그녀가 바닥에서 흐느끼는 모습을 발견했다.

"자기야, 젠장! 맹세코 절대 다시는 노래하지 않을 거야."

"네가 노래를 부르지 않으면 도대체 무엇을 할 수 있다고 생각해?" 전기작가 줄리아 블랙번에 따르면, 그리어는 그렇게 물었다.

"난 눈곱만큼도 신경쓰지 않아!"

"좋아! 그렇다면 무슨 일을 할 거야, 빌리?"

빌리는 잠시 후 "다시 노래할 거야"라고 중얼거렸다.

"정말 그래. 너는 노래를 해야 해!"[175]

또 다른 친구는 그녀가 돈을 충분히 모을 수 있다고 계속 달랬다. 은퇴할 때에는 정원이 딸린 집을 마련해 아이들도 낳을 수 있다고 말했다. 빌리는 "내가 그럴 수 있다고 생각해? 그렇게 할 수 있다고 생각해?"라고 믿기지 않는다는 듯 물었다.[176] 그녀는 어딘가에 큰 농장을 사고, 그곳을 고아들을 위한 집으로 꾸미고, 직접 부엌일을 하겠다는 꿈을 품었다.[177] 그녀는 가끔 아직 아기인 대자 베번 더프티가 가족들과 함께 사는 94번가 아파트를 찾아갔다. 그리고 그 아기에게 빈 젖을 물리곤 했다. 진짜 젖이 나오지는 않았지만, 젖을 물리고 있으면 마음이 좀 편안해지는 것 같았다. 그녀는 웃으면서 아기 엄마인 친구에게 "이년아, 얘는 내 아기야"라고 말하곤 했다.

그녀가 마음을 달랠 수 있는 또 다른 방법은 어린 시절로 되돌아가기였다. 그녀는 하루종일 침대에 누워 《슈퍼맨》 만화책을 읽으면서 낄낄거리곤 했다. 어느 날, 그녀는 10대 친구와 함께 센트럴파크로 놀러갔다.[178] 두 사람은 말들에게 환각제를 먹인 다음 마차를 탔다. 마부는 어리둥절했다. '말들이 왜 평소 다니던 길로 가지 않으려고 하지?' 빌리는 마차 안에서 웃음을 터뜨렸다.

하지만 사람들과 만나야 할 때면 점점 더 피해망상에 빠졌다. 지미 플레처가 요원들 중 한 명이었다면, 다른 요원은 누구일까? 빌리는 주변 사람들 중 몇몇이 앤슬링어의 팀에 자기와 관련된 정보를 주고 있다고 믿었고, 그런 짐작은 사실로 밝혀졌다. 빌리의 친구 욜랜드 바반은 내게 "빌리는 누구를 믿어야 할지 몰랐어요. 소위 친구라는 사람들이 진짜 친구였을까요? 그들은 누구였을까요?"라고 물었다. 빌리가 어디에 가든 그녀에 대해 질문하면서 자세히 알려달라고 하는 요원들이 있었다.[179]

빌리는 얼마 남지 않은 친구들조차 밀어내기 시작했다.[180] 그들까지 경찰의 함정수사에 걸려들까 두려워서였다. 사랑하는 사람들이 그런 일만은 당하지 않기를 정말 바랐다.

인종차별과 마약 전쟁

어느 날, 해리 앤슬링어는 빌리만큼 유명한 백인 여성들에게도 마약 문제가 있다는 이야기를 들었다. 그러나 그들에 대해서는 상당히 다르게 반응했다. 그는 또 다른 헤로인중독자인 주디 갈런드를 불러서 만났고, 그들은 친근하게 대화를 나누었다.[181] 해리는 영화 촬영 사이에 휴식 기간을 조금 더 길게 가지라고 주디에게 조언했다.[182] 그리고 주디 갈런드에게 마약 문제가 전혀 없다고 보증하는 편지를 영화 촬영소에 보냈다. 또 그가 아는 워싱턴 사교계의 안주인(그는 '아름답고 우아한 숙녀'라고 메모했다)이 법을 위반한 마약중독자라는 사실을 알게 되었을 때, 해리는 "미국에서 가장 명예로운 가문 중 한 곳의 흠잡을 데 없는 명성이 무너질 것"이라면서 도저히 그녀를 체포할 수 없다고 했다.[183] 그는 그녀가 법망을 피하면서 서서히 중독에서 벗어날 수 있도록 도왔다.

앤슬링어의 자료가 보관된 곳에 앉아 마약과의 전쟁이 시작된 후부터 쌓여온 빛바랜 서류 더미를 꼼꼼히 읽으며, 처음에는 가장 이해하기 힘들었던 한 가지가 있었다.

오늘날 마약과의 전쟁을 지지하는 사람들은 '10대들이 마약과 가까워지지 않도록 보호해서 전체적으로 중독을 예방해야 한다'고 주장한다. 애초에 이런 이유로 마약과의 전쟁을 벌이게 되었다고 우리는 추측한다. 하지만 그렇지 않았다. 마약과의 전쟁은 이따금 불쑥불쑥 등장한다. 마약 금지의 주된 이유, 즉 이 전쟁을 시작한 사람들을 사로잡은 이유는 '흑인, 멕시코인, 중국인들이 이런 화학물질들을 사용하면서 그들의 위치를 망각하고 백인들을 위협한다'고 생각했기 때문이다.[184]

빌리는 대놓고 인종차별을 하면서 주디 갈런드처럼 마약에 중독된 백인 스타들에게는 연민을 보였던 앤슬링어의 대조적 태도가, 마약과의 전쟁을 제대로 수행하지 못했던 이상한 사례가 아

니라, 그 전쟁의 핵심 중 하나였다는 사실을 깨닫기까지 다소 시간이 걸렸다.[185]

해리 앤슬링어는 사람들에게 "흑인들 사이에 마약중독이 실제로 100퍼센트 증가했다"라고 말했다.[186] 그는 "흑인 인구는 전체 인구의 10퍼센트지만, 이미 마약중독자의 60퍼센트를 차지하고 있기 때문에" 무시무시하다고 강조했다.[187] 앤슬링어가 마약과의 전쟁을 벌이면서 그런 태도를 보였던 이유는 미국인들의 두려움을 대변하고 있었기 때문이다. 큰 파도가 있어야 서핑을 잘할 수 있는 법이다. 해리는 흑인에 대한 공포라는 큰 파도를 타고 있었다.

해리슨마약법의 통과를 앞두고 〈뉴욕타임스〉는 그 당시의 전형적인 기사를 실었다. '흑인 코카인중독자들이 남부의 새로운 위협이 되다'라는 제목의 기사였다.[188] 그 기사는 "이제까지 고분고분했던, 잘 알고 지내던 흑인이 코카인을 흡입하고 광란 상태가 되어서 미쳐 날뛰며 가게 주인을 찔러 죽이려고 했다는 신고를 받은" 노스캐롤라이나주의 경찰서장 이야기를 전했다. 상대를 죽이지 않으면 자신이 죽는다는 사실을 알았기에, 경찰서장은 권총을 꺼내 그 흑인의 가슴에 총구를 올려놓고 쏘았다. 서장은 "재빨리 죽이려고 했지만, 그는 총을 맞고 비틀거리지도 않았다"라고 말했다. 당시 언론은 흑인들이 코카인을 흡입하면 가슴에 총알이 박혀도 꿈쩍하지 않는, 초인적 괴물이 된다고 주장했다. 그것이 남부 전역의 경찰이 총기의 성능을 높인 공식적 이유였다.[189] 한 의학 전문가는 "코카인을 흡입한 흑인은 정말 죽이기

어렵다"라고 직설적으로 경고하기도 했다.[190]

많은 백인 미국인들은 흑인들이 빌리 홀리데이처럼 '피그타운'에 갇혀 지내며, 재능을 계발하지 못하는 삶을 살았다고 반란을 일으킬 수도 있다는 사실을 받아들이고 싶지 않았다. 흰색 가루인 마약이 흑인의 분노를 촉발하기에, 그 흰색 가루만 없애면 흑인들이 다시 고분고분해지고 무릎을 꿇게 된다고 믿는 편이 더 안심되었다. (2010년에 발간된 미셸 알렉산더Michelle Alexander의 뛰어난 책《새로운 짐 크로법The New Jim Crow》에서 이런 역사를 추적한다.)

하지만 해리는 억압해야 할 또 다른 인종집단이 있다고 생각했다.[191] 19세기 중반부터 중국 이민자들이 흘러들어왔고, 그들은 이제 일자리와 기회를 놓고 백인들과 경쟁하고 있었다.[192] 설상가상 해리는 그들이 백인 여성을 차지하기 위해 겨루고 있다고 믿으며, 다음과 같이 경고했다.

"'동양만의 독특한 인정사정없는 태도를 가진' 중국인들이 좋은 가정에서 자란 백인 소녀들의 매력에 점점 더 이끌리게 되었다.[193] 중국인들은 고국에서 들여온 전통인 '아편굴'로 백인 소녀들을 끌어들였고, 마약에 중독되게 한 다음 그녀들이 평생 '이루 말할 수 없이 성적으로 타락한' 행동을 하도록 강요했다." 앤슬링어는 중국인들이 운영하는 사창가를 아주 자세히 묘사하기도 했다. 백인 소녀들이 어떻게 옷을 천천히 벗었는지, 어떻게 팬티를 보여주었는지,[194] 중국인에게 얼마나 천천히 키스를 했는지, 그리고 그다음에 어떻게 했는지….

"중국인 마약상들은 사람들을 아편에 중독시키고 나면, 대놓고 비웃으면서 아편을 판 진짜 이유를 밝히곤 했다. 그것이 '황인종이 세상을 지배할' 그들만의 확실한 방법이었다.[195] 그들은 정말 영악해서, 싸워서 이기려 하지 않고 잔머리로 승부하곤 했다. 그들은 마약을 통해 백인종을 공격할 것이며, 때가 무르익으면 세상을 지배하게 될 것이다"라고 한 고위 판사는 설명했다.[196]

처음에는 평범한 시민들이 황인종의 위험에 맞서겠다며 직접 나섰다. 로스앤젤레스에서는 백인 폭도가 21명의 중국인을 총으로 쏘거나 목을 매달거나 산 채로 불태워서 죽였다.[197] 한편 샌프란시스코에서는 관료들이 차이나타운에 살던 사람들을 돼지 농장, 그리고 더럽고 질병이 들끓는 곳으로 지정된 다른 사업장으로 강제이주시키려고 했다. 그러나 법원이 그런 정책은 헌법에 위배된다고 판결했고[198] 당국은 차선책을 택했다. 그들은 아편 흡연을 중단시킬 때라고 말하면서 중국인들의 집과 사업장을 대대적으로 급습했다. 그 장면을 지켜본 한 사람은 "요원들이 아편을 피우는 장비를 태워서 연기가 9미터 넘게 하늘로 치솟았다. 숨막히는 연기가 차이나타운의 상공에 퍼져 시신을 덮는 천처럼 두껍게 하늘을 뒤덮었다"라고 표현했다.[199] 곧이어 해리슨마약법이 제정되었다.

해리 앤슬링어가 이 같은 역사의 근본적인 흐름을 만들어내지는 않았다. 그의 천재성은 새로운 흐름을 조성하는 일에서 나타나지 않았다. 그보다는 모든 문화적 동요를 안정시킬 도구로 자신의 요원들을 활용했다는 점에서 천재적이었다. 앤슬링어는 자신이 맡은 부서의 미래를 보장하려면, 마약중독과 흑인을 적으로 돌리며 눈에 띄는 승리를 거둬야 한다는 사실을 알았다. 그래서 다시 빌리 홀리데이를 물고 늘어졌다. 앤슬링어는 홀리데이를 끝장내기 위해 가장 무지막지한 요원을 불렀다. 그녀뿐 아니라 어느 누구와도 사랑에 빠질 위험이 전혀 없는 남자였다.

그 일본 남자는 숨을 쉴 수 없었다. 엄청나게 뚱뚱한 백인 남자인 조지 화이트 대령은 일본인의 목을 두 손으로 꽉 조르면서 놓지 않았다.[200] 그것이 그 남자의 마지막 순간이었다. 모든 일이 끝나자 화이트는 이 '일본놈'이 간첩이라고 믿었기에 목을 졸랐다고 당국에 설명했다. 하지만 친구들과 개인적으로 만난 자리에서는 자신이 죽인 사람이 진짜 간첩인지는 확실하지 않지만, 상관없다고 말했다. 몇 년 후 그는 "내게는 살인자 친구들이 많아. 그들과 어울려 아주 즐거운 시간을 보냈지"라고 자랑했다.[201] 그는 자신이 목을 졸라 죽인 남자의 사진을 아파트 벽에 걸어두고 항상 바라본다고 친구들에게 뽐내기도 했다.[202] 조지 화이트는 마지막 희생자의 사진을 앞에 두고 빌리와 관련된 일을 맡게 되었을 때 기분이 좋았다.

그는 해리 앤슬링어가 가장 좋아하는 요원이었다. 조지는 홀리데이의 자료를 훑어보면서 "아주 구미가 당기는 상대야"라고 자신 있게 말했다.[203] 마약국은 실적을 쌓기 위해 '빌리 홀리데이를 쓰러뜨릴' 기회를 놓치지 않으려 했기 때문이다.[204]

조지 화이트는 1930년대 샌프란시스코에서 기자로 일하다 연방마약국에 지원했다. 앤슬링어의 지시로 모든 지원자에게 실시한 성격검사 결과, 그는 가학적인 성격으로 나타났다.[205] 조지는 마약국에서 빠르게 승진했다. 특히 중국 마약 밀매조직에 침투한 최초이자 유일한 백인으로 돌풍을 일으켰다. 그는 표준 중국어로 말하는 실력까지 갖춰 중국인들과 함께 선서를 외칠 수도 있었다. 한가한 시간이면 그는 독살이라도 되려는 듯 뉴욕 허드슨강의 더러운 물에서 수영을 하곤 했다.[206]

그는 빌리 홀리데이라는 흑인 여성이 자신의 위치를 모른다는 사실에 특히 화가 났다. "값비싼 코트와 자동차를 갖추고 보석과 드레스를 걸치면서 호화로운 생활방식을 과시한다. 어디를 가든 대단한 숙녀 행세를 한다"라는 것이 그녀에 대한 불만이었다.[207]

비 오는 날, 수색영장도 없이 샌프란시스코의 마크트웨인호텔로 빌리 홀리데이를 덮치러 갔을 때 그녀는 흰색 비단잠옷을 입고 호텔방에 앉아 있었다.[208] 그 호텔은 빌리가 계속 공연할 수 있는 몇 안 되는 장소 중 하나였고, 그녀에게는 돈이 절실히 필요했다. 빌리 홀리데이는 1년 넘게 마약에 손을 대지 않았다고 경찰에 주장했다. 화이트의 부하들은 방에서 헤로인을 주사하는 도구들을, 그리고 휴지통 안에서 숨겨진 아편을 찾아냈다고 주장했고, 빌리를 마약 소지 혐의로 기소했다.[209] 그러나 나중에 자세히 살펴보니 뭔가 이상했다. 휴지통은 무언가를 숨겨두기에 적절한 장소가 아닌 것 같았다. 또한 경찰은 헤로인을 주사하는 도구들을 현장에 두고 왔다고 변명하며, 증거물에 포함시킨 적이 없었다. 기자들이 이 문제에 대해 화이트에게 묻자 그는 고함을 질렀다. 기자들은 화이트의 대답이 "조금 방어적으로 보였다"라

고 지적했다.²¹⁰

그날 밤, 화이트는 샌프란시스코 업타운의 카페 소사이어티에서 열린 빌리의 공연에서 그가 가장 좋아하는 노래를 신청했다. 빌리는 사람들의 마음을 사로잡고 움직이는, 자신의 음악이 가진 힘에 대한 믿음을 결코 잃지 않았다. 빌리는 "이 모든 상황이 지나가고 나면 사람들이 나를 기억할 거야. 그리고 더이상 나를 못살게 굴지 않을 거야"라고 했다.²¹¹ 조지 화이트는 동의하지 않았다. 화이트는 빌리의 매니저에게 "나는 홀리데이 씨의 공연을 별로 중요하게 여기지 않아"라고 단호하게 말했다.²¹²

빌리는 화이트가 자신의 방에 마약을 숨겨놓았다고 주장하며, 곧장 병원에 가서 검사를 받겠다고 제안했다. 금단증상이 전혀 없으니,²¹³ 자신이 마약을 하지 않았고 누명을 썼다는 사실을 증명할 수 있을 것이라고 했다. 빌리는 1천 달러를 내고 스스로 검사를 받으면서 겁을 내지 않았다.²¹⁴

알고 보니 조지 화이트는 오랫동안 여성들에게 몰래 마약을 먹이곤 했다. 그는 예술가 행세를 하면서 여성들을 그리니치빌리지의 아파트로 끌어들이곤 했다.²¹⁵ 그렇게 데려온 여성들의 음료에 몰래 환각제인 LSD를 섞고는 상대가 음료를 마신 후 어떻게 되는지 지켜보곤 했다.²¹⁶ 우연히 그와 같은 아파트에 살았던 젊은 여배우, 금발의 예쁜 술집 여종업원도 그런 식으로 화이트에게 당했다.²¹⁷ 화이트는 어떤 여성이 자신에게 성적 관심을 보이지 않으면, 마약을 먹여 상태가 어떻게 달라지는지 확인하려고 했다.²¹⁸ 화이트는 "마약국 일을 천직으로 여기며 진심으로 열심히 일했어. 그 일이 정말이지 너무 재미있었거든. 혈기왕성한 미국 남자가 마약국말고 어디에서 이렇게 거짓말하고, 사람을 죽이고, 사기를 치고, 도둑질하고, 강간하고, 약탈할 수 있겠어?"라고 뻐기듯이 말했다.[219] 마약에 취했다는 혐의로 빌리를 체포할 때 어쩌면 화이트 자신이 마약에 취해 있었을지도 모른다.

빌리 홀리데이는 기소되었다. 그녀는 "하도 따라다니면서 괴롭히고 압박하니 최후의 해결책으로 자살을 해야겠다는 생각밖에 들지 않았다"라고 썼다.[220] 빌리의 가장 친한 친구는 그 일로 빌리가 "죽도록 불안해했다"라고 전했다.[221] 12명의 평범한 시민들로 구성된 배심원단은 재판에서 모든 증거를 검토했다. 그들은 앤슬링어와 화이트에 맞선 빌리의 편을 들었고, 무죄 판결을 내렸다.[222] 해리 앤슬링어는 "그럼에도 불구하고 빌리의 명성은 정점에서 미끄러져 내려왔다. 그녀의 목소리는 갈라지고 있었다"라고 기록했다.[223]

빌리의 재판 이후 다른 많은 가수들은 당국의 괴롭힘을 당할까 너무 두려워 〈스트레인지 프루트Strange Fruit〉를 부르지 못했다. 하지만 빌리 홀리데이는 꿋꿋이 그 노래를 부르려고 했다. 그들이 무슨 짓을 하든 그녀는 자신의 노래를 불렀다. 빌리의 친구 애니 로스는 "빌리는 최대한 강인해지려고 했어요"라고 회상했다. 빌리 홀리데이는 어린 소녀였을 때 볼티모어에서 스스로에게 다짐했던 약속을 결국 지켰다. 그녀는 누구에게도 고개를 숙이지 않았다.

빌리가 마흔네 살일 때, 프랭키 프리덤이라는 젊은 음악가가 자신의 아파트에서 그녀에게 오트밀 한 그릇과 커스터드를 대접하고 있었다. 그때 갑자기 빌리가 쓰러졌다.[224] 그녀는 맨해튼의 니커보커병원으로 실려갔다. 들것 위에서 한 시간 삼십 분 동안 기다렸지만, 의료진은 빌리가 마약중독자라면서 치료를 거부했다.[225] 구급차 운전사 중 한 명이 빌리를 알아보았고, 그녀는 뉴욕 메트로폴리탄병원의 일반 병동에 입원했다.[226] 의료진이 산소호흡기를 떼자마자 그녀는 담배에 불을 붙였다.[227]

빌리는 "어떤 빌어먹을 놈이 언제나 나를 미라로 만들려고 한다니까"라고 내뱉었다.[228] 때마침 의료진이 들어오더니 빌리가 아주 심각한 여러 질병을 앓고 있다고 설명했다. 빌리는 제대로 영양을 섭취하지 않아 쇠약했고, 만성 음주 때문에 간경변증 상태였다. 만성 흡연으로 심장과 호흡기에도 문제가 있었다. 그리고 길거리 헤로인을 또다시 주사한 탓에 하퇴궤양도 여기저기 생겼다고 했다.[229] 의사들은 빌리가 오래 살기 어렵다고 경고했지만,[230] 해리 앤슬링어는 아직 빌리를 놓아줄 생각이 없었다. 빌리는 우중충한 작은 병실에서 "두고 봐, 자기. 그들이 이 빌어먹을 놈의 침대에서 나를 체포할 거야"라고 읊조렸다.[231]

곧 마약 단속요원들이 빌리의 병실로 들이닥쳤고, 은박지 봉투 안에서 3.7밀리리터가 되지 않는 헤로인을 찾아냈다고 말했다.[232] 그들은 빌리가 누운 침대 옆 벽의 1.8미터 정도 높이에 박힌 못에 은박지 봉투가 걸려 있었다고 주장했다.[233] 빌리가 손을 뻗을 수 없는 위치였다. 그들은 빌리를 기소하기 위해 배심원단을 소집했고,[234] 마약을 누구에게 샀는지 밝히지 않으면 곧장 교도소로 보내겠다고 협박했다.[235] 그들은 빌리의 만화책, 라디오, 축음기, 꽃, 초콜릿과 잡지를 압수하고,[236] 손에 수갑을 채워 침대에 묶은 후,[237] 문 앞에 경찰 두 명을 배치했다. 경찰은 서면 허가를 받지 않은 어떤 방문객도 들여보내지 말라는 명령을 받았다.[238] 친구들도 면회가 불가능했다.[239] 빌리의 친구 메일리 더프티는 중환자 명부에 있는 사람을 체포하는 일은 불법이라고 외쳤다.[240] 경찰들은 그 문제는 해결되었다고 설명했다. 그들은 빌리를 중환자 명부에서 뺐다.

이제 빌리는 간경변뿐 아니라 헤로인 금단증상에도 시달렸다. 빌리의 친구들이 메타돈을 처방하라고 주장하자 한 의사가 병원으로 왔다. 빌리는 열흘 동안 메타돈을 복용했고, 점차 회복되었다. 체중이 늘어서 훨씬 나아 보였다. 그런데 메타돈 복용이 갑자기 중단되었고, 빌리는 다시 고통스러워했다.[241] 마침내 한 친구가 허락을 받고 면회할 수 있게 되었을 때 빌리는 두려움에 휩싸여 부탁했다. "그들이 나를 죽일 거야. 이곳에서 나를 죽일 거야. 못 하게 해줘." 경찰은 그 친구를 쫓아냈다. 또 다른 친구 앨리스 브룹스키는 BBC와의 인터뷰에서 "이런 모든 일이 벌어지기 전까지는, 빌리가 죽기 전에 마약에서 벗어날 수 있으리라는 기대가 아주 컸습니다. 그런데 그 일이 마지막 결정타가 되었습니다. 더이상 버틸 수 없었죠"라고 이야기했다.[242]

어느 날, 포주이자 남편이었던 루이스 매케이가 (빌리를 밀고한 후) 병원에 나타나 침대 머리맡에서 〈시편〉 23장을 과시하듯 읽었다. 알고 보니 빌리가 마지막으로 손에 쥐고 있었던 자서전에 대한 권리를 양도해달라고 조르기 위해서였다. 빌리는 의식을 잃은 척했다. 그리고 그가 사라지자마자 눈을 떴다. "나는 언제나 종교적인 년이었어. 그러나 저 더러운 후레자식이 하나님을 믿는다면 다시 생각해봐야겠어."[243]

병원 밖 거리에는 유진 캘린더라는 할렘의 목사가 이끄는 시위대가 모였다. 그들은 "레이디를 살려라"라고 적힌 팻말을 들고 있었다. 캘린더 목사는 자신의 교회 안에 헤로인중독자들을 위한 치료소를 만들었다며, 빌리가 그곳에서 간호를 받고 건강을 회복하도록 허락해달라고 간청했다.[244] 캘린더 목사가 2013년에 내게 한 말에 따르면, 그의 생각은 간단했다. "중독자들도 당신과 나처럼 인간입니다." 그는 중독자들을 처벌하면 그들의 병이 심해지고, 연민으로 대하면 나아질 수 있다고 믿었다. 그러나 해리와 그의 부하들은 부탁을 거절했다. 그들은 병원 침대에 누워 있는 빌리의 지문을 채취했다. 눕힌 채로 빌리의 머그샷을 찍었다.[245] 누워 있는 빌리가 변호사와 대화하지 못하도록 닦달했다.[246]

빌리는 앤슬링어의 요원들을 개인적으로 비난하지 않았다. 빌리는 마약과의 전쟁 자체에 책임을 돌렸다.[247] 경찰이 아픈 사람들을 범죄자처럼 대하도록 만들었기 때문이라고 했다. 그녀는 자서전에 이렇게 썼다.[248] "정부가 당뇨병 환자들을 쫓아다니면서 인슐린에 세금을 매기고, 인슐린이 암시장에서 판매되도록 만들고, 의사들에게 당뇨병 환자들을 치료할 수 없다고 말한 다음, 환자들을 교도소에 보낸다는 상상을 할 수 있는가? 모두 말도 안 된다고 생각할 것이다. 그런데도 우리는 마약에 중독되어 아픈 사람들에게 사실상 똑같은 짓을 매일같이 한다."

그럼에도 불구하고 빌리 홀리데이의 마음 한구석에는 자신이 마약을 하면서 자기 삶에 나쁜 짓을 저질렀다는 생각이 자리잡고 있었다. 그녀는 다시 교도소에 가느니 죽는 편이 낫다고 사람들에게 말했다. 그러나 빌리는 그 옛날 엄마의 말처럼 죽으면 지옥불에 떨어질까 봐 정말 무섭기도 했다.[249] 매춘업소 바닥에 누워 루이 암스트롱의 음악을 들으며 볼티모어에서 벗어난 듯한 해방감을 느끼던 어린 소녀였을 때, 엄마는 그런 음악을 들으면 지옥불에 떨어진다고 경고했다. "빌리는 기진맥진했어요. 더이상 그런 일을 겪고 싶지 않았죠"라고 그녀의 친구 중 한 명이 내게 말해줬다.

빌리는 병원 침대에서 숨을 거두었다. 사람들이 그녀에게 다가오지 못하도록 경찰들이 병실 문 앞에서 지키고 있을 때였다. 빌리의 또 다른 친구가 BBC에 이야기했듯, 그녀는 "마치 삶에서 폭력적으로 찢겨나간 것처럼" 보였다.[250] 빌리는 자신의 다리에 50달러짜리 지폐 15장을 끈으로 묶어놓았다. 빌리가 남긴 것은 그 돈밖에 없었다. 그녀는 자신을 돌보아준 간호사들에게 감사를 표현하기 위해 그 돈을 줄 생각이었다.[251]

빌리의 가장 친한 친구인 메일리 더프티는 "빌리가 그녀를 망가뜨리려고 작정한 마약 단속 경찰이 치밀하게 기획한 음모에 의해 사실상 살해됐다"고, 아무나 붙잡고 소리쳤다. 하지만 메일리가 더이상 무엇을 할 수 있었을까? 빌리의 장례식에 경찰차들이 떼를 지어 몰려왔다.[252] 경찰이 빌리에게 했던 짓 때문에 폭동이 일어날까 두려워서였다. 유진 캘린더 목사는 추도사에서 이렇게 말했다. "이런 장례식에 오는 일은 없어야 했습니다. 이 젊은 여성은 창조주로부터 엄청난 재능을 선물받았습니다. (…) 그녀는 최소한 80세까지 살아야 했어요."

연방마약국의 생각은 달랐다. 해리 앤슬링어는 흐뭇해하며 "더이상 그녀 때문에 아침마다 골치가 아프지 않아도 된다"라고 썼다.[253]

해리 앤슬링어를 비판하기란 쉽다. 솔직히 중독자를 사랑해본 적이 있다면 누구나, 중독자가 되어본 적이 있다면 누구나, 마음속 어딘가에 이런 충동이 있다. '중독을 깨부수자. 중독을 없애자. 중독을 무지막지하게 억누르자.' 해리 앤슬링어는 정부 부서에서 살인 면허를 받은, 우리 마음속 가장 어두운 충동이다.

이 책을 쓰기 위해 연구하면서, 펜실베이니아의 농촌에서부터 머나먼 여정을 거치며 한 걸음씩 내디딜 때마다, 그 옛날 어린 해리 앤슬링어를 두려움에 떨게 했던 그 비명이 세계 곳곳으로 울려 퍼지는 것을 뒤쫓고 있다는 느낌이 들었다.

해리는 자신을 존경했던 사람들 중 한 명이 직접 그를 떠올리며 써준 시를 개인 자료로 간직했다. 해리 평생의 사명을 명확하게 밝힌 시였다. 그 시는 "위대한 판사가 /'마지막 중독자'가 죽었다고 선포할 때까지 / 그때가 되어야 은퇴하세요"라고 읊었다.[254]

◆◆◆

한국에서도 아주 비슷한 방식으로 마약과의 전쟁이 시작되었다. 박정희는 1970년대 중반, 여러 위기에 맞닥뜨렸다. 그는 정치적 자유와 개인적 자유를 갈수록 더 억압하고 있었다. 그 당시 인플레이션이 치솟으면서 사람들의 불만은 점점 더 커졌지만, 불만을 표현할 수 있는 수단은 점점 더 줄어들었다. 박정희는 자신의 실책에 관심을 갖지 않도록 국민의 마음을 돌려놓을 쟁점, 관심거리가 필요했다. 그는 마약 문제, 그리고 그가 증오했던 모든 것을 상징하는 대중음악가에 눈을 돌렸다.

대마초는 수천 년 동안 한국의 동부에서 저절로 자랐다. 서울여자대학교에서 강의하는 데이비드 A. 티자드David A. Tizzard 박사는 "한국에서 대마라고 부르는 그 식물은 동해안에서 저절로 자라면서 오랫동안 전통문화의 일부가 되었다. 한복을 만들거나 소화제의 재료로도 사용했다…. 1960년대에 시골에서 버스를 타고 나가면, 그냥 창밖으로 손을 내밀어 대마를 한 움큼 뜯어서 가방에 집어넣을 수 있었다"라고 썼다.[255] 시골 농부들은 대마초를 말아 담배처럼 피우곤 했다.

그런데 갑자기 박정희가 대마초를 금지하고 뿌리 뽑아야 한다고 선언했다. 당시 대마초는 모두를 옥죈 혹독한 독재에서 벗어나고 싶었던 청년들이 시작한 '히피 같은' 생활방식의 상징이 되고 있었다. 박정희는 "우리가 죽기 살기로 공산당과 싸우고 있는 이런 중차대한 순간에 청년들이 대마초를 피운다면 국가의 수치

다"라고 강조했다.[256]

그는 특히 한 대중음악가, 한국 록음악의 아버지로 불린 신중현에게 관심을 집중했다. 신중현은 어린 시절 일제강점기와 뒤이은 한국전쟁 중 부모님을 모두 잃었다. 그는 한 가지에서 위안을 얻었다. 그는 주한미군방송AFKN에서 미국 음악을 듣곤 했고 엘비스 프레슬리, 찰리 파커, 엘라 피츠제럴드와 사랑에 빠졌다. 1957년, 열아홉 살이었던 신중현은 낮에는 제약공장에서 일하며 미군 기지에서 공연하기 시작했다. 그는 자신이 좋아하는 곡을 변형해서 연주했다. 관중들은 그의 기타 솔로 연주에 열광했다. 신중현은 한국 최초의 록밴드인 '애드 훠'를 결성했고, 한국 텔레비전 방송에서 〈썸바디 투 러브Somebody To Love〉를 공연해 엄청난 인기를 얻었다.

그러자 이상한 일이 벌어졌다. 청와대에서 전화가 왔다. 신중현은 여러 해 후 〈코리아타임스〉와 인터뷰하면서[257] "그들이 전화를 하더니 박정희를 찬양하는 노래를 만들어달라고 요청했습니다. 나는 관심이 없다고 말하고 그냥 전화를 끊어버렸죠"라며 그 시절을 떠올렸다. 그들은 5분 후에 다시 전화해 이것은 요청이 아니라 명령이라고 말했다. 그는 "나는 대중을 위한 노래만 만듭니다"라고 답했다. 대단한 용기를 보여준 순간이었다. 그래서 박정희는 그를 무너뜨리기로 마음먹었다. 그의 머리는 강제로 깎였다. 기타들도 압수되었다. 공연도 금지되었다. 그는 대마초를 피운 죄로 체포되어 감옥에 들어갔고 고문을 당했다. 그다음 정신병원으로 끌려갔다. 그는 그곳에서 사진을 찍혔다. 그를 미친 사람처럼 보이게 하면서 굴욕감을 주려는 사진이었다.

그는 박정희가 암살된 후에야 재활 치료를 받았다.

이것은 박정희의 방법이 얼마나 효과적이었는지 보여주는 사례지만, 박정희 자신의 가족에게는 효과가 없었다. 박정희에게는 아들이 한 명 있었는데 그에게 마약 문제가 생겼다. 결국 마약 복용으로 여섯 차례 재판을 받고, 두 차례 투옥되어야 했다.[258]

한국에서는 대통령이 자신의 문제에서 다른 문제로 관심을 돌리려고 마약과의 전쟁을 시작했다. 그런데 결국 그의 아들이나 나라가 더 심각한 마약 문제에 빠져들고 말았다.

2장
미래를 예언한 의사

마약이 금지되자 벌어진 일

나는 해리 앤슬링어의 기록을 뒤지다 그가 계속해서 분노를 터뜨리는 몇몇 이름들을 눈여겨보기 시작했다. 해리는 그들이 자신의 일을 방해하면서 미국 전역에 마약을 퍼뜨리려 한다고 흥분했다. 나는 그 부분에 흥미를 느꼈다. 이 사람들은 누구일까? 예를 들어 에드워드 헌팅턴 윌리엄스Edward Huntington Williams나 헨리 스미스 윌리엄스Henry Smith Williams는 누구일까?

나는 서류 뭉치, 오래된 법정 기록, 누렇게 빛바랜 책들을 뒤적이며 실마리를 찾고자 노력했다. 그리고 내 판단으로는 이제까지 거의 완전히 잊혔지만, 마약과의 전쟁 전체에 대한 관점을 바꾸어놓을 힘을 가진 이야기를 알아냈다.[1]

마약과의 전쟁은 미국에서 시작되었지만, 그 전쟁에 대한 저항 역시 미국에서 시작되었다. 마약과의 전쟁이 발발한 바로 그 순간, 그 전쟁이 듣는 내용과 다르다는 사실을 깨달은 사람들이 있었다. 뭔가 완전히 다르다고 생각했다.

해리 앤슬링어는 사람들이 절대 이 퍼즐 조각들을 맞추지 않기 바랐다.

의사들이 체포되다

1930년대 초, 햇살 가득한 로스앤젤레스에 웃음기 없고 길쭉한 얼굴의 헨리 스미스 윌리엄스라는 의사가 있었다. 그는 작은 금테안경을 썼고,[2] 그 안경을 통해 세상 그리고 세상 속 거의 모든 사람을 들여다보았다. 이 의사는 중독자들에 대해 해리 앤슬링어와 거의 똑같은 증오감을 가졌다. 그는 중독자들을 절대 세상에 태어나지 말았어야 할 '나약한 사람들'이라고 여겼다.[3] 그리고 "어떤 인간의 삶이든 정말 가치 있고, 따라서 소중히 여겨야 한다는 생각은 터무니없이 진부하다. 이 세상 사람의 40퍼센트는 태어나지 않았어야 훨씬 더 괜찮은 세상이 되었을 것이다"라고 썼다.[4] 마약은 파멸로 이끌 뿐이어서 누구도 절대 마약에 손을 대지 말아야 한다는 것이 그의 생각이었다.[5]

때때로 역사에서 새로운 흐름이 만들어지고 있을 때, 그 흐름이 인류에 어떤 의미가 될지 다른 모든 사람보다 훨씬 앞서 알아차리는 사람이 있다. 그런 예언은 때로 가장 터무니없는 형태로 나타나기도 한다.

헨리 스미스 윌리엄스는 새로 출간하는 책에서 자신이 놀라운 사실을 알아냈다고 발표하려 했다. 그 사실을 밝히고 나면 마약과의 새로운 전쟁이 지속되지 못할 것이라고 믿었다. 그는 해리 앤슬링어가 공개적인 자리에서 마피아에 대한 분노를 터뜨리지만, 사실은 비밀리에 마피아를 위해 일하고 있다고 믿었다. 헨리는 마약과의 전쟁이 단 한 가지 이유로 일어났다고 생각했다. 마피아가 마약시장을 독점하고 싶어서 해리 앤슬링어에게 돈을 주고 '십자군전쟁'을 벌였다고 말이다. 그것은 세기의 사기였다.[6] 그리고 마침내 그 사실을 드러내려던 참이었다.

헨리가 이런 확신을 가지게 된 긴 여정은 1931년 어느 날, 한 남자가 헨리의 형 에드워드 윌리엄스가 운영하는 병원에 몸을 떨면서 들어왔을 때 시작되었다. 그 남자는 온갖 헤로인 금단증상에 시달리고 있었기에 딱 맞는 곳을 찾아왔다. 에드워드는 전 세계에서 가장 뛰어난 마약중독 전문가 중 한 명이었다.[7] 헨리는 "그 남자는 쓰러지기 직전의 처참한 상태였다. 그는 죽은 사람처럼 창백했다. 피부에서 땀이 흐르고, 온몸을 떨었다. 그의 목숨이 위태로워 보였다"라고 기록했다.[8]

두 형제는 여러 해에 걸쳐 진료실에서 이런 사람들을 보았다. 헨리는 사회진화론의 관점에서 그들을 사회의 어리석은 포용으로 겨우 살아남은 나약한 사람들이라고 여겼다. 자연상태라면 이 같은 사람들은 죽어 없어지고, 더 좋은 유전자를 가진 더 강한 사람들이 그 자리를 차지하게 된다고 믿었다. 하지만 형 에드워드는 그들의 고통을 막을 방법이 있다는 사실을 알지 못할 때도 차마 고통을 두고 볼 수가 없었다. 이에 마약중독자들을 위한 진료소를 세우는 일을 도왔고, 그로 인해 파산하기 직전이었다.

에드워드는 이렇게 말한 바 있다. "의사가 아무 일도 할 수 없을까? 아, 글쎄, 의사는 무슨 일을 해야 하는지 정확히 안다. 의사는 팔꿈치에 놓인 처방전 빈칸에 몇 자 적어넣기만 하면 그 환자가 비틀거리며 가장 가까운 약국을 찾아가고, 몸과 마음의 안정 그리고 정상적인 모습을 기적적으로 되찾아줄 치료약을 받을 수 있다는 사실을 안다. 의사는 환자가 중독된 마약에 대한 합법적인 처방전을 제공할 수 있다. 그 약은 환자의 몸을 손상시키지 않는다. 순수한 아편제는 피부나 장기에 해를 끼치지 않는다는 사실에 모든 의사가 동의한다. 마약에 중독된 환자는 그 약을 먹은 후 평온해질 수 있다. 그는 다시 정상적으로 활동할 수 있다. 일을 하거나 가족을 부양하거나 사랑을 나눌 수도 있다."[9]

그래서 에드워드 윌리엄스는 처방전을 썼다. 그는 여러 차례 처방전을 썼고, 법이 그의 편이라고 확신했다. 1925년 대법원이 해리슨마약법이 '중독된 환자들에게 헤로인을 처방하는 방법이 최선이라고 믿는 의사들을 처벌할 권한'을 정부에 부여하지 않는다고 판결했을 때 더욱더 확신을 가지게 되었다.[10]

그러나 1931년 이날의 중독자는 겉보기와 달랐다. 사실 그는 해리 앤슬링어의 지시에 따라 움직이는 사람이었다. 마약국이 의사들에게 속임수를 쓰고자 전국에 파견한 '미끼' 중 한 명이었다. 그들은 자포자기한 중독자들이었고, 마약국에서 몇 푼을 받고 의사들을 속여 처방전을 받아냈다. 의사가 처방전을 쓰고 나면 경찰이 진료실에 들이닥쳤다. 그래서 에드워드 윌리엄스는 전국의 2만여 명 의사들과 함께 체포되었다. 미국 역사상 의사들을 겨냥한 가장 대규모의 법적 공격 중 하나였다.

그때까지 마약국은 거의 중독자와 아프리카계 미국인들만 괴롭혔고, 그들은 저항할 처지가 아니었다. 헨리 윌리엄스는 달랐다. 그는 미국에서 가장 존경받는 의료계의 권위자 중 한 명이었고, 혈액세포의 화학적 성질과 생물학에 대해 미국에서 누구보다 정통하다고 알려져 있었다. 게다가 그는 31권짜리 과학사와 브리태니커백과사전의 많은 항목을 저술했고, 그 외의 시간은 1만 명이 넘는 환자들의 치료에 바쳤다.[11] 형이 체포되자 헨리는 그 문제를 조사했고, 예상치 못했던 사실을 발견했다.[12]

경찰이 형의 경력을 망가뜨리는 과정을 지켜보면서 헨리는 그제야 처음으로 의미심장해 보이는 무언가를 떠올렸다. 마약 판매가 불법이 되기 전, 헨리를 찾아오는 환자 중 마약을 복용하는 경우가 많았다. 그런데 그때는 상황이 완전히 달랐다. 그 환자들은 동네 약국에서 모르핀과 헤로인 등 아편제를 싸게 구입했다. 아편제는 흉부 감염에서 우울증까지 모든 병의 '치료약'이나 '작은 도우미' 역할을 하면서 병에 담겨 판매되었다. '윈즐로 부인의 진정 시럽'[13]이 가장 인기 있는 아편제 중 하나로, 30밀리리터당 순수 모르핀 65밀리그램이 들어 있었다.[14] 아편제를 구입했던 사람들 대부분은 아무 문제없이 사용했다고 회고했다.[15] 대부분의 사람들, 심지어 중독자들조차 저용량으로 아편제를 복용했다.

"이런 약의 복용이 도덕적으로 무슨 문제라도 된다고 생각한 사람은 아무도 없었다"라고 헨리는 설명했다. 알코올 반대 운동을 벌이던 한 유명한 인물은 모르핀에 중독되어 있었다. 그런데 아무도 그를 이상하다거나 위선적이라고 생각하지 않았다. 시럽 형태의 아편제를 매일 복용하면서도 딸의 손가락에 묻은 담배 얼룩을 보면 "잃어버린 영혼을 위해 무릎 꿇고 손을 모아 기도할 여성이 많았다."[16]

술을 마시는 사람 중 대부분은 알코올중독자가 되지 않았다. 마찬가지로, 아편제를 복용하는 사람들 대부분은 마약중독자가 되지 않았다. 그들은 그저 '불안정한 신경계를 지탱하기' 위해 아편제를 복용했다.[17] 직장에서 스트레스를 많이 받은 날 저녁에 와인을 마시는 사람과 다를 바가 없었다.

소수의 사람이 중독에 빠지긴 했지만, 그런 중독자들조차 대부분은 생업을 이어가면서 비교적 정상적인 생활을 유지했다. 정부의 공식 연구에 따르면,[18] 마약 금지정책이 본격적으로 실행되기 전에는 자칭 중독자(단순 마약 복용자가 아니라 중독자) 중 4분의 3이 안정적이고 꽤 괜찮은 직업을 가지고 있었다. 중독자의 22퍼센트 정도는 부자였고, 6퍼센트만이 가난했다.[19] 그들은 중독으로 인해 더 차분해졌다. 물론 그들이 중독에서 벗어났다면 더 좋았겠지만, 통제력을 잃거나 범죄를 저지르는 경우는 거의 없었다.[20] 그러나 1914년 해리슨마약법이 통과되었고, 16년 후 앤슬링어가 나타나 그 법의 강도를 빠른 속도로 계속 높여갔다.

의사들은 바뀐 정책이 빚어낸 결과를 피부로 느꼈다. 이와 관련 헨리는 다음과 같이 썼다.[21] "합법적 방법으로는 마약을 얻을 수 없게 되자 각계각층 수만 명의 사람들이 마약을 미친 듯이 찾기 시작했다. 그들은 목이 말라 죽어가는 사람이 물을 갈망하듯 마약을 갈망했다. 그들은 어떤 위험을 무릅쓰고 어떤 대가를 치르더라도 마약을 확보해야 했다. 그들은 그런 상황을 상상할 수 있었을까? 마약을 얻지 못할 수 있다고 짐작이라도 할 수 있었을까? (그런 법을 만든 사람들은) 그들의 포고령이 불법 마약 사업을 시작해도 된다는 허락과 완전히 똑같은 역할을 할 수 있다는 사실을 모를 리 없었을 것이다. 그들은 사실상 마약 밀수업자 집단이 생기도록 허락하고 있다는 사실을 분명 알았을 것이다."

마약 밀수업자는 이제 터무니없이 비싼 가격으로 마약을 팔 수 있게 되었다. 약국에서는 모르핀이 한 알에 2~3센트였지만, 범죄조직은 1달러에 팔았다.[22] 중독자들은 값을 부르는 대로 돈을 냈다. 우리가 지금 알고 있는 세상, 중독자들이 폭력배들로부터 마약을 구하려고 필사적으로 발버둥치고, 종종 범죄자가 될 수밖에 없는 세상이 그렇게 만들어지고 있었다. 윌리엄스 형제는 앤슬링어가 이끄는 마약국 때문에 두 가지 범죄가 급증하는 상황을 지켜보았다.

첫째, 마약을 미국으로 밀수해 중독자들에게 판매하는 폭력조직 집단이 생겼다. 다시 말해 해리 앤슬링어는 마피아와 싸우고 있다고 주장했지만, 실제로는 수익성이 높은 거대한 사업을 그들의 손아귀에 쥐어주었다.

둘째, 마약 가격이 10배 이상 뛰었고, 그래서 중독자들이 마약을 계속 얻기 위해 범죄를 저지르게 되었다. 헨리 스미스 윌리엄스는 "일반적인 중독자(공식 인구조사에 따르면, 보통 사람)가 부득이하게 필요한 마약을 구하려고 하루에 10달러에서 15달러씩 지불할 수 있을까?"라는 질문을 던진 후 이렇게 썼다. "해결책이 무엇일까? 중독자들은 평범한 수단으로 그렇게 많은 돈을 벌 수 없다. 그래서 꺼림칙한 방법으로 돈을 벌어야 한다. 구걸하고, 빌리고, 화폐를 위조하고, 훔쳐야 한다. 남자들은 보통 도둑이 되고, 여자들은 종종 매춘부가 되었다."

헨리는 "마약에 반대하는 관료들로 구성된 미국 정부는 최근 몇 세기 중 가장 강력하게 대규모로 범죄자들을 만들어냈다"라고 설명했다.[23] 그리고 해리 앤슬링어는 마약범죄자를 새로 만들어낼 때마다, 그의 부서가 살아남고 승승장구해야 할 새로운 이유도 만들어냈다.

중독자를 위한 처방전

에드워드 윌리엄스는 마약중독 문제에 더 잘 대처할 수 있는 방안, 이미 완벽하게 합법적인 방법이 있다고 서서히 확신하게 되었다. 그리고 그때부터 체포되는 길로 접어들었다.

1914년 헤로인과 코카인을 금지하는 해리슨마약법이 제정되었을 때, 이 법안에는 일부러 집어넣은 아주 명백하게 빠져나갈 구멍이 있었다.[24] 의사, 치과의사, 수의사 등 의료 전문가가 적절하다고 판단하면 마약을 계속 처방할 수 있고, 이처럼 중독자들을 연민으로 대해야 한다는 조항이었다. 그러나 에드워드 윌리엄스가 실천하기 전까지 그 조항은 역사의 쓰레기 더미에 던져져 있었다. 그는 중독자들을 위한 무료 진료소를 세우도록 도왔고, 그곳에서 자원봉사로 진료했다. 그는 필요하다면 누구라도 처방전을 써주었다. 그리고 환자들이 어떻게 달라지는지 지켜보았다.

윌리엄스조차 환자들의 변화하는 모습에 놀랐다. 몸이 망가진 실직자였던 환자들은 마약을 불법화하기 전과 똑같이 서서히 그리고 꾸준히 다시 일터로 돌아가고, 가족을 부양하고, 자신을 돌볼 수 있었다.[25] 그들이 사는 동네는 마약이 금지되기 전의 질서와 평온을 되찾기 시작했다. 로스앤젤레스 시장은 그 진료소가 로스앤젤레스가 받은 위대한 선물이라고 추켜세웠고,[26] 그 지역 연방검사는 이 진료소들이 "한 달에 걸친 모든 기소보다 더 훌륭한 일을 하루 만에 해낸다"라고 발표했다.

로스앤젤레스에서 수천 킬로미터 떨어진 연방마약국은 그런 상황 때문에 엄청나게 화가 났다.[27] 해리 앤슬링어는 어린 시절 그리고 유럽에서 보았던 중독자들의 모습을 계속 떠올렸고, 이런 전염병이 퍼지지 않도록 막고 싶었다. 아니면 헨리 윌리엄스가 의심했듯, 그에게 더 음흉한 동기가 있었을까?

해리는 헤로인중독자들을 위해 진료소를 세우는 일은, 원하는 물건을 무엇이든 훔칠 수 있는 '절도광을 위한 백화점'을 여는 일과 같다고 말했다.[28] 타블로이드 신문들은 연방마약국의 보도자료를 받은 다음, 그 진료소들을 죄악의 소굴이라 맹렬하게 비난했다.[29] 그리고 속임수를 쓰는 마약국의 '미끼들'이 활동하기 시작했다. 오리건주 포틀랜드의 한 의사는 앤슬링어의 부하들이 강제로 폐쇄하는 진료소에 서서 "이 모든 중독자들을 돕기 위해 합법적으로 할 수 있는 일이 뭐라도 있습니까?"라고 애원하듯 물었다. 마약국 요원은 이렇게 답했다. "물론이죠. 당신이 할 수 있는 일이 많아요. 그들을 몽땅 바다로 몰고 가서 처넣어요. 괜찮은 물고기밥이 될 테니. 그들에게 어울리는 운명은 그것뿐이에요."[30]

로스앤젤레스의 진료소가 문을 닫고 에드워드 윌리엄스 같은 의사들이 체포된 후 거의 모든 중독자들은 일자리를 잃었고,[31] 다시 하루치 마약을 얻기 위해 끊임없이 돈을 긁어모으는 신세가 되었다. 그들은 범죄자와 노숙자로 전락했고, 그들 중 수십 명이 사망했다.[32] "연방마약국은 의사들이 중독자들에게 처방전을 써줄 수 있다고 확인한 대법원의 명백한 판결을 무시하고 있었다.[33] 언론은 "대법원에는 그들의 판결을 강요할 군대가 없다"[34]라고 어깨를 으쓱하며 지적했다.

에드워드 윌리엄스와 함께 2만 명 정도의 의사들이 해리슨마약법을 위반했다고 기소되었고, 95퍼센트가 유죄 판결을 받았다.[35] 대부분은 엄청난 벌금형을 선고받았지만, 처방전 하나에 5년의 징역형을 선고받은 의사들도 있었다.[36] 배심원들이 몸서리치며 유죄 선고를 내리지 않은 지역도 많았다.[37] 그 의사들이 그저 최선을 다해 환자를 돌보았을 뿐이라고 생각했기 때문이었다. 그러나 앤슬링어는 계속 강력하게 마약을 단속했다.

해리는 다른 어떤 의사보다 에드워드 윌리엄스가 무너지기를 바랐다. 윌리엄스가 널리 존경을 받는 데다 많은 사람이 그의 말에 귀기울이기 때문이었다. 앤슬링어는 "그가 유죄 판결을 받을 때의 도덕적 효과로 마약을 더 경계하게 되는 가장 확실한 결과가 생길 것"이라고 적었다.[38] 그는 몇몇 의사만 무너뜨리면 나머지 의사들의 입을 다물게 할 수 있다고 생각했다. 꼭대기로 올라가서 최대한 위협하자. 이것이 언제나 해리의 방식이었다. 해리의 요원 중 한 명인 하워드 딜러는 훗날 "해리나 그가 이끄는 마약국 혹은 그의 방침을 비판하는 학술연구 결과를 내놓는 사람은 누구든 감옥에 가거나 목이 잘려야 했다"라고 밝혔다.[39]

마약과의 전쟁이 전개되는 과정을 지켜보며, 차갑고 냉정하고 오만한 헨리 스미스 윌리엄스는 자기 안에서 전쟁이 발발하고 있다고 느꼈다. 중독자들은 동굴에 살던 원시인들에게서 물려받은 야만적 유전자를 가지고 있고, 그들이 빨리 죽을수록 좋다는 신념이 그의 마음 한구석에 있었다.[40] 그러나 파괴되어가는 인간 개개인의 얼굴도 보였다. 헨리는 앤슬링어가 세상에 저지른 짓을 보면서 마음속으로 그에 대한 의문을 품게 되었다.

헨리는 워싱턴D.C.에 있는 해리 앤슬링어를 만나러 갔다.[41] 형이 자유와 평판을 되찾게 해달라고 호소하기 위해서였다. 해리는 그의 희생자 중 한 명과 아마도 처음으로 얼굴을 맞댔다. 그는 스스로를 전혀 변호하지 않았고, 다른 곳에서는 그토록 큰 소리로 외쳤던 주장도 전혀 내세우지 않았다. 그는 뒤로 물러섰다. "마약국이 윌리엄스 박사를 상대로 무슨 소송이든 했다는 사실을 찾아낼 수 없습니다. 왜 그런 분이 공격을 받았는지 이해할 수 없네요."[42] 그는 모든 책임을 로스앤젤레스 지역을 담당한 크리스 핸슨이라는 덩치 큰 빨강 머리 요원에게 돌렸다. 하지만 앤슬링어는 윌리엄스가 떠나자 "헨리 스미스 윌리엄스는 '히스테리'에 시달리고 있어"라며 몰래 비웃었다.[43]

재판에서 증언한 17명의 의사들은 한 명도 빠짐없이 에드워드 윌리엄스를 옹호했다.[44] 하지만 에드워드는 해리슨마약법 위반(사실상 마약상이라는 이유로)으로 유죄 판결을 받았고,[45] 연방 보호관찰 1년형을 선고받았다.[46] 이로 인해 에드워드는 다시는 중독자를 위한 처방전을 쓰지 못하게 되었다.[47] 이후 몇 세대에 걸쳐 미국의 어떤 의사도 그런 식으로 중독자를 돕지 못하게 되었다. "의사들은 이제 설사 원한다 해도 중독자들을 치료할 수 없게 되었다"라고 해리는 으스댔다.[48]

해리 밑에서 일하던 요원들은 넌더리를 내며 그 일을 그만두기 시작했다. 그 요원들 중 한 명인 윌리엄 G. 워커는 "누구라도 이 가엾은 녀석들의 고통을 볼 수 있다면 (…) 우리가 왜 변화를 가져야 하는지 이해할 것이다"라고 설명했다.[49]

중독자들을 치료할 수 없게 된 한 의사는 이런 잔혹 행위를 완전히 중단시켜야 한다고 결심했다. 그는 외투에 총을 쑤셔넣은 채 워싱턴D.C.로 갔다. 그는 해리 앤슬링어의 사무실로 걸어들어가 해리를 죽이려고 했다. 사무실 앞에서 한참 기다리다 마침내 안에 들어갔을 때, 앤슬링어는 그 의사의 외투를 받아주겠다며 손을 내밀었다. 그리고 곧장 외투 안에 손을 집어넣어 총을 빼앗았다. 해리는 훗날 그 의사가 자신에게 총을 쏘았더라도 자신이 먼저 총을 발사해 "그를 가루로 만들어놓았을 것"이라고 자랑

스레 말했다.[50]

어떤 시도도 해리를 막지 못했다. 해리는 의사들이 타락해서 너무 감정적이라고 주장했다. "속지 마. 그들은 그저 마약중독자들에게 처방전을 써주며 돈을 벌고 싶었을 뿐이야. 의사들이 잃은 건 돈밖에 없어." 게다가 그는 자신의 방법이 효과적이라는 증거가 있다고 했다. 마약국의 집중 단속이 시작된 후 중독자들의 수가 급격히 줄어들어 전국에 2만 명밖에 남지 않았다는 것이다. 여러 해 후 데이비드 코트라이트David Courtwright라는 역사학자는 해리가 어떻게 이 수치를 계산했는지 파악하기 위해 정보 공개를 요청했고, 그저 지어낸 수치라는 사실을 알게 되었다. 재무부의 고위 관리들은 이 수치가 "전혀 의미 없다"라고 은밀하게 이야기했다.[51]

◆◆◆

다시 로스앤젤레스로 무대를 옮겨, 헨리 윌리엄스는 이 문제를 오랜 기간 파헤친 후 드디어 발표하려고 준비를 마쳤다. 그는 이 발표로 20세기의 흐름이 바뀌고, '미국식 종교재판'이 드디어 끝날 수 있다고 믿었다. 헨리는 1938년《마약중독자도 인간이다 Drug Addicts Are Human Beings》라는 책을 출간했다. 책에서 그는 마약 단속을 지휘하는 워싱턴D.C.의 대머리 남자가 깊이 관여한 미국의 마약 금지정책 전체가 거대한 사기극이라는 증거를 늘어놓았다. 그리고 해리가 마피아의 지시를 받고 있다고 주장했다.

헨리 윌리엄스는 이 사기극이 어떻게 작동하는지 알고 싶다면, 크리스 핸슨의 이야기를 살펴봐야 한다고 설명했다.[52] 핸슨은 밝은 빨간색 머리카락에 이상할 정도로 매끄럽고 젊어 보이는 얼굴을 가진 땅딸막한 60대 남자로, 모두가 그를 '빅 크리스'라고 불렀다. 그는 해리가 이끄는 마약국의 캘리포니아 지역 책임자였고, 에드워드 윌리엄스를 포함해 캘리포니아주 의사들의 대대적인 검거를 지휘했다.

그가 왜 그런 일을 벌였는지 이제 알게 되었다고 헨리 윌리엄스는 썼다. 빅 크리스가 로스앤젤레스의 진료소를 폐쇄한 지 얼마 후, 그가 우싱[53]이라는 악명 높은 중국인 마약상을 위해 비밀리에 일하고 있었다는 사실이 법정에서 밝혀졌다. 빅 크리스는 마약상들로부터 많은 돈을 받았고, 그들의 지시대로 움직였다. 마약상들은 빅 크리스에게 뇌물을 주고 헤로인 처방 진료소의 문을 닫게 했다. 그들은 빅 크리스에게 그렇게 해달라고 요구했다.

나는 이 자료들을 몇 번에 걸쳐 꼼꼼히 읽고 나서야 처방전을 써준 의사들을 기소한 사건의 중요성을 깨달았다. 마약과의 전쟁이 시작되었을 즈음, 마약상들의 뇌물을 받은 사람이 마약 단속을 벌였다.[54] 마약상들은 마약과의 전쟁이 벌어지기를 바랐다. 정말 간절히 원했기 때문에 속도를 높이기 위해 뇌물까지 주곤 했다.

헨리 윌리엄스는 사람들에게 "왜 조직폭력배들이 그 마약법을 더 강력하게 집행하라며 경찰들에게 뇌물까지 주었을지" 스스로 질문해보라고 촉구했다. 해답은 바로 우리 눈앞에 있다고 그는 말했다. 마약 금지로 마약 사업 전체가 조직폭력배들의 손아귀에 들어갔다. 진료소가 폐쇄되자 중독자 한 명 한 명이 잠재고객이자 돈줄이 되었다. 연방마약국이 마피아의 뇌물을 받고 형의 진료소를 폐쇄했기에, 그런 일이 틀림없이 국가 차원에서 벌어지고 있다고 헨리는 판단했다. 앤슬링어도 분명 뇌물을 받는다고, 마약 밀매조직이 다른 누구도 아닌 앤슬링어의 방침 덕분에 이득을 본다면 그도 조직에 협조하고 있다고 설명할 수밖에 없다고 판단했다.

헨리 윌리엄스의 판단 중 이처럼 결정적인 부분은 틀렸다고 생각한다. 앤슬링어가 마피아를 위해 일한 적이 있다는 증거는 하나도 나타나지 않았다. 만약 정말 그랬다면 지금쯤은 증거가 나왔으리라 추측하는 것이 타당하다. 앤슬링어는 마약 밀매조직이 마약과의 전쟁을 더 적극적으로 벌이라며 마약국 직원들에게 뇌물까지 주었는데도, 자신이 마약 밀매조직의 철천지원수라고 진심으로 믿었다. 헨리 윌리엄스는 앤슬링어(그리고 마약 금지 정책)가 자신처럼 합리성을 바탕으로 움직인다고 추측했다. 하지만 그렇지 않았다. 두려움에 휩싸인 공황상태에서 나온 반응이었다. 누구든 공황상태에 빠지면 자신의 생각 중 논리적 결함을 알아차리지 못한다.

해리 앤슬링어는 미국이 마약 문제에 관한 한 계속 공황상태에 빠져 있도록 정말 열심히 노력했다. 그래야 아무도 다시는 논리적 모순을 발견하지 못하기 때문이었다. 사람들이 이런 모순을 지적할 때마다 그는 그들의 입을 막았다. 그는 미국 그리고 자

신의 머릿속에서 의심이 솟아나지 않도록, 미국인들이 다른 방법을 찾지 않도록 쐐기를 박아야 했다.[55]

헨리 스미스 윌리엄스는 이런 일들을 겪은 후 완전히 달라졌다. 이전에는 대부분의 인간이 거의 살아 있을 가치조차 없는 나약한 멍청이들이라고 생각했다. 그러나 이제, 인간은 인정사정없는 사회진화론의 생존 전쟁을 벌일 필요가 전혀 없다고, 대신 약자를 짓밟지 않고 친절하게 대하겠다고 마음먹어야 한다고 주장하기 시작했다.[56]

그는 마약과의 전쟁을 중단시키기 위한 운동을 벌일 사람들을 모으는 일에 여생을 바쳤다. 그러나 앤슬링어의 부하들은 마약과의 전쟁에 관심을 보이는 모든 사람에게 편지를 보내 그 집단이 '미국 정부와 갈등을 겪는 범죄조직'이라고 경고했다.[57] 헨리 스미스 윌리엄스는 1940년에 사망했다. 《마약중독자도 인간이다》는 절판되었고, 앤슬링어가 살아 있는 동안 그리고 지금까지 거의 알려지지 않았다.

그 책에는 이런 예측이 담겨 있었다. 마약과의 전쟁이 계속된다면 미국에서 마약 밀수 사업의 규모가 50년 안에 50억 달러에 달할 것이라고. 연도까지 거의 정확하게 알아맞히며 그의 예측은 그대로 들어맞았다.[58]

윌리엄스 형제, 그리고 그들과 함께 탄압을 당했던 여러 의사들에 대한 이야기는 미국의 집단기억에서 정말 성공적으로 지워졌다. 1960년대가 되자 앤슬링어는 의사들이 마약과의 전쟁에서 언제나 그에게 협력했다고 이야기할 수 있었다. 앤슬링어는 한 기자에게 "가장 친절한 대우를 받지 않았다고 주장하는 의사가 있는지 어디 보세요"라고 말하기도 했다.[59]

3장
해리의 총구가 향한 곳

그는 유령이 되어서도
이 전쟁을 지휘한다

해리 앤슬링어가 미국에서 모든 대안을 차단한 채 마약과의 전쟁을 벌이는 동안, 다른 나라들에서는 마약이 여전히 합법적으로 판매되고 있었다. 그러다 이후 수십 년 동안 여러 나라의 상황이 크게 바뀌었고, 이윽고 1960년대가 되자 모든 나라에서 마약이 금지되었다.

처음에는 모든 나라에서 저마다 두려움에 휩싸여 앤슬링어 같은 사람이 나타났기 때문이라고 짐작했다. 그러나 앤슬링어의 자료들을 뒤지다 뭔가 이상한 점이 눈에 띄었다. 나는 그것이 어떤 상황인지 이해하기 어려웠다.

앤슬링어는 내 고국인 영국을 포함해 전 세계에 편지로 명령하고 있었다. 그는 미국뿐 아니라 전 세계의 '마약 황제' 노릇을 했다. 어떻게 그럴 수 있었을까? 나는 해리가 어떻게 마약과의 전쟁을 전 세계로 확대했는지,[1] 그리고 어느 나라에서든 이 책을 읽고 있는 모든 사람이 지켜야 할 법에 어떻게 그의 생각을 집어넣었는지 알아내려고 애쓰기 시작했다.

세계로 뻗은 마약국의 그림자

의사들을 채찍질해 복종시킨 다음에도 해리의 골칫거리가 한 가지 더 남아 있었다. 그는 전적으로 옳은 일을 하고 있다고 생각했다. 그는 중독자와 의사, 마약상들을 강력하게 단속하고 있었다. 해리는 특히 한 도시를 마약 퇴치 방법을 전 세계에 보여주는 본보기로 삼으려고 했다. 그가 요구한 모든 강경한 법적 조치를 채택했기 때문이었는데, 그 도시는 볼티모어였다.[2] 하지만 뭔가 효과가 없는 것 같았다. 볼티모어는 무슨 이유에서인지 마약 없는 낙원이 되지 않았다. 해리는 한 가지로 설명할 수밖에 없다고 주장했다. 미국 사회 저변에서 은밀하게 활동하는 마피아 세력을 일찍이 엿보았듯 이제 그는 또 다른, 은밀하게 세상을 조정하는 더 사악한 세력이 있다고 믿었다.

공산주의자들은 분명히 미국에 마약을 대량으로 유입시키고 있으며,[3] 이는 미국의 토대를 위태롭게 하려는 "냉정하고 계산적이고 무자비하고 체계적인 계획"[4]의 일환이라는 것이 해리의 생각이었다. 그는 의회 증언에서, 중국의 초원에서 미국 백인의 혈관으로 곧장 흘러들어오는 '공산주의 헤로인'의 흐름을 자세히 설명했다. 중국인들은 왜 이런 짓을 할까? 그들은 백인을 약화시키고 미국 안에서 이적 행위를 하는 집단,[5] '마약을 구하기 위해 기꺼이 반역죄도 저지를' 중독자 집단을 만들려고 한다는 것이 해리의 설명이었다. 그는 이제 중독자들이 그저 범죄자와 폭력배만이 아니라고 단호하게 경고했다. 중독자는 공산주의 반역자가 될 수도 있다는 주장이었다.

해리의 요원들은 그에게 이 주장 중 어느 것도 사실이 아니라고 말했다.[6] 요원들 중 한 명은 훗날 인터뷰에서 "앤슬링어가 제기한 혐의를 입증할 증거는 하나도 없었지만,[7] 그는 절대 멈추지 않았어요"라고 밝혔다. 그러나 해리는 또다시 그 시대의 가장 뿌리깊은 두려움을 활용해 자신의 부서를 내세우고, 자신이 쓸 수 있는 예산이 불어나도록 했다. 그는 미국이 흑인, 가난한 사람들, 공산주의자 등 어떤 대상에 대해 두려움을 느끼든, 그가 마약에 대처해온 방식대로 하면 된다고 제시했다.

1950년대에 이렇게 공산주의자들이 음모를 꾸미고 있다고 주장하면서, 해리는 볼티모어의 실패를 마약과의 전쟁을 확대할 근거로 삼을 방법을 찾아냈다. 그는 전 세계 모든 사람에게 시행해야만 마약 금지가 효과를 거둘 수 있다고 주장했다.[8] 그래서 그는 유엔을 찾아가 인류를 위한 마약 금지 지침들을 내밀었다. 우리가 벌인 일들을 다른 나라들도 실천해야 한다. 마약과의 전쟁을 벌여야 한다. 그렇지 않으면…. 해리의 모든 행동 중 이 유엔 방문이 오늘날 우리의 삶에 가장 결정적인 영향을 끼쳤다고 할 수 있다.

그는 제네바에서 가장 좋은 호텔 중 한 곳에 묵었고, 더 작고 약한 나라들에서 온 대표들을 쏘아보며 마약 금지령에 대해 외쳤다. 그러나 빌리 홀리데이가 고개를 숙이지 않으려 했듯, 많은 나라들도 고개 숙이기를 거부했다. 예를 들어 태국은 아편 흡연이 자국의 오랜 전통이라서 금지하면 더 해롭다며, 단호히 거절했다.[9] 그러자 해리는 이런 나라들의 팔을 비틀기 시작했다. 그가 아꼈던 부하 중 한 명인 찰스 시라구사는 "미국의 대외 원조 계획을 중단할 가능성이 있다고 가볍게 언급하기만 해도, 거의 즉시 우리 방침을 마지못해 받아들인다는 사실을 알게 되었다"라고 으스댔다.[10] 나중에는 그 나라 상품을 미국에 하나도 수출하지 못하게 된다고 지도자들을 위협하기도 했다.

그들 나라에는 이 같은 정책들이 적절하지 않다고, 어떤 나라의 어떤 대표가 이유를 설명하려고 애써도 앤슬링어는 "나는 결정을 내렸어요. 그런 사실로 혼란시키지 말아요"라며 말문을 막았다.[11] 그래서 태국은 굴복했다. 영국도 항복했다. 위협을 받은 사람들은 결국 모두 백기를 들었다. 미국은 이제 세계에서 가장 강력한 나라가 되었고, 오랫동안 아무도 감히 미국에 맞서지 못했다. 어떤 나라들은 다른 나라보다 더 자발적으로 받아들였다. 거의 모든 나라에 아프리카계 미국인처럼 억압하고 싶은 소수민족이 있었다. 그러니 많은 나라에서 마약 금지가 좋은 핑곗거리가 되었다. 또한 거의 모든 나라에는 중독자들을 처벌하고 싶은 욕구가 깔려 있었다. "강한 자들이 세상을 차지하고 있어. 언제나 그랬고, 앞으로도 그럴 거야"라고 해리는 믿었다.[12] 그 결과 우리 모두 아직도 해리 앤슬링어의 총구 끝에 갇혀 있다.

그런데 해리는 다른 문제, 훨씬 더 개인적인 문제 때문에 두려움을 느꼈다. 마약국에서 일하기 시작할 무렵부터 해리는 자신의 생각이 이상하고 무질서한 방향으로 소용돌이치고 있다는 사실을 발견하게 되었다. 해리의 개인 기록을 보면 중독자들은 '전염성이 있어서' 그들을 즉시 '격리'하지[13] 않으면, 우리 중 누구라도 감염될 수 있다고 미친 듯한 어조로 경고하고 있다. 그러다 갑자기 해리는 몇 달 동안 사무실에 나타나지 않았다.[14] 당시에는 아무도 몰랐지만, 사실 해리는 정신이 쇠약해져 병원에 입원해야 했다.[15] 업무에 복귀했을 때 그의 편집증은 더 심해진 것 같았다. 그는 전 세계를 지배하려는 적들과 그들의 음모, 그리고 은밀한 시도를 어디에서나 찾아냈다.

나는 언제나 생경하게 느껴지는 해리의 주장을 읽으면서 때때로 궁금했다. 어떻게 이런 사람이 그렇게 많은 사람을 설득할 수 있었을까? 그러다 일반 시민들, 상원의원들 그리고 대통령들로부터 받은 편지 더미에서 해답을 찾을 수 있었다. 그들은 설득되고 싶었다. 그들은 얽히고설킨 두려움을 해결할 쉬운 해답을 찾고 싶었다. 얼마나 어리석고 나약한 사람들인지…. 그런 사람들에 대해 우월감을 느끼면서 잘난 척하고 싶은 유혹도 생긴다. 하지만 나는 이런 충동이 우리 모두의 내면에 있는 것이 아닌가 생각한다. 사람들은 인종, 불평등, 지정학처럼 복잡하고 심오한 문제들을 몇몇 가루와 알약의 문제로 간단히 설명하면서, 이 가루와 알약들을 세상에서 치워버릴 수 있다면 이런 문제들도 사라질 수 있다는 말을 듣고 싶었다.

두려움을 무너뜨리고 싶을 때 그 두려움을 어떤 상징으로 바꾸고, 그다음 그 상징을 파괴하려는 욕구는 인간의 자연스러운 본능이다. 그런 일은 십자군전쟁부터 마녀사냥, 그리고 오늘날까지 인류 역사 내내 되풀이되고 있다. 마약에 취하려는 인간의 충동처럼 복잡한 문제를 곰곰이 따져보면서 그 충동은 영원히 사라지지 않을 것이며, 그것이 언제나 어떤 문제들(그리고 어떤 쾌락들)을 일으킬 수 있다는 사실을 받아들이기란 쉽지 않다. 그 문제를 끝낼 수 있다는 다른 이야기를 훨씬 더 듣고 싶어한다. 우리가 그 말을 듣고 따르기만 하면 이 모든 문제가 해결될 수 있다고 믿고 싶어한다.

이데올로기의 몰락

케네디 대통령이 슬쩍 압력을 넣는 바람에 해리 앤슬링어가 결국 마약국 국장 자리에서 물러나자 그의 편집증적 집착이 미치지 못한 부분이 드러났다. 알고 보니 여기저기로 뻗쳤던 해리의 편집증적 집착이 진짜 향해야 할 곳은 바로 그의 부서였다. 해리가 퇴직하자마자 국세청 특별팀이 조사해보니, 마약국의 부패 문제가 심각하다는 사실이 밝혀졌다. 역사가 존 맥윌리엄스John McWilliams는 "미국에서 마약국 자체가 사실상 헤로인의 주요 공급원이자 보호자였다"라고 주장하기도 했다.[16]

앤슬링어는 의사, 재즈 가수, 중독자, 그리고 중국계 조직들을 뒤쫓느라 너무 바빠 마약상들이 자기 바로 옆에 있다는 사실을 알아차리지 못했다. 하지만 상관없다. 어쨌든 해리가 이겼다. 그는 미국 역사상 가장 오랫동안 보안기관의 수장을 지낸 인물이 되었다. 해리의 재임기간은 장기간 미국 연방수사국 국장을 지낸 존 에드거 후버보다도 길었다. 마침내 해리가 물러났을 때 더 이상 아무도 연방마약국을 해체하자고 건의하지 않았다. 마약국은 정부기관에 꼭 필요한 부서가 되어 있었다.

해리 앤슬링어가 은퇴하고 몇 년 후인 1970년, 잡지 〈플레이보이〉는 마약법에 관한 토론회를 마련하면서 해리를 토론자로 초대했다. 해리 앤슬링어는 1930년대 헨리 스미스 윌리엄스와 마주앉은 이후 처음으로 단호한 반대자들에 맞서 자신의 입장을 변호해야만 했다. 정신과 의사 조엘 포트, 변호사 조지프 오테리, 마약에 시달렸던 계관시인 윌리엄 버로스도 토론에 참여했다.

해리는 이전에 헨리 윌리엄스와 만났을 때와 달리 이번에는 회피하지 않았다. 그는 격렬하게 공격을 펼쳤다. 해리 앤슬링어는 "대마초를 피우면 너무 폭력적으로 변하기 때문에 그 사람을 저지하기 위해 다섯 명 정도의 경찰이 달려들어야 할 수도 있다"라고 단언했다. 그는 "대마초를 계속 피우면 정신병원에 갇히게 된다는 증거도 있다"라고 덧붙였다.

이전에는 사람들이 그의 말을 존중하며 잠잠히 들었다. 이제는 아니었다. 반대 토론자들이 주장에 대한 증거가 있느냐고 묻자, 그는 인도 정신과 의사 아이작 초프라가 "대마초 흡연이 정신병으로 이어진다고 단호하고 분명하게 설명했다"라고 답했다.

변호사 오테리는 "내가 보스턴에서 초프라 박사를 증인석에 세우고 반대 심문을 했어요. 그는 자신의 연구들에 과학적으로 타당한 실례가 담기지 않았고, 실제로는 어떤 사례에서도 대마초와 정신이상의 연관 관계를 찾지 못했다고 인정했습니다"라고 반박했다. 앤슬링어는 아무런 대답도 하지 못했다.

반대 토론자들은 마약 금지정책이 효과가 없다는 연구 결과, 입증할 수 있는 사실과 수치를 제시했다. 반면 앤슬링어는 거의 언제나 성적인 일화로 돌아갔다. "남학생 기숙사에서 열린 주말 파티 사례를 들 수 있어요. 여학생 중 한 명이 겁도 없이 LSD가 들어 있는 각설탕을 먹었죠. 그 여학생은 이틀 동안 정신을 잃었고, 그동안 여러 남학생들에게 강간을 당했습니다." 해리는 근거가 명확한 과학적 연구 결과들에 맞서, 1930년대의 싸구려 통속 소설을 각색한 듯한 외설적인 이야기들을 들먹였다. 토론을 하려고 둘러앉은 사람들은 몹시 당황한 기색을 감추지 못했다. 마치 통속 범죄소설 작가 미키 스필레인이 어슬렁거리며 의학 세미나에 들어와, 자신이 언젠가 골목길로 금발 여성을 따라가보았기 때문에 의사들이 헛소리를 하고 있다고 주장하는 상황과 비슷했다.

앤슬링어는 "전 세계의 낙후된 지역을 제외하고, 대마초의 유익한 효과를 이야기하는 의사를 한 명만 꼽아보세요"라고 말하면서, 사실에 입각한 주장을 하는 그들과 맞서기 시작했다. 반대 토론자들은 즉각 이름들을 나열했다. 보먼그레이의과대학교의 정신과 교수 로이드 J. 톰프슨, 영국 최고의 정신과 의사 중 한 명인 조지 T. 스타킹 등이었다. 앤슬링어는 이번에도 아무 대답을 하지 못했다. 그의 이상한 주장이 틀렸다는 사실이 계속 드러났다. 앤슬링어가 주장하고, 전문가들이 반박하고, 앤슬링어는 입을 다물었다.

그의 생각이 사실과 맞부딪칠 때 앤슬링어는 쩔쩔맸다. 그러다 그가 갑자기 폭발했다. 앤슬링어는 토론 자리에 둘러앉은 모든 사람에게 "완전히 괴물 같다"라고 욕했고, 그들이 "악랄한 허튼소리"를 하고 있으며 틀림없이 "정신이상"이라고 우겼다. 그다음엔 그들을 아돌프 히틀러에 비유했고, 마지막으로 "우리는 역사상 가장 터무니없는 발언을 듣고 있었습니다"라고 식식거렸다.

해리의 서류 상자들 사이에 앉아서 자료를 훑어보다 이 장면에서 뭔가 슬펐다. 그는 분명 고통스러운 노인이 된 것 같았다. 협심증을 앓는 데다 대화를 중단시킬 힘이 더이상 없었다. 그럼에도 불구하고 그는 자신과 의견이 다른 사람들이 미국을 죽음으로 이끌 수 있다고 주장하기 위해 현학적인 표현을 최대한 동원했다. "역사를 들여다보면 도덕적 해이와 쾌락주의를 용인해온 국가들이 멸망하면서 남긴 뼈들이 뒹굴고 있습니다."

포트 박사는 앤슬링어의 큼직한 대머리를 바라보며 반박했다. "당신은 이 나라가 과학적으로 논의해야 할 문제를 중세와 같은 방식으로 다루도록 이끌어왔어요." 앤슬링어가 마약국 국장을 맡은 지 얼마 되지 않았을 때 헨리 스미스 윌리엄스 박사가 했던 말과 똑같았다. 이제 또 다른 의사가 정확히 똑같은 말을 했다고 해리 앤슬링어는 자신의 마지막 기록에 남겼다.

4장
아무도 그들에게 맞서려 하지 않았다

세상을 길들인 마약상

더 깊이 파고들면서 나는 마약과의 전쟁 초창기의 역사 중 빈 부분이 있다는 사실을 깨달았다. 크고 깊은 구멍이었다. 경찰, 의사 그리고 중독자들의 눈을 통해 이 모든 역사가 어떻게 시작되었는지 짜맞출 수 있었다. 그러나 계속 읽어나가면서 그들 모두가 제4의 집단, 그들 주위에서 생겨나는 새로운 마약상 집단에 휘둘렸다는 사실을 깨닫게 되었다. 나는 그들의 이야기들, 그리고 그들이 본 세상을 알고 싶었다. 그러나 마약상들은 기록을 남기지 않는다. 자료를 뒤질 만한 미국 헤로인 마약상 기록보관소 같은 곳은 없다. 오랫동안 아무리 열심히 찾아봐도 이 역사를 결코 되살릴 수는 없을 것 같았다. 그들에 대한 기억은 그들을 아는 사람들과 함께 사라졌다. 그들은 이제 모두 죽고 없다.

그런데 한 가지 예외가 있었다. 미국에서 마약 거래의 잠재력을 처음 제대로 알아차린 사람은 아널드 로스스타인이라는 조직폭력배였다. 나는 그의 삶을 상당히 자세하게 되살려낼 수 있다는 사실을 서서히 깨달았다. 그는 자만심이 지나치게 강해서 기자들을 불러들여 자신에 대한 기사를 쓰게 했다. 그는 너무 힘이 세서 경찰이 그 기사를 읽을까 봐 걱정하지 않았다. 그는 경찰을 좌지우지했다. 그래서 로스스타인의 삶을 기록한 몇몇 전기가 있었다. 더 중요하게는 로스스타인이 죽은 후 그의 아내가 남편과 함께 지냈던 삶을 자세히 그린 회고록을 냈다는 사실을 알게 되었다. 로스스타인이 어떤 사람이었는지 소설처럼 멋지고 상세하게 묘사하면서 정확하게 설명하는 회고록이다.

하지만 한 가지 문제가 있었다. 로스스타인의 아내가 쓴 회고록이 한 권도 남지 않은 것 같았다. 심지어 뉴욕공공도서관에 있던 책도 1970년대의 언젠가 사라졌다. 나는 간신히 미국의회도서관에서 유일하게 남아 있는 책을 찾아냈고, 의회 건물 그늘에 앉아 그의 이야기를 하나하나 재구성해보았다. 다음은 아널드 로스스타인이 마약 거래를 위해 세상을 어떻게 길들였는지에 대해 내가 찾아낸 이야기다.

뉴욕에서 가장 두려운 이름

1920년대 중반, 아널드 로스스타인은 타임스스퀘어의 깜박거리는 네온사인 옆 길모퉁이에 서서 누구든 그의 돈을 빌려간 사람이 지나가기를 기다리고 있었다.

타임스스퀘어 거리에는 로스스타인에게 빚을 진 사람들이 득

시글거렸고, 앤슬링어처럼 로스스타인 역시 그저 쳐다보는 눈길만으로도 사람들을 겁줄 수 있었다. 하지만 그를 언뜻 보면 왜 그런지 이해하기가 어려웠다. 로스스타인은 170센티미터 정도의 키에 얼굴은 창백하고 어려 보였으며[1] 손은 작고 여성스러웠다.[2] 그는 절대 안절부절못하거나, 술을 마시거나, 주먹질을 하지 않았다.[3] 껌조차 씹지 않았다.[4] 그는 냉철하고, 똑똑하고, 몸에 딱 맞는 양복을 입는 등 어디에도 빈틈이 없었다.[5] 하지만 뉴욕의 모든 사람들은 로스스타인이 손가락만 까딱해도 그들을 죽일 수 있다는 사실, 그리고 로스스타인이 뉴욕시 경찰청의 정말 많은 경찰과 정치인들을 매수했기 때문에 그런 일로 절대 처벌받지 않는다는 사실을 알았다.

브로드웨이 무대 쇼걸이었던 로스스타인의 아내 캐럴린은 차를 타고 지나가다 남편을 큰 소리로 부르곤 했다. 하지만 그녀 역시 두려워했다. 훗날 캐럴린은 회고록에 이렇게 썼다.

집으로 돌아가는 길에 브로드웨이 47번가에서 50번가까지는 종종 속도를 늦추며 운전하곤 했다. 추운 밤이거나 비 오는 밤일 때도 있었다. 아니면 눈이 올 때도 있었다. 하지만 아널드는 대개 그곳을 지키고 있곤 했다. 나는 그에게 집에 오라고 부르곤 했다. 그는 고개를 저으며 '돈을 받아낼 누군가를 기다리고 있어'라고 말했다. (…) 아무리 궂은 날씨라도, 50달러밖에 되지 않는 작은 돈이라도 받아내고자 집에 들어오지 않곤 했다. 그러나 바로 그날 수천 달러를 벌어들였을지도 모른다. 내가 볼 때 아널드는 언제나 돈의 액수가 아니라 승률을 중요하

게 여겨졌다. 그는 도박을 하고 있었고, 분명 도박으로 돈을 벌었다.[6]

당시는 사치스럽고 향락적이었던 재즈 시대가 절정을 이루었던 시절이었고, 아널드 로스스타인은 뉴욕에서 가장 두려운 사람이었다. 그는 사람들에게서 그날의 돈을 충분히 뜯어낸 후 새벽이 지날 때까지 북적이는 타임스스퀘어의 카페 린디스에[7] 앉아 사기, 절도, 갈취 계획을 세우곤 했다.[8] 그의 주위 탁자들에는 배우와 대중음악 작곡가, 권투선수와 매니저, 논객과 공산주의자, 경찰과 범죄자 등 맨해튼의 암흑가와 상류사회 사람들이 뒤섞여 앉아 있었다. 캐럴린은 그곳이 마치 "맹수들과 그들의 천적들이 생기를 되찾기 위해, 눈에 보이지는 않지만 아주 실제적인 휴전 깃발 아래 모여 있는 밀림 속 물웅덩이 같았다"라고 표현했다.[9]

이런 밤에 두 남자가 카페 탁자에서 아널드와 캐럴린을 주인공으로 내세운 뮤지컬을 구상하고 있었다. 그들은 그 뮤지컬에 〈아가씨와 건달들〉이라는 제목을 붙이기로 했다.[10] 뮤지컬은 재미있을 것 같았다. 하지만 아널드는 재미있지 않았다. 그는 웃음을 지었지만, 기묘하게 인위적인 웃음이라고 모두 생각했다. 캐럴린은 훗날 "아널드의 웃음은 소리에 얼굴 근육의 움직임을 맞춰 표정만 지을 뿐인 인위적인 웃음이었다.[11] 재미있어서 웃는 게 아니라는 사실을 알 수 있었다"라고 회고했다.

하지만 우리에게 아널드는 딱 한 가지 이유로 가장 중요하다. 그는 역사상 가장 대규모의 암시장을 손에 넣으려 하고 있었다.

아널드가 어쩌다 이렇게 되었는지는 아무도 이해할 수 없었다. 이제 아장아장 걷기 시작한 아들이 잠든 형 옆에 칼을 들고 서 있는 모습을 목격했던 아널드의 아버지는, 맨해튼의 유대인 사회에서 가장 신망이 높은 인물 중 하나였다. 아널드의 아버지 아브라함 로스스타인의 가족은 1880년대 러시아의 잔인한 반유대 폭도들을 피해 뉴욕의 로어이스트사이드로 건너왔다. 아브라함은 모자 만드는 일을 시작했고, 그다음 의류 사업을 키워나가다, 결국 부유한 면제품 판매업자가 되었다. 정통 유대인 사회에서 무슨 문제라도 생기면 다들 그를 찾아갔고, 그는 그때마다 판결을 내리곤 했다. 그는 정말 정확하고 공정했기 때문에 '공정한 아베'(아베는 아브라함을 줄여서 부른 이름으로, '많은 사람의 아버지'라는 의미도 있다 - 옮긴이)로 불렸다.

그 지역 유대인들은 아브라함의 아들을 여러 이름으로 부르곤 했지만, 절대 '공정한'이라는 형용사를 붙이지는 않았다.

어린 시절 아널드에게 냉정함말고도 한 가지 두드러진 자질이 있었다. 수학에 놀라운 재능을 보였던 것이다. 그는 사람들을 깜짝 놀라게 하는 방식으로 수와 승률을 조작할 수 있었다. 아널드의 아버지는 종교적인 이유로 금요일 해질녘부터 다음날 안식일이 끝날 때까지 절대 지갑에 손을 대지 않았다. 아널드는 열두 살 때부터 그 사실을 눈여겨보았다. 그래서 바로 그때 아버지 지갑에서 돈을 빼내 주사위도박을 했고, 정말 자주 정말 큰돈을 땄다. 덕분에 언제나 아무도 눈치채지 못하게 아버지 지갑에 도로 현금을 채워넣을 수 있었다.[12] 외판원이 되려고 열일곱 살에 가출했을 무렵,[13] 아널드는 자신이 누구보다 카드게임을 잘할 수 있다는 사실을 알았다.

그는 자신이 멍청한 사람들보다 훨씬 뛰어난 슈퍼맨이라고 생각했고, 훗날 "200만 명의 바보 사이에 똑똑한 사람 1명이 있다"라고 설명했다.[14] 그는 똑똑한 사람이었고, 머리가 좋은 사람이었고, 바보들로부터 그의 몫을 뜯어낼 셈이었다.

그리고 '그 두뇌'(이제 자신을 그렇게 부르라고 우겼다)는 도박에서 가장 위대한 진리를 금방 발견했다. 매번 돈을 따려면 도박장을 여는 방법밖에 없다는 진리였다. 그래서 그는 뉴욕시 곳곳에 지하 도박장을 여럿 세웠고, 도박장들이 잇따라 적발되자 '옮겨 다니면서 하는' 주사위도박을 고안했다. 맨해튼 곳곳의 잘 알려지지 않은 장소에서 어둑한 지하실까지 이리저리 옮겨다니며 벌이는, 절대 끝나지 않는 도박이었다. 아널드는 한 번에 최대 10만 달러까지 현금을 들고 다녔고, 강박적으로 돈을 세고 또 셌다.[15] 현금을 직접 손으로 만지고 싶었기 때문이다. 지폐에 잡힌 주름은 그의 음악이자 뮤즈였다. 그는 도박 자체에서는 재미를 느끼지 않았고, 오직 도박의 최종 결과에서만 즐거움을 얻었다. 몇 년 동안 경마장을 드나들어도 말들을 구별할 수조차 없었다. 오로지 말들의 승률[16] 그리고 결국 그의 주머니로 흘러들어올 현금만 알 뿐이었다.

아널드 로스스타인은 아무리 많은 돈을 가져도 자신이 뒤처졌고, 더 많은 돈을 벌 방법을 찾아야 한다고 믿었다. 아내가 된 캐럴린을 친구의 파티에서 처음 만났을 때[17] 아널드는 사냥을 좋아한다고 말했다. 캐럴린은 "나는 동물을 쫓아다니면서 총을 쏘는 사냥을 좋아하는 사람이라고 생각했다. 그런데 나중에 알고 보니 그는 돈 있는 사람을 사냥해 희생자로 만들었고, 총을 쏘듯이 도박을 했다"라고 썼다.[18] 결혼식날 밤, 로스스타인은 캐럴린에게 그녀의 약혼반지를 전당포에 맡겨 사업자금을 확보해야 한다고 말했고, 그녀는 불평하지 않고 반지를 건넸다.[19]

아널드 로스스타인은 웃음기 없이 자신의 돈을 지켰다. 어느 날 아널드가 잘 아는 도박꾼이 그에게 장거리 전화를 했다. 그는 빈털터리가 되었다면서 뉴욕으로 돌아가 다시 도박을 하려면 500달러가 꼭 필요하다고 말했다. 아널드는 전화기에 대고 "잘 안 들려"라고 했고, 상대는 계속 부탁했다. "네 말이 들리지 않아." 아널드는 계속 이 말을 되풀이했다. 도박꾼이 전화기에 문제가 있다고 생각하고 계속 만지작거리자 전화교환원이 끼어들었다. 교환원은 "그런데 로스스타인 씨, 나는 저분 목소리를 또렷하게 들을 수 있는데요"라고 말했다. 아널드는 "좋아요. 그렇다면 당신이 그 사람에게 돈을 주면 되겠네요"라고 대답하고 전화를 끊었다.[20]

아널드는 승부를 조작하곤 했다. "나는 열다섯 살 때 내 한계를 알았다. 그 이후로 내가 이길 수 없는 상대와는 어떤 내기도 한 적이 없다."[21] 그는 경마를 앞두고 기수들에게 돈을 주면서 일부러 지도록 해 승부를 조작했고,[22] 해가 갈수록 점점 더 조작 수준을 높였다. 점점 더 내기 규모를 늘리고, 점점 더 믿기지 않을 만큼 많은 돈을 땄다. 심지어 미국에서 가장 많은 사람이 지켜보면서 가장 많이 흥분하는 월드시리즈 경기까지 승부 조작을 했다. 1919년 5천만 명의 미국인이 경기에 집중하고 있을 때, 모든 승률이나 예측을 뒤엎고 신시내티레즈가 훨씬 더 인기팀인 시카고화이트삭스를 이겼다. 사람들이 숨을 멈추고 경기장에는 메아리만 가득한 후 한참이 지나서야 그 이유가 드러났다. 아널드 로스스타인이 화이트삭스 선수 여덟 명을 매수해 일부러 경기에서 지게 만들었던 것이다. 여덟 명의 선수 모두 사기 혐의로 기소되었다. 그리고 이상하게도 모두 무죄 선고를 받았다.

나는 아널드의 이야기에서는 '이상하게도'라는 단어가 반복해서 계속 등장한다는 사실을 발견했다.

아널드 로스스타인 같은 사람은 언제나 한탕할 기회를 찾아낼 수 있었다. 그는 미국에서 가장 규모가 큰 두 가지 사업을 비과세로 손에 넣었다. 그는 술과 마약을 금지하면 폭력배들이 역사상 가장 큰 일확천금의 기회를 얻게 된다는 사실을 금방 알아차렸다. 술이나 마약에 취하고 싶은 사람들은 언제나 많다. 그들이 합법적으로 술이나 마약을 구하지 못하면 불법으로라도 구하려고 할 것이다.

로스스타인은 동료들에게 말했다. "금주법은 한동안 지속되다 언젠가는 폐지될 거야. 그런데 금주법이 있다고 술이 사라지지는 않을 거야. 그건 확실해. 점점 더 많은 사람이 금주법을 무시할 거라는 사실을 알 수 있어. 우리는 이런 욕구를 채워주면서 부자가 될 수 있어."[23]

금주법이 시행되는 동안 밀주를 파는 사람들은 쓰레기 같은 술을 어떻게든 원하는 대로 팔 수 있다는 사실을 깨달았다. 불법 술을 마시고 해를 입었다고 누가 경찰에 신고할까? 유독성 밀주로 인한 집단 알코올중독이 미국 곳곳에서 발생했다.[24] 캔자스주 위치토에서 벌어진 한 사건에서만 500명이 영구적 장애인이 되었다. 하지만 금주법이 시행된 13년 동안 밀주 시장은 계속 팽창했다. 그러다 세금을 새로 거둬들일 곳이 절실히 필요했던 프랭클린 루스벨트 대통령이 1933년 술을 다시 합법화했다. 아널드 로스스타인은 이제 마약 밀매시장이 황금알을 낳는 거위가 되리라고 내다보았다. 마약은 확실히 한참 지나도 계속 금지될 것 같았다.

마약이 금지되자 처음에는 거리의 마약상들이 마약 거래를 장악했다. 그들은 둘 중 한 가지 방법으로 마약을 확보했다. 병원으로 배달되는 합법적 아편제를 강제로 빼앗거나, 멕시코나 캐나다의 합법적 공급 회사들에 유령회사 이름으로 대량 주문하는 식이었다.[25] 그런데 1922년에 미국 의회가 이러한 행위를 엄중 단속하기로 했다. 로스스타인은 이 시시한 사기꾼들이 더 큰 기회를 놓치고 있다고 보았다. 이 사업에서는 대규모 제조와 대규모 밀수가 중요하다고 결론지은 것이다. 그는 아직 헤로인을 공장에서 합법적으로 제조할 수 있는 유럽으로 부하들을 보내 대량으로 사들이고 배로 운송한 다음, 뉴욕 곳곳과 다른 지역의 거리 마약상들에게 공급했다.

로스스타인은 자신의 방식을 실현하기 위해 현대적인 마약 밀매조직을 고안해야 했다. 뉴욕시에는 몇 대에 걸친 폭력조직들이 있었지만, 그들은 서로 두들겨 패느라 대부분의 에너지를 소비하는 시시한 깡패들이었다.[26] 아널드의 폭력조직은 군대처럼 규율이 엄격했다. 아널드는 그들이 한 가지 열정, 즉 수익에만 관심을 갖도록 했다. 로스스타인 그리고 그가 새로운 방식으로 만든 뉴욕의 범죄조직은 1920년대 중반까지 미국의 동쪽 해안 지역에서 헤로인과 코카인 거래 전체를 장악했다.[27]

우리는 아널드가 재즈 시대의 어느 날 오후, 타임스스퀘어 옆에서 그에게 돈을 빌려간 사람들을 찾고 있는 장면에서 잠시 멈춰야 한다. 바로 이때, 연방마약국은 미국 전역에서 헤로인을 처방하던 진료소들을 폐쇄하고 있었다. 이때가 역사에서 중요한 전환점이다. 마약의 통제권이 가장 위험한 사람들에게로 옮겨갔던 순간이다. 해리슨마약법이 제정되고, 그다음 해리 앤슬링어가 이끄는 마약국이 그 법을 강경 노선으로 해석하면서, 마약이 '헨리 스미스 윌리엄스와 그의 의사 동료들 손'에서 '아널드 로스스타인과 그의 밑에서 일하는 폭력배들 손'으로 옮겨가고 있었다. 자연 질서와 인간의 이성을 중시하는 자연법에 따른 일이 아니었다. 정치적 결정에 따른 일이었다.

아널드 로스스타인은 해리 앤슬링어만큼이나 중독자들을 혐오했다. 부하 중 한 명이 아편을 피우고 있는 모습을 발견하자 당장 내쫓을 정도였다.[28] 그런 아널드가 왜 새로운 사업인 마약 거래에 집착했는지 이해하기란 어렵지 않다. 격주간지 〈더 월드〉

는 "아편을 1천 달러에 사서 미국으로 밀수하고 유통할 때마다 마지막 단계에서 6천 달러 이상의 이익을 거두어들인다"라고 보도했다.[29] 아널드는 마약 사업으로 막대한 수익을 거머쥐면 경찰과 정치인 한 명 한 명을 매수하기가 너무 쉬워진다는 사실을 금방 알아차렸다. 어마어마한 돈을 확보했으니, 경찰들에게 나라에서 받는 월급보다 훨씬 많은 뇌물을 주겠다고 제안할 수 있었다. 1929년에 한 기자는 "그 경찰은 아널드가 경찰청장이라도 되는 듯 공손하게 대했다"라고 썼다.[30] 이것이 바로 아널드 로스스타인이 폭력을 저지르고 잡힐 때마다 '이상하게도' 기소되지 않은 이유다.

아널드의 후계자라고 할 수 있는 멕시코의 마약 카르텔은 아널드가 경찰을 길들인 방식을 여러 해 뒤 간단하면서도 우아한 문구 '플라타 오 플로모 plata o plomo'로 압축했다.[31] '은 아니면 납', 즉 '뇌물을 받든가 아니면 총에 맞으라'라는 뜻이다. 때로는 이런 규칙을 거부하며 굴복하지 않으려는 경찰도 있었다. 어느 날 밤 존 월시와 조시 매클로플린이라는 두 명의 형사가[32] 잠입수사를 하려고, 아널드 로스스타인의 불법 도박장 중 한 곳에 몰래 들어갔다. 그들을 발견한 아널드는 총을 쏘았고 강도인 줄 알았다고 발뺌했다. 판사는 이 사건을 기각했다.[33] 한 기자는 "당신이 아널드 로스스타인이라면 경찰들을 표적으로 삼아 권총 연습을 조금 한들 뭐가 문제가 될까?"라고 꼬집었다.[34]

그는 월드시리즈에 했던 짓을 법 집행기관에도 했다. 사실은 뒤에서 조종하며 꼭두각시놀음을 하면서도, 지켜보는 사람들은 진짜라고 믿게 만들었다. 경기장의 많은 선수들은 매번 그의 뜻대로 뛰어주었다.

아널드는 얼마나 많은 부를 쌓았든 상관없이 언제나 똑같이 살았다. 매일 밤늦게까지 린디스에서 먹고 마셨다. 아널드가 스스로에게 허용한 단 하나의 사치가 있었다. 그는 치과에 돈을 지불하고 자신의 이빨 하나하나를 뽑은 후 그 자리에 반짝이는 흰색 인공치아들을 심었다.[35]

마약을 차지하기 위한 전쟁

어느 순간부터 아널드는 살인을 저지르기 시작했다. 역사의 카메라 렌즈가 흐릿해지고, 실제로 무슨 일이 벌어졌는지 이해하기가 더 어려워지는 시기가 이때다. 어떤 이유에서인지 아널드에게 희생된 사람들의 이름이나 자세한 내용을 아무도 기록하지 않았다. 그저 여기저기 흩어진 단서들을 통해 희생자들이 있었다고 추측할 뿐이다. 모든 사람, 심지어 극악무도한 폭력배들도 아널드를 두려워했다. 그런 평판은 단순히 농담으로만 얻을 수 없다는 사실을 우리는 안다. 아널드 로스스타인에게 희생되었을지도 모를 사람 중 지금 이름을 추적할 수 있는 사람은 한 명뿐이다. 전기작가 데이비드 피에트루사David Pietrusza가 그 이름을 캐낼 수 있었다. 그 희생자가 세계에서 세 번째로 부유한 사람이었기 때문이다.

어느 날 아널드는 이스트 42번가의 호텔에서 알프레토 로벤슈타인과 만났다. 로벤슈타인은 엄청난 재력을 가진 금융가였다. 제1차세계대전 중 독일이 벨기에를 점령했을 때 자신의 돈으로 벨기에를 다시 사들이겠다고 제안했다는 소문까지 있을 정도였다.[36] 로스스타인은 로벤슈타인과 그때까지 역사상 가장 큰 규모로 마약 관련 계약을 맺었다. 로벤슈타인의 자금을 바탕으로 점점 커지는 새로운 시장에 다양한 아편제를 대량 판매할 계획이었다. 로벤슈타인은 그 계약을 맺은 직후 개인 비행기를 타고 유럽으로 날아갔다.

비행기가 착륙했을 때 로벤슈타인은 사라지고 없었다. 승무원들은 그가 화장실에 갔다가 돌아오지 않았다고 말했다. 비행기문이 열려 추락했을 것이라는 추측도 나왔다. 〈뉴욕타임스〉는 "비행기가 일반적인 순항 속도로 비행하고 있었다면 사실상 문을 열 수 없다"라고 보도했다.[37] 아널드 로스스타인은 아마도 그 선불 거래에서 무엇을 얻었든 그대로 유지했을 것이다.

국회의사당 그늘에 앉아 아널드의 이야기를 짜맞추면서 나는 마약과의 전쟁에 대한 온갖 무미건조한 사회학 연구들을 계속 떠올렸다. 그리고 그 연구들이 이해되기 시작했다. 연구들에 따르면, 사람들이 많이 찾는 물건은 불법화해도 사라지지 않는다. 대신 범죄자들이 그 물건의 공급과 판매를 좌지우지한다. 그들이 미국으로 그 물건을 들여오고, 찾는 사람들이 있는 곳으로 운반하고, 거리에서 그것을 팔게 된다. 그들이 취급하는 물건은 어느 단계에서나 불안정한 상태다. 만약 누군가가 물건을 훔쳐도 경찰이나 법정으로 찾아가 돌려받을 수 없다. 그래서 그들은 오로지 한 가지 방법, 폭력으로 그들의 재산을 지키게 된다.

매일같이 총질을 하고 싶지 않다면 그런 사업은 운영할 수 없다. 그러니 그런 일을 하려면 악명, 무시무시하다는 악명을 쌓아 올려야 한다. 무지막지하게 폭력적이고 잔인하다고 믿게 해서, 너무 두려워 아무도 싸우려는 시도조차 못 하게 만들어야 한다. 깜짝 놀랄 만큼 잔혹한 행동으로만 그런 악명을 얻을 수 있다.

미국 사회학자 필리프 부르구아Philippe Bourgois는 이 과정에 '공포 문화culture of terror'라는 이름을 붙였다.[38] 하지만 이 역학관계를 가장 먼저 알아차리고 명확하게 말한 사람은 반쯤 취해 있고, 담배 냄새에 찌든 타블로이드 신문 기자 도널드 헨더슨 클라크Donald Henderson Clarke였다. 미드타운부터 바워리에 이르는 술집들에서 로스스타인 그리고 그의 동료 폭력배들과 어울리는 일이 도널드의 전문 분야였다.

도널드 헨더슨 클라크는 다음과 같이 기록했다. "아널드 로스스타인이 풍기는 공포감을 표현하기란 쉽지 않다. 경찰청장이나 지방검사, 주지사 같은 사람의 눈 밖에 날 일을 하면 자신이 저지른 일을 바탕으로 무슨 일을 당할지 상당히 확실하게 알 수 있다. 그런데 아널드 로스스타인의 눈 밖에 날 일을 하면 무엇을 상상하든 그 이상이다. 그러니 공포에 사로잡힐 수밖에 없다. 어떤 사람에게든 닥칠 수 있는 끔찍한 재앙이다."[39]

아널드의 부하들은 결혼식 참석자들이 색종이 조각을 뿌리듯 경쾌한 몸놀림으로 뉴욕 전역에 총알을 퍼부었다. 그의 최고 심복 중 한 명인 잭 '렉스' 다이아몬드는 너무 많은 대응 사격을 받아 '암흑가의 인간 탄약창고'라는 별명을 얻었다. 하지만 로스스타인과 부하들이 언제나 이기는 것처럼 보였고, 그래서 아무도 감히 그들에게 맞서려고 하지 않았다. 어느 날 아널드가 지하철을 타고 갈 때 익명의 소매치기가 그의 진주 넥타이핀, 그가 좋아했던 유일한 개인 장식물을 몰래 훔쳤다. 아널드는 저녁 먹는 자리에서 음울하게 웃으며 자신이 어떻게 소매치기를 당했는지 다른 폭력배들에게 설명했다. "나같이 똑똑한 남자가. 그걸 어떻게 생각해?"

다음날 그의 집에 소포가 도착했다. 소포에는 넥타이핀과 "이 물건을 훔친 놈은 당신이 누구인지 몰랐답니다"라는 쪽지가 들어 있었다.[40]

아널드가 세상을 공포에 떨게 하는 동안 그의 아내 캐럴린은 사실상 집에서 죄수처럼 지냈다. 아널드는 캐럴린에게 저녁 6시 이후에는 밖으로 나가지 말라고 했고, 누구와도 마주치지 못하게 했다. 그는 경찰이 계속 감시하고 있기 때문이라고 설명했다.[41] 아널드는 아내와 관련된 모든 일을 좌지우지했다. 아내에게 단발머리를 하지 말라고 명령하면서, 머리를 자르면 "존엄성을 모두 잃게 될 것"이라고 협박했다.[42] 캐럴린은 회고록에서 밤이면 남편이 길 건너에서 운영하는 지하 도박장의 룰렛 돌림판 소리를 들으며 앉아 있곤 했다고, 그때의 기억을 떠올렸다. 그녀는 딜러가 칩들을 재빨리 긁어모으는지 아니면 하나씩 천천히 세는지에 귀

기울이며, 어느 쪽이 이기고 있는지 알아낼 수 있었다.[43]

캐럴린은 남편이 돌아오기를 밤새 기다리면서 여러 해 전 기억의 파편들을 계속 떠올리곤 했다. 댄서로 활동할 때 캐럴린은 〈코러스 레이디〉라는 코미디쇼 무대에 올라 전국을 돌면서 차차차 춤을 췄다. 한번은 칙칙폭폭 소리를 내면서 펜실베이니아(혹은 캔자스일지도 모른다. 그녀는 정확한 지역을 잊어버렸다) 지역을 지나가는 기차 안에 앉아, 깜박이는 호롱불만으로 실내를 밝힌 시골집들이 길게 늘어선 풍경을 바라보았다. 그녀는 그런 집에 사는 사람들의 삶을 상상해보았다. 평온하고 차분하고 안전할 것 같았다.

아널드는 매일 아침 5시나 6시쯤 집으로 돌아와 곧장 그의 유일한 중독에 빠졌다.[44] 그는 우유 몇 리터를 벌컥벌컥 들이마시고 케이크 몇 접시를 미친 듯이 먹었다. 창문에는 햇빛을 차단하기 위한 커다란 가죽 가리개가 늘어뜨려 있었다. 오후 3시에 일어나면 언제나 똑같이 "몸이 좋지 않아"라며 끙끙거렸다. 아널드는 두통이나 소화불량에 시달렸다. 아마도 그가 틀림없이 알았던 사실, 언제든지 죽임을 당할 수 있다는 사실에 대한 불안을 억눌러서 생긴 증상일 것이다.

그는 돈을 충분히 벌고 나면 빠져나오겠다고 캐럴린에게 항상 약속했다. 그러나 그가 충분하다고 느낄 때는 절대 오지 않으리라는 사실을 그녀는 서서히 깨달았다.[45] 게다가 한순간이라도 폭력의 고삐를 늦추면 제2의 로스스타인이 되겠다는 야심을 불태우며 브로드웨이 골목을 누비는 폭력배들에게 죽임을 당할 수 있었다. 조금이라도 약해졌다는 조짐을 드러내면 골목에서 총을 맞는다는 의미다. 그는 아내에게 "너무 늦었어. 그럴 수가 없어. 이런 일에 몸담은 이상 빠져나올 수가 없어"라고 고백했다.[46]

그는 언제나 놀라울 정도로 겁이 없었다. 어느 날, 한 무장 강도가 그의 배에 권총을 쑤셔박으며 500달러를 내놓으라고 했다. 그는 "내게서 500달러를 빼앗아가면 네 장례식 비용으로 쓰게 될걸? 이제 잘 생각해봐"라고 답했다.[47] 그러나 1926년쯤부터 아널드에게 뭔가 심상치 않은 일이 일어났고, 그는 생애 처음으로 두려워하는 듯 보였다.[48] 자신이 심각한 생명의 위협을 당하고 있다는 말을 들었던 것이다. 그리고 오래지 않아 키와 외모가 아널드와 거의 같은 남자가 아널드의 건물에서 나왔다. 그때 총을 든 두 남자가 그를 붙잡더니 차에 타라고 명령했다. 그들은 그를 몇 블록 끌고 간 후 "엉뚱한 사람을 잡아왔잖아"라면서 욕을 퍼부었다.[49]

그 후 얼마 지나지 않은 어느 날 밤, 아널드는 사색이 된 얼굴로 캐럴린을 깨웠다. "방금 끔찍한 일을 겪었어." 아널드가 자신이 사는 공동주택에 도착해 문을 열려고 했을 때 문이 잠겨 있었다. "초인종을 눌렀어. 울리는 소리가 들렸기 때문에 초인종은 제대로 작동하는 것 같았어. 그런데 승강기 운전원이 긴 의자에 누워 있는 모습이 보였어. 그의 손과 발이 묶이고 입에 재갈이 물렸다고 생각했어."[50] 아널드는 경찰을 부르려고 몇 블록을 달려갔다. 그러나 경찰과 함께 돌아왔을 때는 문이 쉽게 열렸다. 아무 문제도 없었다.

모든 것이 제자리에 있었지만, 아널드의 마음은 불안했다. 그는 두려워하고 있었다.

1927년 아널드가 타고 다니던 차가 기관총 총탄으로 벌집이 된 채 발견되었다. 웨스트 72번가 페어필드호텔 밖에서 아널드를 기다리던 차였다.[51] 그로부터 얼마 지나지 않아 캐럴린이 이혼을 청구했다.[52] 아널드는 무슨 일이 일어날지 알았고, 결국 그렇게 되었다. 1928년 11월 4일 오후 10시 50분, 마흔여섯 살의 아널드 로스스타인은 웨스트 56번가 파크센트럴호텔 정문으로 비틀거리며 들어갔다.[53] '그 두뇌'는 배에 총을 맞았다.[54]

"택시 좀 불러줘."[55] 아널드의 말에, 택시가 아니라 경찰이 와서 누가 그런 짓을 했는지 물었다. 그는 "내가 살아난다면 알아서 할게. 만약 내가 죽으면 그 패거리가 알아서 하겠지"라고 중얼거렸다.[56]

아널드는 브루클린 베드퍼드스타이베선트의 병원에서 하루 넘게 치료받다 사망했다.[57] 그가 반혼수 상태에 빠져 병원에 누워 있을 때 그의 변호사, 그리고 스물일곱 살의 (또 다른) 쇼걸이자 그의 정부 이네스 노턴은 아널드의 손을 '붙들고' 새 유언장을 쓰게 했다.[58] 그들은 대단한 유산을 물려받을 수 있다고 기대했다. 하지만 끊임없이 뒤섞여온 돈을 계산해보니 아널드의 엄청난 부채가 그의 재산보다 많았다. 아널드의 변호사와 정부는 한 푼도 가져가지 못했다.[59] 공교롭게도 로스스타인은 그전 토요일에 5만 달러짜리 생명보험에 새로 가입했다. 그러나 보험회사에 수표가 도착하지 않아서 보험금 지급도 이루어지지 않았다.[60]

경찰은 그 살인사건을 수사하고 싶지 않았다. 그 사건의 뚜껑을 열면 로스스타인의 죽음과 관련된 모든 범죄 세력과 공직자들의 공격을 받을 것 같아서였다.[61] 아널드 로스스타인의 전기작가 닉 토시스Nick Tosches는 "경찰이나 범죄자나 누구도 이 살인사건과 어떤 식으로든 얽히고 싶지 않은 것 같았다"라고 썼다.[62] 결국 조지 맥마누스라는 도박꾼이 살인 혐의로 기소되었지만, 배심원단은 무죄로 평결했다.[63] 토시스는 "그때부터 오늘날까지 그 살인사건을 둘러싼 수수께끼는 커져만갔다. 사람들은 방아쇠를 당긴 손뿐 아니라, 그 손을 조종했던 보이지 않는 힘의 상호작용도 알고 싶었기에 온갖 추측이 쏟아졌다"라고 전했다.

이 살인사건에 대해 알게 된 지 1년 후, 나는 세계에서 가장 위험한 도시 시우다드후아레스의 거리에서, 아널드 로스스타인이 총에 맞은 순간이 얼마나 중요했는지 갑자기 깨달았다. 이 살인사건은 마약 금지가 시작되던 시기에 벌어졌다. 그리고 누가 아널드 로스스타인을 향해 총을 쏘게 했는지 아직까지 아무도 모른다. 아널드 로스스타인을 쓰러뜨린 총탄은 사라예보에서 페르디난트 대공의 목숨을 앗아간 총탄과 비슷하다. 사라예보의 총성으로 제1차세계대전이 시작되었다. 그리고 로스스타인을 쓰러뜨린 총성으로 세계적인 대학살이 시작되었다.

그 방아쇠가 당겨지는 순간, 로스스타인이 장악했던 대서양 연안 마약 거래의 지배권이 무너졌다. 바로 그 순간부터 마약상들이 마약 유통을 차지하기 위해 끊임없는 분쟁을 벌였다. 마약 전쟁 분석가 찰스 보든Charles Bowden은 마약 전쟁이 사실상 두 가지

형태로 벌어지고 있다고 설명한다.[64] 하나는 마약에 대한 전쟁으로, 국가가 마약 사용자 그리고 중독자와 전쟁을 벌인다. 그다음은 마약을 위한 전쟁으로, 범죄자들이 마약 거래를 장악하기 위해 서로 싸우는 전쟁이다.

마약을 위한 전쟁은 아널드 로스스타인이 피를 흘리며 쓰러졌던 맨해튼 파크센트럴호텔에서 본격적으로 시작되었다.

마약을 위한 전쟁은 더 많은 총알이 쏟아지는 전쟁터가 되었다. 그런데 나는 계속 탐구해나가다 아널드 로스스타인이 아직 죽지 않았다고 생각하게 되었다. 언제나 새로운 아널드 로스스타인이 등장하고 있었다. 하나의 아널드 로스스타인이 죽을 때마다 더 험악하고 더 악랄한 또 다른 아널드 로스스타인이 등장해, 마약 금지정책으로 생겨난 세계적인 범죄 사업을 장악한다. 아널드 로스스타인은 '크립스'와 '블러즈', 파블로 에스코바르를 거쳐 호아킨 구스만에 이르는 범죄 계보(크립스와 블러즈는 로스앤젤레스를 중심으로 활동하던 범죄 조직으로 라이벌 관계였고, 파블로 에스코바르는 콜롬비아 최대 마약 밀매 조직을 만들었으며, 호아킨 구스만은 멕시코 마약 카르텔의 두목이었다 – 옮긴이)의 출발점이다. 새로운 아널드 로스스타인은 앞사람을 죽여 없앨 정도로 강력하고 잔인해야 했다. 그러니 갈수록 더 잔인해진다. 해리 앤슬링어는 1961년에 "한 패거리가 다른 패거리의 시체를 딛고 권력을 잡았다"라고 표현했다.[65] 사회진화론의 관점으로 볼 때, 기관총과 마약봉지로 무장한 적자생존을 통한 진화 같다.[66]

해리 앤슬링어 역시 아널드 로스스타인처럼 그 어느 때보다 무자비한 모습으로 계속 되살아났다는 사실을 알게 되었다. 해리 앤슬링어의 후계자들은 이 전쟁이 끝날 때까지 미국 해안에 무장 헬리콥터들을 배치하고, 인류 역사상 어떤 사회보다 많은 사람을 감옥에 가두고, 미국에서 수천 킬로미터 떨어진 이 나라 저 나라에서 자라는 마약 작물을 없애기 위해 제초제를 공중 살포하게 된다. 매번 새로 등장하는 앤슬링어와 로스스타인, 마약 금지를 주장하는 사람들과 마약 유통을 차지하려는 폭력배가 계속해서 이 전쟁의 주축이다. 그들은 꽉 껴안고 저멀리 지평선을 향해 탱고를 춘다. 마약 금지정책이 이런 인물들을 불러냈다. 필요하기 때문이다. 마약 금지정책이 사라지지 않는 한 그들도 사라지지 않는다.

해리 앤슬링어의 마음을 휘저어놓은 비명, 아널드 로스스타인을 꿰뚫은 총알, 그리고 에드워드 윌리엄스의 의료 행위를 무너뜨린 법은 불법 마약과 직접 관계가 있든 말든 우리 삶에 영향을 주었다.

70년이 지난 후 어쩌다 이렇게 되었는지 알아내기 위해 이 도시 저 도시를 다녔다. 그리고 세 사람의 이야기를 통해 이런 역학 관계를 가장 잘 이해하게 되었다는 사실을 깨달았다.

한 사람은 아널드 로스스타인이 되려고 애쓰고 있었다.

한 사람은 해리 앤슬링어가 되려고 노력하고 있었다.

그리고 한 사람은 현관 밖에 앉아 인형을 가지고 놀고 있었다.

2부

반복되는 역사

5장
전쟁터에서 자란 '말썽꾸러기들'

잡아먹지 않으면 잡아먹히는 세계

나는 해리와 아널드, 빌리에 대한 자료들을 덮으면서 직접 마약상을 찾아가겠다고 결심했다. 이 세 사람이 아주 오래전에 만들어놓은 역학관계가 오늘날 어떻게 작동하고 있는지, 학술논문이나 마약과의 전쟁에 대한 논쟁을 통해서뿐 아니라 아널드가 싸움을 벌이고, 빌리가 죽음을 맞이한 뉴욕의 실제 길모퉁이에서 확인하고 싶었다. 역사에 남은 흔적을 살피는 방법으로는 어느 정도까지만 파악할 수 있다. 이제 마약과의 전쟁이 실시간으로 펼쳐지는 장면을 지켜봐야 할 때였다.

뉴욕에서 마약정책 개혁과 관련된 일을 하는 내 친구가[1] 치노 하딘Chino Hardin이라는 사람의 전화번호를 알려주었다. 한번 만나보라면서, 그 문제를 그 남자보다 더 잘 설명할 수 있는 사람은 없다면서 말이다.

나는 치노를 그리니치빌리지의 한 작은 식당 앞에서 처음 만났다. 치노는 담배를 피우면서 내 삶 속으로 걸어들어왔고, 그날 이후로도 줄곧 담배를 피웠다. 그는 머리카락을 단정하게 뒤로 묶고, 반다나를 머리에 둘렀다. 그는 인크레더블 헐크가 그려진 크고 헐렁한 스웨터를 입고 있었고, 헐크는 세상을 향해 커다란 초록색 주먹을 날리고 있었다. 나는 치노의 목소리가 깊고 허스키하다는 사실을 알아차렸다.

우리는 작은 식당으로 들어가 앉았다. 그리고 내가 알고 싶었던 현실, 마약 거래가 실제 현장에서 어떻게 이루어지는지 묻는 동안 치노는 나를 가만히 살펴보았다. 나는 그가 의심스러워하는지 아니면 불안해하는지 구분할 수 없었다. 그러나 그가 나를 가늠해보려고 한다는 사실은 눈치챌 수 있었다. 그다음 그는 마치 결단이라도 한 듯 아주 갑자기 말을 쏟아냈다. "나는 브루클린 이스트플랫부시에서 어린 시절을 보냈어요. 우리집 길 아래 킹스카운티 병원에서 태어났죠." 그 후 여러 차례 만나 인터뷰하면서 그가 살아온 이야기를 들었다. 우리는 3년 동안 이야기를 나눴고, 지금도 계속 이야기를 나누곤 한다.

치노가 사실은 여자로 태어났지만 남자로 살고 있으며, 성전환 수술을 할 생각도 있다는 사실은 나중에 알게 되었다. 주변 사람들과 미국의 법체계는 그를 계속 여자로 대했다. 그러나 나는 그의 요청으로 이 책에서 그를 남성대명사로 부르려고 한다. 그는 언제나 마음속으로 자신이 남자라고 느꼈기 때문이다.

처음 만난 그날 오후, 나는 치노가 아주 빠르고 리듬감 있게 말한다는 사실을 알아차렸다. 마치 나는 잘 들을 수 없는 박자가 있는 것 같았다. 그러나 잠시 후 나도 그 박자를 듣기 시작했다고 느꼈다. 그것은 치노가 내게 가르쳐준 여러 가지 중 하나였다.

전쟁의 실시간을 목격하다

아널드 로스스타인이 뉴욕의 길모퉁이에 서서 지나갈 현금 뭉치를 기다렸던 때로부터 거의 70년이 지나, 치노 역시 똑같은 행동을 하고 있었다고 한다.[2] 로스스타인처럼 치노 또한 그저 그 자리에 서 있기만 해도 사람들이 두려워했다. 그의 입안에서는 금니가 번쩍였고, 그의 옆에는 사나운 개가 지키고 있었다. 그는 머리카락을 뒤로 넘기고 야구모자를 뒤집어썼다. 모자의 챙에 작은 마약봉지들을 감춰두었고, 근처 쓰레기통에는 그의 총과 9밀리미터 스미스앤드웨슨을 숨겨놓았다. 그에게는 '말썽꾸러기들'이라는 패거리가 있었는데, 언제나 그의 명령대로 행동했다. 그때 그는 열네 살이었다.

치노의 고객들은 자동차를 몰고 와서는 "마약 좀 있어?"라고 묻곤 했다. "응, 있어"라고 그는 대답하곤 했다.

그는 이스트 38번가와 교회의 교차로에 서 있었다. 브루클린의 빈민가인 이스트플랫부시에 있는 거리였다. 맨해튼에 빽빽이 들어선 유명 상표들을 여기에서는 찾기 어렵다. 그저 마이클의 정육점, 화이트시프 세탁소, 그리고 엄청나게 많은 99센트 상점처럼 작은 가게들만 있다. 그 가게들 사이에서 구원의 길을 약속하는 복음주의 교회들만 눈에 띌 뿐이다. 집들은 1950년대에 처음 들어섰을 때에는 분명 새롭고 반들반들해 보였겠지만, 그 이후 서서히 땅으로 꺼져가고 있는 것 같았다.

치노가 취급하는 마약은 비누 조각처럼 보이는 은백색이었다. 처음에 그는 그 마약을 입안에 숨겼다. 그러자 마약 때문에 뺨과 혀가 마비되었다. 그래서 손에 꽉 쥐었더니 마약이 녹기 시작했고, 아무도 사려고 하지 않았다. 그는 창의성을 발휘해야 한다는 사실을 배웠다. 때때로 그는 근처에 주차한 자동차 밑에 마약을 자석으로 붙여놓곤 했다. 나중에는 자신의 맹견 로키의 목걸이를 사서 그 안에 마약을 보관했다. 그는 "그래서 로키도 마약을 팔았어요"라며 웃었다. 그러나 그날(그리고 그날과 다름없는 끝없는 날들)에는 마약을 모자 안에 숨겨둔 채 팔려고 했다.

예전에는 뉴욕에 아널드 로스스타인이 한 명만 있었다. 그 후 70년 동안 마약과의 전쟁이 확대되면서, 미국에 있는 모든 가난한 동네의 모든 구역마다 아널드 로스스타인이 한 명씩 생기게 되었다. 로스스타인이 배에 총을 맞으면서 시작된 균열은 오늘날 이 구역에서도 계속되고 있었다.

치노는 눈이 오든 비가 오든 햇볕이 내리쬐든 상관없이 자신의 구역으로 가서 마약을 팔았다. 그것만이 그가 이 동네에서 부자가 될 수 있는 유일한 방법이자, 안전을 보장받을 수 있는 유일한 방법이었다. 그런 생각이 외부인에게는 이상해 보이리라는 사실을 그는 알았다. 어떻게 깡패가 된다고 안전해질까? 그러나 그는 어린 시절부터 자신의 동네를 지켜보면서 '마약과의 전쟁'과 '마약을 위한 전쟁' 모두의 표적이 되는 이스트플랫부시 같은 곳에서는 잡아먹지 않으면 잡아먹힌다고 결론을 내렸다.

그 길모퉁이에서 '말썽꾸러기들', 치노와 그의 동네 친구 넷이 활동했다. 모두 남자아이들인 그 패거리에서 치노는 누가 뭐라 해도 두목이었다. 치노가 움직이라고 명령하면 그들은 움직였다. 치노가 가라고 명령하면 그들은 갔다. 그들은 치노에게 완전히 복종했다. 그들은 치노가 사람이 아니라 사람의 탈을 쓴 뇌우라도 되는 듯[3] 그가 분노와 공격성을 터뜨릴 때마다 두려워하며 바라보았다.

치노는 남자아이처럼 입고 남자아이처럼 행동했다. 그들은 치노를 제이슨이라고 불렀다. 그들은 치노가 '생물학적으로는' 여자라는 사실을 알았지만 그를 남자로 대했고, 치노는 그저 자신이 남자라는 사실을 강조하려고 두 배 더 용감해지고자 애썼다. 치노는 뭐든 자신이 직접 하지 않을 일은 절대 부하에게 시키지 않았다. 그는 언제나 부하들과 함께 궂은일을 했다. 말썽꾸러기들 패거리가 공격해야 할 때 그는 앞장서곤 했다. 그리고 때때로 공격해야 할 때가 있었다.

'말썽꾸러기들'은 1930년대에 플랫부시를 장악했던 '브루클린의 지명수배자'라는 더 큰 조직의 하부 조직이었다. 치노는 같은 동네의 20대 남자 피터로부터 마약을 받아 팔면서 그에게 보고했다. 치노가 열세 살 때 피터가 처음으로 다가와 돈을 많이 벌고 싶은지 물었다. 마약봉지를 얻어 길모퉁이에서 팔면 일주일에 500달러까지 벌 수 있다고 했다. 그 후로는 치노가 피터의 보호를 받는다는 사실을 모두가 알았다. 치노를 건드리면 피터에게 보복을 당할 수밖에 없었다. 피터는 유티카와 플랫부시 사이에서 가장 규모가 큰 마약상 서너 명 중 한 명이었다. 치노에게는 악명과 함께 힘이 생겼다. 사람들이 함부로 하지 못하게 되었고, 최대한 두려움에서 벗어났다는 뜻이었다.

그리고 돈. 그는 영화를 보러 다니고, 친구들에게 한턱 쏘고, 한 번밖에 입지 않을 옷들을 사면서 돈을 펑펑 쓰게 되었다. 그는 코니아일랜드 유원지에서 사이클론을 타거나 〈모탈 컴뱃〉 게임을 하면서 오랫동안 즐겼다.

계속 이렇게 생활하려면 사람들을 겁줘야 한다. 로스스타인의 이야기에서 배웠듯, 마약 거래를 하면서 마약이나 돈을 지켜달라고 경찰을 찾아갈 수는 없다. 총과 테스토스테론을 무기 삼아 스스로 방어해야 한다. 치노는 여러 해 후 내게 말했다. "우리가 약해져 잠시라도 자비를 보인다면 언제든 모두가 우리에게 빌어먹을 강도짓을 할 거야…. 그냥 우리 구역을 습격해 차지하고, 뭐든 원하는 대로 할 거야. 이 망할 구석에서 살아남으려면 개차반이 되어야 해…. 폭력을 당하지 않으려면 폭력을 휘둘러야 해…. 본때를 보여주어야 해. 몇몇 사람들을 본보기 삼아 혼내주어야 해. 그들 중 몇몇은 정말 혼내줄 이유가 있는 사람들이야. 하지만 이유도 없이 혼쭐을 내는 사람도 많아."

그래서 그 패거리는 나무와 허공에 총을 쏘고, 동물들을 죽였다. 치노는 때때로 사람들, 엄청 겁주어야 할 경쟁 패거리를 향해 총을 쏘곤 했다. 치노는 그들을 총알로 맞춘 적은 한 번도 없다고 했다. 그는 또 아무에게도 절대 말할 수 없는 비밀이 있다고 고백했다.

  때로는 총알이 걸려서 총이 제대로 작동하지 않고, 다른 사람들은 모두 겁에 질려서 총알을 빼내지 못했다. 그러나 치노는 아니었다. "나는 그놈을 제자리로 돌려놓곤 했어. 총알이 나오게 해서 탄창에 다시 집어넣고, 탄창을 다시 총에 끼웠지." '오토봇' 그리고 '디셉티콘'이라는 이름의 경쟁 패거리들도 있었다. 그 당시 인기가 많았고, 그들이 여전히 가지고 놀았던 트랜스포머 장난감에서 따온 이름이다. 이 어린 병사들은 텔레비전 만화, 힙합 문화 그리고 세계에서 가장 대규모의 사업 중 하나인 마약 거래에서 그들이 중요한 역할을 하게 만든 마약 금지정책 등, 여러 요소들로 얽히고설킨 문화 풍경 속에서 살았다.

  어느 날에는 나이가 더 많은 몇몇 남자들이 찾아와 그곳이 그들이 맡은 구역이라고 우겼다. 치노는 그때를 이렇게 기억했다. "몇몇 녀석들이 우리를 찾아왔어…. 꽤 나이가 많은 녀석들도 있었지…. 우리는 그들을 맞이했고, 함께 담배를 피웠고, 같이 낄낄거렸어. 기본적으로 그들은 우리를 아들처럼(말하자면 아이처럼, 그들의 아들처럼) 대하려고 했어. 우리만의 조직이 없는 것처럼 이래라저래라 했지. 내 부하 중 한 명과 그들이 말다툼을 좀 벌였고, 어느새 우리는 그 개자식들을 때리고 있었어…. 우리는 그들에게 달려들었어…. 그리고 늘씬하게 패주었지. 그들을 병과 쓰레기통으로 때리고, 그 동네에서 도망치게 했어. 그들에게 다시는 돌아오지 말라고 외쳤어." 10대 패거리가 더 나이 많은 공격자들에 맞서 스스로를 방어해야 할 필요성에 대해 그는 이렇게 설명했다. "거의 동물의 왕국과 비슷해. 우리가 작동하는 방식도 전혀 다르지 않지…. 우리를 공격한 패거리는 그들이 더 크고 나이 많은 사자라고 생각했어…. 그런데 우리는 사자일 필요가 없었어. 우리는 하이에나 무리 같았으니까. 동물의 왕국에서나 통하는 규칙대로 경기를 하려면 자신이 어떤 동물과 닮았는지 알아야 해."

그 동네에서는 이런 폭력을 당연하게 여겼다. 1993년 한 주민은 기자에게 "총소리가 들리지 않으면 너무 조용해서 놀란다"라고 말하기도 했다.[4]

치노가 폭력으로 다스려야 했던 대상은 경쟁 패거리만이 아니었다. 그의 부하들도 다스려야 했다. 같은 동네에 살던 자메이카 출신의 스모키라는 남자아이가 치노의 오른팔, 이인자였다. 스모키는 어느 날, 미국의 주요 폭력조직 중 하나인 '크립스'의 조직원 몇 명과 치노의 집 밖에서 싸움을 벌였다. 그들이 그 구역을 맡고 있다는 사실을 분명히 알려주고 싶어서였다. 치노의 패거리가 그 구역을 차지했고, 모두 그렇게 생각했다.

스모키는 "우리 구역에서 이렇게 시끄럽게 떠들고 다니는 놈이 씨팔 누구야?"라고 그들에게 외쳤다. 그들은 "어이, 너 방금 선을 넘었어"라고 그를 비웃으며 옥신각신했다.

치노는 스모키가 이길 수 없는 싸움을 걸었다는 사실을 금방 알아차렸다. 여러 명이 스모키에게 달려들었다. 그래서 치노가 끼어들어야만 했다. '빌어먹을, 이제 이 패거리와 타협할 수 없어…. 나약하게만 보일 테니'라는 상황 판단이었다. 치노는 그들에게 칼을 휘두르라고, 아무도 우리 패거리나 우리 일을 망가뜨릴 수 없다는 사실을 증명하라고 스모키에게 명령했다. 그러나 그들은 스모키가 휘두르는 칼을 보고 그저 비웃을 뿐이었다. 그들은 스모키의 목에서 금목걸이를 낚아챘고, 스모키는 겁이 나서 도망쳤다.

치노는 이런 상황이 그의 패거리와 평판에 치명적일 수 있다는 사실을 알았다. 그들이 치노의 이인자에게 굴욕감을 줄 수 있다면, 다음 단계에는 치노에게 굴욕감을 주고 치노가 장악한 구역을 차지하려고 들 수 있다. 치노에게는 아무것도 남지 않을 수 있었다. 캐럴린 로스스타인은 "아널드는 자신의 전지전능함에 타격을 입힌 사람을 한 번도 빠짐없이 반드시 벌했다"라고 말했다.[5] 치노도 아널드와 똑같이 행동해야 했다. 치노의 맹견 로키는 그들을 향해 으르렁거렸지만 개가 할 수 있는 역할은 많지 않았다. 로키는 온 마음을 다해 공격하려고 했지만 무기가 별로 없었다. 크립스 조직원들은 말썽꾸러기들이 두려워한다고 느꼈다.

치노는 칼을 뽑았다. 그는 필요하면 난도질할 수 있다는 사실을 그들에게 보여주어야 했다.

그는 갑자기 주먹으로 맞았고 정신이 멍해졌다. 하지만 그는 위협을 당해도 도망치지 않는다는 사실을 확실히 보여줬다. 여자아이 한 명이 남자 둘과 맞서야 해도 무조건 싸울 것이라는 사실을 증명했다.

이제 치노는 스모키를 손봐야 했다. 스모키는 패거리를 위험에 빠뜨린 다음 사라져버렸다. 상황이 모두 정리된 후 치노에게

슬금슬금 다가온 스모키는 맞서 싸울 총을 가지러 달려갔다고 주장했다. 그러나 치노는 스모키의 비겁한 행동을 그냥 넘길 수 없었다. 말썽꾸러기들은 스모키를 근처 235파크 풀밭으로 데려가 그의 셔츠에 물을 부었다. 그다음 치노는 자신의 벨트를 풀어 스모키를 31번 채찍질했다.

그것이 비겁한 부하가 일반적으로 당해야 할 첫 번째 단계의 처벌이었다. 그다음 스모키는 두 번째 단계의 처벌을 받아야 했다. 크립스를 찾아가 그들 중 한 명을 두들겨 패야 했던 것이다. 스모키는 비틀거리며 사라졌지만, 상황이 꼬였다. 스모키는 크립스 조직원 중 한 명을 두들겨 패지 않았다. 두려움에 휩싸여 반쯤 미치고 흥분한 그는 누구든 공격할 만한 사람을 찾았다. 그리고 가게에 있는 노인을 정신없이 때렸다. 치노가 전혀 원하지 않았던 일이었다. 곧 스모키는 다시 교도소에 들어갔다. 치노는 불같이 화가 났다. 그는 자신의 패거리가 힘이 세다는 사실을 보여주어야 했다. 그래야 아무도 그들에게 감히 수작을 걸거나, 마약을 빼앗아가거나, 그들의 자리를 넘볼 엄두를 내지 못하기 때문이었다. 그런데 스모키가 노인을 때렸기 때문에 "사실상 우리를 더 나약해 보이게 만들었다"라고 치노는 말했다.

그는 그런 식으로 매일 마주쳐야 하는 공포에 맞서 절묘한 줄타기를 했다. 치노에게 마약을 둘러싼 전쟁은 은유가 아니었다. 그가 깨어나고 잠드는 전쟁터였다. 그는 "내 마음을 아프게 하는 사람과는 살 수 있지만, 나를 약한 사람으로 보이게 만드는 사람과는 살 수 없어. 그렇게 되면 말 그대로 살 수가 없어. 약하게 보이고 나면 사람들이 나를 덮치러 올 테니까"라고 설명했다.

악명을 쌓기 위한 폭력

나는 치노와 만나고 나면 마약시장에 대한 학술연구와 설명을 꼼꼼히 살펴보면서, 이런 내용이 치노가 들려주는 이야기와 어떻게 들어맞는지 확인하려고 애쓰곤 했다.

나는 서서히 그 이야기 밑에 깔린 유형을 알아차리기 시작했다. '마약 관련 폭력'이란 말을 들으면, 우리는 보통 누군가가 마약에 취해 사람들을 마구 때리거나 죽이는 모습을 상상한다. 하지만 그런 상황은 마약 관련 폭력의 극히 작은 부분일 뿐이다. 대부분은 치노의 폭력과 비슷하다. 불법으로 마약을 밀매할 구역을 장악하고, 그 구역이나 마약을 아무도 함부로 빼앗지 못하도록 보호하고 방어하기 위해, 겁을 주면서 악명을 쌓기 위한 폭력이다.

일리노이대학교의 폴 골드스타인Paul Goldstein 교수와 그의 연구팀은 1986년 뉴욕에서 '마약과 관련이 있다'라고 밝혀진 모든 살인사건을 자세히 연구했다. 그랬더니 마약 관련 살인사건 중 마약에 취한 사람이 벌인 사건은 7.5퍼센트에 불과했다. 2퍼센트 정도는 중독자가 마약을 살 돈이 없어서 도둑질을 하려다 우발적으로 벌어진 살인이었다. 그리고 4분의 3 이상, 즉 대부분은 치노처럼 경쟁조직과 싸우다 저지른 살인이었다.[6] 알 카포네가 술을 마셔서 살인을 저지른 게 아니었듯, 마약 복용으로 살인이 벌어진 게 아니었다. 골드스타인의 연구 결과가 보여주듯, 마약 금지정책 때문에 그런 살인사건들이 벌어졌다.

알코올과의 전쟁이 밀주 거래를 독차지하기 위해 싸우는 무장 폭력조직들을 만들어냈듯,[7] 마약과의 전쟁은 마약 거래를 장악하기 위해 싸우고 죽이는 무장 폭력조직들을 만들어냈다. '미국 청년 폭력조직 센터The National Youth Gang Center'는 '말썽꾸러기들' 같은 청년 폭력조직이 미국 전체 마약 판매의 23~45퍼센트를 맡고 있다는 사실을 알아냈다.[8]

어느 날 오후, 나와 이 문제에 대한 이야기를 나누던 치노는 고개를 끄덕였다. 그는 그런 폭력조직이 마약을 팔기 위해서만 존재하는 것은 아니라고 했다. "하지만 마약 때문에 그런 조직의 힘이 더 커질 수 있어. 총을 사고, 사치를 부리고, 거물이라도 된 듯 행동할 돈과 수단을 얻을 수 있으니까. 옷과 보석도 사고." 그런 폭력조직, 그리고 그런 조직이 갖춰야 할 폭력성은 그 동네에서 몇 안 되는 수익성 있는 사업 중 하나를 독차지하고 있다는 사실로 인해 훨씬 더 매력적으로 보인다.

그러나 치노는 열여섯 살 때 마약상의 기본 규칙, 비기 스몰즈의 랩으로 유명해진 '네가 파는 마약을 먹고 취하지 마라'는 원칙을 깨뜨렸다. 그 부분을 더 깊이 이해하려면 그의 이야기가 시작되는 부분으로 돌아가야 한다.

❖ ❖ ❖

　치노는 언제나 자신의 어머니에 대해 한 가지 궁금증이 있었다고 말했다. 어머니는 레즈비언이라는 사실을 숨기지 않았는데, 어떻게 임신을 하게 되었을까? 그것도 어머니가 가장 혐오할 만한 종류의 남성인 경찰의 아이를.
　그는 열세 살 때 그 답을 알게 되었다. 그는 자신의 궁금증을 이모인 로즈에게 털어놓았고, 그녀는 냉정하게 답해주었다. 치노의 어머니 데버라가 1980년 치노의 아버지 빅터에게 강간을 당했다고. 데버라는 흑인 마약중독자였다. 그리고 빅터는 데버라를 체포하러 간 뉴욕시 경찰청의 백인 경찰이었다. 따라서 치노는 진정한 의미에서, 마약과의 전쟁에서 태어난 아이다. 그는 마약과의 전쟁이 벌어진 전쟁터 한복판에서 생겨났다.
　치노는 엄마가 어떻게 살아왔는지 이미 어렴풋한 줄거리를 알고 있었다. 그는 엄마에 대한 그의 파편화된 기억들, 그리고 우연히 엿들은 친척들의 숨죽인 대화들을 한데 모아 이야기를 엮었다. 데버라의 어머니는 출산하자마자 아기를 병원에 두고 사라졌다. 아마도 마약중독자여서 곧장 감옥으로 가야 할 처지였기 때문인 것 같다. 데버라는 먼 친척인 루실 하딘에게 입양되었다. 전통을 고수하는 남부 출신 흑인 여성인 루실 하딘은 사우스캐롤라이나에서 뉴욕으로 건너와 브래지어를 만들며 생계를 꾸렸다. 하딘 부인은 인종차별이 심한 남부에서 보낸 어린 시절에 대해 많은 이야기를 하지 않았다. 단지 어떤 백인에게도 "예, 주인님"이라며 고개를 숙인 적이 없고, 제2차세계대전 때 나라를 구하기 위해 조립 라인에서 일했다고 자랑할 뿐이었다.

루실 하딘은 데버라를 자식으로 키우면서 작은 인형처럼 예뻐하고 응석받이로 만들었다. 하지만 가족들 사이에는 데버라가 청소년기 중 어느 시기에 남자들에게 납치되어 집단 성폭행을 당했다는 소문이 돌았다. 그 사건 후 데버라는 완전히 딴사람이 되었다. 아무도 그 사건의 자세한 내막, 혹은 데버라가 언제부터 주삿바늘로 헤로인을 투여해 멍해지면서 그 일로 인한 고통을 달래기 시작했는지 몰랐다. 하딘 부인은 몇 차례 비용을 들여 데버라가 중독 치료를 받도록 했지만, 어떤 치료도 효과가 오래가지 않았다. 데버라는 1980년대 초에 마약중독의 늪에 깊이 빠져들어 허우적댔다.

그녀는 다음에 쓸 마약을 동네 폭력배들한테 사려고 어느 집이든 몰래 들어가 뭐든 가지고 나오곤 했다. 그래서 데버라의 양어머니가 딸을 신고해야 할 때가 많았다. 그리고 데버라가 스물두 살 때 양어머니 집에 빅터가 나타났다.

오랜 시간이 지난 후 치노는 분노를 억누르면서 엄마가 자신을 임신하게 된 날의 밤을 설명했다. 경찰은 강간을 해도 처벌받지 않을 수 있었다. "누가 마약중독자를 믿겠어? 마약에 빠져, 마약을 얻을 수만 있다면 거짓말이든 뭐든 할 사람의 말을 누가 믿겠어? 성인이 된 후 끊임없이 교도소를 들락날락했던 사람의 말을 누가 믿겠어?"

빅터는 평생 데버라가 사용하던 방, 나중에 치노가 어린 시절을 보낸 방으로 들어왔다. 그다음에 무슨 일이 일어났는지는 이제 아무도 모른다. 로즈가 치노에게 데버라가 강간당했다고 설명한 것은 데버라가 그렇게 말했기 때문이다. 몇 년 후, 치노는 이런 의문을 품게 되었다. "어쩌면… 잘 모르겠어. 나는 전적으로 그 남자가 엄마를 강간했다고 생각해. 그런데 어쩌면 매춘과 비슷한 일이었을 수도 있어. 아니면 그 대가로 잡혀가지 않았을 수도 있고." 그 당시 그런 일이 흔했을까? 치노는 말했다. "지금, 2012년에는 흔한 일이지."

데버라는 술집에서 진통을 시작했다. 치노는 아널드 로스스타인이 사망한 병원과 멀지 않은 병원에서 심각한 혈액질환을 가지고 태어났다. 몸무게가 정말 가벼웠고, 얇은 피부층이 눈을 덮고 있었다. 의사들은 산모가 임신 중 마약을 복용했기 때문이라고 말했다. 담당의는 치노의 눈이 보이지 않고, 지적장애가 생길 것이라고 판단했다.

데버라는 생모가 자신을 버렸듯 치노를 낳자마자 버렸다. 그리고 이제 60대가 된 하딘 부인이 이번에도 그 아기를 입양해 자기 자식으로 키웠다. 하딘 부인은 엄격한 할머니였다. 하딘 부인은 아이가 반항하면 숲으로 들어가 자신이 얻어맞을 나뭇가지를 주워오라고 꾸짖던 시대, 그리고 그런 지역에서 어린 시절을 보냈다. 그런 훈육을 '네 회초리 고르기'라고 불렀다. 하지만 이제는 늙어서 훈육을 하거나 이 새로 태어난 어린아이를 이해할 만한 능력이 서서히 약해지고 있었다.

치노는 하딘 부인을 "엄마"라고 불렀다. 하딘 부인은 가끔 치노를 낯선 장소로 데리고 가서 데버라와 만나게 했다. 데버라는 남자 옷을 입고 있었다. 치노와 웃는 모습이 똑같았고, 키는 작지만 강단 있어 보이는 여자였다. 그는 훗날 "데버라는 내 생물학적인 어머니, 그런 의미에서만 어머니였지"라고 말했다. 하지만 데버라는 자신의 아이를 한 번도 잊은 적이 없었다. 늘 마음 한구석에서 생각하고 그리워했다.

어느 날, 데버라가 플랫부시에 나타나 아장아장 걷는 치노의 손을 잡고 사라졌다. 그때만은 치노가 데버라의 아이가 될 수 있었다. 그들은 며칠 동안 숨어 지내면서 어디에 있는지 아무에게도 알리지 않았다. 사실은 모텔에서 지냈는데, 어느 날 경찰이 들이닥쳤다. 경찰은 "빅터의 딸을 찾고 있다"라고 말했다. 빅터가 오랫동안 멀리서 치노를 지켜보고 있었고, 치노가 납치되었다는 소식을 듣자마자 동료 경찰들을 시켜 아이를 찾아나섰다는 사실이 그렇게 드러났다.

몇 년 후, 데버라가 다시 치노를 데려갔다. 그때에 대해 묻자 치노는 어린 여자아이와 인형의 집에서 놀고, 감자칩을 먹었던 일을 떠올렸다. 그런데 데버라에게 돈을 빌려준 여자가 갑자기 나타나 치노의 손을 잡고 다른 방으로 끌고 갔다. 치노는 그때 손가락에 끼우는 너클이 달린 칼을 보았다. 치노는 몇 년이 지나서야 그때 데버라와 함께 지낸 곳이 어딘지 깨달았다. 마약 밀매소였다. 그 여자는 난데없이 치노의 질에 그 칼을 꽂으려고 했다. 치노는 그 여자를 장난감으로 마구 때리면서 최대한 크게 비명을 질렀다. 데버라가 나타났고, 무슨 일이 벌어지고 있는지 알아차렸다. 데버라와 그녀의 친구는 그 여자를 마약 밀매소의 지붕으로 끌고 올라갔다. 잠시 후 그들은 그 여자를 최대한 심하게 때렸다. "그 여자가 살았는지 죽었는지 모르겠어. 하지만 피를 너무 많이 흘리고 더이상 움직이지 않았다는 것은 기억나." 여덟 살이었던 어린 치노는 행복했다. 엄마의 사랑을 가장 크게 느꼈던 순간이었다.

그 후로도 데버라는 가끔 치노 앞에 나타났다. 그러나 자주는 아니었고, 미친 듯 들쭉날쭉했다. 데버라는 왜 치노의 주위를 맴돌았을까? "나에 대한 사랑은 있었지만, 형편이 되지 않아 그 사랑이 결실을 맺을 만큼 자랄 수 없었다고 생각해. 씨앗에 싹이 터서 땅을 뚫고 나왔지만, 열매는 한 번도 맺지 못했지." 치노의 짐작이었다.

치노는 항상 남자아이들의 장난감, 특히 미군 병사 피규어를 갖고 싶어했다. 그가 장난감 오븐을 선물로 받고 좋아했던 단 하나의 이유는, 미군 병사 피규어의 머리를 집어넣고 녹일 수 있었기 때문이었다. "할머니가 나한테 원피스를 입히려면 옥신각신해야 했어." 치노는 여덟 살 무렵부터 머리카락을 밀어버리고 사람들에게 제이슨이라고 부르라고 했다. 그리고 속옷 안에 양말을 집어넣고 남자 행세를 했다. 할머니가 왜 그러냐고 묻자 치노는 "어린 여자로 사는 건 정말 구려. 내 인생에서 정말 거지같은 일이야"라고 말했다.

치노의 얼굴에 맨 처음 주먹을 날린 사람은 데버라였다. 치노는 열두 살 때 집 뒤 덤불에서 자고 있는 엄마를 발견했고, 그 모습이 창피하고 화가 났다. 엄마가 동성애자에 추잡한 노숙자라는 사실을 누가 봐도 알 수 있었다. 그래서 호스를 끌어와 엄마에게 물을 뿌렸다. 치노는 엄마가 일어나기 전에 충분히 집 안으로 뛰어들어갈 여유가 있다고 생각했다. 그러나 계산을 잘못했다. 치노의 표현에 따르면 데버라는 "마이크 타이슨처럼 치노를 강타했다."

치노는 엄마가 나타날 때마다 선빵을 날리는 방법을 익혔다. 한번은 창밖으로 냄비를 던져 데버라의 머리를 깨뜨렸다. 창밖으로 가위를 던져 데버라의 손가락에 맞춘 적도 있었다. 다음날 수업이 끝났을 때 데버라는 치노를 붙잡고 다시 주먹을 날렸다. 때로는 치노가 데버라를 찾아다녔다. 데버라가 있을 만한 공원이나 벤치 혹은 길모퉁이를 누볐다. 치노에게 데버라가 필요해서였다. 그러나 보통은 어디에서도 찾지 못했다.

이 무렵 미국 곳곳에서 새로운 혈액 매개 감염병인 후천성면역결핍증(에이즈)이 발견되고 있었다. 사람들이 비틀거리며 병원에 들어와 의식을 잃고 쓰러졌다. 이상한 증상을 일으키다 갑작스럽게 죽음에 이르는 질병이었다.

과학자들은 동성애자, 그리고 주삿바늘을 함께 사용하면서 마약을 투입하는 마약중독자들이 이 병에 걸리기 가장 쉽다는 사실을 곧장 알아차렸다. 과학자들은 마약중독자들에게 최대한 빨리 깨끗한 주삿바늘을 나눠주라고 권고했다. 주사기로 투입하는 마약 문제가 엄청나게 심각했던 스코틀랜드 글래스고가 세계 최초로 이런 조치를 취한 도시 중 하나가 되었다. 그 결과, 주사기를 사용하는 마약중독자 중 HIV바이러스 양성 판정을 받은 경우는 2퍼센트도 되지 않았다.[9] 뉴욕시는 그런 조치를 거부했다.

1992년쯤에는 데버라를 포함해 뉴욕시에서 주사기를 사용하는 마약중독자의 절반이 HIV바이러스 양성이었다. 결국 뉴욕시 당국이 깨끗한 주삿바늘을 나눠주는 방법을 채택하자 새로운 감염자 수가 75퍼센트 줄어들었다.[10] 데버라에게는 너무 늦은 때였다. 사실 데버라, 그리고 데버라와 같은 모든 마약 사용자들에게 깨끗한 주삿바늘을 나눠주려고 했던 사람들은 체포하겠다는 위협을 받았었다.[11]

성인이 된 치노에게 데버라에 대한 기억이 열 가지 정도 남아 있다. 절반은 폭력에 얼룩진 절망적인 기억이고, 절반은 좋은 기억이다. 한번은 데버라가 갑자기 나타나더니 치노의 신학기 교복을 훔쳐서 팔아버렸다. 두 사람은 언젠가 함께 스케이트를 타러 가기도 했다. 코니아일랜드 유원지에 가서 같이 사이클론을 탄 적도 있다. 데버라는 무서워하며 내내 치노의 머리를 붙들고 있었다. 두 사람은 영화도 한 편 보러 갔다. 티나 터너의 전기 영화 〈왓츠 러브〉였다. 어느 날은 두 사람의 관계가 어떻게 이리 되었는지, 그리고 자신의 생모는 어떤 사람이었는지에 대해 데버라가 치노에게 말해주었다. 그런 이야기를 하면서 데버라는 자신이 HIV바이러스 양성 판정을 받았다고 고백했다. 치노는 그게 무슨 의미인지 잘 이해하지 못했다.

치노는 열두 살 때 한 번 정신과 병동으로 데버라를 만나러 갔다. 그는 데버라가 가장 좋아하는 음식인 키니시를 가져갔다. 데버라는 치노에게 누구와 성관계를 갖는지 집요하게 물었다. 치노는 아무와도 성관계를 갖지 않는다고 대답했지만, 데버라는 계속 끈질기게 물었다. 그때를 떠올릴 때마다 치노는 시간이 얼마 남지 않았다는 사실을 알았던 데버라가, 자신이 조언해줄 수 있다고 느꼈던 아주 좁은 범위의 주제에 대해 최대한 모든 지침을 전달하려고 애썼다는 사실을 깨닫곤 한다.

데버라가 교도소를 들락날락하다 마지막으로 집에 돌아왔을 때는 예수님을 찾았다고 고백했고, 원피스를 입고 있었다. 치노는 원피스를 입은 데버라의 모습을 이전에는 본 기억이 없었다. 데버라에게는 진짜 얼간이 같은 남자친구가 있었고, 치노는 그 남자가 싫었다. 그러나 마약에 취해 있지 않은 엄마의 모습을 생전 처음 보았기에 최소한 안심이 되었다.

하지만 그런 상태는 오래가지 않았다. 어느 날 치노가 집에 돌아오니 엄마가 이름도 모르고 보이지도 않는 무언가를 찾아 집안을 미친 듯이 뒤지고 있었다. 데버라는 라디에이터 안에 무언가 숨겨져 있다고 믿었다. 치노와 함께 영화관에 가기로 했는데, 분명 마약에 취해 광란의 상태였다. 데버라는 이내 비명을 지르며 집에서 뛰쳐나가 길 아래로 사라졌다. 치노는 데버라를 뒤쫓으면서 속으로 이렇게 생각했다. '빌어먹을, 그 여자를 쫓아가지 않을 거야. 찾아다니기도 지긋지긋해. 가면 가는 거지.'

그날 밤늦게 병원에서 온 전화를 받았다. 치노와 하딘 부인은 데버라를 보러 병원에 갔다. 주렁주렁 줄을 달고 침대에 누워 있는 데버라의 몸을 보면서 치노는 이해할 수 없었다. 데버라의 작은 몸은 이미 방부 처리용 액체를 채워넣은 것처럼 부풀어올라 있었다. 데버라의 얼굴과 손은 부풀고 삐뚤어져 있었다. 간호사들은 데버라가 버스에서 어떤 여자에게 강도질을 하려 했고, 경찰이 도착한 후 데버라를 체포하면서 구타했다고 설명했다. 데버라의 간은 이미 파괴되었고, 뇌에는 물이 차 있었다. 데버라는 다시는 깨어나지 못했다. 데버라의 나이 서른세 살 때였다. 장례식에서 데버라의 남자친구가 치노를 보고 비웃었다. "그러니까, 이제 그 여자를 위해 울 거야?"

얼마 지나지 않아, 치노는 자신의 구역을 확보하고 크랙코카인을 팔기 시작했다. 그리고 그로부터 3년 후 열여섯 살이 되었을 때, 처음으로 크랙코카인을 흡입했다. 그는 내게 "그 여자가 나 대신 선택한 마약이 무엇인지 알고 싶었어"라고 말했다.

살아남기 위해 한 선택들

치노는 열세 살 때 처음으로 죄수복을 입고 철창에 갇혔다. 길거리에서 다른 청소년들에게 폭력을 휘둘러 브롱크스의 스포퍼드소년원에 갇히는 처벌을 받았다. "마약 거래를 하다보면, 걸핏하면 분노를 터뜨리고 언제든 보복하려는 입장이 되기" 때문이었다.

그 소년원의 벽은 페인트가 벗겨지고 있었다. 공기에서 곰팡이 냄새가 났다. 어디에서도 신선한 공기를 마실 수 없었다. 거의 숨쉬기조차 어려웠다. 아무도 그에게 괜찮냐고 묻지 않았다. 아무도 그가 왜 그곳에 왔는지 궁금해하지 않았다. 그들의 태도는 냉정하지도 공격적이지도 않았다. 완전히 무관심했다. 교도관들은 아이들을 하역장의 물건처럼 바라보았다. 그저 간단하게 점검하는 일이 그들의 임무였다. 치노의 표현에 따르면, 어쩌다 이 하역장에 병이나 운동화 대신 사람들이 수용되어 있었다. 너, 무슨 병이라도 있니? 너, 성욕이 왕성하니? 다음.

이 소년원에서는 텔레비전을 보거나, 텔레비전을 보거나, 텔레비전을 볼 수 있을 뿐이었다. 아, 아니면 스페이드 카드놀이를 할 수도 있었다. 치노는 "외로움을 느꼈다고 말하면 고상한 표현이 될 것 같다. 나는 그저 동물이 된 기분이었다…. 철창 안에 들어갈 때 문 앞에서 확인해야 할 것은 지갑이나 장신구가 아니다. 인간성을 확인해야 한다"라고 회고했다.

살다보면 빼앗기고 총격전을 벌일 일이 계속 이어지고, 간간이 따분해질 때도 있다는 사실을 그는 단계적으로 배워나가고 있었다.

"감옥에서 인간적으로 행동하면 빌어먹을 일을 당할 수 있어. 간단하지만 개떡 같은 예를 들어볼게. 네가 집에 있는데 누군가 문을 두드리고 '치약 조금과 설탕 한 컵을 빌릴 수 있을까요?'라고 물었다고 해봐. 너는 이러겠지. 못 줄 이유가 뭐야? 빌어먹을 설탕일 뿐인데. 뭐가 문제야? 씨팔 몽땅 가져가라고 하지…. 감옥에서는 그런 빌어먹을 짓을 할 수 없어. 그저 헛소리만 잔뜩 듣게 될 거니까…. 사람들은 네가 풋내기여서 네 물건을 뭐든 그냥 빼앗을 수 있다고 생각할 거야. 그런 걸 우호적인 강탈이라고 하지. '네가 나한테 그걸 주고 싶어하는 걸 알아, 그렇지? 나한테 담배 한 갑 주고 싶잖아?'라는 식이지. 대놓고 말하지 않더라도, 그걸 내놓지 않으면 얼굴에 주먹을 날리겠다는 협박이지…. 하지만 나는 어려서 다음날 내게 무슨 일이 벌어질지 몰라 두려움에 떨었어."

그는 열여섯 살 때 한 감방에서 이런 인생은 끝내야 한다고 결심했다. 그런 인생을 받아들일 수 없었다. 서서히 자신의 엄마처럼 변해가면서 하루하루 자신의 존재가 지워지는 과정을 받아들일 수 없었다.

한 번의 갑작스러운 추락으로 끝내는 편이 나았다.

그는 자신의 신발끈으로 올가미를 만들었다. 올가미가 아래로 잘 늘어지면서도 풀리지는 않도록 이중으로 묶었다.

그리고 그 올가미를 철창 꼭대기에 묶었다.

그는 펄쩍 뛰어올랐다.

그런데 제기랄, 그 올가미가 너무 느슨하게 축 늘어져 그는 목숨을 잃지 않았다. 그는 생각했다. '나는 정말 얼간이야. 이런 빌어먹을 일도 제대로 할 수 없어.' 그곳에서 나왔을 때 그는 다시 자살 시도를 했다. 두 차례에 걸쳐 수면제를 과다 복용했다. 그러나 의료진이 위세척을 했고, 그는 거리로 돌아왔다.

그래서 그는 스스로 마약에 취했다

라이커스섬은 이스트강에 있는 거대한 콘크리트 요새로 퀸스와 브롱크스 사이의 강에 떠 있다. 돌로 된 감방들에는 1만 4천 명이 넘는 사람들이 수용되어 있다. 그리고 그곳은 그의 동네 많은 청소년들에게 그랬듯, 치노와 그의 패거리에게 제2의 집이 되었다. 하지만 뭔가 이상한 일도 있었다. 그의 마약 밀매 혐의가 계속 흐지부지되었다. 그는 체포되어 기소되었지만, 서류가 사라진 것 같았다. "내 전과 기록을 훑어보면, 판사를 만나지도 않고 법원 뒷문으로 빠져나간 적이 많았어. 관할 경찰서가 풀어줬어. 내게는 혐의가 많았는데, 믿기지 않겠지만 그들은 그래도 풀어줬어."

그는 확실히 유별나게 운이 좋았다. 만약 컬럼비아구(이스트브루클린과 인구 통계와 마약 사용 행태가 비슷한)의 거리에서 매일 마약을 판다면 감옥에 갈 확률이 매년 22퍼센트다.[12] 그런데 치노는 거의 10년 동안 마약을 거래해왔지만, 그 범죄로 투옥된 적이 없었다. 그는 언제나 다른 범죄로 체포되었다. 그의 패거리 중 몇몇은 그가 밀고자라고 의심하기도 했다. 그러나 정말 그랬다면 오래지 않아 재판에서 증거가 나왔을 것이다. 그런데 그런 적이 없었다. 치노는 어리둥절했다. 왜 나만 빼고 잡힐까?

치노는 이유를 알아냈다고 점점 믿게 되었다. 치노가 어릴 때 빅터가 그를 찾으러 왔었다. 데버라가 치노를 몰래 데려갔을 때 빅터는 동료들을 보내 치노를 찾게 했다. 이제 10대가 된 치노는 빅터가 여전히 자신을 멀리서 지켜보고 있고, 동료들을 시켜 자신의 마약 혐의 서류를 빼돌리고 있다고 확신하게 되었다.

경찰의 부패가 더 심해져서 이런 일이 가능했을까? 아니면 강간범이긴 하지만, 아버지가 온갖 상황에도 불구하고 자신을 사랑한다고 믿고 싶었던 치노의 착각일까? 관료적 형사 사법제도에서 불쑥 튀어나온 사소한 결함과 약점에서 아버지의 영향력이 보인다고 믿어버린 것일까?

치노는 빅터를 딱 한 번 만났다. 치노가 10대였을 때, 치노의 사촌 중 한 명이 빅터가 치노를 만나고 싶어한다고 전하면서 브루클린에 있는 노스트랜드 길모퉁이와 교회 이름, 그리고 시간을 말했다. 빅터는 휠체어를 타고 치노에게 다가왔다. 빅터가 몇 년 전에 총을 맞았고, 이제 하반신 마비라는 사실을 치노는 알게 되었다. 치노가 빅터를 보자마자 처음 떠올린 생각은 '세상에, 저 남자도 나처럼 말총머리를 하고 있네'였다. 그다음으로는 엄마가 늘 꼈던 손가락 없는 가죽장갑을 아버지도 끼고 있는 게 보였다. 하지만 치노는 빅터가 하는 말을 듣고 싶지 않았다.

치노는 빅터에게 "원하는 게 뭐죠?"라고 물었다.

"너와 잘 지내고 싶어."

"당신이 내 엄마를 강간하기 전에, 그리고 내 삶에서 멀어지기 전에 그 생각을 했어야지."

빅터는 횡설수설했다. 그는 치노의 엄마가 치노처럼 정말 가슴이 컸다고 말했다. 그의 두 아들이 비행기 사고로 죽었다고도 말했다. 그는 반쯤 미친 것 같았다. 치노는 "빅터가 내게 다가오는 태도를 보면 우리가 가까운 사이, 서로 알고 지내면서 내내 대화를 나눠온 사이 같았다"라고 설명했다. 치노는 알고 싶지 않았다. 그래서 자리를 떠나버렸다. 몇 년 후, 누군가 그에게 빅터가 죽었다고 말했다. 그는 장례식에 가지 않았다.

치노는 열다섯 살 때 플랫부시에서 더 새롭고 대담한 범죄를 찾아냈다. 그는 이제 자신의 조직을 만들어 마약을 팔았고, 자신의 조직이 협력이 잘된다는 사실을 알게 되었고, 그 일을 더 적극적으로 밀어붙일 수 있었다. 마약 금지정책은 그에게 강도와 폭행으로 나아가는 관문 같은 역할을 했다. 그들은 교도소를 들락날락하며 새로운 범죄와 새로운 기법에 대해 끊임없이 배웠고, 이런 '대학교'를 졸업할 때마다 거리로 돌아갔다. 그들은 항구에 정박한 배들을 털어 조명탄 총과 멋진 노티카 재킷을 훔쳤다. 그러다 배의 시동을 걸려고 할 때도 많았다. 치노는 그럴 때마다 웃으면서 "우리가 배의 시동을 걸면 씨팔 어디로 갈 거야? 하지만 괜찮아"라고 말하곤 했다. 그들은 자동차를 훔쳤다. 사람들도 두들겨 팼다.

이 당시 치노의 가장 친한 친구였던 제이슨 산티아고는 치노에게 폭력배가 되는 일은 "정서적 갑옷을 입는 일"이었다고 내게 말했다. 총소리가 난무하는 곳에서는 건드릴 수 없는 존재가 되어야 다치지 않을 수 있다. 그는 이런 폭력배 전선에서는 두 가지를 모두 갖춰야 한다고 설명했다. 다른 사람들이 우습게 여기지 않도록 겉으로 강해 보여야 한다. 또한 매일같이 도시의 전쟁터로 걸어들어가 살아남을 수 있다는 확신을 가지려면 내면도 강인해야 한다.

치노는 연애질 등 남자아이들이 하는 온갖 짓을 다 했다. "그들이 언제나 나를 계집애가 아니라 동등한 녀석, 사나이로 보게 만들어야 했어. 내가 안전하기 위해서라도 그렇게 했던 것 같아. 그들이 나를 그들과 같은 놈이라고 생각할수록 내가 학대를 당하거나 씨팔, 누군가를 죽여야 할 가능성이 줄어들지. 이런 평판을 쌓지 않았다면 아마 나는 강간을 당하거나 죽임을 당하거나 했을 거야. 아니면 감옥에 들어갔겠지."

치노는 당시 레즈비언으로 보였고, 자신을 비난하는 누구와도 싸웠다. 길거리에서 몇몇 비꼬는 말을 던졌던 때말고는, 사람들은 너무 무서워서 그를 함부로 비난하지 못했다.

치노가 자신이 몸담았던 세계를 설명하는 동안 나는 외부인의 눈에는 비이성적이고 이상야릇하게 보이는 빈민가 문화의 일부, 즉 자기 구역에 집착하면서 끊임없이 '존경'을 강요하는 행태에 대해 계속 생각했다. 그리고 그런 행태가 비이성적이지만은 않다고 여기게 되었다. 가장 귀중한 재산인 마약 공급을 보호하기 위한 방법일 것 같았다. 법에 전혀 의지할 수 없으니, 사람들이 두려움을 느끼며 자기 구역을 건드리지 못하도록 확실히 단속해야 할 것 같았다. 나는 존경심과 두려움을 강요하는 방법이 이런 경제가 돌아가게 하는 유일한 방법이라는 사실을 깨달았다. 그 지역의 경제가 이 같은 규칙들로 굴러간다면, 그 규칙들이 그 지역 주민들, 어렵사리 마약 거래와 관련이 없는 사람들까지 지배하게 된다.

치노의 동네 친구 중 한 명으로 '파일'이라는 별명으로 불리는 녀석이 버지니아주 뉴포트의 폭력조직과 친분이 있었다. 그리고 그 폭력조직은 마약을 공급해줄 곳을 새로 찾고 있었다. 치노 일당은 협상을 하려고 차를 몰고 뉴포트까지 갔다. 치노는 집에서 멀리 떨어진 그곳에서도 마약 거래를 해보려고 결심했다.

"그것은 내가 총을 들고 미쳐 날뛸 때 이미 했던 짓과 똑같았어. 가슴이 뛰고 순전히 육체적인 행위였지. 쿵쾅쿵쾅 뛰는 심장과 같았어…. 확실히 들뜬 상태야…. 그런데 그런 상태가 5분밖에 지속되지 않아. 그다음 또다시 한 방, 또 한 방 더 맞아야 해. 씨팔, 나흘 동안 자지 않았다는 사실조차 깨닫지 못한 채 끔찍한 모습이 되지. 그리고 목욕과 양치질, 그리고 아, 잘 모르겠지만 먹는 일처럼 삶에서 훨씬 더 중요한 일들이 마약에 비하면 점점 더 시시하게 느껴져. 바로 그거야. 나는 마약에 빠졌었어."

그는 처음으로 일주일 내내 마약에 취해 있었다. 분명 몇 번은 깜빡 졸았지만 침대에 눕지도, 깊이 잠들지도, 휴식 시간을 갖지도 않았다. 그리고 마약, 너무 많은 마약과 스트립쇼 출연자들, 매춘부들 모두가 호텔방으로 꾸역꾸역 몰려들었다. 이제 파티가 벌어지고, 흥청거리고, 치노는 남자들이 하는 짓을 모두 했다. 매춘부들과 성행위를 하고, 뒹굴고, 담배를 피웠다.

아널드 로스스타인은 사이코패스였다. 그는 마약 금지가 그에게 맡긴, 도덕성이라고는 눈을 씻고 찾아봐도 없는 무시무시한 사람 역할을 손쉽게 해냈다. 치노는 어느 날 내게 "사람들이 이 책을 읽고 치노라는 씨팔놈은 사이코패스에 가깝다고 생각할 게 확실해"라고 말했다. 하지만 치노는 마약 금지정책이 그에게 요구하는 역할을 해내려고 애쓰는 동안, 뭔가 거북하고 원치 않았던 감정이 솟아나는 것을 느꼈다. 그 감정은 마약 유통망에서 그의 역할을 해내는 데 방해가 되었다. 바로 공감이라는 감정이었다. 어느 날 그의 패거리 중 한 명의 어머니가 그들에게 다가와 마약을 사겠다고 했다. "자기 엄마가 우리한테 마약을 사려고 다가올 때 그 녀석의 얼굴 표정을 보았어…. 난처한 표정이 아니었어. 가슴이 찢어지는 표정이었어. 사람들은 때때로 누군가의 표정에서 상처를 읽을 수 있어." 그는 "누군가에게 연민을 느끼지 않기란 어려워…. 우리에게는 태어날 때부터 연민이란 감정이 있으니까. 나에게 일어나는 일뿐 아니라, 다른 사람에게 일어나는 일도 느끼는 능력이 있지"라고 덧붙였다. 어쨌든 그들은 그녀에게 마약을 팔았다. 양심을 버리지 않고 아널드 로스스타인처럼 살기란 어렵다.

치노는 양심 때문에 자신이 하는 일에서 고통을 느낄수록 폭력이나 마약으로 그런 고통을 더 날쌔게 날려버리려고 했다. 그는 사이코패스가 아니었다. 그러나 우리 사회가 만들어낸 마약 금지체계는, 그 체계 안에서 치노와 같은 역할을 하려면 사이코패스가 되어야 한다고 강요했다. 그래서 그는 스스로 마약에 취해 정신병자처럼 되었다.

치노는 교도소와 소년원에서 지내는 동안 많은 것을 배웠다. 스포퍼드에 함께 있었던 재소자가 그에게 자동차 훔치는 방법을 가르쳐주었다. 그다음 차량 절도로 체포되어 다시 교도소에 들어갔을 때는 '블러즈' 조직원이 되어 완전히 새로운 차원의 폭력배로 사는 법을 배웠다.

다른 수감자들은 처음에 치노가 히스패닉이라고 짐작했다. 그를 흑인으로 보는 사람도 있었고, 아메리카 원주민으로 보는 사람도 있었다. 라틴계 폭력조직은 그들과 가장 닮았다는 이유로 그를 끌어들이려고 했다. 하지만 치노는 스페인어를 못 했고, 그들의 세계를 이해할 수도 없었다.

그때 L.A.라고 불리는 여자아이가 치노에게 다가와 준비가 되면 블러즈에 입단할 수 있다고 말했다. 치노는 블러즈가 흑표당(미국의 급진적인 흑인 운동단체 – 옮긴이)과 그 당의 혁명적인 목표의 잔해에서 출발한 태평양 연안의 폭력조직이라는 사실을 알게 되었다. '그 당의 사생아들'이라는 블러즈의 별명은 너무 널리 알려져 그런 제목의 영화까지 있다. 블러즈의 조직원이 되려면 조직의 역사, 그리고 법률처럼 기록되어 있는 그들의 모든 규범을 배워야 했다. 마약 공급자의 돈을 훔치지 말라. 붙잡혀도 경찰에 밀고하지 말라. 깃발을 들고 있을 때, 즉 공식적인 핏빛 옷을 입고 있을 때는 개자식 같은 짓을 하지 말라. 이런 규칙들을 어기면 채찍질부터 죽음까지 아주 확실한 처벌을 받는다.

치노가 그 규범을 익히고 나자 블러즈 조직원 아홉 명이 한 감방으로 몰려와 치노가 선서를 하는 모습을 지켜보았다. "블러즈 조직원은 410퍼센트 폭력배다"라는 말로 선서가 시작됐다. 이제 치노는 블러즈 조직원이 되었고, 보호막이 하나 더 생겼다. 감옥에 갇혀 그의 패거리와 단절되었지만, 이날부터 교도소의 다른 모든 블러즈 조직원들이 그의 뒤를 봐주었다.

치노가 처음으로 사랑에 빠진 곳이 이곳, 이 감방이었다. 치노는 니콜이라는 소녀를 보고 불같이 일어나는 성욕을 느꼈지만, 그런 감정을 공격성과 혐오감으로밖에 표현할 수 없었다. 사랑은 그렇게 표현해야 한다고 엄마를 보고 배웠다. 그는 니콜의 감방으로 찾아가 그녀 패거리의 두목이 강간이나 당하는 동성애자이고, 자신이 그녀를 죽일 거라고 협박했다. 그는 따발총처럼 말을 쏟아냈다. 그러던 어느 날, 치노는 바깥세계에서 길거리 생활을 하던 자신의 여자친구가 강간을 당했다는 소식을 들었다. 감방 안에 있던 그가 여자친구를 보호하기 위해 할 수 있는 일은 하나도 없었고, 그는 완전히 제정신이 아니었다. 그런데 니콜이 찾아와 그런 일이 생겼다는 소식을 듣고 너무 안타까웠다며 위로했다. 자신이 그토록 심하게 대했는데, 그렇게 친절하다니 믿을 수 없었다. 치노는 "그녀의 태도가 말 그대로 나를 바꾸어놓았어"라고 그 순간을 떠올렸다. "인간에 대한 연민을 보여주는 태도였지…. 그 후 그녀의 감방에 찾아가 대화를 나누기 시작했어. 그리고 개자식 같은 행동을 모두 그만뒀지." 니콜이 그곳에서 나간 후 연락이 끊겼지만, 그때 경험의 어떤 부분이 치노에게 계속 남아 있었다.

치노는 블러즈의 조직원이 되고 사랑을 알게 되었다. 그러나 그의 입장에서 가장 강력한 폭력집단으로 보이는 사람들, 즉 교도관들로부터 자신을 보호할 수는 없었다.[13] 라이커스섬 교도소의 한 교도관은 치노를 볼 때마다 조롱하며 욕설을 퍼부었다. "너는 남자가 되고 싶지만 절대 남자가 될 수 없어. 너는 그냥 좆같은 레즈비언일 뿐이야." 그때마다 치노도 맞받아쳤다. "야, 내가 그렇게 무서워? 네가 진짜 사나이가 아니라서?"

치노가 그 교도소에서 가장 예쁜 여자와 사귀기 시작했을 때 교도관은 특히 엄청나게 화를 냈다. 스트립쇼 무대에 섰던 그 여자의 이름을 밝히지 않고 이 책에서는 '디'라고 부르려고 한다. (이 책에서 이름을 바꾼 세 부분 중 하나다. 나머지 두 부분은 뒤에서 알려주겠다.) 치노는 니콜과 만나면서 사랑하는 방법을 배웠고, 이제 더 쉽게 사랑에 빠지게 되었다. 그는 인간을 사랑할 수 있었다. 인간을 돌볼 수 있었다. 그 모습을 보고 교도관은 무지막지하게 화가 났다. 그래서 그 교도관은 어느 날 '디'를 찬장이 있는 곳으로 끌고 가 강간했다. 그런 일을 당해도 치노나 '디'가 할 수 있는 일은 아무것도 없었다.

치노가 이 이야기를 처음 꺼냈을 때는 조금 미심쩍었지만, 당시 상황을 파헤치다보니 이해가 되었다. 치노가 이런 일을 겪은 지 몇 년 후 연방정부가 남자 수용시설을 심층 조사했더니, 10대들에게 믿기 어려울 정도로 많은 상처를 입히는 뿌리깊은 폭력 문화가 있다는 사실이 드러났다. 치노가 지냈던 교도소를 연방정부가 직접 조사하지는 않았지만, 이런 문제들이 그곳에서도 '비슷한 정도로 있을 수 있었다'고 했다.

어느 날, 치노는 더이상 분노를 억누를 수 없었다. 그는 '디'를 강간한 교도관에게 다가가 "약자나 괴롭히는 씨팔놈 겁쟁이"라고 욕했다. 그리고 그를 청소도구를 넣어두는 곳으로 끌고 갈 수 있었다면 그를 강간했을 것이라고 말했다. 그 교도관은 보복하려고 치노를 독방에 가뒀다. "인간에게 고통을 줄 수 있는 방법은 많아. 육체적으로 다치게 할 수도 있고, 정신적으로 고통을 줄 수도 있지. 그중에서도 가장 잔인하고 특별한 방법은 다른 모든 사람과 접촉하지 못하도록 고립시키는 일이야. 정말 너무 심하게 고통을 받지. 마음을 괴롭히는 일들이 많을 때는 특히 더…. 평생의 정신적 외상으로 남지." 그는 그때 자신이 자유로운 상태고, 부자라고 상상하는 환상의 세계로 빠져들었다.

감옥에서 나와 다시 길거리로 내몰린 치노는 어느 때보다 분노에 사로잡혀 크랙코카인에 점점 더 의지했다. 그의 친구 제이슨은 치노가 크랙을 흡입할 때를 이렇게 회상했다. "그냥 그곳에 없는 사람 같았어요. 불이 켜져 있고 누군가 라디오를 켰지만, 집에 아무도 없는 것 같았죠…. 길거리를 뛰어다니고, 옷을 벗어던져 나체가 되는 것 같은 미친 짓이 아니었습니다…. 그는 축 처졌고, 어쩌면 약간 정신이 나간 것 같았어요. 그저 로봇 같았죠. 거의 스위치를 내린 영혼 같았어요. 감정이 떠나간 것 같았어요." 제이슨은 치노가 마약 때문에 "감정적 마비 상태, 자신의 감정에 다가갈 수 없는 상태처럼 보였어요"라고도 했다. 치노는 그럴 때면 거의 언제나 온갖 정서적 고통에 시달렸다…. 그는 할머니 집을 들락날락하면서 가족의 외면 속에 하루하루 마약 밀매로 먹고살았다.

그 후 몇 년은 어지럽게 지나갔다. 그는 자신의 패거리를 더 폭력적으로 대하고, 마약 밀매를 더 많이 하고, 더 자주 감옥에 가고, 텔레비전을 너무 많이 본다는 사실을 깨달았다. 그는 헤로인에 손대기 시작했다. 헤로인을 복용하면 마음이 느긋해졌다. 그리고 그가 희망을 느끼게 되는 몇 안 되는 순간 중 하나는 올리버 스톤 감독의 영화 〈내추럴 본 킬러스〉를 볼 때였다.

"나쁜 놈들이 벌을 받지 않고 잘살게 되는 영화는 처음 본 것 같아. 살인마 프레디나 제이슨 같은 유형이 아니라면 나쁜 놈들은 결말 부분에서 언제나 죽지. 반면 개자식들을 죽이는 평범한 시민은 언제나 마지막까지 살아남아. 그런데 이 영화에서만은 나쁜 놈들이 자식을 낳고 내내 행복하게 살잖아."

어느 날, 그는 아침에 일어나 거울에 비친 자신의 모습을 보고 너무 말랐다는 생각이 들었다. "씨팔 캘빈클라인 광고 같아 보였어. 더이상 견딜 수가 없었지." 그는 엄마와 똑같은 운명이 자신을 기다리고 있다고 확실히 느낄 수 있었다. "엄마는 자신의 정신적 외상, 자신이 누구인지 그리고 어떤 사람이 되고 싶은지 같은 문제와 끊임없이 싸우고 있었던 것 같아. 엄마의 마음속 괴로움이 마약보다 훨씬 더 뿌리깊었어. 감옥보다 훨씬 더 뿌리깊었어. 나는 그게 무엇이었는지 확실히는 몰라. 엄마 자신의 괴로움이었으니까. 내가 엄마에게서 몇몇 괴로움을 물려받았고, 이제 나의 괴로움이 되었다는 사실은 확실히 알게 되었어."

그는 대마초를 제외한 모든 마약을 단번에 끊기로 결심했다. 그는 금단증상 때문에 와들와들 떠는 자신을 돌봐주고, 그가 구토하면 닦아주면서 물 한잔 갖다줄 친구 집으로 가서 같이 지냈다. "이제 더이상 무감각해질 필요가 없어"라고 그는 말했다.

그렇게 그는 감정의 거센 소용돌이에 휩싸여서 배우고, 읽고, 생각했다. 그리고 의문을 품기 시작했다. 만들어질 필요가 없었고, 계속될 필요도 없는 마약 금지정책 때문에 그의 삶이 이렇게 흘러오지 않았을까?

정의가 없으면, 평화도 없다

치노는 또다시 뉴욕 길모퉁이에 서서 안절부절 서성이며 땀을 좀 흘리고 있었다.[14] 그의 앞에 1천 명이 넘는 사람들이 있었고, 하원의원이 그의 옆에 서 있었다. 우리는 2012년 봄날 로어맨해튼폴리광장에 있었다. 치노가 연설을 했고, 나를 포함해 모든 사람이 그의 뒤를 따라 뉴욕 경찰청 본부 건물을 향해 행진했다. 치노는 약간 멀찍이 바라보면서 꿋꿋이 홀로 걸었다. 건물 앞에 도착하자 이집트 바람신과 태양신 문신으로 뒤덮인 그의 목구멍에서 말이 터져 나왔다.

"우리는 이상한 요구를 하는 게 아닙니다. 우리는 정의를 원해요…. 어퍼웨스트사이드뿐 아니라 브루클린의 브라운스빌에서도 정의가 이루어지길 원해요! 시청뿐 아니라 자메이카와 퀸즈에서도! 통계로 볼 때 누가 대마초를 더 많이 피우는지 우리는 이제 알아요. 그들은 나 같은 사람들이 아니에요. 여러분 같은 사람들도 아니죠. 마이클 블룸버그(당시 뉴욕 시장) 같은 사람들이에요. 그런데 그들은 대마초를 피운다고 강제 추방되거나 집을 빼앗기거나 학자금 지원을 박탈당하지 않아요."

사람들은 치노와 함께 구호를 외치기 시작했다. 치노가 "정의가 없으면!"이라고 선창하면 사람들은 "평화도 없다!"라고 화답했다. 그 외침은 뉴욕경찰청 본부를 넘어 법무부까지 메아리쳤다. "정의가 없으면!" "평화도 없다!"

치노는 이 시위를 '두 도시 이야기'라고 불렀다. 그곳에 모인 모든 사람은 마약이 뉴욕시 전역에 골고루 퍼져 있다는 사실을 알았다. 증거를 보자면, 백인이 마약을 복용하고 판매할 가능성이 조금 더 높다.[15] 그런데 치노의 동네에서는 강력한 단속과 폭력, 무력 충돌이 벌어지는 반면, 백인이 더 많이 사는 부자 동네에서는 대부분 자유를 누리는 데다 몇몇 그렇지 못한 사람들도 중독 치료를 받을 수 있다. 해리 앤슬링어가 우선순위로 단속해야 한다고 생각했던 대상과 편견은 지금도 변하지 않았다.

그는 사람들에게 "우리 동네들이 표적이 됩니다"라고 외쳤다. 그는 뉴욕 경찰청 본부를 가리키며 "우리 동네들은 초과근무 수당을 받을 수 있는 수단으로 찜해둔 곳이에요. 이게 모두 돈과 관련된 문제라는 걸 알잖아요? 뉴욕에서 돈이 되지 않는 일을 하는 건 말이 안 되잖아요?"라고 말했다. 흰색과 검은색, 갈색 피부의 사람들이 비슷하게 섞인 시위대가 앉은 채 경찰청 건물을 평화롭게 봉쇄하면서 그 시위는 끝났다.

치노는 폭력 세계에서 벗어나려고 애쓰는 사우스브롱크스의 10대 청소년들을 대상으로 매주 진행하는 수업을 하려고 자리를 떴다. 우리는 노란 택시에 올라타 맨해튼을 빠르게 빠져나왔고, '출구 없음'이라고 쓰인 표지판 앞에 차를 세웠다. 표지판 뒤 도서관에서 10대 청소년들이 치노를 기다리고 있었다. 그들도 치노와 똑같이 마약과의 전쟁터에서 자랐다.

열다섯 살의 여자아이는 "나는 사람이 싫어요. 거의 집에서 나오지 않죠. 그저 나 자신에게 집착해요"라고 말했다. 그녀는 몇 년 전 한 남자아이가 턱에 총을 맞는 장면을 봤다고 아무렇지도 않게 이야기했다. 마음의 문을 닫으려고 애쓰는 듯 움츠리는 몸짓이었다. 치노는 그녀의 말에 열심히 귀를 기울였다. 그녀 옆에 앉은 10대 소년은 전혀 다른 태도였다. 그는 "필요하다면 누군가를 죽일 수도 있을 것 같아요"라고 말하며 한껏 으스대면서도 슬픈 표정으로 웃었다.

치노는 스물한 살이 될 때까지 마약 관련 법에 대해 통제할 수 없고 되돌릴 수 없는 자연의 힘과 같다고 생각했다. 하지만 헨리 스미스 윌리엄스와 함께 묻혔지만 사람들의 마음속에서 끈질기게 다시 솟아나는 생각과 느낌, 그의 표현에 따르면 '마약과 관련된 법에서 자연스러운 부분은 하나도 없다'라는 의문을 품게 되었다.

마지막으로 라이커스섬 교도소에서 나왔을 때 그는 자신이 스물한 살까지 살았다는 사실에 놀랐다. 그도, 그와 인연을 맺은 많은 사람들도 그가 그 나이까지 살아 있으리라고 기대하지 않았다. 그는 돌을 깨뜨리거나 햄버거를 뒤집는 일말고 다른 일을 찾고 있었다. 그때 멈추지 않을 것 같은 뉴욕주 곳곳의 교도소 건설을 중단해야 한다고 요구하는 지역사회단체의 여름 인턴십 프로그램에 대해 들었다. 그 당시 치노는 그 자리가 자신의 여자친구에게 딱 맞는다고 생각했다. 그는 여자친구를 위해 자세한 내용을 알아보려고 전화를 걸었고, 그 단체 직원과 전화로 수다를 떨었다. 단체는 치노에게 곧장 인턴 자리를 제안했다.

그는 그 단체에서, 그리고 그 후 몇 년 동안 마약과 관련된 법과 처벌이 어떻게 시작되었는지에 대한 글을 읽었다. 그리고 놀라운 사실을 발견했다. 그의 삶, 데버라의 삶, 빅터의 삶이 꼭 그런 식이 될 필요는 없었다는 생각이 점점 들었다. 피할 수 없는 일이 아니었다. 대대로 이런 일이 계속 벌어질 필요가 없다면 어떨까? 다른 방법이 있다면 어떨까?

치노가 어렸을 때 이스트플랫부시에 있는 그의 동네에는 9밀리미터 구경의 스미스앤드웨슨 권총을 옆에 차고 잭다니엘이나 버드와이저 같은 술을 파는 주류 밀매상은 없었다. 하지만 주류 판매가 금지되었던 1920년대에는 그런 일이 벌어졌다. 미국 정부는 알코올과의 전쟁을 벌였고, 이 전쟁 때문에 폭력조직들이 거침없이 세력을 키우면서 공포 문화를 조성하고, 닥치는 대로 살인을 저질렀다. 나는 미국에서 술을 금지했던 역사에 대해 몇 주에 걸쳐 집중적으로 읽었다. 그런데 바로 그때와 비슷한 역사가 지금도 반복되고 있다. 정부가 알코올과의 전쟁을 중단하자 알코올 유통을 차지하려고 싸우던 폭력배들의 전쟁도 멈췄다. 이 모든 폭력, 알코올 금지령 때문에 생긴 폭력은 그쳤다. 바로 그래서 오늘날에는 총을 들고 하이네켄 맥주를 파는 아이들이 코로나엑스트라 맥주를 파는 옆 동네 아이들에게 총을 쏘는 모습을 상상할 수 없다. 버드와이저 맥주의 두목이 쿠어스 맥주의 두목을 죽이려고 암살자를 보내지 않는다.[16]

치노는 마약을 합법적인 시장에서 다시 판다면 "지금처럼 폭력적인 문화, 이렇게 극단적으로 폭력적인 문화, 폭력이 지속되는 문화는 절대 없을 것"이라는 결론을 내렸다.

일부 폭력적이고 불안정하고 가학적인 사람들은 언제 어디에나 있다. 하지만 인간은 보상이 생기는 일을 찾아다니는 존재다. 치노의 동네 같은 곳에서 아이가 금전적 보상을 얻으려면 자신의 폭력성과 가학성을 점점 더 높여야 한다. 그러면 미국에서 가장 대규모로 수익성이 높은 마약 사업의 부스러기를 받아먹을 수 있고, 그러지 않으면 아무것도 얻지 못하고 가난할 수밖에 없기 때문이다. "빌어먹을 상황이 되면 인간은 무엇이든 할 수 있어. 자기 오줌을 먹으려는 사람은 아무도 없을 거야. 그런데 20일 동안 아무것도 마시지 않아봐. 어떻게 되나."

치노의 설명을 들으면서 그동안 샅샅이 뒤져왔던 수많은 학술연구에 대해 다시 생각했다. 하버드대학교의 제프리 마이런 교수는 미국 역사상 살인율이 두 차례 획기적으로 증가했고, 두 차례 모두 금지 조치를 엄청나게 강화했던 시기였다는 사실을 입증했다.[17] 첫 번째는 1920년부터 1933년까지 금주법을 실시했던 시기였다. 두 번째는 1970년부터 1990년까지 마약 금지 조치를 엄청나게 강화했던 시기였다. 두 시기 모두 치노 같은 사람들이 불법 거래를 독차지해, 돈을 벌고자 겁을 주고 살인을 저질렀다.[18] 노벨상을 수상한 경제학자이자 우파의 우상인 밀턴 프리드먼은 마약 금지정책으로 1980년대 중반까지 미국에서 매년 1만 건의 살인이 더 발생했다고 계산했다. 매년 9·11 테러 같은 참사가 세 건 이상 발생할 때와 같은 수치다. 마이런 교수는 그 수치에 대해 너무 적게 잡았다고 비판했다. 그는 마약 거래를 불법화하지 않으면 미국의 살인율이 25~75퍼센트 감소할 것이라고 계산한다.[19]

치노는 마약이 폭력조직의 손아귀로 넘어가지 않았다면 자신의 삶이 어떻게 달라졌을지 알게 되었다. 치노는 20대 초반에 폭력배 생활을 청산하면서 그의 패거리는 코카인이나 크랙, 헤로인 같은 마약을 더이상 팔지 않겠다고 선언했다. 그런 결정의 영향은 상당히 금방 나타났다. 치노는 "돈이 생길 구멍이 없어지자 우리 패거리의 세력은 쪼그라들었어"라고 설명했다. 그의 패거리는 돈이 없어서 멋진 상품이나 무기를 더이상 살 수 없었다. 패거리 중 몇몇은 비로소 제대로 된 일자리를 구했다. 마약 거래를 중단하면 그 패거리나 그들이 저지르던 무시무시한 짓이 대부분 흐지부지 사라진다.

마약과의 전쟁은 맨 처음 시작될 때보다 치노 같은 사람들의 삶에 점점 더 치명적인 영향을 끼치게 되었다. 폭력조직이 다른 폭력조직에 저지르는 폭력, 폭력조식이 경찰에 저지르는 폭력, 경찰이 폭력조직에 저지르는 폭력, 그리고 폭력조직이 활동하는 지역에서 경찰이 아무에게나 저지르는 폭력이 난무하는 가운데,

데버라 같은 중독자에 대한 강간은 아무런 처벌도 받지 않고 지나갈 만한 일이 되었다. "강간을 정상적인 일로 받아들이기까지 했어. 거의 모른 척해버리는 음흉한 방식으로 받아들였지…. 중독자들은 그 어떤 인간적인 대우도 받을 가치가 없다는 거지. 대신 중독자들을 정말 모욕적으로, 거의 동물을 대하듯이 보는 거야. 그저 정의감을 느끼지 않는 수준이 아니야. 중독자들을 공정하게 대해야 한다는 생각조차 없어. 중독자들의 수준은 인간의 수준보다 한참 뒤떨어지니 그들에게는 정의가 해당되지도 않는다는 거야. 그것이 마약과의 전쟁에서 가장 무시무시하고 충격적인 부분 중 하나야."

치노가 자신을 끈질기게 괴롭혔던 마약과의 전쟁에 대해 다시 생각할 때 가장 대답하기 어려운 질문은 이것이다. 만약 다른 방식의 마약 관련 정책을 시행했다면 치노의 어머니는 지금도 살아 있을까?

"구체적으로 어떻게 다른 정책을 시행했을지 모르지만, 그랬다면 엄마가 아직 살아 있을 거라고 확신해…. 아마도 엄마는 자신의 정신적 외상을 치료했을 거야. 그렇게 해야 했지. 그리고 아마도 내가 강간으로 태어나지 않았겠지." 이것이 치노가 이제 "마약중독을 형사 사법제도의 문제가 아니라 공중보건의 문제로 접근해야 한다"라고 믿는 이유 중 하나다. 하지만 그는 이런 생각에 머물기 어려웠다. 2012년, 얼마 후면 그의 엄마가 죽은 나이가 되는 치노에게 아직도 엄마에 대해 화가 나느냐고 물었다.

"마음속으로 화해하려고 끊임없이 노력하는데도 계속 화가 나는 것 같아. 죽은 사람에게 계속 화를 내기란 좀 어렵지 않아? 그렇지? 하지만 기억나는 일이 열 가지 정도밖에 없는데 그중 다섯 가지가 개좆같다면 화가 나지 않기 힘들어. 내가 무슨 말을 하는지 알아? 기억을 떠올려서 좋은 일이 별로 없어. 엄마가 낙태를 할 수도 있었다는 말밖에는 할 수 있는 말이 없어. 나는 강간으로 태어난 아이였으니까…. 엄마는 나를 세상에 내보내겠다고 선택했어. 거기에 많은 의미가 있지. 그것말고 다른 모든 일들은 마약과 괴로움이 뒤엉켜 개똥같이 엉망진창이었지."

치노는 엄마에 대해 이야기하는 동안 줄담배를 피웠다. 그는 담배를 뻐금뻐금 피우다 웃으면서 "마약에 빠지지 않았더라도 훌륭한 엄마가 되었을 거라는 환상은 없어. 그래도 훌륭한 아빠가 되었을 거라고는 생각해"라고 말했다. "웃기게도 엄마가 내 얼굴에 주먹질이나 그런 짓을 해서 화가 나지는 않아. 함께 있어 주지 않아서 화가 나지. 내가 엄마의 변화하는 모습을 지켜보거나 도와주지 못해서 화가 나지. 내 인생의 지금 같은 단계에서, 만약 엄마가 아직 살아서 마약을 복용하고 있다면 이런저런 해결 방법을 함께 찾아나갔을 거야. 엄마가 지금 살아 있지 않아서 상상만 하는 일이니 더 쉽게 말한다는 건 알아. 그래도 그런 생각에서 벗어날 수가 없어. 담요를 두른 듯 그런 생각에 푹 싸여 있지."

치노는 최근 여자친구의 소개로 신시아라는 여성을 만났다. 신시아는 50대 후반으로, 치노의 엄마가 살아 있었다면 그 나이다. 신시아 역시 헤로인과 크랙코카인 같은 마약 때문에, 그리고 그런 마약을 폭력배들에게서 얻어내려고 버둥거리면서 수십 년 세월을 낭비했다. 그녀 역시 HIV바이러스 양성 판정을 받았다. 그런데 그때까지 18개월 동안 마약에 손을 대지 않았다. 치노는 마약중독자 자조모임 기념행사에서 신시아를 만났다. 그리고 신시아 부인의 자녀들에게 말했다. "너희 엄마가 마약을 끊어서 얼마나 좋아하는지 알아. 그리고 아마도 너희 엄마가 중독에 빠져서 했던 행동이나 해주지 못했던 일들에 대한 끔찍한 기억이 아직 너희 마음속에 남아 있다는 것도 알아. 그래도 너희는 운이 좋아. 나는 절대로 볼 수 없을 모습, 엄마가 마약을 끊은 모습을 보게 되었으니까. 그러니 그걸 소중히 여겨." 치노가 신시아 부인과 전화 통화하는 소리를 듣다 그가 그녀에게 "엄마"라고 부르기 시작했다는 사실을 알아차렸다.

치노는 과거를 청산한 후 가슴에 문신으로 이름을 새겼다. 비스듬한 글씨로 '데버라'라고 쓴 문신이었다.

치노는 반대쪽 가슴에 또 다른 이름을 문신으로 새겼다. 놀랍게도 생부의 이름인 빅터였다.

"빅터 역시 여러 면에서 피해자였어. 그건 강간이었어…. 그런 끔찍한 짓을 저지를 정도라면, 그런 짓이 얼마나 극악무도한 짓인지도 이해할 수 없을 정도라면, 그도 분명 살면서 무언가에 피해를 입었기 때문일 거야. 빅터에 대해 분노보다 안타까움을 더 많이 느껴. 빅터가 한 행동이 개 같은 짓이었다고 생각하느냐고? 물론이지. 그런데 그 일이 개 같은 짓이었다 해도, 그로 인해 내가 태어났기 때문에 뭐라 딱 잘라 말하기가 좀 어려워…. 태어나고 싶지 않았냐고? 아니, 세상에 나와서 좋아. 그런데 그렇게 끔찍한 방식으로 태어나고 싶지는 않았지."

치노는 마약과의 전쟁에 대한 새로운 통찰력을 갖추고 '소년원은 이제 그만 연합No More Youth Jails Coalition'의 지도자 중 한 명이 되었다. 이 이야기를 꺼내면서 그의 목소리가 바뀌었다. 스파이크 리 감독의 영화에서 갑자기 에런 소킨이 원고를 쓴 정책 설명으로 건너뛴 것 같았다. 그는 뉴욕시가 스포퍼드소년원(그가 열세 살 때 들어갔던 곳)의 문을 닫고, 최신식 시설 두 곳을 짓기로 약속했었다고 설명했다. 하지만 실제로는 새 시설을 짓고도 스포퍼드소년원을 다시 열었으며, 오히려 더 많은 소년원 건설 계획까지 내놓았다. "그때도 소년원 수용률은 79~81퍼센트 수준으로 정원을 채우지 못하고 있었어…. 그런데도 자본 예산에서만 6460만 달러를 들여 추가로 감방을 100개나 더 만든 거야. 게다가 운영비용은 따로 드는데도 말이지. 그 많은 돈을 쏟아부었는데도 재범률이 80퍼센트를 넘었어…. 수감이 아닌 다른 방법을 활용할 때와 대조적이지. 대안을 활용하면 재범 가능성이 낮아지고, 비용도 적게 들지."

그는 2년 반 동안 시가행진을 준비하고, 로비를 하고, 사람들이 끊임없이 압력을 행사하도록 지휘했다. 그는 길거리 패거리를 지휘하던 관리 기술을 활용해 이 분야에서 활동하는 모든 집단의 연합을 만들었다. 그는 국회의원들과 기자들에게 실제로 그런 곳에서 지내면 어떤지, 열세 살에 수감되면 어떤지 목소리를 높여 이야기했다. 그런 노력 끝에 드디어 결실을 거뒀다. 뉴욕주가 더이상 소년원을 늘리지 않겠다고 한 것이다. 치노는 "스포퍼드도 문을 닫았어"라고 설명했다.

"기분이 좋아. 정말 기분이 좋아. 이런 사회운동이 성공해서 아직도 기분이 좋아." 그리고 치노는 이내 고개를 저으며 말했다. "하지만 이제… 앞으로 해야 할 일이 얼마나 많은지 깨닫게 돼. 사회 정의 면에서 하나하나 작은 승리를 거둘 때… 그건 우라질 망망대해의 작은 물방울일 뿐이야…. 그래서 기분이 좋으면서도 벅차기도 해." 그는 나를 바라보다 시선을 돌렸다.

이제 치노는 멀리 외딴곳으로 떠나는 캠핑을 즐긴다. 그는 황야에서 홀로 지내며 살아남으려고 애쓰는 공상에 빠지곤 한다.

치노와 10년 동안 일했고, 뉴욕의 아이들을 더 오랫동안 만나온 경지 '케이트' 리는 "이해해야 해요. 이런 일은 언제나 일어나요"라고 말했다. 경지는 치노의 경험에 대해 "솔직히 그렇게 특별하다고 생각하지는 않아요"라고도 했다. 그녀는 "치노가 겪어낸 고통을 깎아내리려는 말이 아니에요. 그저 그런 일이 보통 사람들은 생각도 못 할 범위와 규모로 일어나고 있을 뿐이에요. 엄청난 단절이죠…. 이곳은 브루클린 하이츠에서 10분 거리인데, 완전히 다른 세상이니까요"라고 말하면서 고개를 절레절레 저었다.

이 나라 저 나라 다니면서 나는 이 길거리 마약상 이야기가 '마약 거래를 불법 시장의 세계로 내몰면서 벌어진, 폭력과 범죄의 가장 표면적인 이야기'일 뿐이라는 사실을 깨달았다.

치노 하던 뒤에는 더 강력하게 그 동네를 장악한 또 다른 폭력조직이 있었다.

그 폭력조직 뒤에는 마약을 미국 국경에서 뉴욕으로 운반했던 밀수업자 조직이 있었다.

그 밀수업자 조직 뒤에는 국경을 넘으며 마약을 운반했던 마약 운반책이 있었다.

그 마약 운반책 뒤에는 멕시코나 태국, 적도 기니를 통한 마약 수송을 장악하고 있는 폭력조직이 있었다.

그 폭력조직 뒤에는 콜롬비아나 아프가니스탄에서 마약 생산을 좌지우지하는 폭력조직이 있었다.

그 폭력조직 뒤에는 아편이나 코카나무를 재배하는 농부가 있었다.

그리고 각 단계마다 마약과의 전쟁, 마약을 차지하기 위한 전쟁, 그리고 공포에 떨게 하는 문화가 있다. 모두 마약 금지정책 때문에 생겨난 전쟁과 문화다. 나는 치노, 그리고 그가 겪은 모든 일들이 전 세계 여기저기 전쟁터에서 폭발한 후 버려진 폭탄의 잔해 중 하나라고 생각했다.

6장
마약상을 체포하면 왜 살인이 증가할까?

마약 범죄의 특이성

두 집단이 매일 밤 땀과 총으로 뒤범벅된 채 이 전쟁을 벌인다. 한쪽은 예전의 치노와 같은 폭력배들이다. 반대쪽은 경찰들이다. 치노와 오랜 시간 이야기를 나누면서 이런 의문이 들었다. 경찰들 눈에는 이 전쟁의 모든 상황이 어떻게 보일까? 그 의문을 풀기 위해 스위스 산악지대에서 미국과 멕시코 국경지대에 이르기까지, 16명의 전현직 경찰을 인터뷰했다.[1] 그런데 그중 한 명은 3년에 걸쳐 계속 다시 찾아가곤 했다. 그녀를 도대체 이해할 수 없었기 때문이다.

　나는 치노를 만났을 즈음에 맨해튼의 한 식당에서 리 매덕스Leigh Maddox를 처음 만났다. '월스트리트를 점령하라' 시위가 방금 벌어진 장소에서 멀지 않은 곳이었다. '마약 금지에 반대하는 법 집행관Law Enforcement Against Prohibition, LEAP'이라는 단체가 우리의 만남을 주선했다. 식당에 들어서는 그녀를 보니 갈색 머리의 날씬한 50대 여성이었다. 경찰 배지를 반짝이며 능숙하게 체포했던 사람답게 자신감 있는 걸음걸이였다.

그녀에 대해 아주 잘 알게 된 뒤에도 리 매덕스를 생각하면 언제나 1980년대 텔레비전 시리즈 〈T. J. 후커〉에 출연한 배우 헤더 로클리어가 떠올랐다. 그녀가 갑자기 식당 반대편에서 발견한 악당에게 총을 쏘겠다며 나한테 피하라고 말하기를, 반쯤 기대했다. 와인 한 잔을 주문한 그녀는 마약과의 전쟁 최전방에서 활동했던 기억을 털어놓기 시작했다.

KKK단에 잠입한 경찰관의 사연

21세기가 시작되던 때, 리 매덕스는 볼티모어로 길게 이어지는 I-95 고속도로에 서 있었다. 그녀는 긴 머리에 성미가 급한 경찰서장이었다. 리 매덕스의 부하들은 차들을 세우고 밀수품이 있는지 샅샅이 뒤지면서 마약과의 전쟁을 치르는 중이었다. 리는 마약 소지자를 찾아내기 위해 몇 년 동안 이런 식으로 불시 단속을 벌였다. 리는 경찰들에게 명확하게 지시했다. "많이 잡아들여. 최대한 많이 체포해. 법을 어느 정도 위반했는지까지는 따지지 마. 아주 조금의 마약이라도, 대마초 꽁초라도 가지고 있으면 체포해." 리 매덕스는 앤슬링어가 꿈에 그리던 여성이었다.

리 매덕스의 부하들은 마약 사건으로 체포된 누구의 소유물이라도 압류해서 경매로 처분할 수 있고, 그 수익의 많은 부분(보통 80퍼센트)은 곧장 지역 경찰의 예산으로 들어간다는 사실을 모두 알았다. "그러니까 차를 세우고 뒤져서 찾아내면, 예를 들어 현금으로 400만 달러가 생기는 일이 드물지 않죠. 젠장, 좋은 일이죠"라고 리 매덕스는 말했다.

마약이 볼티모어로 너무 빨리 흘러들어왔기에, 마약 사용자를 찾아내기란 물고기들을 잔뜩 풀어놓은 실내낚시터에서 낚싯대를 던지는 일과 같았다. 리 매덕스가 지휘하는 경찰들은 앤슬링어가 평생 애써도 밀어붙일 수 없었던 모든 조치들을 실행에 옮겼다. 매일 밤, 최신 군사장비를 사용하는 군대와 같은 경찰 특수기동대가 미국 전역을 쳐부수고 있었다. 마약범죄로 최대한 높은 형량을 선고받고 복역하는 죄수들이 교도소마다 북적였다. 길거리들은 전쟁터가 되었다. "먼저 저질러라"라는 오래전 해리 앤슬링어의 충고가 미국 경찰의 비공식 좌우명이라고, 미국에 사는 많은 사람들이 믿었다.

그러나 이 당시 리 매덕스에게 마약과의 전쟁은 그보다 훨씬 더 큰 의미가 있었다. 그녀는 아주 개인적인 이유로 마약과의 전쟁에 뛰어들었다.

리 매덕스는 열세 살 때 동갑인 리사 러네이 테일러를 체육 수업에서 처음 만났다. 두 사람은 곧바로 가장 친한 친구가 되었다. 그들은 정말 비슷해 보였다. 둘 다 흑갈색 머리의 백인으로, 날씬했다. 몇 년 후에는 가짜 신분증을 함께 이용해 술을 살 수 있었다. 아무도 그들을 금방 구별할 수 없었기 때문에 가능한 일이었다. 그들은 함께 먹고 마시고 놀며 대마초를 피우고, 모든 일을 같이했다. 그들의 이름조차 비슷하게 들렸다. 리 매덕스는 아버지가 미해군 중령으로, 엄격한 군인 가정에서 자랐다. 그녀는 부모님의 화를 돋우고 싶다는 이유로, 열여덟 살 때 집에서 나와 얼간이와 결혼했다. 리 매덕스가 결혼할 때 리사는 언제나 리 옆에서 기다리고 있었다는 듯 대표 들러리를 섰다.

리사가 솔즈베리주립대학교에서 화학을 공부하는 동안 리는 칵테일바 종업원과 피자 배달원으로 일했다. 그래도 그들은 계속 연락을 주고받았다. 리사가 대학교 1학년생일 때 두 사람은 오션시티에서 만나 하루종일 태닝을 하며 이야기를 나누었다. 리사는 배 부분이 드러나는 흰색 원피스 수영복을 입었고, 리는 검은색과 금색이 섞인 비슷한 수영복을 입었다. 사진작가 두 명이 모래사장에 있던 그들에게 다가와 모델이 될 수 있을 정도로 예쁘다고 말했다. 꼬시려는 진부한 대사였지만, 웃음이 나왔다. 그런데 잠시 후 최근에 사귄 남자친구 존이 몸살 나게 보고 싶었던 리사가 곧장 그를 만나러 가야겠다고 했다. 조금도 기다릴 수 없다면서. 운전할 차도, 버스를 탈 돈도 없었던 리사는 뉴저지의 남자친구 집까지 남의 차를 얻어 타고 가기로 마음먹었다.

다음날 늦은 시간에 리사의 여동생이 리에게 전화를 했다. 리사와 연락이 되지 않는다는 걱정에 리가 답했다. "아, 걱정할 것 없어. 존을 만나러 갔을 뿐이니까." 다음날 리는 누가 뒷문을 두드리는 소리를 들었다. 더운 날이었지만, 집에 에어컨이 없었다. 문틈으로 내다보니 존이 그곳에 서 있었다. "리, 리사는 뉴저지에 오지 않았어."

경찰이 찾아와 몇 가지 질문을 한 후 리사가 가출했다고 결론을 내렸다. 리는 그럴 리가 없다고 주장했다. 리사는 화장품 가방을 놓아둔 채 사라졌다. "여자들은 화장품 가방을 두고 가출하지 않아요." 하지만 경찰은 더이상 수사하지 않겠다고 했다. 살인사건 담당 경찰은 "조만간 불쑥 나타날 거예요"라고 리를 안심시켰다.

그러나 리사는 나타나지 않았다. 여름이 지나갔고, 아무도 그녀의 소식을 듣지 못했다. 리는 계속 기도하면서, 리사를 무사히 지켜주시면 평생 좋은 일을 하면서 살겠다고 하나님께 약속했다. 얼마 후 리는 주립경찰서에 찾아가 경찰이 되기 위한 지원서를 달라고 했다. 그녀는 그 지원서가 처리되는 동안 블룸즈버리에 있는 쉐라톤호텔 칵테일바 종업원으로 일했고, 어느 날 저녁 텔레비전으로 크게 보도된 뉴스를 봤다. "실종됐던 여성의 시신이 발견되었다"라는 소식이었다. 세월이 한참 흐른 후까지 리 매덕스는 이렇게 회고했다. "내 인생 전체가 거기에서 멈췄어. 다른 사람들은 여전히 먹고 놀면서 즐거운 시간을 보냈지만, 나는 그냥 그 자리에 서 있었어."

리 매덕스는 경찰학교를 졸업하자마자 솔즈베리의 주립경찰서 건물 3층으로 올라가 리사의 살인사건과 관련된 모든 서류를 읽고, 모든 사진을 보고, 실제로 무슨 일이 벌어졌는지 알아내려고 했다.

리사는 엄마 집에 들러 돈을 좀 달라고 했고, 두 사람은 일종의 말다툼을 벌였다. 리사는 1.6킬로미터 정도 떨어진 기숙사로 돌아가려고 걷기 시작했다. 그러나 그곳에 가지 못했다. 마약 밀매조직, 최소 10명이 넘는 젊은 남자들과 마주쳤기 때문이다. 리사는 그들 모두에게 연달아 성폭행을 당했고, 13번이나 칼에 찔린 채 대학교 바로 건너편 우거진 숲에 버려졌다. 경찰일을 시작하고 한참 후, 리는 이 마약 밀매조직이 입단의식의 하나로 집단 강간을 하면서 유대감을 형성하며, 무시무시한 악명을 쌓고 있었음을 알게 되었다.

그 대학교 바로 건너편에 살던 한 여성은 왜 자신의 개가 여름 내내 끊임없이 짖어대는지 이해할 수 없었다. 리사의 시체가 숲 속에서 썩어가고 있었고, 동물들이 사체를 먹기 시작했기 때문이었다. 경찰이 리사의 시체를 발견했을 때 발목은 사라지고 없었다. 그런데도 체포되어 기소된 사람은 한 명뿐이었다.

리는 리사를 생각하면서 경찰이 되었다. 리 매덕스만큼 마약 밀매조직을 증오할, 강력한 이유를 가진 사람도 없었다. 리 매덕스만큼 마약 밀매조직을 처단하겠다는 결심이 확고한 사람도 없었다.

몇 년 후, 인구가 1만 5천 명 정도 되는 메릴랜드주의 소도시 엘크턴에서 KKK단Ku Klux Klan이 시가행진을 하고 있었다. 흰색 두건을 쓴 남자들이 앞장섰고, 60명의 지지자들이 "이봐! 이봐! 깜둥이들은 꺼져"라고 구호를 외치며 줄지어 따라갔다. 인종차별에 반대하는 사회운동가들이 반대 시위를 하려고 나타났다. 그들은 야유하면서 건전지 같은 물건들을 던지고 욕설을 퍼부었지만, KKK단은 계속 나아갔다. 그리고 행진하는 KKK단 사이에 흰색 두건을 쓴 자랑스러운 KKK단원, 리 매덕스가 있었다.

리 매덕스는 그때까지 1년 동안 KKK단의 시가행진과 야유회 계획을 돕고 길거리에서 단원을 모집해왔다. 리 매덕스 옆에는 역시 깔끔하게 흰색 두건을 쓴 KKK단 지부의 우두머리가 있었다. 20년 전 살인을 저질렀지만, 정신이상이었다고 항변해 풀려났던 남자다. 리는 빗발치는 건전지들을 뚫고 계속 걸었다.

리 매덕스의 상관은 너무 위험하니 여성은 KKK단에 잠입할 수 없다고 말렸다. 하지만 리는 고집을 꺾지 않았다. KKK단이 엘크턴에 사는 아프리카계 미국인의 집 앞에서 십자가를 불태우며 폭력을 휘두르겠다고 위협하고 있으니, 누군가는 KKK단에 잠입해야 한다고 우겼다. 리가 너무 오랫동안 고집을 부렸기 때문에 상관은 결국 동의했다. 하지만 그 일은 리에게 두 배로 위험한 일이었다. KKK단 집회가 끝난 후 흑인 남자친구와 함께 지내는 집으로 돌아갔기 때문이다.

KKK단에서 리의 위장 이름은 로사 리였다. KKK단 집회에 여성 혼자 오는 경우는 드물었기에, 리는 남자친구가 멀리 떨어져 살고 있어서 함께 올 수 없다고 둘러대야 했다. 또 리는 KKK단 사람들과 대화를 나눌 만한 이야깃거리를 찾아내야 했다. 그들에게서 뭔가 괜찮은 부분 혹은 적어도 자신과 통할 수 있는 부분을 알아내려고 열심히 파고들었다. KKK단의 남자들 중 한 명이 식물에 대해 많이 알았고, 리 역시 자연을 좋아했다. 그래서 그 남자와 식물 이야기를 나누었다. 또 다른 한 명은 쿠어스라이트 맥주를 좋아했다. 리는 맥주를 별로 좋아하지 않았지만, 좋아한다면 어떨지 상상하면서 이야기했다…. 그랬다, 아주 힘든 일이었다.

하지만 리 매덕스는 이 소도시에 사는 흑인들의 안전에 꼭 필요한 정보를 모으고 있었다. 어느 벌건 대낮에 KKK단의 남자 두 명이 차를 몰고 시내를 지나고 있을 때, 한 흑인 남성이 교차로에서 그들 옆에 차를 세웠다. 그 흑인 남성 옆에는 백인 여성이 타고 있었다. KKK단원들은 쇠파이프를 들고 내리더니, 흑인 남성을 차에서 끌어내 거의 죽기 직전까지 두들겨 팼다. 리는 목격자 진술서를 보고 그 단원들이 누구인지 찾아낼 수 있었다. 범인들은 그 거리에서 검거되었다. 이런 일은 계속되었다. 리 매덕스는 집회에 참석하러 가는 어떤 자동차를 세우면 불법 총기나 마약을 발견할 수 있는지, 누가 마약에 취해 운전하고 있는지 경찰에 알려주었다. 리는 거의 실시간으로 정보를 넘겼다.

KKK단 지부는 얼마 지나지 않아 혼란에 빠지기 시작했다. 밀고자가 있는 걸까? 그렇지 않다면 경찰이 어떻게 이토록 속속들이 알 수 있을까? 이 개자식들 중 누가 경찰에 모든 정보를 알려주고 있을까?

어느 날 KKK단 집회가 끝난 후, 남자들은 '로사 리'에게 남아 있으라고 말했다. 그리고 경찰이 아니냐며 노골적으로 의심을 표했다. 리는 이들이 폭력과 살인을 저질렀던 흉악범이자 사이코패스라는 사실을 알고 있었다. 그래서 속이 울렁거렸다. 살아남으려면 그들을 마구 몰아세우는 방법밖에 없었다.

리는 "네놈들은 씨팔놈들이야"라고 소리쳤다. "이렇게 많은 시간을 들여 이 조직을 위해 온갖 일을 해왔는데 감히 내 충성심을 의심하다니, 어이가 없네…. 네놈들은 사실 형편없는 패배자들이야. 내가 왜 네놈들과 어울렸는지조차 모르겠어." 하지만 그들 역시 네 집을 찾아가봐야겠다, 네 할아버지 할머니를 만나봐야겠다고 우겼다. 리는 머리를 쥐어짜며 재빨리 생각을 정리해야 했다. "네놈들이 우리집을 보러 가겠다고? 진심이야? 일요일에 다짜고짜 우리 할머니를 만나러 가겠다고? 우리 할머니가 얼마나 아픈지 알아? 그리고 할머니는 너네 같은 놈들을 집에 데려오는 걸 싫어해!"

그래도 그들은 고집을 부렸다. 리는 동의할 수밖에 없었다. 선택의 여지가 없었다. 리는 마지못해 "좋아, 좋아"라고 답했다. 그리고 그들에게 자신의 차를 따라오라고 말한 뒤, 그 어느 때보다 빠른 속도로 차를 몰아 도망갔다.

리는 자신이 폭력적인 인종주의자들을 추방하면서 엘크턴을 변화시킬 수 있다고 언제나 믿었다. 미국인이 공포에 덜 휩싸이도록 만들 수 있다고 생각했다.

그 당시에는 여성 경찰로 활동하기가 쉽지 않았다. 그러나 리 매덕스는 배짱이 있다는 사실을 증명했고, 꼭 필요한 동료들도 함께였다. 리는 매일 아침 145킬로미터 정도를 운전해 출근하는 동안, 동료인 에드 토틀리와 많은 이야기를 나눴다.[2] 토틀리는 볼티모어 바로 외곽에서 성장한 아프리카계 미국인이었다. 턱수염을 기르는 마약 수사관으로, 자주 잠입수사를 했다. 토틀리는 노조위원장이었다. 매덕스가 여성이라는 한계를 깨부수며 승진을 거듭하는 동안, 토틀리도 경찰의 뿌리깊은 성차별주의에 맞섰다.

리 매덕스는 무엇보다 마약 밀매조직과 싸우는 일에 가장 투지를 불태웠다. 그녀는 이 일을 해내겠다는 다짐으로 매일 아침 침대에서 일어났다. 길가에 차를 세우고 마약 단속을 하면, 메릴랜드를 통과하는 마약 보급로를 무너뜨릴 수 있다고 확신했다. 그러면 이 세상에서 폭력배와 마약중독자, 폭력과 고통이 줄어든다고 믿었다. 리 매덕스에게는 그런 신념이 가장 중요했다. 그런데도 나와 같은 철학을 가진 사람은 그런 사실을 못 본 척하기 쉽다.

리 매덕스는 연민 때문에 마약과의 전쟁을 지원하는 행동을 했다. 마약 그리고 마약 밀매조직으로부터 사람들을 보호해 세상을 더 나은 곳으로 만들고 있다고 진심으로 믿었다. 리는 친절하고 품위 있는 사람이었고, 그래서 마약과의 전쟁에 뛰어들게 되었다.

리는 리사를 그리워했고, 리사를 위해 싸웠다.

마약 거래가 줄어들 수 없는 이유

그런데 미국 전역 그리고 전 세계의 경찰들은 뭔가 이상하다는 낌새를 알아차렸다. 강간범을 많이 체포하면 강간사건이 줄어든다. 폭력적인 인종주의자를 많이 체포하면 인종차별적인 폭력이 줄어든다. 그런데 마약상을 아무리 많이 체포해도 마약 거래가 줄어들지는 않았다.

또 다른 경찰 마이클 러빈은 그런 사실을 스스로 깨달았다. 2011년 나와 만났을 때, 마이클은 리처럼 개인적인 이유로 마약과의 전쟁에서 싸우게 되었다고 밝혔다. 마이클의 형은 1950년대 할렘에서 헤로인 과다 복용으로 사망했다. 경찰이었던 마이클의 아들은 1980년대 마약중독자에게 살해당했다. 그래서 마이클은 맨해튼에서 가장 악명 높은 마약 밀매 장소(92번가 맨 위 근처)를 급습해 "그 빌어먹을 장소를 완전히 치워버려"라는 지시를 받고 정말 기뻤다.[3] 마이클의 팀은 오랫동안 그곳에서 감시 작전을 펼치며, 해가 질 때부터 다시 뜰 때까지 15미터 이내 거리에서 활동하는 마약상 100명을 찾아냈다. 마이클은 2주 안에 그들 중 80퍼센트가량을 체포했다.

마이클은 흡족했다. 며칠 정도는 마약 밀매가 줄어들었다. 그러나 일주일도 되지 않아 모든 것이 제자리로 돌아갔다. 마이클 러빈은 자신의 글에서 "마치 우리가 그곳을 건드리지도 않은 것 같았다. 왜일까? 모든 마약상들이 알고 있듯, 한 사람이 체포되면 바로 뒤에 수백 명이 그 자리를 차지하려고 준비하고 있기 때문이다"라고 표현했다. 마이클은 스스로에게 물었다. '이 모든 경찰과 요원들이 길모퉁이 하나도 깨끗하게 정리하지 못한다면, 이 빌어먹을 마약과의 전쟁 전체의 목적은 대체 뭐야?'

◆◆◆

다시 볼티모어로 향하는 도로로 돌아가자. 리 매덕스는 자신의 삶을 바꾸어놓을 무언가를 발견하고 있었다. 마이클 러빈의 의문보다 더 심각한 사실이었다. 그저 마약상을 체포해도 범죄가 전혀 줄어들지 않는다는 사실에 그치지 않았다. 리 매덕스의 부하들이 마약 밀매조직의 조직원들을 체포할 때마다 실제로 폭력, 특히 살인이 더 늘어나는 것처럼 보였다. 처음에는 어리둥절했지만, 이런 현상이 끈질기게 드러났다.

마약상들을 체포하면 왜 살인이 증가할까? 리 매덕스는 서서히 해답을 찾기 시작했다. "우리가 맨 꼭대기의 두목을 체포하면 무슨 일이 생기겠어요? 이제 두목이 사라졌으니 누가 그 자리를 차지할지 대결을 벌이겠죠."

나는 이런 상황을 이해하려고 애쓰면서 치노가 정말 오랫동안 감옥에 있거나 살해당했다면 어떻게 되었을지 상상해보았다. 그렇다고 플랫부시의 마약 수요가 줄어들지는 않았을 것이다. 여전히 매일같이 사람들이 마약을 구하려고, 그가 있던 길모퉁이를 찾았을 것이다. 그러면 누가 새로운 두목 자리를 맡을지를 두고 '말썽꾸러기들' 사이에서 내분이 벌어졌거나, 경쟁 폭력조직(그날 그들이 몰아낸 나이가 더 많은 남자들처럼)이 약점을 알아채고 그 구역을 차지하기 위해 싸움을 걸어왔을 것이다. 그 같은 싸움이 커질 때 어떤 식으로 살인이 벌어질지 쉽게 상상할 수 있었다.

그렇지 않을까? 마약을 엄중 단속할 때마다 이런 이유로 영역 싸움이 벌어지지 않을까? 나는 리 매덕스가 지켜본 현상이 더 광범위한 현상의 일부가 아닌지 알아내려고 연구자료들을 훑어보았다. 하버드대학교의 제프리 마이런 교수는 살인 통계를 연구했고 "통계 분석에 따르면, 다른 요인들을 통제하더라도 마약 거래상들에 대한 단속이 심할수록 살인율이 더 높아진다는 사실이 일관되게 나타난다"라는 결론을 내렸다.[4] 이런 연관성은 다른 많은 연구에서도 확인되었다.[5]

리 매덕스는 살인사건을 줄이겠다고 결심하고 이 일에 뛰어들었지만, 실제로는 살인사건을 늘리고 있다는 사실을 깨달았다. 마약 밀매조직들을 무너뜨리고 싶었지만, 실은 그들의 힘을 키우고 있었던 것이다.

리 매덕스는 이미 오랫동안 그럴 거라고 마음속으로 의심해왔다. 그러나 최대한 오랫동안 그 사실을 직면하지 않으려고 애썼다. 선택의 여지가 없어진 어느 날 밤까지는 그랬다.

경찰이 하는 일 중 누가 봐도 가장 험한 일이 있다고 모두가 내게 말했다. 리 매덕스가 경찰에서 승진을 거듭하는 동안, 그녀를 응원했던 노조위원장 에드 토틀리는 매일 마약상들 사이에 잠입해 마약상인 척해야 했다.

1950년대로 돌아가, 해리 앤슬링어는 잠입수사에 무엇이 필요한지 설명했다. "잠입하는 요원은 아카데미상 수상자보다 연기를 더 잘해야 한다. 발도 빠르고 손은 더 빠르고, 머리는 10배 더 빨라야 한다…. 한 번의 실수(한 번의 말실수)로 목숨을 잃을 수

도 있다."⁶

리와 에드 둘 다 솔직히 아드레날린 중독자라고 자인했다. 리 매덕스는 "거의 죽을 뻔했다는 사실을 알고 나서 그다음 30분 동안 '그래도 나는 죽지 않았어!'라고 계속 말할 때만큼 기분 좋은 일도 없어요"라고 웃으면서 말했다. 그래서 2000년 10월 30일 아침, 에드가 리에게 자신이 얼마나 신이 났는지 이야기했을 때 리는 놀라지 않았다. 에드는 6개월 동안 뒤쫓았던 중간급 마약상을 검거하라는 지시가 마침내 내려왔다고 했다. 워싱턴 D.C.로 가서 그 마약상에게 코카인을 산 후 체포하기 위한 수사비로 3천 달러를 받았다고 했다. 에드는 "이 일이 내 경력의 정점이 될 것 같아"라고 했다.

그날 밤 리 매덕스는 한 경사의 전화를 받았다. 짧은 통화였다. 에드가 3천 달러를 건넸지만, 스물네 살의 마약상은 에드에게 코카인을 건네지 않았다. 마약상은 곧장 에드의 머리에 총을 쏘았다. 그 마약상은 나중에 법정에서 "두 번 생각하지도 않았다"라고 진술했다.⁷

몇 분 후, 리 매덕스는 서둘러 병원으로 가던 중 상관의 전화를 받았다. "리, 마이크야." 그런데 제정신이 아닌 리가 할 수 있는 말은 "망할, 마이크가 누구야"뿐이었다. 리는 아무것도 받아들일 수 없었다. 리가 응급실에 도착했을 때, 100명이 넘는 경찰이 그곳에 와 있었다. 에드 토틀리는 노조위원장이자 인기 있는 사람이었다. 그들은 에드의 사망 소식을 듣자마자 병원으로 몰려왔다. 그들 중 한 명이 리의 어깨에 손을 얹고 말했다. "리, 이 사람

아. 그가 갔어." 리의 상관도 다가왔다. "힘들겠지만, 부하들을 위해 강해져야 해. 그들에게는 지금 바로 자네의 지도력이 필요해."

경찰관들은 에드의 시신을 보려고 줄을 서서 기다리고 있었다. 리도 그들과 함께 줄을 섰다. 에드의 머리는 터번 같은 붕대로 감싸여 있었다. 그의 뇌가 흘러나오지 않도록 막기 위해서였다. 리가 만졌을 때 에드의 몸은 아직 따뜻했다.

그날 이후 몇 년 동안 리는 강연에서 고백했다. "그의 가슴에 손을 얹고, 그의 가족과 친구들 그리고 나 자신을 위해 기도했어요. 그렇게 기도하면서 마약과의 전쟁에서 목숨을 잃은 모든 경찰관의 존재를 느꼈습니다. 내 소중한 친구 리사, 그리고 우리의 실패한 집중 공격에 휘말린 모든 희생자의 존재를 느꼈어요. 그들이 어두컴컴한 병실에서 나와 함께 있다고 느꼈습니다. 그들의 영혼이 벽을 타고 내려오고 있었어요. 그들의 영혼이 나를 조롱하고 비웃고 있었어요. 정의? 정의? 너의 이런 정의가 뭐야? 그때가 나에게는 바울이 다마스쿠스로 가는 길에서 예수님을 만난 순간처럼 깨달음의 순간이었습니다."[8]

리 매덕스는 다시 일을 하려고 했지만, 너무나 많은 사실을 알아버린 다음이었다. 눈이 뜨이고 마음이 열렸는데, 해리 앤슬링어처럼 살기란 어렵다.

리 매덕스는 마약과의 전쟁을 치르면서 자신의 가장 가까운 친구를 죽인 마약 밀매조직들을 무너뜨릴 수 있다고 믿었다. 그런데 이제 자신이 하는 일이 마약 밀매조직을 계속 유지시킬 뿐 아니라, 그들을 더욱 극악무도하게 만든다는 사실을 깨달았다.

리 매덕스는 금주법 폐지로 얻은 교훈에서 이런 폭력을 실제로 중단할 방법을 찾을 수 있다고 믿게 되었다. 바로 마약 거래를 합법화한 후 규제하는 방법이다.

에드 토틀리의 다섯 살짜리 아들 대니얼은 아빠가 어떤 일을 당했는지 들은 후 "아빠가 집으로 돌아오는 길을 찾을 수 있도록" 밤새 현관 불을 켜놓아야 한다고 고집을 부렸다.[9]

리 매덕스는 법학 학위를 받기 위해 야간 로스쿨에 다니면서 마약과의 전쟁 중 또 다른 부분을 서서히 명확하게 알아가고 있었다. 리가 불을 비추자 예상보다 더 많은 사실들이 드러났다. 그녀는 미국의 모든 인종집단이 마약 복용이나 마약 밀매와 관련이 있다는 사실을 알았다. 젠장, 리 자신도 10대 때 대마초를 피웠다. 하지만 자신이 체포하고 감옥에 처넣었던 사람들을 보면 그렇지 않았다. 1993년 '약물 남용에 대한 전국 가구 조사'에 따르면,[10] 마약상 중 19퍼센트가 아프리카계 미국인이었다. 그런데 체포된 마약상을 보면 아프리카계 미국인이 64퍼센트나 차지했다. 대체로 이런 불균형 때문에 훨씬 더 깜짝 놀랄 만한 결과가 빚어졌다. 1993년 아파르트헤이트라는 끔찍한 인종차별을 하던 남아프리카공화국은 인구 10만 명당 853명의 흑인 남성을 감옥에 가뒀다. 그런데 미국은 인구 10만 명당 4919명의 흑인 남성을 투옥했다(반면 백인 남성은 943명뿐이었다). 마약과의 전쟁과 그 전쟁을 벌이는 방식 때문에, 자유의 땅인 미국에서 흑인 남성이 투옥될 가능성이 세계에서 가장 악명 높은 백인 우월주의 국가에서 투옥될 가능성보다 훨씬 더 높았던 것이다.

실제로 어떤 시기든 미국에서는 15~35세 흑인 남성의 40~50퍼센트 정도가 감옥에 있거나, 보호관찰을 받거나, 구속영장이 발부된 상태다.[11] 마약사범인 경우가 압도적으로 많다.

마약과의 전쟁이 맨 처음 시작될 때 해리 앤슬링어가 가졌던 인종차별적 편견은, 오래전에 폐기된 그 시대의 산물이라고 짐작하기 쉽다. 리 매덕스는 그렇지 않다는 사실을 알아가고 있었다. 초창기 마약과의 전쟁에서 촉매 역할을 했던 특정 인종에 대한 적대감은 여전히 사그라들지 않았다.

하지만 리 매덕스의 삶과 여러 사실들을 살펴볼 때, 이것이 그저 영웅과 악당이 등장하는 단순한 이야기가 아니라는 사실을 다시 한번 깨달을 수밖에 없었다. 나는 흑인 남성이 이토록 엄청나게 불균형한 비율로 많이 체포되는 이유는 경찰의 노골적인 인종차별 때문이라고 추정하려 했다. 하지만 리 매덕스는 인종주의자가 아니다. 리가 목숨을 걸고 인종차별로 인한 폭력을 막으려고 했기 때문에 확실히 알 수 있다. 게다가 리는 자신의 동료들 대부분이 인종주의자가 아니며, 동료 중 누구라도 인종차별적인 이야기를 했다면 기겁했을 거라고 자신 있게 말했다. 하지만 자신의 의도와는 정반대로 인종차별 집단의 일원과 같은 역할을 하고 있었다는 사실을 리는 뒤늦게 깨달았다.

이 무렵 미국 곳곳의 다른 경찰들도 자신들의 일이 어떻게 인종차별이라는 결과를 낳는지 알아내고자 노력하고 있었다. 매슈 포그는 미국에서 가장 훈장을 많이 받은 경찰 중 한 명으로 살인범부터 강간범, 치한까지 미국 최고의 흉악범 300명 이상을 추적하는 책임을 맡고 있었다. 그런데 그는 왜 자신의 팀이 마약범죄자들을 체포하기 위해 흑인 동네만 가야 하는지 의아했다. 매슈는 상관을 찾아가 백인 동네에서도 비슷하게 불시 단속을 하겠다고 제안했다.

매슈 포그는 한 연설에서 그때 상관이 이렇게 설명했다고 말했다. "포그, 그런 동네에서도 사람들이 마약을 복용하고 있다는 자네 말이 맞는 거 알지만… 그거 알아? 우리가 출동해서 그 사람들을 표적으로 삼으면 어떻게 될지. 그들은 판사, 변호사, 정치인, 정부의 고위 인사들을 잘 알아. 우리가 그들과 그들의 자녀를 겨냥하면 무슨 일이 벌어질지 알아? 우리는 전화를 받을 거고, 그들은 우리 일을 중단시킬 거야. 알겠어, 포그? 무슨 일이 일어날지 알겠어? 더이상 초과근무 수당을 받지 못할 거야. 흑인 동네가 돈이 되는 곳이야. 그러니 그냥 가장 약한 고리를 뒤쫓자고. 돈이 없어 변호사를 살 수 없는 사람들, 우리가 가둬둘 수 있는 사람들을 쫓아다니자고."[12]

나는 이 역학관계를 이해하려고 꾸준히 노력했고, 경찰들(인종주의자는 아니지만 인종차별적인 결과를 만들어냈던 사람들)을 많이 만날수록 더 뚜렷이 보였다. 미국인의 50퍼센트 이상이 마약 관련법을 위반한 적이 있다. 그렇게 많은 사람이 법을 어기는 곳에서는 모든 위반자를 하나하나 처벌할 수 없다. 그러면 그 법체계는 지나친 무게에 짓눌려 붕괴되고 만다. 저항하고 반박하고 항소하기 어려운 사람들, 즉 가장 가난하고 가장 미움을 받는 집단을 쫓아다니게 되는 이유다. 미국에서 그런 집단은 흑인과 히스패

닉계 사람들, 그리고 약간의 가난한 백인들이다. 경찰은 또 상부로부터 성과를 내라는 압력을 받는다. 매일, 매주 일정한 인원 이상을 체포해야 한다. 그래서 약자들을 쫓아다닌다. 그들에게 누명을 뒤집어씌우는 일은 아니다. 그들이 실제로 법을 위반하고 있기 때문이다. 경찰은 계속 약자들을 표적으로 삼는다. 더 큰 그림은 애써 보지 않으려고 한다.

그래도 어떤 경찰들은 큰 그림을 볼 수밖에 없다.

리 매덕스는 스스로에게 묻기 시작했다. 어떻게 이 일을 계속할 수 있을까? 하지만 리는 동료 경찰들에 대해 강렬한 의리를 느꼈다. 그녀가 알기로 그들은 좋은 사람들이었다. '미국 시민 자유 연맹'은 경찰들을 점점 더 많이 고소했고(개개인을 고소하는 경우가 많았다), 리는 반사적으로 그들을 변호했다. 그들은 여러 해 동안 리와 함께 총격전을 벌였던 사람들이었다. 그들이 없었다면 리가 어떻게 그 전쟁터에서 살아 나올 수 있었을까?

우리 인간은 특히 급여와 우정이 좌우되는 문제에 부딪히면 불편한 진실을 애써 외면한다. 리 매덕스는 경찰서 예산의 많은 부분을 마약 용의자의 소유물을 압수해 얻은 돈으로 메운다는 사실을 알고 있었다. 경찰이 그런 돈을 얻지 못한다면 그들 모두의 일에 어떤 영향이 있을까? 리는 '그냥 그따위 생각을 할 시간이라곤 전혀 없어'라고 넘겨버릴 수밖에 없도록, 일부러 계속 바쁘게 지냈다.

리 매덕스의 설명을 들으면서 마약상이었던 치노와 경찰이었던 리 모두 솟아나는 의구심을 외면해야 했음을 알았다. 마약과의 전쟁이 벌어진 전쟁터에서 계속 싸울 때, 마약 금지가 제공하는 달콤한 보상을 받을 수 있었다는 사실을 다시금 깨달았다.

그러나 리 매덕스는 I-95 고속도로 위에서, 마약을 찾아내려고 차를 세우던 순간을 새로운 관점으로 해석하기 시작했다. 한때는 그걸 정당한 이유로 벌인 전쟁에서 병사가 적에게 다가가는 순간으로 여겼다. 이제는 유령에 둘러싸인 사람들이 만나는 순간으로 느껴진다. 경찰이 차를 향해 다가갈 때 이전에 죽은 경찰의 유령들이 그의 뒤를 따르는 듯하다. "가까운 사이여서 장례식까지 참석했던 경찰들, 차량을 검문하다 숨진 경찰들, 너무 많죠. 그리고 경찰이 다가가는 차 안에는 가난한 흑인 남자가 앉아 있어요. 그의 뒷좌석에도 유령들이 앉아 있죠. 경찰이 급습할 때 죽임을 당했거나, 감옥을 드나들다 사라져버린 친척이나 친구들의 유령이죠."

경찰과 흑인 남자 어느 쪽도 반대편의 유령을 볼 수 없다. 사랑하는 사람을 여럿 잃은 그들은 오로지 증오감에 휩싸여 있을 뿐이다.

리 매덕스는 어느 날, 이런 고민에 빠진 사람이 자신만이 아니라는 사실을 알게 되었다. 한 친구가 리에게 LEAP라는 단체에 대해 알려주었다. 마약 밀매조직을 무너뜨리려면 마약과의 전쟁을 중단해야 한다고 주장하는 경찰과 판사, 교도관들이 모인 단체였다. 리는 솔깃했다. 자신을 괴롭히는 질문에 대한 해답을 찾아야 했기 때문이다. 리가 경찰에 몸담은 후 오랫동안 했던 일이 실제로는 어떤 역할을 했을까?

그녀는 마약과의 전쟁이 벌어지고 있는 볼티모어 지역을 탐사하기로 마음먹었다. 이번에는 경찰 제복을 입지 않고 민간인으로 찾아가기로 했다. 리는 그 도시의 아이들을 바라보고, 이야기도 나누었다. 리는 '이 아이들은 전쟁터에서 자라고 있어. 틀림없어'라고 생각했다. 마약 금지와 관련된 살인사건은 거의 매일 밤 벌어졌고, 아이들은 그 장면을 지켜보고 있었다. 모든 아이들이 어떤 상황인지 알았다. 상상하기 싫을 정도로 충격적인 현실이었다.

하지만 아마도 가장 중요하게 여겨야 할 사실은 열다섯 살이나 열일곱 살 혹은 스무 살에 마약범죄로 한번 체포되고 나면,[13] 남은 평생 내내 거의 실업자로 지내야 한다는 현실이다. 다시는 일을 못 하게 된다. 학자금 대출도 받지 못하게 된다. 저소득층을 위한 공공주택에서도 쫓겨나게 된다. 심지어 공공주택을 방문조차 못하게 된다. 리는 "어머니가 공공주택에 사시는데, 마약 소지로 체포된 후에 어머니를 보러 갔다고 해봐요. 당신이 그곳을 찾아왔다는 사실을 주택청이 알아내면, 임대차 계약을 위반했다면서 가족 모두를 쫓아낼 거예요"라고 알려주었다. 나는 미국 곳곳에서 이런 사람들을 계속 만났다. 과거 어느 순간에 마약을 소지했던 적이 있었다는 이유로 투표권까지 빼앗기고 이등 시민으로 살아야 하는 사람도 있었다.

리 매덕스는 이런 현실을 모두 알아내고 깜짝 놀랐다. "경찰로 일할 때는 대마초로 체포된 사람들의 인생이 어떻게 달라질 수 있는지에 대해 아무도 이야기하지 않았어요. 전혀 관심이 없었죠…. 그런 건 의식조차 하지 않았어요. '출동해서 많이 잡아들여. 네 일을 해'라는 말만 들었죠."

빌리 홀리데이를 무너뜨리기 위해 해리 앤슬링어가 파견한 지미 플레처가 빌리에게 저지른 일에 대해 절대로 자신을 용서하지 못했던 것처럼, 리 매덕스 역시 여러 해에 걸쳐 잡아들인 모든 아이들에게 저지른 일에 대해 절대로 자신을 용서하지 않았다. 리 매덕스는 미안하다는 말로는 충분하지 않다고, 보상을 해야 한다고 판단했다. 그래서 리는 변호사 재교육을 마친 후 자신이 이전에 체포하고 무너뜨렸던 바로 그 사람들을 돕기 위해 볼티모어에서 변호사 활동을 시작했다. 리는 비용을 적게 받는 '저스트 어드바이스'라는 법률 상담소를 열었다. 그곳에서 리와 리의 학생들은 마약범죄 피의자들의 체포 기록을 어떤 방법으로든 삭제하기 위해 노력하고 있다. 리 매덕스는 또한 마약범죄 전과가 있는 학생들도 장학금을 받을 수 있게 해달라고 간청하는 편지를 대학교들에 보내고 있다. 리는 법정에서 마약 사용자들을 변호한다. 이것이 현재 리 매덕스의 삶이다.

리 매덕스의 이야기는 이렇게 깔끔하게 마무리되는 것 같다. 그러나 리는 자신을 낮추면서 약간 비관적인 태도였다. 솔직히 어떤 구원책을 찾아냈다고 말할 수는 없다고 고백했다. 지금 같은 마약 금지정책에서는 도울 수 없는 사람들을 계속 만나기 때문이라고 했다. "한 남자가 우리 상담소로 들어섰는데, 마흔다섯 살이었죠…. 그에게 마약과 관련된 전과 기록이 있어서 지워버리고 싶어했어요. 그런데 할 수 있는 말이라고는 '죄송합니다만… 운이 없으시군요'뿐이었어요…. 그들의 눈에 담긴 쓰라린 고통을 볼 때마다….” 리는 서굿 마셜 대법관처럼[14] 유명하게 진보적인 판사조차 "마약 사건이라면 탄원서를 읽지도 않을 거예요. 어떤 마약상도 너그럽게 봐주지 않을 거니까"라고 대놓고 밝히는 미국의 법체계와 맞서야 한다.

2011년 리 매덕스는 해리 앤슬링어가 오래전에 이 전쟁을 시작한 워싱턴D.C.로 차를 몰고 갔다. 리는 옛 연방마약국 건물에서 멀지 않은 곳에서 연설을 했다.

"미국이 항복의 흰 깃발을 흔들면 안 된다고 주장하는 사람들에게 '무슨 흰 깃발이죠?'라고 묻고 싶습니다. 흰 깃발은 이제 붉은 깃발이 되었으니까요…. 좋은 사람과 나쁜 사람 그리고 그저 총알이 쏟아지는 십자포화에 휩쓸린 사람들의 수많은 죽음으로 더럽혀지고 악취를 풍기는 붉은 깃발이지요.”[15]

7장
소용돌이의 피해자

그들은 '버섯들'이라 불린다

마약상과 마약 사용자, 경찰처럼 마약과의 전쟁이 벌어지는 소용돌이에 몸담겠다고 선택한 사람들만 그 전쟁에서 죽었다고 언제나 추측해왔던 것 같다. 진지하게 생각하지 않은 탓이다. 하지만 다른 이유로 죽은 사람들도 있다는 사실을 알게 되었다. 볼티모어에서는 그런 사람들을 '버섯들'이라고 부른다는 사실도.

◆◆◆

1991년 7월의 어느 더운 날, 티파니 스미스는 웨스트볼티모어의 골목에서 자신의 인형 켈리, 그리고 가장 친한 친구 키니에타와 함께 어둑어둑해지도록 놀고 있었다.[1] 두 사람은 키니에타의 집에서 하룻밤을 보낼 예정이었고, 키니에타의 부모님은 현관에서 그들은 지켜보고 있었다.

〈볼티모어 선〉은 이후 며칠 동안 그 사건을 자세히 보도했다.

티파니와 키니에타는 그날 즐거운 하루를 보냈다.[2] 두 아이는 한 주민 행사에서 박수를 치면서 노래를 부른 다음 '마약 반대운동을 하는 부모와 학생들'의 공연에 맞춰 춤을 췄다. 그리고 이제 무더위 속에서 함께 앉아 인형을 가지고 놀고 있었다. 티파니는 머리를 땋았고, 몇 주 후면 일곱 살 생일이었다.

하지만 티파니는 일곱 살이 되지 못했다. 티파니가 길모퉁이에 있는 두 청년을 보았는지는 알 수 없다. 티파니가 '마약 밥그릇 싸움'이 무엇인지 알았는지도 알 수 없다. 티파니가 총소리를 들었는지도 알 수 없다.

이 책에 등장하는 치노 하딘과 리 매덕스 그리고 다른 모든 사람들과 달리, 티파니는 너무 어려서 마약과의 전쟁이 무엇인지조차 몰랐다. 나는 티파니의 부모님에게 만나고 싶다는 이야기를 전했다. 그분들은 만나서 이야기하고 싶지 않다고 했다.

그들은 티파니와 친구를 버섯들이라고 불렀다. 어디서든 불쑥 나타날 수 있기 때문이었다.

그들은 티파니가 사망한 동네의 이름을 티파니스퀘어로 바꿨다.[3] 오늘날 티파니스퀘어는 마약상들이 대놓고 마약을 파는 곳이다.

8장
살기 위해 도망친 살인자

마약 카르텔 내부의 이야기

멕시코 국경도시 시우다드후아레스의 인도에 키가 2.4미터나 되는 천사가 서 있었다. 천사는 거대한 깃털 같은 날개를 산들바람에 펄럭이고, 은빛 피부를 햇빛에 반짝이며, 또 하나의 시체를 내려다보고 있었다. 스무 살에 죽은 남자였다. 그 남자가 전 세계에서 가장 위험한 이 도시에 있는 자신의 집 옆 골목을 걷고 있을 때, 무장 강도들이 들이닥쳤다. 천사는 그 시체의 총알 자국과 웅덩이처럼 흥건하게 고인 피, 그리고 죽은 남자의 친척 두 명이 와서 흐느끼는 모습을 볼 수 있었다. 천사는 표지판을 들고 있었다. 불과 5년 동안 멕시코에서 6만 명 이상을 학살한 살인자들을 알리는 표지판이었다.[1] 그 표지판에는 그들의 이름이 적혀 있었다. 마약왕 호아킨 구스만, 그리고 그의 경쟁자 중 가장 미치광이 마약 카르텔인 제타스, 경찰, 군대.

시간이 얼마 없다고 표지판에 쓰여 있었다.[2] 용서를 구하라.

후안 마누엘 올긴은 시우다드후아레스에서 어린 시절을 보냈다. 시우다드후아레스는 미국 텍사스주 엘패소와 국경을 사이에 두고 마주보는 멕시코 도시로, 마약을 둘러싼 전쟁 때문에 세계에서 가장 위험해진 곳이다. 나는 2012년 어느 목요일 밤, 시우다드후아레스에서 후안 마누엘 올긴을 만났다.[3] 올긴이 날개를 달고 시체를 내려다보며 서 있었던 때로부터 얼마 후였다.

나는 몇 년에 걸쳐 멕시코의 마약 전쟁과 관련된 수치를 훑어보고 있었지만, 별로 실감이 나지 않았다. 5년 동안 6만 명(그 숫자를 계속 반복해서 말하려고 한다)이 살해되었다는 추정이 가장 정확하다는 사실을 알았다. 미국에서 사용하는 코카인의 90퍼센트가 매년 멕시코를 통해 들어온다.[4] 멕시코 마약 카르텔은 미국에 판매하는 마약만으로도 매년 190억~290억 달러를 벌어들인다.[5] 하지만 내가 들은 사람들의 이야기는 너무 극단적이어서 전혀 실감나지 않았다. 유튜브에 올라온 목을 베는 장면이나 병으로 난도질을 당한 임신부처럼, 상상도 할 수 없을 정도로 잔혹한 장면에만 초점을 맞추는 것 같아서 비현실적으로 느껴졌다.

그래서 7월의 어느 날 아침, 미국에서 시우다드후아레스로 걸어들어갔다. 리오그란데강의 가느다란 갈색 물줄기를 건너갔다. 국경을 넘는 다리는 자동차로 꽉 막혀 있었고, 자동차 유리창을 닦으며 돈을 받는 사람도 많았다. 여자들이 바닥에 주저앉아 영어와 스페인어로 구걸했다. 멕시코 국경요원들은 내가 가지고 있는 물건을 하나도 확인하지 않았다. 그저 웃음기 없이 고개만 끄덕이며 지나가라고 손짓할 뿐이었다.

천사가 되기로 결심한 사람

시우다드후아레스에 들어서자 처음 눈에 들어온 물건 중 하나가 표지판이었다. 시우다드후아레스 시내를 돌아다니는 역사 투어는 이곳이 북아메리카에서 가장 흥청거리는 도시 중 하나였을 시기에 유명했던 장소들로 안내했다. 빌리 홀리데이가 결혼을 하고 흥청망청 취했던 곳이 이곳이다.[6] 그러나 빌리 홀리데이는 그곳에서 흥청거리고 싶었던 수백만 명의 미국인 중 한 명이었을 뿐이다. 그 길은 이제 벽보로 뒤덮여 있는 것 같았다. 파티에서 웃고 있는 젊은 여성 혹은 다른 여성의 사진 위에 '이 여성을 보신 적이 있나요?'라고 쓴 글이 붙어 있었다. 사진들 중 붉은 립스틱을 바르고 여러 색이 섞인 스카프를 두른 여성이 내 눈길을 사로잡았다. 지금 시우다드후아레스에서는 이런 장면밖에 볼 수 없다. 부재. 관광 명소들은 모두 문을 닫거나 불탔다.

기꺼이 나를 돕던 훌리안 카르도나(로이터통신의 시우다드후아레스 특파원)는 시우다드후아레스를 제대로 느껴보려는 나를 여기저기로 데리고 다녔다. 로스스타인이 활동했던 맨해튼이 하늘을 향해 솟은 수직 도시였다면, 시우다드후아레스는 사막을 향해 펼쳐진 수평 도시라는 사실이 금방 확실해졌다. 그곳의 도심은 북아메리카의 외딴 소도시처럼 보였다. 쇼핑몰에서 사람들이 어마어마한 크기의 평면 텔레비전을 사는 동안, 영화 〈타이타닉〉의 주제곡이 팬파이프로 연주되고 있었다. 쇼핑몰 옆에는 24시간 운영하는 햄버거가게 웬디스가 자리잡고 있었다. 널찍한 8차선

고속도로를 따라 몇 킬로미터를 달리다보면 도시가 점점 초라해 보였다. 쇼핑몰 대신 불타버린 가게들과 허름한 판자촌이 나타났다. 시우다드후아레스의 끄트머리에 다다랐다고 생각한 순간, 다시 집과 가게들이 많이 나타났다. 그리고 드디어 모래 언덕에 닿았다.

하지만 나는 시우다드후아레스에서 멀어지기 전에 천사들을 만나기로 약속했다.

후안은 열한 살 때부터 친구들이 시우다드후아레스의 마약 거래에 휩쓸리는 모습을 지켜봤다. 시우다드후아레스는 마약이 미국으로 흘러들어가는 가장 중요한 밀수 경로다. 폭력조직들은 그 경로를 장악하기 위해 피비린내 나는 싸움을 벌이고 있다. 마약 카르텔은 어른보다 아이들에게 일을 시키고 싶어한다. 아이들은 죽음이 뭔지 모르기에 겁을 덜 내기 때문이다. 후안의 가장 친한 친구는 돈을 얻기 위해, 그리고 드디어 어딘가에 소속되었다는 기분을 느끼기 위해 카르텔에 들어갔다.

후안은 청소년기 호르몬 작용에 휩싸여 자신도 카르텔에 들어갈까 고민했다. 그러면 마침내 돈을 벌 수 있었다. 알코올중독과 마약중독에 빠진 가족을 부양할 수 있었다. 그러나 주위 사람들이 모두 비참한 죽음을 당하고, 집들이 불타고, 거리마다 버려진 가게들밖에 없는 상황에서 그는 다른 선택을 했다. "열여섯 살 때 천사가 되기로 결심했습니다." 후안의 고백이다.

처음 살인이 시작되었을 때는 사람들이 공포에 질려 죽음의 현장에서 도망치곤 했다. 그러다 상황이 바뀌었다. 사람들은 멈

취 서서 가만히 쳐다보곤 했다. 그러다 다시 상황이 바뀌었다. 사람들은 무심히 지나가곤 했다. 마치 정상적인 일처럼. 아무렇지도 않은 일처럼. 시우다드후아레스에서는 그런 일이 아무렇지도 않게 벌어지기 때문이었다. 사람들은 끔찍한 현실을 보지 않으려고, 아예 없는 일처럼 외면하려고 스스로 훈련하고 있었다.

후안과 그의 10대 친구들은 살인을 아무렇지도 않게 여기는 도시에서 살지 않겠다고 결심했다. 카르텔, 군대, 경찰에 항의하는 목소리를 낸 어른들은 모두 죽임을 당했지만, 그와 교회 친구들은 살인 현장으로 가서 항의하기로 다짐했다. 그들은 플라스틱과 깃털로 길이 2미터의 커다란 천사 날개를 만들었다. 몸에 반짝거리는 은색 페인트를 칠하고 천사처럼 날개를 단 후 높은 발판 위에 올라섰다. 반짝이는 긴 옷을 발판까지 내려뜨린 천사는 방금 하늘에서 내려온 거인처럼 보인다. 그 모습이 어떤지 말로 설명하기는 어렵다. 마치 환영처럼 비현실적이다. 이 아이들은 세계에서 가장 잔혹한 살인자들에게 정면으로 도전하는 표지판을 만들었다. 그리고 방금 살인이 벌어진 바로 그 자리에서 표지판을 높이 들었다.

나는 밤에 후안을 만났다. 여름 폭풍이 지나간 다음이었다. 후안은 또 다른 거리에서 표지판을 들고 서 있기 위해 나가려던 참이었다. 그는 내게 함께 가자고 했다. 발판 위에 올라선 그의 뒤에서 두 명의 여자아이들이 날개를 붙잡고 있었다. 날개가 바람 때문에 뒤로 넘어갈까 걱정되어서였다. 서둘러 지나가는 차에 탄 사람들은 그 모습을 보면서 깜짝 놀라고, 당황하고, 겁에 질린 것 같았다.

후안은 말했다. "나는 두렵지 않아요. 내가 죽거나 무슨 일을 당하더라도 이 도시를 위해 좋은 일을 하다가 당하는 일이니까요. 무슨 일이 일어나면 나를 자랑스럽게 생각해달라고 엄마한테 말해요." 마약을 둘러싸고 전쟁을 벌이는 어른들이 그와 그의 친구들을 배신했다고 그는 믿는다. "우리가 더 나은 사회를 원한다는 사실을 그들에게 보여주고 싶어요."[7]

시우다드후아레스에 사는 사람들 대부분은 천사들이 아직 총에 맞지 않았다는 사실에 놀라워한다. 그러나 곧 넌더리를 내며, 그들이 언제든 끔찍한 일을 당할 수 있다고 생각한다.

아널드 로스스타인은 법의 지배력이 사그라지고, 자신 같은 범죄자들이 아무 제약 없이 마음대로 좌지우지하는 뉴욕을 꿈꿨다. 그는 무력으로 권력을 장악하고, 자신의 무기로 사용할 만한 사람들을 하나하나 매수하려고 했다. 그는 자신의 꿈을 완전히 실현하지 못했다. 그는 총알을 맞고 너무 빨리 사망했다. 그래서 그의 꿈이 현실이 된 시대를 보지 못했다.

나는 마약과의 전쟁이 실제 사람들과 그들의 삶에 어떤 영향을 주었는지 알고 싶었다. 시우다드후아레스는 내가 사는 세상인, 안정적인 런던에서 가장 멀리 떨어진 마약 전쟁의 전쟁터 중 한 곳이다. 하지만 나는 우리 모두가 마약과의 전쟁, 그리고 그 전쟁의 논리에 얽매인 채 전 세계를 길고 촘촘하게 연결한 사슬에 함께 엮여 있다고 느꼈다. 마약 사용을 탄압하려는 욕구가 이 모든 상황을 만들어냈다고 의심했지만, 어떻게 그리 되었는지 직접 확인하고 싶었다.

  길거리 폭력배의 삶이 실제로 어떤지 치노에게 들었듯, 마약 카르텔 안에서의 삶이 실제로 어떤지 이해하고 싶었다. 그러나 불가능하다는 말만 계속 들었다. 마약 카르텔은 내부 이야기를 외부에 발설하는 조직원은 누구든 죽여버린다. 그들은 세상에서 가장 비밀스럽고 편집증적인 사람들이다. 그러던 어느 날, 한 사람에 대해 알게 되었다. 마약 카르텔에서 탈출했기 때문에 유일하게 내부에서 본 그곳 이야기를 할 수 있는 사람이었다.

  나는 그 사람과 만나고 싶다고 텍사스교도소에 편지를 썼다. 그리고 오랫동안 기다린 끝에 30분 면담을 할 수 있다는 답을 받았다. 텍사스주 시골 지역에 있는 타일러카운티 한복판, 철조망으로 둘러싸인 거대한 콘크리트 건물에 도착하자 교도관이 나를 보고 웃었다. 그녀는 저음의 텍사스 사투리로 내 억양이 마음에 든다면서 시간제한 없이 면담을 해도 된다고 했다. 나는 다른 교도관의 안내로 교도소의 넓은 잿빛 방에 들어섰다. 그 방에는 내 앞을 가로막는 유리벽 하나밖에 없었고, 벽 반대편에는 작은 흰색 칸들이 있었다.

  교도관은 "당신 혼자 두고 갈 수 없기 때문에 이 근처에 있을 거예요"라고 말한 후 자리를 떴다.[8] 그 칸들 중 한 곳의 뒤쪽에서 문이 열렸고, 그가 걸어들어왔다. 작고 나긋나긋한 모습이었다. 그는 과학 연구 과제를 설명해줄 괴짜 과학자처럼 보였다. 얼굴에 새긴 밝은색 불꽃 모양의 문신만이 이런 느낌을 희석시키고 있었다.

"그래서 무슨 일이죠?" 그가 나를 위아래로 훑어보며 물었다. 내가 입을 떼기도 전에 그가 먼저 말했다. "우선, 나에 대해 아는 게 뭐죠? 그게 알고 싶네요." 낮은 목소리였다. 그가 열세 살 때부터 제타스의 조직원으로 지내다 이 교도소에 들어왔다는 사실을 안다고 말했다. 그가 고개를 끄덕였다.

나는 우리 둘 사이에 작은 녹음기를 놓아두어도 괜찮겠느냐고 물었다. 유리벽에 구멍이 있었고, 녹음기의 녹음 버튼을 눌러 거기에 두었다. 그가 말문을 열었다. 그는 한 가지씩 알려줄 때마다 내가 그에 대해 어떻게 생각하는지, 그리고 자신에 대해 사람들에게 잘 설명해줄 수 있는지 초조하게 물었다. 그는 거의 애원하고 있었다. 그는 아주 오랫동안 독방에 갇혀 지냈다. 우리는 네 시간 넘게 대화를 나눴다. 그가 내게 들려준 이야기, 그리고 그의 범죄와 관련해 공문서에 기록된 다른 증거들을 짜맞춘 이야기는 다음과 같다.

서서히 '인간 무기'가 되다

2005년 로사리오 레타는 그 또래 다른 미국 청소년들처럼 여름캠프에 참가했다.[9] 그는 삐죽삐죽한 머리에 키가 작은 열다섯 살의 텍사스 소년이었다. 애니메이션 〈심슨 가족〉에 등장하는 누르스름한 바트 심슨과 비슷해 보여서 '바트'라는 별명으로 불렸다. 로사리오는 또 〈파워레인저〉와 얼터너티브팝, 닌텐도 64 중에서도 특히 〈젤다의 전설〉과 〈동키콩〉을 좋아했다. 바로 그해 여름 캠프에서 로사리오는 평생 잊지 못할 무시무시한 기술을 배우고 있었다. 이 캠프에서는 카누를 타거나 합창을 하거나 통나무로 불을 피우는 방법을 가르치지 않았다.

로사리오는 그곳에서 끔찍한 기술들을 배웠다.[10] 목을 베는 훈련을 예로 들어보자. "그들이 톱으로 사람의 목을 베는 장면을 본 적이 있어요."라고 그는 교도소 유리벽 너머에서 말했다. "사방에 피가 흘렀죠. 그들은 목의 경정맥을 자르기 시작했어요. 그리고… 사방에 피가 튀었죠…. 그들은 잘린 머리를 바로 그 자리에 두었어요. 잘린 머리는 얼굴을 찡그리며 계속 움직였어요. 신경이 움직이는 것 같았어요. 머리 안의 뼈도 보였는데 모든 게 움직였어요. 땅에 떨어졌는데 움직이는 얼굴을 본 적도 있어요. 어떤 때는 계속 비명을 지르는 표정이고, 어떤 때는 맥이 풀린 표정이었죠."

멕시코의 깊은 산속에서 열린 캠프였고, 로사리오는 6개월 동안 그곳에서 지내며 서서히 인간 무기로 바뀌고 있었다. "그들은 그냥 모든 것을 가르쳐요. 군대에서 배우는 모든 것을 가르치죠. 총 쏘기, 조직적으로 싸우기 등등. 온갖 종류의 폭발물, 권총, 소총 다루는 법, 육탄전까지 배웠죠." 그 캠프의 구호는 "내가 뒤로 물러서려고 하면 죽여라"였다.[11] 로사리오는 이 기술을 활용해 셀 수도 없을 정도로 많은 사람을 죽였다. 그는 사람들을 거의 학살하다시피 했다.[12] 사람들이 가득 모여 있는 나이트클럽에 수류탄을 던지고, 아장아장 걷는 아들과 임신한 아내가 보는 앞에서 한 남자를 총으로 쐈다.

로사리오가 캠프에 가기 몇 년 전, 미국 정부는 마약과의 전쟁을 승리로 이끌기 위해 멕시코인들로 구성한 엘리트 부대를 훈련시키기로 결정했다. 마약과의 전쟁을 전 세계 모든 나라로 확산하려고 했던 해리 앤슬링어의 꿈을 현실로 옮긴 결정이었다. 미국은 그들을 포트브래그 군사기지로 데려왔고,[13] 미국 제7특전단이 최고의 훈련과 기밀정보, 군사장비를 제공했다. "죽음도 우리를 막지 못한다"가 그들의 좌우명이었다.[14] 그 훈련이 끝날 때쯤 그들은 최대한 많이 배웠고, 원하는 무기를 모두 받았다. 이렇게 많은 돈을 들여 훈련된 남자들은 멕시코로 돌아간 후 하나같이 부대를 빠져나갔다.[15] 그리고 마약 카르텔에서 활동하며, 스스로 '제타스'라고 이름 붙였다.[16] 마치 미해군이 자랑하는 특수부대 '네이비실'이 미군에서 빠져나와 폭력집단 '크립스'의 로스앤젤레스 점령을 돕는 셈이었다.

로사리오의 고향인 텍사스주의 흙먼지 날리는 러레이도는 국경을 사이에 두고 멕시코 누에보라레도와 바로 마주보는 도시다. "모든 마약 카르텔이 그 길로 마약을 운반하고 싶어해요. 멕시코에서 미국으로 넘어가는 가장 큰 길 중 하나니까요…. 대단한 이권이 달린 곳이죠. 그래서 모두가 그곳을 차지하려고 해요…. 그 과정에서 싸움이 벌어지는 곳이죠. I-35 고속도로가 그런 곳이에요." 한 카르텔이 그 고속도로를 장악하면 수십 억 달러를 차지할 수 있다. 만약 경쟁 카르텔이 그 고속도로를 장악하면 생계수단을 빼앗길 수 있다. 그래서 싸움이 벌어질 수밖에 없다.

로사리오가 제타스의 조직원이 된 과정에 대해서는 두 가지 다른 이야기가 있다. 그가 열여섯 살 때 경찰에 처음 한 이야기가 있고, 스물세 살이 되어 내게 들려준 이야기가 있다. 나는 그중 어느 쪽이 더 정확한지 알 수 없다. 그래서 이 책에 두 이야기를 모두 펼쳐놓고, 독자가 판단하게 하려고 한다.

이 사실은 확실히 알 수 있다. 로사리오는 시멘트와 석탄재를 섞은 신더 블록과 나무로 지은 집에서 어린 시절을 보냈다.[17] 그의 어머니는 미용사였고, 아버지는 건설 현장에서 일하는 불법 이민자였다. 두 사람은 10명의 자녀를 낳아 길렀다. 러레이도는 미국에서 가장 가난한 지역 중 하나다. 로사리오가 "그곳 사람들은 경찰을 하지 않으면 마약상을 하죠. 마약상을 하지 않으면 카르텔에서 일하고요. 그곳에는 그런 일밖에 없어요"라고 말하는 국경도시다.[18] 로사리오는 이런 이야기도 했다. "여기 미국에서는 많은 사람이 변호사나 판사, 소방관, 경찰이 되고 싶어하잖아요? 거기(미국과 멕시코 국경지대)에서는 제타스를 흠모해요. 어린아이들이 '나는 커서 제타스에 들어가고 싶어'라고 말하죠."

그는 또 "나는 그렇게 찢어지게 가난하지는 않았어요. 엄마와 아빠 둘 다 일했고, 매일 먹을 음식이 있었죠. 우리는 평범했어요. 평범한 가족이었어요"라고 설명했다. 그에게는 내내 같이 지낸 제일 친한 친구 두 명이 있었다. 제시와 게이브리얼이었다. 그들은 함께 축구를 하고, 호숫가에서 오랫동안 어울려 놀고, 비디오게임을 했다. 로사리오는 어린 시절 내내 국경을 넘나들었다. 누에보라레도로 넘어가면 탄산음료와 사탕이 훨씬 쌌기 때문에 친구들과 함께 자주 그곳으로 가곤 했다. 누에보라레도에는 열세 살만 되어도 들여보내주는 나이트클럽이 있었다. 청소년기가 되자 로사리오와 제시, 게이브리얼은 누에보라레도에서 점점 더 많은 시간을 보내게 되었다. 이 시점에서 잠시 이야기가 나뉜다.

로사리오는 극단의 공포를 자아내는 제타스의 조직원으로 살아간 지 3년 만에 처음으로 경찰 심문을 받았다. 로사리오가 처음 심문받을 때 촬영한 영상을 보니 증오감에 휩싸인 채 히죽히죽 웃고 으스대면서 대량학살을 저질렀다고 자랑했다. 그의 말에 경찰이 감동하기를 반쯤 기대하는 듯한 태도였다. 로사리오는 열세 살 때 누에보라레도에 있는 나이트클럽에서 오랜 시간을 보냈고, 모든 것을 가진 듯한 남자인 미겔 트레비뇨의 꼬임에 넘어갔다고 경찰에 말했다.

미겔 트레비뇨는 무일푼에서 제타스의 이인자가 되었다. 트레비뇨는 아널드 로스스타인과 비슷했다. 개성이 없어 보이고, 나대지 않는 남자였다. 173센티미터 정도의 키에 술을 입에 대지 않고, 마약도 하지 않고, 청바지에 월마트 티셔츠를 입었다. 하지만 미겔 트레비뇨는 그 도시의 왕이었다. 마약 거래, 군대, 경찰 등 모든 것을 좌지우지했다. 로사리오는 미겔 트레비뇨가 가진 것을 자신도 가지고 싶었다. 로사리오는 트레비뇨를 만나 무슨 일을 해서든 자신의 충성심을 증명하겠다고 제안했다.

로사리오는 나와 만났을 때, 제타스 조직원이 된 계기에 대해 다르게 설명했다. 그는 친구의 형이 카르텔에서 일했고, 어느 날 누에보라레도에서 만나 함께 식사를 했다고 설명했다. 그 형은 전화를 받았고, 일을 좀 처리하러 가야 한다고 말했다. 로사리오는 그의 트럭 뒷자리에 숨었다. 어떤 일인지 알고 싶었기 때문이다. 도착하니 미겔 트레비뇨가 뒤처리를 위해 사용하는 목장 중 하나였다. 로사리오는 그곳에서 너무나 많은 것을 지켜보았다.

두 가지 이야기는 이 부분에서 합쳐진다. 두 이야기 모두에서 그 목장은 제타스 조직원들이 피해자들을 처리하는 전형적인 장소였다. 그곳에 30명 정도의 사람들이 묶여 있었다. 한 이야기에서는 "그들을 석유 드럼통에 넣어 그저 태우고, 또 태워 재만 남았다"라고 했다. 또 다른 이야기에서는 그들을 "토막 내서" 죽이고 있었다고 했다. 제타스는 보통 다른 폭력조직의 조직원들이나 그들을 귀찮게 하는 누구든 죽이기 전에 "은신처와 움직이는 경로 그리고 그들이 무슨 일을 하는지, 누구 밑에서 일하고 있는지, 그들의 두목은 무슨 일을 하고 있는지" 캐내기 위해 고문한다. 그들을 죽이고 나면 "기소(스페인어로 스튜라는 뜻)를 만들기 위해 시체를 끓인다. 시체를 던져 넣고 흐물흐물해질 때까지 쿡쿡 찌른다."

로사리오는 이곳에서 처음으로 사람을 죽였다. "나는 그의 얼굴을 쳐다보지 않았어요. 그는 묶여 있었어요…. 무릎을 꿇었고, 등 뒤로 손이, 그리고 발이 묶여 있었죠…. 그들은 모두 울고 애원하면서 죽이지 말아달라고 말했죠. 모두 그랬어요. 그들 중 몇몇은 어떤 말조차 하지 않았어요. 그들은 죽임을 당할 줄 알았어요. 모두 죽임을 당하려고 그곳에 끌려왔으니까요." 로사리오는 총을 들고 그 남자의 머리에 쐈다. 그 남자가 누구인지는 절대 알아낼 수 없었다.

제타스의 영향에서 완전히 벗어나지 못했던 때, 로사리오는 그렇게 사람들을 죽이면서 좋았다고 경찰에 실토했다. "내가 슈퍼맨이 되었다고 생각했어요. 그런 일을 하면서, 처음으로 사람을 죽이면서 좋았어요. 총을 빼앗길 때는 사탕을 빼앗기는 아이 같은 기분이었어요."[19] 로사리오는 계속해서 고백을 이어갔다. "다른 사람들도 살인을 했지만, 나는 사람 죽이는 일을 맡겠다고 자청하곤 했어요. 제임스 본드 놀이 같았죠…. 제타스에서는 누구든 살인을 할 수 있지만, 모두가 원하지는 않아요. 어떤 사람들은 마음이 약해서, 그리고 양심상 그런 일을 못해요. 반면 어떤 사람들은 그런 일을 하고도 물고기처럼 평화롭게 잠을 자죠."[20] 로사리오는 경찰과 이야기하면서 "내가 하는 일을 좋아했어요. 그걸 부인하지는 않아요"라고 덧붙였다.

한참 세월이 흐른 후 텍사스교도소의 단조로운 공간에서 만난 로사리오는 그때 경찰에게 한 말은 극도로 흥분했던 순간의 정신없는 횡설수설이었다고 변명했다. "정말 오랜만에 안전해진 상태였으니까요. 살아남았으니까요. 실제로 살아서 멕시코를 빠져나왔으니까요. 내 주변 사람들 대부분은 죽었어요. 내가 정말 좋아했던 사람들, 어린 시절을 함께 보낸 사람들은 이미 모두 죽었어요. 그런데 나는 살아 있었어요. 살아남았어요. 거의 죽기 직전이었거든요…."

로사리오는 경찰에 했던 말과 달리, 그런 일을 좋아하지 않았다고 이야기했다. 그는 처음 목장에 간 날부터 사람을 죽이기 시작했다. 일단 그 목장을 보고 말았으니 목격자인 상태로 무사히 빠져나갈 수는 없다는 사실을 깨달았기 때문이었다. 그는 죽임을 당하거나 아니면 그들과 같은 일을 해야 했다. "그 순간부터 그들이 시키는 일을 해야만 했어요. 원하든 원치 않든 그런 일을 해야만 했어요. 그런 일을 하라고 강요받았죠. 그 일을 하지 않으면 그들이 나를 죽일 테니까요. 그냥 분명하고 단순해요. 죽거나 죽임을 당하거나. 그게 전부예요." 어쩔 수 없이 쏜 총알 하나로 그는 제타스의 조직원이 되었고, 모든 출구는 막혔다.[21] "자발적이든 강제든 일단 들어가고 나면 그다음에는… 돌이킬 수 없어요. 좋아하든 아니든 그들의 병사로 만들어 그들의 일을 시키죠."

몇 년 후 미국 경찰의 조사로 그 이야기가 확인되었다. 로사리오는 멕시코 마약 카르텔의 심장부를 들여다보고도 살아서 탈출한 아주 드문 사례다. 그는 3년 동안 미겔 트레비뇨 바로 밑에서 일했다.[22] 로사리오는 오랫동안 은신처에서 트레비뇨와 함께 살며 그의 바로 옆에서, 그의 명령에 따라 살인하는 불법 무장단체의 패거리 중 한 명이었다. 미겔 트레비뇨, 그리고 제타스의 동료 조직원은 로사리오, 제시와 게이브리얼 같은 아이들을 '소모품'이라고 불렀다.[23]

"첫날부터 너무 빠르게 일이 벌어졌어요. 그때부터 모든 일이 시작되었죠"라면서 로사리오는 한숨을 푹 쉬었다. "내가 이미 선을 넘었다는 사실을 그때 알았어요. 다른 세계로 들어갔죠." 그는 부모에게 말하지 않았다. 그랬다가는 부모님이 살해당할 거라고 확신했기 때문이다. 그는 누구에게도 말하지 않았다.

내가 로사리오를 만났을 때 그는 오랫동안 미겔 트레비뇨의 이름조차 말하지 않았다. "그 사람에 대해서는 입도 떼지 않는 게 좋겠어요." 그는 같은 말을 반복했다. "그 사람 이야기는 아예 꺼내지도 말아요…. 그는 한계를 모르는 사람이에요. 그래서 많은 사람들이 그에 대해서는 입도 뻥긋하지 못하는 거예요. 특히 멕시코에서는 그래요. 그곳에서는 그의 이름을 입 밖에 내는 일조차 두려워해요."

그러나 로사리오는 결국 머뭇거리며 로스스타인처럼 돈만 생각하고, 돈을 얻기 위해서라면 무슨 일이든 할 미겔 트레비뇨의 모습을 단편적으로나마 묘사했다. 마약을 계속 금지하면서 불법 마약시장을 차지하기 위한 폭력은 점점 더 극단적이 되어갔다. 미겔 트레비뇨는 폭력으로 마약시장을 차지한 후 공포감을 자아내면서 자신의 자리를 유지했다. 트레비뇨는 결코 닥치는 대로 살인을 저지르지 않았다. 정신이상 같았을 때도 마찬가지였다. "모두 겁을 주려는 목적에 맞춰 살인을 벌여요. 경쟁 카르텔을 겁주려는 거죠. 그들의 목을 베는 장면을 동영상으로 보여주려고 하죠. 그래야 진짜 해치운다는 걸 경쟁 카르텔이 알 수 있으니까요. 그래서 얼씬도 못 하게 하려는 거예요." 로사리오의 설명이다.

로사리오는 치노가 자신의 구역을 다스렸을 때의 규칙을 더 극단적인 모습으로 보여주어야 했다. 아무도 수작을 부릴 생각조차 하지 못하도록 겁을 줘야 했다. 브라운스빌의 10대들은 채찍질하고 총을 쏘면서 겁을 주려고 했다. 누에보라레도의 10대들은 목을 베고 시체를 불태우면서 겁을 주었다. 로사리오는 경쟁 카르텔 그리고 제타스를 방해하는 누구든 겨냥해서 연이어

죽이라는 명령을 받았다.

"하루하루 그들이 무슨 짓을 할지 절대 알 수 없었어요. 그들이 오늘 당장 누군가를 고문해서 죽이고 싶을 수도 있었어요. 아니면 오늘 당장 물에 빠뜨려 죽일지도 몰랐죠. 오늘 그를 목매달아 죽일 수도 있고, 혹은 몸을 토막 내서 산 채로 태울 수도 있었어요. 그들이 무슨 짓을 할지 절대 몰랐어요. 그들이 그때그때 무엇을 하고 싶은지에 달려 있었어요. 모든 일이 언제나 똑같았어요. 그들은 매일같이 사람들을 죽였어요. 그들이 누군가를 죽이지 않고, 누군가를 고문하지 않고, 누군가를 산 채로 불태우지 않고 지나간 날이 없었어요. 그것이 그냥 평범한 일상이었어요. 그들이 그저 생계를 위해 하는 일이었어요." 이어서 로사리오는 어떤 사람을 죽이라는 명령을 받고 갔을 때 "내가 죽인 사람이 누구인지 몰랐어요. 그들이 무엇 때문에 죽어야 하는지도 몰랐어요. 아무것도 몰랐어요"라고 덧붙였다. 그는 단지 그들을 확실히 죽여야 한다는 사실만 알았다.

마약 카르텔들은 시체로 메시지를 전달한다. 그들에게는 모두가 아는 신호 체계가 있다. 카르텔을 배신하면 목에 총을 쏘아 죽일 것이다. 말을 너무 많이 하면 입에 총을 쏘아 죽일 것이다. 첩자라면 귀에 총을 쏘아 죽일 것이다. 각각의 시체는 그 카르텔이 가장 잔인하다고 알리는 광고판이다.[24]

로사리오의 친구 제시와 게이브리얼도 제타스에서 함께 일하기 시작했다. 로사리오는 어떻게 그리 되었는지 말하지 않으려고 했다. 하지만 경찰 조사 그리고 그다음 그들의 운명을 보면 로사리오의 친구들도 제타스와 연루된 게 사실임을 알 수 있다. 로사리오가 그들을 제타스에 소개했을까? 그가 그들을 제타스로 데려갔을까? 확실하지 않다. 하지만 로사리오가 말했듯 "이 일은 더 이상 놀이가 아니다"라는 사실을 모두 알아가고 있었다.

"우리는 오랫동안 자지 못했어요…. 때로는 일주일, 일주일 반 정도 내내 깨어 있어야 했죠"라고 로사리오는 설명했다. "거의 2주 정도 자지 않았어요. 우리는 이곳저곳으로 옮겨다녀야 했기에 잠을 잘 수가 없었어요…. 그리고 모두 코카인을 흡입하곤 했어요. 그들이 우리에게 코카인을 주었죠." 게이브리얼은 어느 때인가 눈꺼풀에 안구 모양의 문신을 새겼다. 그래서 언제나 깨어 있고, 언제나 누군가를 지켜보는 것처럼 보였다.[25] 안전하고 싶으면 신경을 많이 써야 했다. 트레비뇨와 함께 지내는 은신처에는 "망보는 사람 등등 그 장소를 관리하는 사람들이 많았어요. 몇몇 경쟁 조직들이든 뭐든 보이면 총격전을 벌이죠"라고 로사리오는 말했다. 모두가 서로 두려워했다. 그는 "얼마 지나고 나니 누구든 믿을 수 없게 되었어요"라고 고백했다.

"나는 그냥 혼자 지내고 싶었어요. 누가 나를 뒤에서 죽이려고 들지 절대 알 수 없었으니까요. 그런 일을 정말 많이 봤으니까요. 제타스에서 함께 일하는 사람들이 많았어요. 내가 잘못된 장소에 발을 디디거나 누군가 나를 싫어하면 몰래 다가와 나를 죽일 수도 있었죠. 함께 일하던 사람이 바로 그렇게 나를 죽일 수 있었어요."

로사리오는 손가락 관절을 뚝뚝 꺾으며 "트레비뇨는 '걔를 죽여'라고 한마디만 하면 돼요. 그 말만 하면 끝나죠. 그가 명령을 내리면 나 같은 사람은 쥐도 새도 모르게 사라진다는 사실을 모두가 알았죠"라고 설명했다. 로사리오는 가끔 어머니에게 전화를 걸어 자신이 아직 살아 있다는 사실을 알렸다. 그러나 자신이 무엇을 하고 있는지는 말하지 않았다.

최악의 악몽은 내가 죽임을 당하는 곳이 아니라 내가 살인자가 되는 곳에 있다.

그러나 공포의 소용돌이 가운데 즐거움도 있었다.[26] "그들은 돈, 우리가 원하는 모든 것, 정말 모든 것을 뿌리고 있었습니다." 트레비뇨는 제비뽑기로 선물을 주었다. 그는 컵 하나에 모두의 이름을 써서 넣었고, 뽑힌 사람은 로사리오였다! 그는 새로 나온 메르세데스 자동차를 얻었다. 원할 때마다 여자를 구할 수 있었고, 코카인을 흡입할 수 있었다. 로사리오는 제타스의 조직원으로 일하면서 한 주에 500달러를 받았고,[27] 큰일을 하면 훨씬 더 많은 돈을 받았다. 열다섯 살에 호아킨 구스만의 조직원 중 한 명을 죽인 대가로 37만 5천 달러를 받았다.[28] 로사리오는 강요를 당해 그런 일을 하게 됐다고 고백했던 사실을 잠시 잊은 듯 "한턱내기가 시작되면 그때 그 자리에서 당장 무언가를 할 필요는 없었어요. 하지만 일단 유혹을 받고 나면 덫이 되죠"라고 말했다. 그는 그때 앞에서 했던 말을 떠올린 것 같았다. 그래서 자신이 아니라 친구들에 대한 이야기라고 급히 덧붙였다. 자신은 강요당했다고 계속 주장했다.

그들은 때때로 국경 너머 러레이도에 있는 멋진 은신처에서 살았다.[29] 게이브리얼은 여자친구와 계속 그곳에서 지냈다. 로사리오와 제시는 예전처럼 옛 동네를 돌아다니고 호숫가에서 놀곤 했다. 나는 로사리오에게 왜 카르텔들은 멕시코인이 아니라 미국 청소년들을 이용하느냐고 물었다. 로사리오는 "국경 양쪽을 쉽게 오갈 수 있으니까요"라고 대답했다. 그런데 멕시코에서 살인을 저지르면서 국경을 오가는 일이 무슨 도움이 될까? 미국에서는 제타스를 위해 무슨 일을 했느냐고 물었다. 로사리오는 "그런 이야기는 하고 싶지 않아요. 그냥 하지 않는 게 나은 말이 너무 많아요"라고 대답했다.

이 인터뷰의 녹음을 나중에 여러 차례 되풀이해서 듣고 난 뒤 문득 내가 치노의 이야기를 이해하는 데 도움이 되었던 사회학자 필리프 부르구아의 논문이 떠올랐다. 그는 마약이 금지되었을 때, 가장 먼저 도덕적 제약을 버리는 사람이 경쟁우위를 차지하고, 마약시장을 더 많이 장악하게 된다고 설명했다. 마약 카르텔은 그래서 거리낌없이 그 청소년 '소모품들'을 이용해 경쟁 카르텔 조직원들뿐 아니라 그들의 친척까지 잔인하게 죽인다.

도청장치를 이용한 녹음에는 로사리오와 게이브리얼의 대화가 담겨 있었다. 게이브리얼은 경쟁 카르텔 조직원의 사촌들인 10대 두 명을 납치했다고 설명했다. "마구 두들겨 팼더니 죽어버렸어. 그냥 죽어버렸어. 그냥 죽었다고, 씨팔. 너도 그 자리에 있었어야 해. 판초 그놈을 봤어야 해. '아니에요, 난 당신 친구예요'라면서 호모 새끼처럼 질질 짜고 있었어. '무슨 친구? 이 개새끼야. 입 닥쳐!' 그리고 확! 나는 빌어먹을 병 하나를 잡고 그의 배를 베어버렸어! 그놈의 빌어먹을 배 전체를 난도질했어. 그리고 확! 그 새끼가 피를 흘리고 있었어. 나는 작은 컵 하나를 움켜쥐고 확! 그 작은 컵! 확! 확! 그 컵에 피를 채웠어. 그리고 확! 그다음 다른 호모 새끼한테 가서 베었지! 똑같이 베었어."[30] 로사리오는 낄낄거렸다. 그 지역 경찰들이 게이브리얼 대신 그 시체들을 처리했다.[31]

로사리오는 나와 만났을 때 "나도 묶이고 매여 있는 사람들을 죽인 적이 있어요. 하지만 그런 때는 전율이나 흥분을 전혀 느끼지 않았어요. 나는 죽여야 할 사람들의 뒤를 밟고 뒤쫓은 다음 그들이 앞뒤로 움직이는 것이 보이면 몰래 다가가 그들의 눈을 보면서 방아쇠를 당기는 방법을 더 좋아했어요. 그때 흥분했죠"라고 말했다.[32]

임신부가 포함된[33] 경쟁 카르텔의 친척들을 가장 먼저 죽이면 잠깐 경쟁우위를 차지한다. 사람들은 그 카르텔을 더 두려워하고 마약시장을 더 많이 넘겨주려고 한다. 그다음 모든 카르텔이 그런 식으로 살인을 저지른다. 그런 방법이 평범한 관행 중 하나가 된다. 또 가장 먼저 사람들의 목을 잘랐다면 잠깐 경쟁우위를 차지한다. 그러면 모든 카르텔이 따라 한다. 가장 먼저 사람들의 목을 자르는 장면을 촬영해서 유튜브에 올리면 잠깐 경쟁우위를 차지한다. 그다음 모든 카르텔이 그렇게 한다. 가장 먼저 목이 잘린 머리들을 창에 꽂아 사람들 많은 곳에서 전시하면[34] 잠깐 경쟁우위를 얻는다. 그다음 모든 카르텔이 그렇게 한다. 가장 먼저 한 사람의 목을 벤 후 얼굴을 잘라내 축구공에 꿰매면[35] 잠깐 경쟁우위를 얻는다. 이렇게 폭력은 갈수록 잔인해진다.

부르구아는 마약 금지 때문에 가장 미치광이 같고 가학적인 폭력이 온당하고 정상적인 논리처럼 되었다고 설명했다. 마약을 계속 금지해야 마약 카르텔이 유지된다. 마약 카르텔이 마약 금지로 얻는 이득이 크기 때문이다.

이렇게 살인이 광란의 춤을 추는 가운데, 로사리오와 친구들은 한 번도 경찰에 잡힐 걱정을 하지 않았다. 어떻게 그럴 수 있었을까? 로사리오는 트레비뇨 밑에서 일한 첫날부터 뭔가 이상하다는 사실을 알아차리기 시작했다. 캐럴린 로스스타인은 남편 아널드가 종종 "내가 공직 생활을 했다면 뉴욕 경찰청장이 가장 잘 어울렸을 것"이라고 주장하곤 했다고 말했다.[36] 트레비뇨는 정말 경찰을 좌지우지했다.

멕시코에서 그들이 가는 곳마다 경찰이 트레비뇨를 위해 일한다는 사실을 로사리오는 알아차렸다. "이제 진짜 경찰은 없었어요. 트레비뇨가 모든 걸 좌지우지했죠. 군대, 경찰, 모든 걸. 트레비뇨는 그들을 뇌물로 매수했어요. 그는 어디에 가든 현금을 200만 달러나 가지고 다녔습니다. 필요하면 곧장 사용하기 위해서였죠. 그런 방법이 통하지 않는 곳이라도 걱정 없었어요. 우리 일을 방해하면 죽임을 당한다는 사실을 알기 때문에 사람들이 그냥 못 본 척했어요. 사실 때로는 경찰의 호위를 받으며 암살하기까지 해요…. 경찰이 사람을 납치해 카르텔로 데려오기도 하죠. 트레비뇨에 협조하던 사람들이 곧바로 멕시코 고위직으로 올라갔어요. 그들이 낮에는 대통령을 위해 일하고, 밤에는 마약 카르텔을 위해 일한다고 할 수도 있어요."[37]

이런 마약 밀매조직들은 멕시코를 장악할 수 있었는데, 왜 미국의 마약 밀매조직들은 그렇게 할 수 없을까? 나는 이런 의문을 풀려고 애쓰면서, 금지된 마약이 방향을 바꿔 도시로 밀려오는 세찬 강물이라고 상상했다. 만약 강물이 고층건물로 밀려오면 벽이 좀 무너지고 창문이 부서질 수도 있다. 그런데 나무로 만든 집에 그 강물이 밀려오면 그 집은 완전히 씻겨 내려간다. 멕시코에서 법과 민주주의의 토대는 나무로 만들어졌다. 멕시코는 2000년까지 70년 동안 일당 독재로 통치되었다. 그래서 법은 시민들이 함께 만들고 함께 따라야 하는 체계라고 생각하는 문화가 아직 제대로 조성되지 않았다. 그리고 멕시코에서는 미국에 비해 훨씬 더 많은 양의 강물이 훨씬 더 빠르게 흐르고 있다. 시우다드후아레스에서는 경제의 60~70퍼센트가[38] 마약 밀매 후 세탁한 돈으로 굴러가지만, 미국에서는 마약 밀매 관련 자금이 경제에서 차지하는 비중이 그에 비해 훨씬 작다. 시우다드후아레스 같은 상황에서는 마약 밀매조직의 힘에 아무도 저항할 수 없다.

살인자의 질문

로사리오는 숲속에 있었다. 숲말고는 아무것도 보이지 않았다. 한쪽 눈은 너무 부풀어올라 거의 감겼다. 부풀어오른 반대쪽 눈으로 겨우 조금 볼 수 있었다.

로사리오의 목에서 피가 흐르고 있었다.

트레비뇨의 부하들이 로사리오의 목을 자르려고 했다. 그들은 로사리오의 몸 전체에 심한 상처를 입혔다. 이때 입은 상처로 생긴 온몸의 흉터는 평생 사라지지 않았다.

로사리오는 정신없이 달려서 그곳을 빠져나왔다.

로사리오가 어떻게 목이 베인 상태에서 그 숲을 빠져나와 교도소에서 지내게 되었는지에 대해서는 두 가지 이야기가 있다.

미국 텔레비전 프로그램 〈낫싱 퍼스널Nothing Personal〉에 방영된 내용을 바탕으로 한 첫 번째 이야기에 따르면, 마약 카르텔은 살인자로 훈련시킨 로사리오를 통제하지 못하게 되었다고 한다. 로사리오는 명령대로 움직이지 않고, 제멋대로 살인을 저지르고 다녔다. 경쟁 카르텔을 제거하라고 몬테레이에 보냈더니, 나이트클럽에 수류탄을 던져 네 명을 죽이고 스물네 명을 다치게 했다. 제타스는 상상할 수 없을 정도로 잔혹하지만, 뚜렷한 목적이 있을 때만 폭력을 휘둘렀다. 명령을 따르지 않고 연쇄살인범 제프리 다머처럼 닥치는 대로 잔혹하게 행동한다면, 마약 카르텔이 원하지 않는 행동이어서 용납되지 않았다.

두 번째는 로사리오 자신이 한 이야기다. "3년이 지나자 내가 무슨 일을 해야 하고, 누구를 죽여야 하고, 어디로 가야 하고, 어떻게 자야 하고, 어떻게 살아야 하는지 끊임없이 지시하는 사람들과 함께 살 수가 없어졌어요. 평생 그렇게 살 수는 없다고 생각했죠. 나 자신 역시 명령 하나로 언제 죽임을 당할지 모른다는 두려움에 휩싸여 살 수는 없었죠." 로사리오는 경쟁 조직의 총에 맞은 다음 목초지에 던져져 죽은 사람들을 이전에 본 적이 있었다.

그래서 자포자기했던 열여섯 살 때, 자신에게 총을 쏘기로 결심했다.

로사리오는 바짓가랑이를 들어올려 상처를 보여주었다. 크고 험악한 상처였다. 신경 일부가 망가져서 그 부분의 감각을 별로 느낄 수 없다고 말했다. 그는 방아쇠를 당긴 후 훈련 캠프에서 배운 기술대로 스스로 국소 마취제 노보카인 주사를 놓고, 상처를 닦아냈다. "살점이 많이 떨어져나갔죠. 내가 최선을 다해 상처 부위를 꿰맬 수 있도록 누군가 옆에서 도와주었어요. 그 부위를 깨끗이 닦고, 항생제를 좀 먹었죠." 첫날에는 별로 감각이 없었다. "그런데 둘째 날은…"이라고 말하며 그는 이를 악물었다. 효과가 없었다. "그들은 내가 총에 맞아 생긴 상처를 꿰매고 스스로 치료할 수 있게 했어요." 그들은 오래지 않아 다른 일을 시키려고 로사리오를 몬테레이에 있는 나이트클럽으로 보냈다. 하지만 그는 그 일을 할 수 없었다. 더이상 살인을 저지를 수 없었다. 이미 너무 많은 사람을 죽였다고 생각했다. "그런 식으로 살아가기가 너무 지긋지긋했어요. 혼자 있고 싶었죠." 그래서 그들이 자신을 공격했다는 설명이었다.

로사리오는 목을 자르려는 사람들을 피해 어떻게 도망칠 수 있었는지 말하지 않으려고 했다. 체포된 직후에도 그 일에 대해서는 으스대면서 말하지 않은 것 같았다. "무슨 일이 있었는지 아무도 몰라요. 아무도 모르죠. 그저 살아남기 위해 몸부림쳐야 했어요. 아무도 나를 죽이지 못하도록 해야 했죠."

그런데 그때 로사리오가 무슨 일을 할 수 있었을까? 멕시코에

남아 있으면 제타스가 로사리오를 금방 찾아내고, 로사리오가 지난 3년에 걸쳐 정말 많은 사람들에게 했던 짓을 정확히 똑같이 그에게 할 것이라는 사실을 알았다. 그래서 로사리오는 미국 러레이도의 경찰에 전화를 걸어서 멕시코 카르텔에 대한 정보를 제공하겠다고 말했다. 그는 그 후 48시간이 되지 않아 미국으로 돌아왔다.[39] "나는 죽고 싶지 않았어요. 내가 열세 살 때 저지른 실수 때문에 내 가족이 죽게 하고 싶지도 않았어요. 나는 경찰에 잡힌 게 아니에요. 자수했어요…. 아무도 나를 잡지 않았고, 어떤 경찰도 나를 체포하지 않았어요. 나는 자수했어요. 나는 그저 이 모든 일이 중단되기를 원했어요…. 그런 삶을 더이상 살고 싶지 않아요. 계속 그런 식으로 살 수는 없었어요."

로사리오의 판단은 옳았다. 몇 년 후, 증인으로 법정에 선 로사리오는 자신이 도망치고 얼마 지나지 않아 트레비뇨의 부하들이 그의 가장 친한 친구 제시에게 어떤 짓을 했는지 사진으로 확인하게 되었다. "온몸에 구멍이 나 있었어요. 목, 머리, 얼굴, 가슴, 팔 등 찔리지 않은 곳이 없었어요. 목과 얼굴 전체 그리고 머리 바로 여기에 구멍이 나 있었어요." 로사리오는 그 사진들을 설명하면서 정말 마음이 많이 흔들리는 것 같았다. 그와 대화를 나누는 동안 이렇게 동요하는 모습은 처음 본 것 같았다.

"그는 그래도 인간이었어요. 그는 그래도 나에게 형제와 다를 바 없는 친구였어요."

로사리오는 국경 너머에서 저지른 살인들 때문에 지금 텍사스 시골의 교도소에서 두 차례 연이은 종신형을 복역하고 있다. 그가 그때까지 살아 있다면 80대에 풀려나지만, 그럴 것 같지는 않다. 로사리오와 면회하려고 철조망과 금속 탐지기를 통과할 때 교도관이 내게 "그들(제타스)이 교도소 안에서 로사리오에게 손을 뻗쳐 폭력을 휘두를 일은 전혀 없을 거예요"라고 힘차게 이야기했다.

내가 로사리오를 만나기 1년 전, 죄수 두 명이 그를 붙잡고 등을 세 번, 머리를 한 번 찔렀다. 로사리오는 내게 그때 생긴 흉터를 보여주었다. 이제 생각하니, 로사리오의 몸에는 복잡한 지형이 있다. 각각의 상처 혹은 엉망진창인 반흔 조직은 그가 살아온 흔적을 나타낸다. 이리저리 찢기고 베인 피부는 그 자체로 마약전쟁의 역사다. 자신이 죽인 사람과 같은 조직에 있었던 재소자들이 복수를 해야 하기 때문에 자신을 죽이려고 했다고 로사리오는 믿는다. 이제 그는 안전 문제로 '행정적 분리' 상태로 생활한다. 교도관은 내게 "그렇게 부르지는 않지만, 일종의 독방 감금과 비슷해요"라고 설명했다. 로사리오는 "24시간 방 안에만 있어요. 어디에도 나갈 수 없죠. 내가 할 수 있는 일이 하나도 없어요…. 그저 혼자 독방 안에서 지낼 뿐이죠. 벌써 1년 동안 이렇게 살아왔어요"라고 설명했다. 그는 누구와도 전화하거나 이야기할 수 없다. "지금 내가 받는 대우를 보면… 가끔 그들이 나를 죽이도록 했어야 한다고 생각해요."

로사리오는 아마도 남은 평생 이렇게 사람들로부터 격리되어 생매장된 것 같은 삶을 살아갈 것이다. 그는 마약 카르텔이 지금쯤 그의 가족 그리고 그와 관련된 누구든 죽일 수 있었을 것이라고 확신했다.

"왜 그들이 당신을 죽이지 않을 거라고 생각해요? 당신은 여기 앉아서 그들이 무엇을 할 수 없는지 말하고 싶어해요. 그런데 그들은 뭐든 원하는 대로 할 수 있어요. 그들이 어느 범위까지 손을 뻗쳤는지 당신은 몰라요. 그들이 어떤 식으로 접촉했는지 당신은 몰라요. 그들이 누구를 매수했는지 당신은 몰라요. 당신은 그런 삶을 살아본 적이 없으니까요. 나는 그렇게 살아보았어요. 그래서 그런 사람들이 어떤 일까지 할 수 있는지 알아요. 그들이 그저 누군가를 죽이려고 든다면 아무리 멀어도 상관하지 않는다는 사실을 알아요. 내가 그런 삶을 살았어요. 당신이 아니라 내가."
로사리오가 나를 빤히 바라보며 한 말이다.

로사리오는 열세 살 때였던 그날, 첫 방아쇠를 당기기로 결심할 수밖에 없었던 그날에 대한 생각에서 벗어나지 못했다. 그는 제타스에서 했던 거의 모든 일을 거리낌없이 인정하고 이야기하려고 했다. 그러나 처음 살인을 저지르게 된 순간에 대해서는 강요에 의해 어쩔 수 없이 하게 되었다고, 거짓말이 아니라고, 괴로워하면서 거의 애원하는 듯한 목소리로 네 시간 이상 나를 이해시키려고 애썼다.

이제 나는 "당신의 운명을 결정지은 순간은 그때가 아니었어요"라고 말했어야 했다는 사실을 깨닫는다. 오래전 마약과의 전쟁이 시작된 순간에 그의 운명이 결정되었다고 생각하기 때문이다. 그가 내 말을 이해할지는 모르겠다.

로사리오는 분명히 심리적인 문제가 있는 청소년이었다. 마약 금지정책과 상관없이 그에게는 그런 문제가 있었다. 하지만 로사리오가 청소년기에 겪었던 심리적인 문제를 이용하고, 그 문제를 키우고, 확대하고, 엄청나게 큰돈을 쥐어주며 부추긴 것은 마약을 둘러싼 전쟁이었다.[40] 마약을 차지하기 위한 전쟁은 그에게 '살인을 해. 그러면 돈과 자동차, 여자들을 퍼부어줄게'라고 말했다. 그 전쟁은 그가 최대한 효율적으로 살인을 저지르도록 군사 훈련과 같은 훈련을 시켰다. 그 전쟁은 멕시코 경찰의 힘을 유명무실하게 만들었다. 그래서 로사리오는 체포될 두려움 없이 그런 살인들을 계속 저지를 수 있었다.

로사리오는 내게 "이제 내 주위 사람들은 모두 죽었어요. 내가 어울려 다니곤 했던 사람들은 모두 죽었어요. 살아 있는 사람은 몇 명 되지 않아요"라고 말했다. 내가 느끼기에는 충격에 빠졌다기보다 자기연민에 가까운 말투였다.

로사리오를 만나고 몇 달 후, 뉴욕에 돌아와 있을 때, 미겔 트레비뇨가 엄청나게 많은 사람을 죽이고 제타스의 일인자가 되었다는 국제 뉴스가 보도되었다.[41] 그리고 몇 달 후, 미겔 트레비뇨가 누에보라레도에서 멕시코 경찰에 붙잡혔다는 뉴스가 보도되었다.[42] 멕시코 경찰이 경쟁 마약 밀매조직의 돈을 받고 그를 체포한 것이 거의 확실했다.

멕시코를 거쳐 미국으로 넘어가는 마약의 경로를 이제 다른 폭력배가 장악하고 있다는 사실을 아무도 의심하지 않는다. 그리고 그 폭력배를 보호하는 '소모품'인 청소년 병사집단이 새로 생겼다는 사실을 아무도 의심하지 않는다.

3부

중독의
숨겨진 진실

9장
기분을 바꾸려는 욕구

동물들도 마약에 취할까?

브라운스빌, 시우다드후아레스나 노숙자 쉼터 등 마약을 둘러싼 전쟁 최전방을 누비고 다니다, 이름 없는 호텔방으로 돌아와 때때로 이런 질문에 사로잡히곤 했다.

왜? 왜 이 사람들은 총에 맞거나, 목이 잘리거나, 불태워질까? 이 전쟁의 목적은 과연 무엇일까?

나는 공식적인 이유들을 다시 살펴보았다. 유엔은 "마약 없는 세상 만들기, 우리는 그런 세상을 만들 수 있다!"면서 마약과의 전쟁을 벌이는 이유를 설명한다.[1] 미국 정부 관료들도 유엔의 논리에 동의하면서 "기분 전환을 위한 마약 사용 같은 것은 없다"라고 강조한다.[2] 그러니 우리 가족이 겪는 문제 같은 마약중독이나 10대들의 마약 사용을 막기 위한 전쟁이 아니다. 전 세계 모든 사람의 마약 사용을 막기 위한 전쟁이다. 이 금지된 화학물질들을 전부 모아 지구에서 추방해야 한다. 우리는 그런 목적을 위해 싸우고 있다.

나는 술 취한 코끼리, 마약에 취한 물소, 슬픔에 빠진 몽구스 이야기에 대해 알고 나서 마약과의 전쟁이 내세우는 목적을 다른 관점으로 보기 시작했다. 로널드 K. 시걸Ronald K. Siegel이라는 로스앤젤레스의 뛰어난 과학자가 이 모든 이야기를 내게 알려주었다.

슬픔에 빠진 몽구스가 한 선택

하와이의 열대폭풍이 몽구스의 집을 진흙탕으로 만들었다. 그리고 그곳, 진흙탕 가운데 몽구스의 친구가 죽은 채 누워 있었다. 미국 대통령 두 명과 세계보건기구WHO의 공식 고문을 맡았던 은발의 시걸 교수는 이 장면을 지켜보고 있었다.[3] 몽구스는 친구의 시체를 발견한 다음 결심했다. 생각을 지우기로 했다.[4]

시걸 교수는 두 달 전 나팔꽃의 일종으로 강력한 환각 성분이 들어 있는 식물을 몽구스가 사는 우리 안에 심었다. 몽구스들은 모두 그 식물을 먹어보았지만, 좋아하는 것 같지는 않았다. 그들은 그 식물을 먹은 후 몇 시간 동안 방향감각을 잃고 비틀거렸다. 이후로는 그 식물에 가까이 다가가려고 하지 않았다. 하지만 친구가 죽자 태도가 달라졌다. 깊은 슬픔에 시달리던 몽구스는 그 식물을 씹기 시작했다. 그리고 얼마 지나지 않아 균형을 잃고 쓰러졌다.

동물의 왕국에서 이 같은 일은 별로 특이하지 않다. 일상적으로 벌어지는 일이다. 시걸이 젊은 과학 연구자였던 때에는 '쾌락을 얻기 위해 약물을 찾는 동물종은 인간밖에 없다'는 지도교수의 말을 완전히 긍정하면서 들었다. 그러다 고양이들이 개박하에 덤벼드는 모습을 보았다. 그는 개박하에 수고양이의 오줌 속 페로몬과 비슷한 화학물질이 들어 있다는 사실을 알았다. 그래서 지도교수의 말이 정말 맞는지 궁금증이 생겼다. 세상에 정말 많은 동물종이 있다는 사실을 고려할 때, 인간말고도 몽롱한 기분을 느끼고 싶은 동물이 있지 않을까?

이 질문은 그가 25년에 걸쳐 몰두하게 된 주제를 안겨주었다. 시걸은 하와이의 몽구스부터 남아프리카의 코끼리, 소련이 지배한 체코슬로바키아의 메뚜기까지 동물들이 마약을 먹는 습관을 관찰했다. 이해하기 어려운 연구를 하고 있기에 하와이 대마초밭에서 그 지역 마약상들에게 인질로 잡힌 적도 있다. 몽구스가 대마초를 먹으면 어떤 일이 벌어지는지 관찰하기 위해 왔다고 설명하자, 지역 마약상들은 경찰이 이제까지 둘러댔던 거짓 이유 중 최악이라고 생각했다.

로널드 K. 시걸이 발견한 현상은 처음에는 이상해 보인다. 그는 자신의 책 《취하기 *Intoxication*》에서 이렇게 설명한다.

벌들은 먹으면 몽롱해지는 꿀을 특정 난초에서 맛본 후 잠시 정신을 잃고 땅에 떨어진다. 그다음 더 많이 맛보려고 비틀거리며 돌아간다. 새들은 취하게 만드는 열매들을 게걸스럽게 먹는다. 그다음 완전히 제멋대로 난다. 고양이들은 '쾌락'을 느끼게 하는 향기로운 식물의 냄새를 정신없이 들이마시고 난 다음 상상으로 만들어낸 물건을 가지고 논다. 특정 종류의 잡초들을 찾아다니는 소들은 몸을 씰룩거리고, 흔들고, 비틀거리면서 그 식물들을 더 먹으려고 한다. 코끼리들은 일부러 발효된 과일즙을 모두 마셔버린다. 환각 성분이 있는 '마법의 버섯'을 먹은 원숭이들은 머리를 양손에 파묻고 로댕의 〈생각하는 사람〉을 떠올리게 하는 자세로 앉아 있다. 동물들은 열렬히 그렇게 한다. 아무 목적 없이 취하고 싶어하는 것 같다. 많은 동물은 독성이나 중독될 위험을 무릅쓰고 이런 식물들이나 이런 식물로 만들어진 먹을거리를 먹는다.[5]

시걸 교수는 노아의 방주가 토요일 밤의 런던과 상당히 비슷했을 것이라고 생각했다. 그는 "모든 나라의 거의 모든 동물종이 우연히뿐 아니라 일부러 마약을 활용하는 사례를 찾았다"라고 설명했다.[6] 인도 웨스트벵골에서는 코끼리 150마리가 창고를 박살내면서 돌진해 엄청난 양의 밀주를 마셨다. 코끼리들은 너무 취해서 날뛰다 일곱 채의 콘크리트 건물을 무너뜨렸을 뿐 아니라, 사람을 다섯 명이나 죽였다.[7] 수컷 쥐에게 대마를 먹이면 흥분해서 암컷을 찾아다닌다. 하지만 "암컷 위에 올라타는 일은 고사하고, 암컷에게 기어가는 일조차 힘들어한다."[8] 얼마 지나지 않아 그 수컷 쥐들은 하품을 하고 자신의 성기를 핥는다.

베트남에서 물소들은 언제나 그 지역의 아편 식물을 피해 다녔다. 물소들은 아편을 좋아하지 않는다. 그런데 베트남전쟁 중 미군의 폭탄이 그들 주위에 떨어지자, 물소들은 평소 풀을 뜯던

목초지에서 벗어나 아편밭으로 들어갔다. 그리고 아편을 질겅질겅 씹었다. 물소들은 약간 어지러워했고 감각이 없어진 것 같았다. 물소들도 정신적으로 충격을 받으면 몽구스나 우리 인간처럼 생각을 잊어버리고 싶어하는 듯하다.

◆◆◆

나는 마약 없는 세상을 만들겠다는 유엔의 약속에 대해 계속 다시 생각했다. 내 마음속에는 그 약속과 관련해 다른 무엇보다 한 가지 사실이 자리잡고 있었다. 처음에는 분명하면서도 직감적으로 틀렸다고 느끼게 되는 사실이다. 마약 사용자 중 10퍼센트만이 마약으로 인한 문제를 일으킨다.[9] 마약을 사용하는 사람들 중 90퍼센트 정도, 압도적인 다수는 마약으로 해를 입지 않는다. 마약의 합법화를 주장하는 단체에서 내놓은 수치가 아니다. 마약과의 전쟁을 전 세계적으로 지휘하는 유엔 마약통제국에서 내놓은 수치다. 미국 마약 통제정책국 국장으로, 미국 역사상 가장 공격적인 마약정책을 펼치며 '마약 황제'로 불렸던 윌리엄 베넷조차 "우리나라에서 마약을 사용하는 사람들 중 마약에 중독되지 않은 사용자가 상당히 많은 부분을 차지한다"라고 인정했다.[10]

이 사실은 반박하기 어렵지만, 받아들이기도 어렵다. 우리가 알고 지내는 사람들을 떠올려보면 그 사실이 맞는 것 같다. 술을 마시는 내 친구들 중 극소수만 알코올중독자가 되었고, 늦은 밤

밖에서 놀며 마약을 사용하는 내 지인 중 극소수만 마약중독자가 되었다. 하지만 우리가 교육받아온 마약에 대한 사고방식에 따르면, 이런 사실을 받아들이기 어렵다. 직감적으로 느끼기에, 틀렸고 위험하기까지 한 말이다. 우리 눈에는 마약으로 인한 피해자밖에 보이지 않는다. 마약 사용으로 피해를 입지 않은 90퍼센트는 보이지 않는 곳에서 개인적으로 사용하기 때문이다. 거의 눈에 띄지 않고, 소문이 들리지도 않는다. 반면 우리는 마약으로 인해 망가진 10퍼센트의 마약 사용자만 길거리에서 보게 된다. 그래서 망가진 10퍼센트가 마약 사용자 전체로 느껴진다. 술 취한 사람에 대해 생각할 때 술병을 끌어안고 시궁창에 누워 있는 노숙자만 떠올리는 경우와 비슷하다.[11]

그런데 국가가 나서서 마약 사용자에 대한 부정적인 인상을 전폭적으로 강화했다. 예를 들어 WHO는 1995년 코카인, 그리고 코카인의 효과에 대한 대규모 과학 연구를 지휘했다.[12] 그들은 "가끔 경험 삼아 사용하는 경우가 확실히 가장 흔하고, 조절하지 못하고 역기능적으로 사용하는 경우는 훨씬 흔하지 않다"는 사실을 발견했다. 그런데 미국 정부는 그 보고서를 발표하면 WHO에 대한 자금 지원을 끊겠다고 위협했다. 결국 보고서는 발표되지 못했다. 그러나 내용이 유출되었기 때문에 우리가 알게 되었다.

이 글을 쓰는 동안 나는 불편했다. 마약으로 망가진 10퍼센트의 사람들에 대해 나는 가장 생생하게 느낀다. 내가 가장 사랑하는 사람들이 그렇기 때문이다. 그리고 내가 이 문제에 대한 글을 쓰면서 곤란하다고 느끼는 더 복잡한 이유가 있다. 마약과 관련된 법을 개혁해야 한다는 문제 제기 중 '쉬운 주장'과 '어려운 주장'이 있다.

쉬운 주장은 마약이 나쁘다는 데 동의하긴 하지만, 마약 금지는 더 나쁘다고 말하는 것이다. 나도 예전에 토론을 하면서 이런 주장을 한 적이 있다. 마약 금지로는 문제를 막지 못하고, 마약 사용으로 이미 생긴 엄청난 문제에 또 다른 엄청난 문제들을 얹을 뿐이라고 강조했다. 이런 주장에서 우리 모두 마약에 반대한다. '캘리포니아에 더 많은 감방을 만들고, 시우다드후아레스 거리에 더 많은 군용 지프차를 보내면 마약 사용으로 인한 비극에 대처할 수 있다고 믿는 금지론자들'과 '그런 자금을 아이들을 교육하고 중독자들을 치료하는 일에 쓰면서 대처할 수 있다고 믿는 개혁론자들'의 차이가 있을 뿐이다.

그 주장에는 많은 진실이 담겨 있다. 나도 본능적으로 그렇게 생각한다. 그러나 이 문제를 깊이 생각하려고 노력할수록, 그 같은 주장이 그저 부분적인 진실만 담고 있을 뿐이라는 사실을 인정해야 했다.

나는 더 어렵고 더 정직한 주장이 있다고 생각한다. 마약 사용 때문에 끔찍한 피해를 입기도 하지만, 내가 아주 잘 알고 있듯 압도적으로 많은 사람들이 뭔가 좋은 점이 있어서 금지된 마약을 사용한다. 밤에 댄스파티를 즐기거나, 마감시간에 맞춰서 일을 해낼 힘을 얻거나, 밤에 잠을 잘 자거나, 두뇌의 일부에 대한 스스로는 도달할 수 없었던 통찰력을 얻을 수도 있기 때문에 마약을 사용한다. 그들은 마약으로 긍정적인 경험을 하고, 삶을 개선한다. 그것이 그렇게 많은 사람들이 마약을 선택하는 이유다. 그들은 마약으로 인해 허위의식이나 자만심에 빠지지 않는다. 그들은 스스로를 해치지 않기 때문에 자해를 멈출 필요가 없다. 미국 작가 닉 길레스피Nick Gillespie는 "마약이 우리를 좌지우지하기는커녕 대체로 우리가 마약을 통제한다. 술을 마실 때와 마찬가지로 스스로를 파괴하기 위해서가 아니라 주로 즐거움을 얻기 위해 마약을 이용한다…. 예외적인 경우가 아니라 보편적으로 마약을 책임감 있게 사용한다"라고 말했다.[13]

나의 직감과는 맞지 않지만, 마약 사용에 대해 정직하게 설명하려면 폐해에 대해서만 이야기하지 말아야 한다는 사실을 깨달았다. 이 주제를 진지하게 고민한다면 마약 사용이 얼마나 속속들이 널리 퍼져 있는지 알아봐야 하고, 대부분은 긍정적으로 사용한다는 사실도 살펴봐야 한다.

제4의 욕구

시걸 교수는 우리 인간 역시 기분 좋게 취한 소, 몽롱해진 벌과 다를 바 없다고 믿는다. 우리도 동물종이기 때문이다. 식물들은 동물에게 잡아먹히기 시작하자마자(오래전 선사시대에 첫 번째 인간이 첫발을 내딛기 전에), 동물들에 먹혀 사라지지 않도록 자기를 보호하기 위해 화학물질을 만들어내도록 진화했다. 그런데 이 화학물질들이 기묘한 효과도 낼 수 있다는 사실이 금방 드러났다. 그 식물을 먹으려는 동물을 해치는 대신 상당히 우연하게 그 동물의 기분을 바꾸어놓는 경우가 있었다. 정신없이 취할 때의 즐거움이 역사에 등장한 순간이다.[14]

모든 인간이 어릴 때부터 이런 충동을 느낀다. 어린 시절 빙글빙글 맴돌거나 숨을 참으며 아찔한 기분을 느끼려는 이유도 그 때문이다.[15] 그러면 어지러워지는 줄 안다. 그러나 메스꺼워져서 싫은 마음보다, 기분을 조금 바꿔 새롭고 낯선 흥분을 느끼고 싶은 욕구가 더 크기에 그렇게 한다.

인간은 어느 사회에서든 이 같은 기분을 느껴보려고 했다. 기원전 2000년, 안데스고원에 살던 사람들은 환각성이 있는 풀을 피울 때 쓸 파이프를 만들고 있었다.[16] 오비디우스는 마약이 주는 황홀감은 신의 선물이라고 말했다. 중국인들은 서기 700년 정도에 아편을 재배했다. 윌리엄 셰익스피어의 집에 남아 있던 점토 파이프에서 대마초를 태워 생긴 환각제와 화학물질이 발견되었다.[17] 조지 워싱턴은 미국 군인들에게 매일 위스키를 배급해야 한다고 주장했다.[18]

의사 앤드루 웨일Andrew Weil은 "어디에서나 마약을 사용했다는 사실이 정말 놀랍다. 인간의 기본 욕구 중 하나라는 사실을 알 수 있다"라고 결론을 내린다.[19] 시걸 교수는 기분을 바꾸려는 욕구는 마시려는 욕구, 식욕, 성욕과 함께 '제4의 욕구'이며 '생물학적으로 불가피한 욕구'라고 주장한다.[20] 마약은 우리에게 해방감과 안도감을 느끼게 한다.

수천 명의 사람들이 9월에 열흘 동안 여는 축제에 몰려들었다. 그들은 길고 고된 노동 끝에 긴장을 풀고 흥청댈 수 있게 하는 화학물질을 찾았다. 그들은 마약이 사람들 사이에 돌아다니고 있어서 원하면 누구나 복용할 수 있다는 사실을 알았다. 마약을 복용한 사람은 누구나 믿기 어려울 정도로 치밀어 오르는 황홀감을 느꼈다. 그다음 생생하면서도 놀라운 환각의 세계에 빠져들었다. 한 마약 사용자의 표현처럼 "이성적인 인식을 뚫고 치솟는, 새롭고 놀랍고 비이성적인 무엇인가"를 갑자기 느꼈다.[21]

이런 경험이 너무 좋아서 매년 다시 찾아오는 사람들도 있었다. 사람들이 모여들고, 소리치고, 노래하는 동안 정말 각계각층 사람들이 다 모였다는 사실이 분명해졌다. 방금 수확을 마친 농부들도 있었고, 유명 인사들도 있었다. 소포클레스, 아리스토텔레스, 플라톤, 키케로처럼 오늘날까지도 이름이 알려진 유명 인사들이었다.[22]

아테네에서 북서쪽으로 18킬로미터 떨어진 엘레우시스 신전에서는 연례 의식으로 대규모 마약 파티를 벌였다.[23] 2천 년 동안 매년 마약 파티를 열었고,[24] 그리스어로 말할 수 있으면 누구든 자유롭게 참석할 수 있었다. 해리 앤슬링어는 마약 사용이 "그야말로 서구 문명의 토대에 대한 공격"이라고 주장했다.[25] 그러나 서양 문명의 실제 토대인 그리스에서는 마약을 높이 평가하며 의식에서 중요하게 활용했다. 나는 영국 비평가 스튜어트 월턴 Stuart Walton의 《아웃 오브 잇 *Out of It*》이라는 훌륭한 책을 읽고 이 사실을 처음 알게 되었다. 그다음 R. 고든 와슨 R. Gordon Wasson 교수

와 칼 럭Carl Ruck 교수의 논문 등 그 책의 출처를 찾아서 읽었다.[26]

엘레우시스 신전의 비밀스러운 의식에 참석했던 사람들은 그곳에서 있었던 일에 대해 비밀을 지키겠다고 맹세했다. 그래서 그 모임이 억압을 받았던 마지막 몇 년 동안에 기록한 단편적인 정보들밖에는 공개된 내용이 없다.[27] 사람들이 환각 작용을 일으키는 특별한 음료를 나눠 마셨다는 사실은 알려져 있다.[28] 곡물에 해를 입히고 환각을 일으키는 맥각균에서 추출한 LSD와 비슷한 성분이 그 음료에 들어 있었다는 사실이, 오랜 세월이 지난 후 과학 연구로 입증된 것 같다.[29] 그 의식을 치르는 기간이 아니면 음료가 밖으로 새어나가지 않도록 철저히 단속했다. 그 마약은 합법적이었다. 사실 공무원들이 마약 사용을 준비했다.[30] 그다음 규제했다. 마약은 열흘 동안 지정된 신전 안에서만 사용할 수 있었다. 기원전 415년의 어느 날, 파티를 즐기던 알키비아데스 장군이 그 신비한 마약을 조금 훔쳐내 집으로 가져갔다. 친구들이 파티를 열 때 사용하라고 주고 싶어서였다. 월턴은 "나눠주겠다는 의도로 마약을 차지하려고 했다는 점에서 그는 최초의 마약범죄자였다"라고 책에 썼다.[31]

이렇게 마약을 신전이나 다른 제한된 장소에서 빼돌리면 범죄였지만, 그 안에서만 사용하면 자랑스러운 일이었다. 그런 설명을 보면, 엘레우시스 신전이 성베드로대성당과 뉴욕의 유명한 나이트클럽이었던 스튜디오54를 합쳐놓은 듯하다. 종교적 경외심을 느끼면서 흥청망청 노는 곳이었다는 뜻이다.

그들은 마약이 그들을 신에게 더 가까이 데려다준다고, 심지어 그들 자신이 신이 될 수 있도록 해준다고 믿었다. 고전학자인 D.C.A. 힐먼D.C.A. Hillman 박사는 서구 세계의 창시자들에 대해 다음과 같이 썼다.

> 서양의 토대를 만든 사람들은 더 말할 것도 없이 마약 사용자들이었다. 그들은 마약을 재배하고, 마약을 판매하고, 더 중요하게는 마약을 사용했다…. 고대 세계에는 낸시 레이건 같은 사람이 없었고, 10억 달러를 들여 마약과의 전쟁을 벌이지도 않았다. 마약을 사용한 사람을 감옥에 가두지도 않았고, 취하지 않은 상태를 미덕으로 여기지도 않았다. 고대 세계는 마약에 빠져들었다…. 그리고 누구나 마약을 삶의 일부로 받아들였던 그 세계에서 예술, 문학, 과학, 철학이 생겨났다…. 이런 소위 마약쟁이와 마약상들이 없었다면 서양은 살아남지 못했을 것이다.[32]

그 시대에도 여성들이 마약 때문에 무아지경에 빠져 지나치게 자유분방하게 행동한다는 사회적인 불만이 오랫동안 터져 나왔다. 기독교 문명이 들어서서 마약 파티에 반기를 든 다음에야 그 연례 의식은 막을 내렸다. 초기 기독교인들은 황홀경에 이르는 방법은 오직 하나, 하나님께 기도하는 방법밖에 없어야 한다고 주장했다. 교회에서 예배를 볼 때 외에는 어떤 심오하고 즐거운 감정도 느끼지 말아야 했다. 권력 그리고 신앙의 순수성과 관련해 마약을 금지해야 한다는 움직임이 시작되었다. 하나님도 한 분, 교회도 하나라면 마약에 취해 스스로 신에게 다가갈 수 있다고 느끼지 말아야 했다. 새로운 마약이 등장할 때마다 사람들이 종종 황홀경처럼 종교적인 단어를 사용해 설명하는 일은 우연의 일치가 아니다. 종교적 경외감과 마약에 취했을 때의 즐거움을 두뇌의 같은 부분에서 느끼기 때문이다.

콘스탄티누스 대제가 기독교로 개종하면서 로마제국이 기독교를 공인하게 되자, 엘레우시스 신전의 의식은 끝이 날 운명이었다. 광신적 종교의식이라는 낙인을 찍고, 강제로 중단시켰다. 새로 등장한 기독교는 포도주를 몇 모금만 마셔야 한다고 권장했다.[33] 지나치게 취하지 말아야 했다. 월턴은 "기독교의 이런 강제적인 억압은, 취하고 싶은 서양 시민들의 욕구를 체계적으로 억누르기 시작했다는 사실을 보여준다"라고 설명한다.[34]

그러나 그 후 어느 세대든 그들 자신의 엘레우시스 신전을 다시 세우려는 사람들이 있었다. 그들은 마음속에, 그리고 앤슬링어 같은 사람의 영향을 받지 않는 공간을 확보할 수 있다면 어디에서든 그 신전을 세우려고 했다. 즉 해리 앤슬링어는 고대 세계로 거슬러 올라가는, 마약을 금지하려는 움직임을 보여주었다는 사실을 알 수 있다.

지그문트 프로이트가 모든 사람의 내면에는 뒤얽힌 성적 환상이 있고, 그것은 숨쉬기만큼 자연스러운 일이라고 주장했을 때, 사람들은 그를 변태 성욕자이자 미치광이라고 비난했다. 성적 환상은 추잡하고 더러운 사람들이나 느낀다고 믿고 싶었기 때문이다. 그래서 그들의 내면에서 이런 몽정과 백일몽을 만들어내는 잠재의식의 일부를 누군가 다른 사람에게 투사했다. 저쪽의

타락한 사람들, 막아야 할 사람들에게 투사했다. 스튜어트 월턴과 철학자 테런스 매케나Terence Mckenna 둘 다 우리 인간은 누구나 정신상태의 변화를 추구하려는 보편적인 욕구를 가진 존재라고 했다. 테런스 매케나는 "우리는 인간이 성적 환상과 강박을 가진 존재라는 사실을 깨달았을 때 몸서리치며 믿지 않으려고 했던 빅토리아 시대 사람들과 똑같은 태도로, 인간이 마약을 사용하는 습관을 가진 존재라는 사실을 깨달았지만 믿지 않으려고 한다"라고 설명했다.[35]

우리가 잠재의식과 수치심에 묻힌 성욕을 끄집어내고 있듯, 취하고 싶은 욕구를 숨쉴 수 있는 열린 곳으로 끄집어내야 한다.[36] 스튜어트 월턴은 '취한 상태를 연구하는 학문'[37]이라는 인간 지식에서 완전히 새로운 분야를 불러낸다. 그는 "취한 상태는 사실 지금까지 살아온 모든 사람의 삶에서 일정한 역할을 해왔고, 지금도 하고 있다…. 그런 사실을 부인하려고 해보았자 소용없을 뿐 아니라, 우리 정체성을 구성하는 일부분을 완전히 포기하는 일이다"라고 썼다.[38]

◆ ◆ ◆

로널드 K. 시걸 교수는 몽롱한 생쥐, 술 취한 코끼리, 환각상태에 빠진 몽구스를 25년 동안 관찰한 후 이 문제에 대해 무언가 알게 되었다고 말했다. "우리 인간의 행태도 지구에 사는 다른 동물들의 행태와 크게 다르지 않습니다."

사람들이 어떤 마약을 사용하든 심하게 화를 내는 모습을 볼 때마다 그는 얼떨떨하다. "그런 사람들은 그들 몸에서 일어나는 화학작용을 부정하고 있는 거예요. 우리 두뇌는 엔도르핀을 만들어냅니다. 언제 엔도르핀을 만들어낼까요? 스트레스를 받고 고통스러울 때예요. 엔도르핀은 무엇이죠? 모르핀과 비슷한 화합물이에요. 두뇌 안에서 자연스럽게 생겨난 엔도르핀 때문에 기분이 좋아지는 거예요…. 사람들은 때때로 희열을 느낍니다. 우리 몸 안에서 일어나는 화학적인 변화죠. 우리가 마약을 만들기 위해 사용하는 식물들이 만들어내는 분자 구조와 똑같은 종류의 화학적 변화예요…. 우리 모두 몸 안에서 그런 물질을 만들어내고 있어요."

시걸 교수는 계속해서 "사람들이 느끼는 오르가슴도 어느 정도 마약과 같은 화학작용이에요. 그렇다고 사람들이 오르가슴을 원한다는 사실을 부인하나요? 유혹하고 재미를 느끼고 즐기죠. 그런 것이 화학작용이에요. 취하는 기분이죠"라고 설명했다. 그는 그렇게 오랫동안 지켜보았던, 마약 같은 식물을 마구 먹어치우는 온갖 동물들에 대해 잠시 떠올리는 것 같았다. "마약을 사용할 때나 성행위를 할 때나 몽롱한 기분을 자아내는 화학물질은 똑같은 곳에서 만들어져요. 우리 몸 안에서 만들어지죠. 우리 뇌 안에서 만들어지죠. 뇌는 우리 몸의 일부예요."

그러나 또 다른 수수께끼가 남는다. 만약 취하고 싶은 욕구가 우리 모두의 내면에 있다면, 그리고 90퍼센트의 사람들이 중독 위험 없이 마약을 사용할 수 있다면, 그러지 못하는 10퍼센트의 사람들은 왜 중독될 수밖에 없을까? 그들은 왜 다를까? 그것이 내가 내내 고민해온 의문이다. 나는 이 의문에 대한 해답을 알려줄 수 있는 전문가들을 찾아다녔다. 그러다 캐나다 밴쿠버 다운타운 이스트사이드라는 작은 동네에 이상할 정도로 전문가들이 많이 모여 있다는 사실을 알게 되었다.

10장
중독의 원인에 대한 수수께끼

우리가 알던
중독의 시나리오는 틀렸다

어릴 때부터 나는 스스로에게 물었다. 어떻게 중독이 되는 걸까? 중독이란 무엇인가? 중독에 대한 설명을 오랫동안 많이 들었다. 중독은 도덕적 결함이다. 질병이다. 유전되는 질병이라는 설명을 들었다. 나는 중독의 진짜 원인은 결국 수수께끼에 싸여 있다고 믿었다. 그러다 캐나다에 갔을 때 내 의문에 대한 해답을 찾아내고 있는 소규모 비주류 과학자 집단이 있다는 사실을 알게 되었다. 그들의 연구는 지금까지 수십 년 동안 거의 알려지지 않았다.

그들의 연구 결과는 내가 이전에 들었던 내용과 완전히 달랐다. 그래서 그들이 진지하게 하는 말을 받아들이는 데 시간이 좀 걸렸다. 그들이 그런 연구 결과를 얻기까지의 이야기는 홀로코스트에서 탈출한 날에서 시작한다. 한 유대인 어머니가 자신의 아기를 몰래 부다페스트 게토에서 탈출시켰던 날이다.

주디스 로비는 부모님이 살해되는 꿈을 꾸다 잠에서 깼다. 그리고 자신의 모유가 말라버렸다는 사실을 알아차렸다. 생후 4개월 된 아들 거보르가 울고 있었다. 거보르는 언제나 울었다. 주디스는 부유한 의사의 딸로 성장했다. 그러나 그녀는 이제 천 명이 넘는 사람들로 바글거리는 건물에서 누구의 도움도 없이 홀로 살아남아야 했다. 그곳에는 이가 들끓었고, 바닥에는 화장실에서 흘러넘친 똥이 널려 있었다.

주디스는 오후가 되기 전에는 길거리로 나갈 수 없다는 사실을 알았다. 1944년 부다페스트 게토에서 생활하는 유대인이 오후가 되기 전에 문밖으로 나가면 총을 맞을 수도 있기 때문이었다. 그러나 늦은 시간에 나가면 아기에게 시큼한 우유밖에 사줄 수 없었다.[1]

그녀는 불과 몇 달 전에 언도르와 결혼했지만 이내 그와 헤어졌다. 언도르는 강제노동을 시키는 곳으로 끌려갔다. 그는 헝가리 군대를 위해 도랑을 파고 있을 수도 있고, 죽었을 수도 있었다. 주디스는 알 길이 없었다. 그녀가 아침에 일어나 계속 살아가는 이유는 하나뿐. 아들을 돌보기 위해서였다. 주디스는 아들만이라도 그곳에서 탈출시키고 싶었다. 하지만 그럴 수 있을지 확신하지 못했다. 그녀는 스물네 살 젊은 나이에 아들과 함께 죽임을 당할 수밖에 없다고 낙담했다.

부모님이 죽임을 당할 것 같다는 주디스의 짐작은 맞았다. 주디스가 부다페스트 게토에서 지내는 동안 부모님은 살해되었다. 주디스는 부다페스트의 기차역 승강장에서 부모님을 마지막으로 보았다.² 주디스도 부모님과 함께 가족이 사는 도시로 돌아가고 싶었다. 그러나 아버지는 뭔가 직감했는지 주디스에게 부다페스트를 떠나지 말라고 당부했다. 그들 주위의 사람들, 헝가리 유대인의 80퍼센트가 놀라울 정도로 신속하게 체포되어 모조리 죽임을 당했다. 주디스의 부모님과 여동생은 집에 도착하자마자 체포되었다. 그리고 아우슈비츠로 끌려갔다. 소련군이 부다페스트를 포위하면서부터, 나치는 유대인들을 게토에서 끌어내 강가로 끌고 가 곧바로 총살했다.

주디스는 의사에게 전화를 걸었다. 어디가 아픈지 끊임없이 울어대는 아들이 걱정스러워서였다. 의사는 주디스에게 "물론 가볼게요. 그렇지만 내가 본 유대인 아기들은 모두 울고 있다고 이야기하는 게 낫겠네요"라고 말했다.³

오랜 시간이 지나고 그곳에서 수천 킬로미터 떨어진 캐나다 밴쿠버에서 거보르는 비명과 같았던 아기 때의 울음을 떠올렸다. 의사가 된 그는 그때의 기억에 힘입어 중독의 본질에 관한 획기적인 사실을 발견했다. 그는 '그 유대인 아기들은 자신들이 끔찍하게 위험하다는 사실을 어떻게 알았을까?' 하는 의문을 품었다. 그들은 왜 비명을 질렀을까?

주디스는 어느 날 한 기독교인이 게토에 사는 친구를 자주 찾아온다는 사실을 알아차렸다. 주디스는 거보르를 그 기독교인 앞에 불쑥 내밀며 게토에서 데리고 나가달라고 간청했다. 주디스는 친구가 숨어 있는 장소의 주소를 그에게 건네며, 아이를 그곳으로 데려다달라고 애원했다.

아들을 보낸 후 주디스는 완전히 혼자가 되었다. 그러나 적어도 아들은 살아남을 수 있다고 믿었다. 3주 후 소련군이 나치군을 내몰고 부다페스트를 해방시켰고, 주디스는 곧바로 아이를 되찾았다. 그로부터 1년 후 주디스는 남편을 찾아냈다. 남편은 살이 빠져 몸무게가 41킬로그램도 되지 않았고, 독일 군복을 입고 있었다. 그가 찾아서 입을 수 있는 옷이 그 군복밖에 없어서였다.[4] 그런데 결정적인 순간에 엄마와 헤어져 엄청난 위험을 겪어야 했던 경험은, 거보르의 뇌 형성에 엄청난 영향을 주었다. 평생 사라지지 않을 영향이었다.

거보르가 열다섯 살 때 그의 가족은 마침내 유럽을 떠나 멀리 북아메리카에 있는 밴쿠버로 왔다. 거보르는 그곳에서 '다른 종류의 게토'를 발견하게 되었다. 그리고 그곳에서 중독을 일으키는 원인에 대한 수수께끼를 그와 함께 풀어나갈 두 사람을 만났다.

무엇 때문에 중독되기 쉬운 사람이 되는가

나는 마약 문제를 추적하는 여정을 떠나기도 전에 중독을 일으키는 원인을 안다고 생각했다. 우리 모두가 떠올리는 원인이다. 중독이 어떻게 작동하는지에 대해 우리 문화에서 설명하는 이야기가 있다. 그럴듯한 이야기다. 화학적으로 너무 강력한 물질이 있고, 그런 물질을 너무 많이 사용하면 우리 두뇌를 좌지우지하게 된다는 설명이다. 그 물질이 우리의 뇌신경을 화학적으로 바꾸어놓고, 뇌질환을 일으킨다. 우리 몸은 그 마약을 계속 찾게 된다. 당신이나 나, 길에서 마주치는 누구나 한 달 동안 매일 중독성 있는 마약을 복용하면 30일째 되는 날에는 모두 중독자가 될 것이다. 아주 강력한 특정 화학물질을 반복해서 흡수하면 그 결과로 중독이 된다는 설명이다. 나는 중독자가 된 사랑하는 사람들을 볼 때마다 그들이 그렇게 중독자가 되었다고 믿었다.

동물실험을 통해서도 그런 방식으로 중독이 된다는 사실이 입증되었다. 쥐를 우리에 혼자 가두고 코카인을 무제한으로 주면 열 번 중 아홉 번은 스스로 조절하지 못하고 코카인을 너무 많이 흡입해서 죽고 만다.[5] 해리 앤슬링어와 헨리 스미스 윌리엄스는 생각이 완전히 달랐지만, 그 점에 대해서는 같은 의견이었다. 앤슬링어는 마약이 사람을 영원히 사로잡기 때문에 그 사람을 가둬야 한다고 생각했다. 윌리엄스는 마약이 사람을 영원히 사로잡기 때문에 의사가 계속 마약을 제공해야 한다고 생각했다. 마약중독자에 대해 앤슬링어는 잔인했고, 윌리엄스는 연민을 가졌다. 그러나 그들 모두 마약 때문에 중독자가 고통을 받는다고 확신했다. '중독의 약물 이론'이 그런 생각에 대한 고급 용어다.

거보르 머테Gabor Maté가 쓴 《굶주린 유령들의 왕국In the Realm of Hungry Ghosts》이라는 책을 우연히 접한 다음에야, 전제가 완전히 다른 이론이 있다는 사실을 알게 되었다. 처음에는 이 이론이 혼란스럽게 느껴졌지만, 곰곰이 다시 생각하게 되었다. 나는 이 책의 저자를 만나서 더 알아내야겠다고 다짐했다. 그와 했던 인터뷰, 그의 수업에서 들은 내용, 그의 글 그리고 그의 이전 동료와 환자

들과 했던 인터뷰를 바탕으로 이야기를 엮었다.[6]

나는 중독자들을 치료하는 사람들을 위한 수업에서 그 수업을 이끄는 거보르를 처음 만났다. 거보르는 뺨이 푹 꺼진 마른 남자였다. 올리브색 피부에, 완벽하게 짜임새 있는 문장을 낮은 목소리로 빠르게 이야기했다. 그에게서 슬픔의 기운이 느껴진다는 사실을 금방 알아차렸다. 그가 자신의 삶에 대해 이야기하는 동안 왜 그런지 차츰 이해되었다.

거보르는 잘나가는 가족 주치의로 오랫동안 일하다 1998년, 밴쿠버 다운타운 이스트사이드에서 일하겠다고 자원했다. 그가 왜 그런 결정을 했는지 많은 사람이 어리둥절했다. 다운타운 이스트사이드는 선진국에서 사망률이 가장 높은 곳 중 하나였다. 밴쿠버 사람들에게 이 동네 풍경은 악명이 높다.[7] 새까맣게 타거나 판자로 막힌 건물마다 흐리멍덩한 눈에 깡마른 중독자들이 기대어 서 있다. 누군가는 의식을 잃은 채 쓰러져 있고, 누군가는 윙윙거리는 말벌이라도 찾으려는 듯 정신없이 주변을 둘러보고 있다. 그것이 이곳의 일상적인 풍경이다.

나는 길거리를 돌아다니면서 거보르가 처음 이곳에 왔을 때의 모습을 상상해보려고 노력했다. 길거리에서 마약상 옆을 지나면 리드미컬한 외침이 끈질기게 들린다. "록(코카인 - 옮긴이)? 록?" "가루?" "록? 록?" "가루?" 볼이 쑥 들어가고 입술을 붉게 칠한 여성들이 초조하게 서성이며, 차를 타고 지나가는 사람들에게 데이트 신청을 했다. 몸집이 큰 비둘기들이 그들 주위에서 먹이를 쪼아먹고 있었다.

이곳 호텔들의 화려한 이름들(예를 들어 영국 여왕 소유의 성에서 이름을 딴 밸모럴호텔)은 빈약한 정부 주택 지원을 받기 위해 마지막 순간에 들어선 작은 쪽방에 사는 사람들을 비웃는 것 같다. 다른 호텔에 미니바가 있듯, 쪽방들은 술과 마약, C형간염으로 얼룩져 있다. 거리에는 구강청정제와 손세정제의 빈병들이 여기저기 널브러져 있다. 최대한 싼 가격으로 최대한 취하고 싶은 알코올중독자들이 들이마시고 버린 병들이다. 경찰은 그곳에 주기적으로 나타나 교도소로 데려갈 한두 명을 끄집어내 사라졌다. 바닷바람이 무심하게 스쳐지나갔다.

이 동네는 태평양과 마주한 북아메리카의 터미널 도시 밴쿠버에서 경계선, 종점에 있다. 바닷가에 있기 때문에 더 나아갈 땅이 없다. 건물들의 이름에는 다운타운 이스트사이드의 옛 모습이 고스란히 담겨 있다. 한 거리에는 로거스 소셜클럽 Loggers' Social Club이 있다. 예전에는 벌목꾼들이 숲의 나무를 베어낸 후 찾아오는 장소였다는 사실을 떠올리게 한다. 벌목꾼들은 베어낸 나무들을 스키드 skid 위에 올려놓은 후 이곳까지 끌고 내려와 기차에 싣고 아메리카 대륙을 횡단했다. 그래서 이곳을 스키드 로 Skid Row라고 불렀다. 최초의 원래 이름이었다. 그 당시에는 돈이 흘러넘쳐서 사람들이 이곳에 한두 달 정도 머물면서 먹고 마시며 놀다 사라지곤 했다. 하지만 나무를 모두 베어버린 때가 왔다. 한동안 계속되던 먹고 마시고 노는 일은 서서히 시들해졌다.

벌목꾼들이 이용하던 가게들이 하나하나 사라졌다. 메이시백

화점 밴쿠버 지점이 있었던 곳에 우드워드백화점이 들어섰다. 하지만 거보르가 갔을 즈음 그곳은 콘크리트 껍데기만 남은 빈 공간이 되어 있었다.[8] 골목에서 여성들의 경정맥에 마약을 바로 주사하는 남자들이 그곳에 자리잡고 있었다.[9] 밴쿠버의 작가 찰스 디머스Charles Demers는 "밴쿠버 사람들은 서구 세계 사람들이 아프리카에 대해 이야기하듯 다운타운 이스트사이드에 대해 이야기합니다. 어떤 사람들은 비정치적인 자선 활동과 원조를 해야 한다고 말하고, 또 어떤 사람들은 무력 개입을 해야 한다고 주장합니다. 모두 그 문제를 해결해야 한다고 생각합니다. 스스로를 갉아먹으며 엉망진창으로 사는 사람들로 가득한 곳이기 때문입니다"라고 설명했다.[10]

사람들은 이런 곳에서 의사가 무슨 도움을 줄 수 있겠느냐며 회의적이었다. 하지만 거보르는 가정 주치의 일을 그만두고 '포틀랜드호텔 소사이어티'라는 그 지역 자선단체에서 일하기 위해 갔다. 캐나다에서 마약과의 전쟁을 벌이는 사람들이 미쳤다고 여기는 실험을 시작한 단체다. 보통은 미국과 캐나다 전역에서 중독자를 발견하자마자 공공주택에서 내쫓고, 사회적 지원을 모두 끊는다. 그리고 마약을 끊지 않으면 절대 공공주택에 들어올 수 없다고 경고한다. 노숙자 쉼터조차 종종 마약중독자들을 쫓아내곤 했다.

밴쿠버 병원의 위기정신병동에서 일하던 리즈 에번스라는 젊은 간호사는 그런 마약정책 때문에 결국 정신병동에 입원하게 되는 중독자들을 내내 지켜봤다. 그녀는 병동을 둘러보면서 거리로 내쫓겨 상태가 더 나빠지기만 한 사람들로 가득하다고 느끼곤 했다. 그들은 심리적 장애에 대처할 약 몇 알을 받았다. 그러나 삶 전체가 무너져버린 그들의 현실에 대처하도록 도와주는 약은 전혀 없었다.

그래서 리즈 에번스는 완전히 다른 방법을 시도하기로 결심했다. 그녀가 만든 비영리단체는 호텔을 인수해 다른 곳에서는 살 수 없는 사람들, 가장 만성적인 중독자 그리고 정신적으로 가장 심각하게 병든 사람들을 위한 장소로 바꾸었다. 리즈는 그곳의 책임을 맡으면서[11] 거주자들을 절대 쫓아내지 않고 잔소리를 늘어놓지 않겠다고 약속했다. 거주자들은 각자 자신의 방에서 생활할 것이며, 그들이 원할 때마다 직원들이 옆에 앉아서 이야기를 들어주고, 사랑하기 위해 노력하겠다고 약속했다. 그것이 전부였다.

리즈는 나에게 말했다. "그들을 최대한 인간적으로 대하려고 노력하는 일이 우리의 방법이에요. 그저 그들을 위해 옆에 있어 주는 거예요. 엉망진창인 그들의 삶을 어떻게 바로잡아야 하는지 충고하지 않아요. 그저 그들과 삶을 함께하죠. 친절하면서 믿음직한 존재가 되어주려고 해요. 비위를 맞춰주는 척하다 떠나버리지 않을 사람, 그들을 버리지 않을 사람, 떠나지 않을 사람, 그들을 쫓아내지 않을 사람이죠."

이런 계획에 대해 거의 모든 사람이 미쳤다고 생각했다. 중독자들을 전혀 비난하거나 판단하지 않고 마음대로 살 수 있는 장소를 내준다면, 그들은 틀림없이 술이나 마약에서 헤어나지 못하고 더 빨리 죽게 되지 않을까? 포틀랜드호텔에 폭탄을 떨어뜨려 그곳의 모든 사람을 죽이는 방법이 더 좋은 해결책이 될 수 있다고 한 의사가 리즈 에번스에게 말했다.

하지만 거보르는 이 실험에 참여하고 싶었다. 그는 포틀랜드호텔에서 리즈 에번스의 지휘 아래 종기 절개부터 정신병약 처방까지 온갖 일을 하고 있었다. 하지만 거보르는 조금 더 급진적인 부분을 연구의 중심으로 삼았다. 그는 그곳에서 극심한 중독자들의 이야기를 듣고 싶었다. 그들이 마음을 털어놓게 하고 싶었다. 거보르는 그들이 평생 쫓겨나거나 비난받으면서 살아온 사람들이라는 사실을 금방 알게 되었다. 그들 중 대부분은 그들이 살아온 이야기를 공감하면서 들으려는 사람과 만나 대화를 나눠본 적이 없었다. 정부 관계자들은 그들에게서 무엇인가를 빼앗거나 고통을 주려고 할 때에만 질문을 했다. 따라서 대부분의 중독자들은 그 단체에 대해 회의적이었다. 살 곳을 얻고 도움받을 수 있다는 사실을 믿기 어려웠다. 어떤 속임수일까? 어디서 사기를 칠까? 언제 단속을 당할까?

거보르의 마음속에서는 중독자들의 이야기를 듣고 싶은 욕구와 그들에 대한 본능적인 혐오감이 엇갈렸다. 거보르는 그 어지러운 거리의 중독자들이 페데리코 펠리니 감독 영화에 나오는 기괴한 엑스트라처럼 보인다고 생각했다.[12] 사무실에 혼자 있을 때도 간혹 그들을 비판하고 싶은 마음이 일었다. 그들은 왜 자기 자신에게 이런 짓을 하고 있을까? 왜 그렇게 어리석은 짓을 할까? 그는 "나는 약간 도덕주의자처럼 중독자들을 대했어요"라고 말했다.

그의 책에서 설명했듯, 거보르와 이야기하려고 찾아온 거주자 중 칼이라는 서른여섯 살 남성이 시간이 지나면서 마음을 열기 시작했다.[13] 그는 어린 시절에 어쩔 수 없는 이유로 입양 가정을 이곳저곳 옮겨다니며 살았다. 너무 설친다면서 양부모가 그를 의자에 묶은 채 어두운 방에 가둔 적도 있었다. 그가 욕을 하자 양부모는 주방세제를 그의 입안에 들이부었다. 칼은 분노를 드러낼 때마다 벌을 받는다는 사실을 양부모에게 배웠다. 그래서 분노를 느낄 때면 칼을 꺼내 자신의 발을 난도질했다. 거보르가 나중에 썼듯, 칼은 수치심에 몸을 웅크리고 이 이야기를 털어놓았다. 칼은 모두가 언제나 그를 비난했듯 이번에도 비난받을 줄 알았다.

거보르는 이런 비슷한 이야기를 몇 번이고 반복해서 들었다. 중독자들은 평생 넌더리를 내면서 수치심을 느낄 수밖에 없었고, 마약만이 이런 느낌을 줄여주었다. 한 여성은 거보르에게 "처음 헤로인을 복용했을 때 누가 나를 따뜻하고 부드럽게 안아주는 느낌이었어요"라고 고백했다.[14]

거보르는 얼마 후 포틀랜드에 사는 사람들이 비슷한 마음의 상처를 가지고 있다는 사실을 깨달았다. 거보르의 이야기를 들으면서 나는 이 책에 나오는 빌리 홀리데이, 치노의 엄마 데버라 같은 이들을 떠올렸다. 그들의 공통점은 무엇일까? 폭력이나 성폭행 혹은 둘 다로 얼룩진 끔찍하게 불행한 어린 시절을 보냈다는 점이다. 거보르는 거의 모든 환자가 이 설명에 들어맞는다는 사실을 발견하고 있었다.

그다음 문득 이런 생각이 들었다. 이 극심한 중독자들은 마약을 찾기 전에 이미 모두 정신적으로 심각한 손상을 입었던 것이 아닐까? 마약에 중독되어서 그들의 삶이 뒤흔들렸던 것이 아니라, 그저 삶이 뒤흔들린 여파 중 하나로 마약에 중독되었다고 설명할 수 있지 않을까?

거보르는 여러 과학 연구들을 꼼꼼히 살펴보았다. 그리고 놀라운 사실을 찾아냈다. 서구 세계 곳곳의 사람들은 아주 강력한 아편제를 매일 합법적으로 복용하고 있다. 만약 자동차 사고로 심한 상처를 입었거나, 고관절 교체 수술을 받았거나, 중대한 치과 수술을 받았던 사람이라면 아마도 꽤 오랫동안 아편제를 복용했을 것이다. 거보르의 환자가 복용한 아편제와 거의 똑같다. 마약상들이 집어넣는 오염물질이 없다는 점만 달랐다. 마약이 화학적으로 강력해서 두뇌를 좌지우지한다는 이론이 옳다면, 그다음 무슨 일이 일어나야 하는지는 분명하다. 치료가 끝날 때쯤에는 모두 중독자가 되어야 한다. 병원에서 퇴원하면 마약을 구하려고 길거리를 헤매고 다녀야 한다. 병원에서 주지 않으니 이제 직접 구해야 하기 때문이다.

그런데 그렇게 되지 않는다. 그들 대부분은 중독되지 않았다. 〈캐나다 의학저널〉은 수술 후 의사 처방으로 아편제를 복용한 사람들에 대한 최고의 학술연구를 소개했다. 그 연구는 "심각한 중독 위험은 전혀 없었다. 통증 완화를 위한 마약 사용과 중독의 관계를 조사한 모든 연구에서 공통적으로 나타난 결과다"라는 사실을 발견했다고 거보르는 썼다.[15] 어느 도시에서나 매일 많은 사람이 합법적으로 마약을 복용하고 있지만, 대부분 신경쓰지 않고 그냥 넘긴다.

중독자가 먹는 마약을 병원에서 똑같이 처방받아 오랫동안 복용해도 전혀 중독되지 않을 수 있다. 반면 마약을 전혀 먹지 않았는데, 심각한 마약중독자와 똑같은 행태를 보일 수도 있다. 이상하게 들린다면, 오늘 저녁 가까운 곳에서 열리는 도박중독자 자조모임에 가보자. 그리고 그들의 이야기를 들어보자. 이 책을 쓰기 위한 여정 초기에 라스베이거스 프로블럼 갬블링센터에서 열린 도박중독자 자조모임에 갔다. 그곳에 모이는 모든 사람의 허락을 받고 참석했다. 나는 도박중독자들이 알코올중독자나 헤로인중독자와 본질적으로 다르지 않다는 사실을 알게 되었다. 그렇다고 그들이 혈관에 카드 한 벌을 주입하지는 않는다. 룰렛판을 코로 흡입하지도 않는다.[16]

이런 현상을 어떻게 이해해야 할까? 거보르는 그 문제에 대해 깊이 생각한 후 "마약 자체만으로는 중독성이 없다는 뜻이 아닐지 추측하게 되었습니다. 중독되기 쉬운 사람이 중독될 가능성이 있는 물질이나 행동과 접할 때만 중독자가 된다고 추측했죠. 그렇다면 우리가 계속해서 던져야 할 질문은 '무엇 때문에 중독되기 쉬운 사람이 되는가'입니다"라고 말했다.

마약을 복용한다고 모두 중독자가 되지는 않는다면, 중독되기 쉬운 사람들에게 분명히 특별한 요소가 있다. 다른 사람들에게는 없는 요소다. 거보르는 미국 과학자들이 진행했던 '어린 시절의 불행한 경험'이라는 연구를 읽기 시작했다. 유아기 정신적 외상의 장기적인 영향에 대한, 역사상 가장 정밀한 연구다. 이 연구는 신체적 학대부터 성적 학대, 부모의 죽음까지 아이에게 일어날 수 있는 끔찍한 일 열 가지를 살펴보면서 그 일이 아이의 일생 동안 어떤 영향을 주는지 추적했다.

미국 과학자들은 아이가 끔찍한 일을 겪을 때마다 어른이 된 후 중독자가 될 가능성이 2~4배 정도 높아진다는 사실을 알아냈다. 그들은 또 주사기로 마약을 주입하는 중독자의 거의 3분의 2는 어린 시절 정신적 외상 때문이라는 사실도 알아냈다. 과학자들은 "마약중독과 어린 시절 정신적 외상의 상관관계는 너무 강력해서 전염병학이나 공중보건에서도 거의 찾아보기 어려울 정도로 높은 상관관계"라고 설명했다.[17] 아동학대가 마약중독을 일으킬 가능성이, 비만이 심장병을 일으킬 가능성만큼 높다는 뜻이다.[18]

〈미국 심리학회 학회지〉에는 아이들을 5세부터 18세까지 장기적으로 추적한 또 다른 연구 결과가 실렸다.[19] 어릴 때 받은 양육의 질이 성장했을 때의 마약 사용에 얼마나 많은 영향을 끼치는지 알아내기 위한 연구였다. 과학자들은 어린아이들에게 블록 쌓기처럼 부모들과 함께할 과제를 주었다. 그다음 부모가 얼마나 잘 도와주고, 아이들을 잘 격려하는지 한쪽에서만 보이는 창을 통해 관찰했다. 그들은 어떤 아이들의 부모가 다정하고 지지를 잘해주는지, 그리고 어떤 아이들의 부모가 무관심하거나 함부로 대하는지 기록했다. 연구 결과 무관심하거나 매정한 부모의 아이들이 다른 아이들보다 마약을 과다 사용할 가능성이 훨씬 더 높았다. 그런 아이들이 어른이 되면 애정관계를 잘 형성하지 못해서 분노와 괴로움을 더 많이 느끼고, 충동적일 때가 많다는 사실을 과학자들은 발견했다.

다섯 살 아이들 중 누가 중독자가 되고 누가 중독자가 되지 않을지 알아낼 수 있다면, 마약중독과 관련된 근본적인 원인을 발견할 수 있다. 그 연구로 "중독자들은 마약 사용을 시작하기 전에 심리적 부적응을 먼저 보인다. 문제가 되는 마약 사용은 사실 개인적 부적응과 사회적 부적응의 원인이 아니라 증상이다"라는 사실을 밝혀냈다.[20]

그리고 거보르는 또 다른 과학자 빈센트 펠리티Vincent Felitti 박사가 비영리 의료기관 '카이저 퍼머넌트'의 의뢰를 받아 1만 7천 명의 아이들을 대상으로, 어린 시절 정신적 외상의 영향에 대한 대규모 연구를 했다는 사실을 알게 되었다. "펠리티는 중독의 근본적인 원인은 대체로 약물이 아니라 어린 시절의 경험에 좌우된다, 중독에 대한 지금의 개념은 근거가 없다는 결론을 내렸다"라고 거보르는 썼다.[21] 이런 연구들을 바탕으로, 우리가 마약 확산에 대해 들은 이야기를 근본적으로 다시 생각하게 된다. 나중에 알게 되었지만, 이런 연구들이 마약 확산에 대한 미국의 대책에도 영향을 끼쳤다.

어린 시절의 트라우마가 미치는 영향

오래전 할렘에서 빌리 홀리데이는 "나는 심리학 같은 것은 잘 모르지만, 어린 시절에 겪은 일이 그 사람의 삶에 평생 영향을 줄 수 있다는 사실은 알아"라고 말했다.[22]

해리 앤슬링어조차 중독과 어린 시절 경험의 관련성을 알아차렸다. 그는 "중독자들은 집 같지도 않은 집에서, 부모 같지도 않은 부모 밑에서 성장한 경우가 많다. 그래서 그들은 탈출하려고 한다. 여자든 남자든 흔히 나타나는 유형이다"라고 말했다.[23]

그런데 왜 어린 시절에 정신적 외상을 입으면 어른이 되어 중독자가 될 가능성이 그렇게 높을까? 나는 포틀랜드호텔 소사이어티를 설립한 간호사 리즈 에번스와 매일같이 몇 시간씩 앉아서 이야기를 나눴다. 에번스는 20년 넘게 다운타운 이스트사이드에서 가장 심각한 중독자들을 간호해왔다. 그녀는 중독자들과 이야기를 나누고, 그들을 안아주고, 밤새 그들을 돌보았다. 그러면서 그 질문을 셀 수 없이 여러 번 스스로에게 던졌다. 그러다 포틀랜드에서 일하기 시작한 지 1년 정도 지난 어느 날 밤에 완전히 이해하게 되었다고, 에번스는 한 카페에서 말했다.

그 당시 포틀랜드에서 생활하는 사람 중 아메리카 원주민 여성이 있었다. 리즈 에번스가 그녀의 진짜 이름을 쓰지 말아달라고 부탁해서 '해나'라고 부르려고 한다. (이 책에서 누군가의 신원을 보호하기 위해 세부 사항을 바꾼 세 부분 중 하나다. 바꾼 부분은 모두 본문에 표시했다.) 해나는 서른여덟 살의 자그마한 여성으로 헤로인과 알코올에 만성적으로 중독되어 있었다. 그녀는 매일 아침 비틀거리며 호텔 로비로 내려와 쓰레기통에 토했다. 그다음 마약 살 돈을 벌기 위해 몸을 팔려고 비틀거리며 밖으로 나갔다. 해나는 걸핏하면 자신을 두들겨 패는 폭력적인 남자들에게 이끌렸다. 그리고 종종 술에 취해 불같이 화를 내며 창문 밖으로 물건을 집어던지곤 했다. 어느 날 해나는 자전거 한 대를 길거리로 내동댕이치기도 했다. 그러나 리즈 에번스는 해나를 내팽개치려고 하지 않았다. 에번스는 대신 해나 방의 창문이 열리지 않도록 투명 아크릴수지로 고정했다.

리즈 에번스는 해나가 어렸을 때부터 살아온 과정이 담긴 자료를 읽었다. 해나는 원주민 보호구역에서 쫓겨났고, 수많은 아메리카 원주민(캐나다에서는 '첫 번째 국민들First Nations'이라고도 부른다) 아이들처럼 위탁가정을 이리저리 옮겨다니며 살았다. 해나는 일곱 살에서 열한 살 때까지 방에 갇힌 채 유동식만 먹고 살아서 쇠약해졌고, 결국 경찰이 그녀를 발견했다. 위탁가정은 해나가 병에 걸렸고, 치료방법이 그것밖에 없었다고 주장했다. 해나는 열세 살 때 처음 자신의 목을 그어 자살하려고 했다. 리즈 에번스는 해나와 대화를 나누다 때때로 그녀의 어린 시절 이야기를 꺼내려고 했지만, 해나는 "별로 좋지 않았어요"라고만 말하고 입을 다물었다.

어느 날 밤 해나는 머리에 맞은 상처에서 피를 질질 흘리고 몸을 떨면서 포틀랜드로 돌아왔다. "해나를 들어올려 어린아이처럼 품에 안았던 기억이 나요"라고 리즈 에번스는 회상했다. 해나는 두들겨 맞고 강간을 당했다고 더듬더듬 말했다. "그리고 해나가 '내 잘못이에요. 나는 이런 짓을 당할 만해요. 내 잘못이에요. 내가 나쁜 사람이에요'라고 말하는 소리를 그저 듣고 있었던 기억이 나요." 해나 옆의 작은 탁자 위에는 술과 헤로인, 주삿바늘이 놓여 있었다. 마약을 이용해보고 싶다는 생각을 한 번도 해보지 않았던 리즈 에번스는 술과 헤로인, 주삿바늘이 놓인 탁자와 해나를 번갈아보면서 '네 침대 옆 탁자 위의 이것들 중 무엇을 주면 네 고통이 줄어들 수 있을까?' 생각했다.

"바로 그 순간, 중독이 사람들에게 어떤 역할을 하는지 이해하게 되었어요. 얼핏 나도 해나와 같은 감정을 느꼈던 내 인생의 어두운 순간들과 연결되는 것 같았어요…. 죽고 싶었던 때, 내가 나쁜 사람이라고 느꼈던 때와 연결되는 것 같았어요." 리즈 에번스는 어린 시절에 정신적 외상을 겪은 사람들은 평생 자기혐오에 빠져 사는 경우가 많다는 사실을 이제 깨달았다. 그런 사람들 중 많은 수가 최대한 강력하게 현실을 잊게 만들어주는 물질을 찾아서 의지하게 된다. 그것은 비합리적이고 충동적인 행동만이 아니다. 마약이 그들의 필요를 충족시키기 때문이다. 그들은 마약에 취해 한동안 고통을 잊는다.

리즈 에번스의 말을 들으면서, 중독에 빠진 사랑하는 사람들에 대해 내가 얼마나 격렬하게 오랫동안 비난해왔는지 다시 생각하게 되었다. 그리고 어느새 울고 있었다.

오래전 빌리 홀리데이의 친구 중 한 명인 멤리 미젯은 인터뷰에서 "빌리가 중독자가 된 이유는 고통을 너무 쉽게 느끼기 때문이었어요"라고 말했다.[24] 빌리 홀리데이의 또 다른 친구 미셸 윌리스는 "사람들은 때때로 그 사람이 나쁘거나 사악하기 때문에 마약을 복용한다고 생각합니다…. 때로는 가장 여린 사람들이 마약을 복용해요. 고통을 견딜 수 없기 때문이죠"라고 설명했다.[25]

나는 앞에서 언급한 마약 사용자 중 중독의 늪에 빠지는 10퍼센트와 그렇지 않은 90퍼센트의 수수께끼 같은 차이를 설명하는 데 이런 말이 도움이 된다는 사실을 깨달았다. 거보르의 도움을 받아 헤로인중독에서 벗어난 버드 오즈본이라는 남자는 내게 "어린 시절의 정신적 외상 때문에 무슨 일을 해도 기분이 나빠요. 가족이나 삶에 대해 기분이 좋지 않죠. 그런데 마약을 복용하면 나의 삶에 대해, 나 자신에 대해, 이 세상에서 살아가는 일에 대해 기분이 좋아져요…. 중독자들이 왜 마약을 끊지 못하는지 사람들은 의아해해요. 마약을 복용하면 기분이 좋아지기 때문이에요. 그들의 삶 중 다른 모든 일에서는 좋은 기분을 느낄 수 없으니까요"라고 털어놓았다.

이 모든 사실을 받아들인 뒤 중독자들을 멀쩡하고 이상적인 모습으로 상상하는 사람들도 있다. 포틀랜드호텔 소사이어티에서는 그럴 수 없었다.

그곳에 사는 중독자들은 거보르에게 종종 침을 뱉고, 꺼져버리라고 소리쳤다.[26] 그곳 직원들 얼굴에 말 그대로 똥을 던지기도 했다. 거보르의 환자 중 한 명인 랠프는 모히칸족처럼 염색해서 삐죽 세운 머리카락에 히틀러처럼 콧수염을 기른 중년의 코카인중독자였다. 그는 나치 당원이었고, 나치 집단수용소에 붙어 있던 독일어 표어 '노동이 너희를 자유롭게 하리라'를 중얼거리며 거보르를 조롱했다. 거보르는 자신의 할아버지가 그 표어가 걸려 있던 죽음의 수용소에서 돌아가셨다고 설명했다. 그러자 랠프는 거보르의 할아버지가 마땅히 당할 만한 일을 당했다고 받아쳤다.[27]

거보르는 때때로 톡 쏘는 말투로 이야기했다. 어느 날 그는 내게 "누군가의 몸에 난 종기를 절개하고 있을 때였어요. 그런데 치료를 받는 사람이 계속 나를 말로 공격해서 완전히 이성을 잃었습니다. 어느새 나는 이 빌어먹을 수술용 메스를 휘두르고 있었어요. 그 메스로 아무도 해치지는 않았지만, 나는 이성을 잃었어요. 여러 차례 그런 일이 벌어졌어요. 그런 순간에는 생각을 하지 않아요. 그냥 욕구불만, 분노, 비난하고 싶은 마음 같은 감정이 폭발해요"라고 고백했다.

거보르는 중독자들에 대한 공개 토론에서 이런 감정들이 어떤 역할을 하는지 이해했다. 중독의 원인에 대해 모두 알아낸 그 자신조차도 비난하고 싶은 감정을 털어낼 수 없기 때문이었다. 그러면서 그는 "일단 마음이 가라앉으면 수치심이 느껴집니다. 그리고 사과하고 싶어지죠"라고 덧붙였다. 어떤 날에는 랠프가 조용히 생각에 잠겨 괴테의 시구절을 거보르에게 읊어주기도 했다.[28] 그러다 바로 다음 주에 만나면 다시 "히틀러 만세"라고 중얼거렸다.[29]

거보르는 중독에 대해 조사해야 할 부분이 훨씬 더 많다고 느꼈다. 그러나 이야기를 꺼내고 싶지 않은 무언가 때문에 괴로웠다. 그는 그 괴로움을 모든 사람, 심지어 아내에게도 숨겼다.

그는 의사로 일하는 동안 상당히 자주 강렬한 충동에 휘말리곤 했다. 모든 일을 손에서 놓게 되는 충동이었다. 그럴 때면 음반 가게로 달려가 CD를 수백 달러어치나 정신없이 사들이곤 했다. 그는 보통 그 CD들을 듣지도 않았다. 그냥 한구석에 놓아두었다. 거기까지는 큰 문제가 아닌 것처럼 들릴 수도 있다. 그런데 한창 산모의 출산을 돕던 중 충동을 느꼈고, CD를 마구 사들이기 위해 도망쳤던 적도 있다는 말을 들으면 문제가 심각하다는 사실을 알 수 있다.[30] 그의 아이들이 아직 어릴 때 공공장소에 버려두고 음반을 사러 달려간 적도 있었다. 그는 왜 이런 행동을 했을까? 그는 이유를 이해하지 못했다. 그는 나중에 "중독의 악순환에 사로잡힐 때면 나 자신을 잃어버린다는 사실만 알았다. 점차 도덕적인 자제력이 사그라지고, 나 자신이 텅 비는 느낌이다. 공허함이 내 눈 뒤에서 슬쩍 응시한다"라고 썼다.[31] 그것 때문에 거보르는 때때로 침울하게 낙담하고, 자살 충동을 느꼈다.

거보르는 어린 시절에 겪은 정신적 외상과 강박적 행동 사이에 관련성이 있다는 사실을 알게 되자, 오래전 의사가 그의 어머니에게 했던 말에 대해 다시 생각했다. 그 의사는 "내가 본 유대인 아기들은 모두 울고 있어요"라고 말했다.

아기들은 집단학살이 벌어지고 있다는 사실을 알 수가 없었다. 그러나 그들의 어머니가 제정신이 아니고, 그들의 욕구를 채

위줄 수 없다는 사실은 알았다. 거보르는 "어머니는 그때 심한 스트레스를 받으면서 우울증에 시달렸어요. 침대에서 나온 유일한 이유가 나를 돌보기 위해서였다고 말했어요. 그러니 나는 어머니의 생명을 구했어요. 4개월 된 아기에게 엄마의 생명을 구하는 일은 말도 못 하게 무거운 책임이에요…. 어머니는 엄청난 고통… 엄청난 슬픔에 휩싸여 있었어요. 그리고 갓난아기는 그 모든 것을 흡수해요"라고 말했다. 그래서 거보르는 안정적인 사랑을 한결같이 줄 수 있었던 어머니가 키운 아이와는 다르게 성장했다. 이제 성인이 된 거보르는 스트레스를 받으면 스스로를 통제할 수 없다는 사실을 알게 되었다.[32] 그에게는 음반을 마구 사들이는 일이 스트레스의 배출 수단이었다. 그가 어린아이였을 때 엄마의 긴장을 풀어주었고, 그다음에는 그의 긴장을 풀어준 한 가지가 있다는 사실을 깨달았다. 어머니는 음악을 듣곤 했다. 이제 그는 마음을 가라앉혀줄 비밀 열쇠라도 되는 듯 음반을 사서 쌓아두려고 했다.

그는 포틀랜드에서 비슷한 역학관계를 보았다. "이곳에 사는 사람들의 경험이 내 어린 시절 경험과 같다고 할 수는 없어요. 훨씬 더 심각하죠. 내 경우 역사적 상황이 그들보다 더 소름 끼칠 수 있어요. 그러나 실제 개인적인 경험으로는 내 환자들의 경우가 훨씬 더 충격적입니다"라고 그는 말했다. "나는 부모님의 심리적 장애로 인한 정신적 외상을 입지는 않았으니까요…. 내가 겪은 정신적 외상은 부모님이 겪은 정신적 외상이었습니다…. 바깥세상에서 비롯된 정신적 외상이었죠. 하지만 아버지와 어머니는 다시 만났고, 안정적인 가정을 이루며 살았어요. 나는 학대를 받지 않았어요…. 아버지나 어머니에게 성적으로 학대당하는 일 같은 건 전혀 없었죠. 중독자 부모가 아이를 혼자 내버려두고 밖으로 나가 술을 마시고 흥청거리면서 전혀 돌보지 않는 일 같은 건 전혀 없었습니다."

거보르의 정신적 외상은 가벼웠다. 그래서 그의 중독도 가벼웠다. 그는 세상살이를 대체로 견딜 수 있다. 그의 환자들이 겪은 정신적 외상은 심각했고, 그래서 그들의 중독도 심각하다. 그들은 삶을 견딜 수 있는 때가 거의 없다. "그들이 마음을 바꾸는 물질을 사용하기 전부터" 결정적으로 무엇인가가 어긋나 있었다고 거보르는 설명했다.[33]

어느 날 거보르와 대화를 나눈 후 길거리에 반쯤 쓰러져 있는 중독자들을 지나치며 다운타운 이스트사이드를 빙빙 돌고 있었다. 그들은 길거리 매춘부 같은 과장된 무대 화장을 하고 있거나, 마약을 팔거나, 오래된 VHS테이프나 반쯤 망가진 신발처럼 쓰레기처리장에서 찾아낸 아무 물건이나 소리치며 팔았다. 그들은 나를 향해 그리고 세상을 향해 소리를 지르고 고함을 쳤다.

나는 이 동네에 우연히 실수로 들어선 사람들의 얼굴에서 드러나는 비난하는 표정을 상상한다. 이제 그런 사람들을 볼 수 있다. 안정적인 가정에서 성장한 사람들은 중독자들을 힐끗 보고 고개를 저으면서 "나는 절대 나 자신에게 저런 짓을 하지 않을 거야"라고 말한다. 나는 그들을 멈춰 세우고, 거보르의 통계를 그들 얼굴 앞에 흔들면서 "이것이 보이지 않나요?"라고 따지고 싶은 충동을 느꼈다. "당신은 그럴 필요가 없기 때문에 당신 자신에게 그런 짓을 하지 않을 거예요. 감당할 수 없는 고통에 대처하는 방법을 배워야 했던 적이 없으니까요. 그런 말보다 교통사고로 다리를 절단해야 했던 사람을 보고 '음, 나는 절대로 다리를 절단하지 않을 거야'라고 단언하는 편이 나을 거예요. 당신은 그럴 필요가 없죠. 교통사고를 당한 적이 없으니까요. 그런데 이 중독자들은 영혼의 교통사고를 당한 적이 있어요."

그런데 마음속으로 이렇게 훈계하는 강의를 연습하면서 나 역시 거리의 중독자들을 서둘러 스쳐지나간다는 사실을 알아차렸다. 내 얼굴은 어떤 표정으로 보였을까? 두려움? 혐오감? 거만함? 인정?

모두 중독자가 되지는 않는다

이런 모든 정보는 거보르가 이 문제에 대해 글을 쓰기 전에도 여기저기 흩어진 출처에서 찾을 수 있었다. 하지만 거보르는 내게 "이 모든 정보를 이전에는 연결시키지 않았다는 사실에 굉장히 놀랐어요. 아무도 어린 시절의 정신적 외상과 뇌 발달, 그리고 우리가 돌보는 중독자들의 이야기를 연결해 하나의 일관성 있는 중독 이론으로 제시하지 않았어요"라고 말했다.

거보르는 어린 시절 경험이 중독과 관련이 깊다는 사실을 알아낸 다음에도 여전히 밝혀지지 않은 부분이 있다고 처음으로 지적했다. 어린 시절에 끔찍한 일을 당했다고 모두 중독자가 될 리는 절대로 없다. 어린 시절의 정신적 외상이 중독자가 되는 중요한 요인이다. 그러나 그것만으로 중독자가 되지는 않는다. 거보르가 포틀랜드에서 일하고 있을 때 그곳에서 멀지 않은 다운타운 이스트사이드의 또 다른 곳에서 브루스 알렉산더Bruce Alexander라는 교수가 연구하고 있었다. 알렉산더 교수는 어린 시절 정신적 외상에 대한 거보르의 분석에 동의했다. 그러나 더 나아간 질문에 대한 해답을 찾으려고 애쓰고 있었다.

어린 시절에 정신적 외상을 겪지 않았지만 중독자가 되는 사람들도 있다. 그는 그들이 그렇게 되는 이유가 무엇인지 알고 싶었다.

거보르에 대한 취재가 끝나갈 무렵, 그리스 식당에서 그와 저녁을 먹으며 이야기를 나누면서 계속 생각했다. 그가 밝혀낸 사실들을 바탕으로, 마약과의 전쟁에 대한 우리의 사고방식이 어떻게 바뀌어야 할까?

중독자가 되는 주요 요인은 우리가 삼키거나 주입하는 약물이 아니라, 머릿속에서 느끼는 고통이라는 사실을 그는 보여주었다. 그런데도 우리는 중독자에게 더욱 고통을 줌으로써 마약을 끊게 하겠다고 생각하는 체계를 만들었다. 거보르는 나에게 "사람들이 중독 상태에서 벗어나지 못하게 할 체계를 고안해야 한다면, 바로 지금 우리 체계와 똑같이 구상하면 될 거예요. 중독자들을 공격하고, 배척하는 체계죠"라고 말하곤 했다. 그는 "중독자들에게 스트레스를 더 많이 줄수록, 그들은 마약을 더 많이 찾게 됩니다. 반면 그들에게 스트레스를 덜 줄수록, 마약에 덜 의지하게 되죠. 그러니 중독자들을 배척하고, 소외시키고, 범죄자로 만들고, 질병에 시달리며 가난하게 살도록 하는 체계를 만드는 일은 기본적으로 그들이 계속 마약에 의지하도록 보장하는 일입니다"라고 설명했다.

"만약 마약을 사용하면 생길 부정적인 결과가 두려워 사람들이 바뀐다면 나한테 찾아올 환자가 한 명도 없을 거예요. 감옥에 가고, 얻어맞고, 정신적 외상을 입고, 상처를 받고, 에이즈와 C형 간염에 걸리고, 가난해지고… 마약 사용으로 생길 수 있는 온갖 부정적인 결과를 이미 책에서 봤으니까요." 거보르는 그런 모든 상황을 상상하는 듯 조금 아련해진 눈길로 나를 바라보았다. "그중 그들이 아직 겪지 않은 일이 있을까요? 그런데 중독자들과의 전쟁을 중독의 원인에 대한 전쟁으로 바꾼다면 어떻게 될까요?"

거보르는 아동 방치와 학대가 중독의 주요 원인이기 때문에, 중독자 수를 줄이는 문제를 진지하게 고민한다면 태아기 때부터 대처해야 한다고 강조했다. 임신한 여성이 느끼는 스트레스가, 태아가 추후 중독자가 될 수 있는 성향에 영향을 끼치기 때문이다. 가장 스트레스를 많이 받으면서 제대로 대처하지 못하는 임신부들을 찾아내 포괄적으로 돌보고 지원하며, 아이와 제대로 애착관계를 형성하는 방법을 가르쳐야 한다. 그다음 출산 후 아기와의 애착관계 형성에 어려움을 겪는 엄마들을 세심하게 찾아내 그들을 포괄적으로 돌보아줘야 한다. 안전한 보금자리를 여전히 만들지 못하거나 폭력적으로 구는 부모가 없는지 바짝 정신을 차리고 살펴야 하고, 필요하면 그 아이를 위해 사랑이 넘치는 다른 가정을 찾아주어야 한다. 이것이 시간이 한참 흘렀을 때 지금처럼 중독을 더 악화시키지 않고, 줄일 수 있는 방법이다. 물론 모든 선진국에는 엄마들 그리고 취약한 아이들을 돕는 서비스가 있지만, 스칸디나비아 지역을 빼면 대체로 빈약하고 만성적인 자금 부족에 시달린다. 우리가 돌보지 못해서 중독자가 된 사람을 감옥에 가두기보다, 아이들이 중독자가 되기 전에 구해내는 일에 돈을 쓰는 편이 더 낫지 않을까?

내가 들어본 모든 방법 중 이 방법이 치노의 어머니, 빌리 홀리데이의 삶에 도움이 되었을 가능성이 제일 많을 것 같다. 나는 거보르에게 이런 방법이 설득력 있게 들린다고 말했다. 그런데 이미 중독자가 된 성인들은 어떻게 해야 할까? 그들을 위해 무슨 일을 할 수 있을까?

해나는 어릴 때 보호구역에서 쫓겨난 다음 3년 동안 한 방에 갇혀 굶주리며 살았다. 그리고 지난 10년 동안 포틀랜드호텔 소사이어티의 자기 방에서 살았다. 해나는 그곳에서 그녀의 말을 귀기울여 듣고, 다시는 쫓겨나지 않을 거라고 안심시켜주는 리즈 에번스와 거보르 같은 사람들에 둘러싸여 살았다.

리즈 에번스는 해나가 오래전에 보호구역을 떠나면서 헤어진 가족들을 찾도록 도와주었다. 해나의 가족들은 포틀랜드에 있는 해나의 방으로 찾아왔고, 해나는 그들을 위해 음식을 만들면서 뿌듯함을 느꼈다. 해나가 분노에 휩싸여 쓸모없는 마약중독자라고 스스로를 욕하면 리즈는 "너는 놀라운 사람이야…. 내가 아는 어떤 사람보다 뛰어난 회복탄력성과 끈기, 힘을 보여주잖아…. 너는 강인해. 너는 아름다워. 그런 상황에서도 살아남았다니 대단한 일을 했다고 오늘 스스로에게 말해줄 수 있을까?"라고 이야기했다.

해나는 끊임없이 폭력을 휘두르는 남자에게 이끌렸다. 시간이 흐르면서 헤로인에서 메타돈으로 바뀌긴 했지만, 마약과 술을 끊지도 못했다. 마약중독자들을 위해 주삿바늘을 바꿔주는 곳이 밴쿠버에 아직 생기지 않았을 때, 해나는 HIV바이러스에 감염되었다. 그래서 마흔여덟 살 때 포틀랜드호텔에서 에이즈로 숨졌다. 포틀랜드호텔 덕분에 그녀는 외롭게 죽지 않았다. 그녀를 사랑하고 존중하는 사람들에 둘러싸여 지내다 떠났다.

마약 금지론자들이 보기에 해나는 실패자다. 마약을 끊지 못했기 때문이다. 그러나 포틀랜드에서는 해나가 성공한 사람이었다. 사랑을 받고 있다는 사실을 알았기 때문이다.

11장
'화학적 노예'라는 허구

중독과 화학물질의 상관관계

브루스 알렉산더는 중독에 대한 첫 번째 가르침을 배트맨한테 배웠다. 아버지가 훈련 장교여서 브루스는 어릴 때 미국 군사기지 이곳저곳을 옮겨다니며 자랐다. 그는 어느 날 배트맨이 등장하는 만화를 보고 있었다. 그 만화에서 사기꾼들이 마약중독자를 두들겨 패는 동안 배트맨은 건물 뒤에 숨어서 무표정하게 지켜보고 있었다.

브루스는 "아버지, 배트맨은 왜 나쁜 놈들이 마약중독자를 마구 두들겨 패는 동안 가만히 서 있어요? 나쁜 놈들과 싸우는 게 배트맨의 일 아니에요?"라고 물었다. 아버지는 "글쎄 사실은, 나쁜 놈들이 마약중독자를 아무리 죽도록 패도 아무도 신경쓰지 않아. 마약중독자들은 쓸모없는 인간이니까"라고 대답했다.

브루스는 그 말을 믿었다. 하지만 그는 성인이 된 후 다운타운이스트사이드의 거리에서 20세기의 중독에 대한 가장 중요한 돌파구 중 하나를 마련하려고 했다. 우리가 배워온 내용을 모두 뒤집을 돌파구였다.

나는 여러 해 전 케임브리지대학교에서 심리학을 공부할 때 브루스에 대해 처음 들었다. 그리고 그가 쥐를 대상으로 했던 실험에 관한 글을 읽었다.[1] 처음에는 별나고 아주 흥미로운 이야기로 들렸지만, 더이상 관심은 없었다. 그러나 여러 해에 걸쳐 그의 실험이 문득문득 머릿속에 계속 떠오른다는 사실을 깨달았다. 나는 마약과의 전쟁에 대한 여정을 시작하기로 결심했을 때 비로소 그 문제를 더 깊이 파고들기로 마음먹었다.

나는 다운타운 이스트사이드에 있는 도서관 1층의 카페에서 브루스를 만났다. 의자가 딱딱하고 트랙조명이 달린, 소박한 카페였다. 그 가을날 그곳에 있던 모든 사람이 연한 커피로 몸을 데우는 마약중독 노숙자로 보였다. 얼핏 보면 브루스는 그곳에 조금 어울리지 않는 사람 같았다. 브루스는 백발의 상냥한 60대 남자로, 교수이자 그가 시민권을 얻은 캐나다인처럼 보였다. 그는 세련된 스웨터를 입고 친근한 미소를 지었다. 브루스에 대한 나의 첫인상이 틀렸다는 사실이 금방 드러났다. 그는 그곳에 속한 사람이었다. 브루스와 이야기를 나눈 지 얼마 지나지 않아 그와 오랫동안 알고 지내온 마약중독자가 끼어들었다. 그 중독자는 브루스의 연구, 그리고 그 연구가 자신에게 어떤 의미가 있는지 알고 있었다. 그 중독자가 자리를 뜬 후, 그리고 이후 몇 차례에 걸친 인터뷰에서 브루스는 자신의 실험에 대한 이야기를 들려주었다. 중독에 대한, 나와 가까운 몇몇 중독자들 그리고 세상에 대한 나의 사고방식을 바꾸어놓을 이야기였다.

중독은 '질병'이 아니다

　1970년대 초, 브루스 알렉산더는 캐나다 브리티시컬럼비아주 사이먼프레이저대학교의 젊은 심리학과 교수였다. 그 대학교는 성가셔서 아무도 가르치고 싶어하지 않는 '사회문제' 과목을 그에게 맡으라고 했다. 그는 베트남전쟁과 헤로인중독이 그 당시 가장 큰 사회문제라는 사실을 알고 있었다. 베트남 사이공으로 갈 수는 없어서 다운타운 이스트사이드를 찾았다. 브루스는 학생들에게 설명할 수 있을 정도로만 그 문제에 대해 알아보려고 터덜터덜 그곳으로 향했다. 브루스는 그 거리에서 마약중독자들이 줄줄이 눈앞으로 지나가는 모습을 보았다. 그리고 여러 해 전 배트맨이 가르쳐준 대로 그들을 마약에 완전히 정신을 빼앗긴 좀비처럼 생각했다.

　브루스는 가족 치료 훈련을 받았기 때문에, 그 지역 치료기관에서 중독자들을 상담하면 상황을 가장 잘 파악할 수 있을 거라고 판단했다. 그의 첫 상담자들 중 한 명은 산타클로스였다. 이 남자는 크리스마스 때마다 그 지역 쇼핑몰에서 일했다. 헬리콥터를 타고 도착하고, 줄사다리에서 내려오고, 그 지역 아이들을 위해 "하하하" 웃고, 무대장치를 좀 이용한 다음에는 소원을 들어주겠다고 약속했다. 브루스는 부모님을 가족 치료에 모시고 오도록 산타클로스를 설득했다. 순록을 탄 흰 수염의 산타클로스 역할을 하지만, 아직 스물세 살밖에 되지 않은 청년이었기 때문이다. 그의 부모는 마약 때문에 아들이 죽을까 봐 겁을 냈고,

아들은 마약을 끊을 수 없다고 느꼈다. 그러던 어느 날, 그들은 산타클로스가 하는 일에 대해 이야기를 나누다 '헤로인중독자 산타'라며 힘없이 웃기 시작했다.

브루스는 그때 뭔가 양심에 찔렸다. 브루스는 심리학 공부를 하면서 중독자들이 자신을 돌아보지 못한다고 믿었다. 그러나 이 청년은 그의 상황이 얼마나 우스꽝스러운지 분명히 이해할 수 있었다. 그 웃음에는 브루스가 예상하지 못했던 인간적인 면이 있었다. 브루스는 중독자들을 계속 깊이 있게 면담했다. 브루스도 거보르처럼 어린 시절에 겪은 정신적 외상이 결정적인 요인이라는 사실을 이해할 수 있었다. 하지만 그는 자신에게 그리고 언뜻 보기에는 모두에게 아주 혼란스러운 사실들을 발견하기도 했다.

1970년대에는 캐나다 경찰이 상당히 오랫동안 밴쿠버 항구를 아주 잘 봉쇄해서 헤로인이 밴쿠버로 전혀 들어오지 않았다. 그 당시 경찰이 밴쿠버 거리에서 밀매되는 '헤로인'을 검사해서 실제로는 헤로인이 전혀 들어 있지 않은 가짜임을 확인했다. 그래서 진짜 헤로인은 전혀 들어오지 못했다는 사실을 알 수 있었다. 가짜 헤로인은 모두 더러운 다른 물질로 채워져 있었다. 따라서 이곳에서는 상당히 오랫동안 마약과의 전쟁이 승리를 거두었다.

이렇게 헤로인을 구할 수 없는 동안 무슨 일이 일어났어야 했는지는 분명하다. 헤로인중독자들은 모두 고통에 몸부림치며 신체적 금단증상에 빠져야 했다. 고통에 허덕인 다음 몇 주 후 잠에서 깼을 때, 마약에 의존하던 몸이 바뀌어 드디어 해방되었다는 사실을 깨달아야 했다. 그런데 브루스는 그 대신 정말 기이한 현상을 보고 있었다. 밴쿠버에는 헤로인이 전혀 없었다. 그런데도 헤로인중독자들의 모습은 이전과 거의 똑같았다. 그들은 가짜 마약을 살 돈을 도둑질이나 매춘으로 긁어모으려고 여전히 필사적으로 버둥대고 있었다. 그들은 고통스러운 금단증상에 시달리지 않았다. 속이 뒤틀리듯 아프지도 않았다. 그들은 자신이 사는 '헤로인'이 분명히 강도가 약하다고 생각했다. 그래서 더 독한 술이나 더 강한 신경안정제로 보충했다. 중독에서 핵심적인 측면은 바뀌지 않은 것 같았다. 아무것도 변하지 않았다.

이것은 진기한 현상이 아니었다.[2] 경찰 단속 혹은 어떤 짐도 내리지 못하게 막는 부두 노동자의 파업으로, 한동안 헤로인 판매가 완전히 끊겼던 북아메리카의 다른 도시들에서도 비슷한 현상이 나타나고 있었다. 당혹스러운 일이다. 마약을 없앨 수는 있다.[3] 그래도 마약중독은 거의 똑같은 방식으로 계속된다. 왜 이런 일이 벌어지는 걸까?

브루스는 대학교로 돌아가 마약중독과 실제 화학물질과의 관련성은 우리의 일반적인 추측보다 훨씬 적다고 가르쳤다. 우리 모두와 마찬가지로 학생들도 지독하고 참을 수 없이 아픈 신체적 금단증상이 헤로인중독에서 최악의 측면 중 하나라고 들어왔다. 헨리 스미스 윌리엄스는 이 과정이 너무 끔찍해서 죽을 수도 있다고 믿었다. 브루스는 금단증상을 겪는 중독자들을 아주 자주 보았지만, 증상이 가벼울 때가 많았다.[4] 기껏해야 심한 감기와 비슷했다. 이것은 우리가 들어온 내용과 너무 반대여서 진짜같이 느껴지지 않는다. 그러나 이제 의사들도 그것이 사실이라고 아주 광범위하게 동의한다. 애당초 헤로인의 힘을 빌려 잠을 자려고 애썼던 심리적 고통을 다시 느낀다는 점이 금단증상의 진짜 고통이다.

브루스는 학생들에게 이야기를 들려달라며 다운타운 이스트 사이드의 중독자들을 종종 초청했다. 그리고 어느 날, 한 중독자가 자신이 살아온 과정을 이야기한 다음 학생들의 질문을 받았다. 학생 중 한 명이 "우리 교수님은 금단증상이 그렇게 심하지 않다고 말씀하셨어요. 금단증상이 대중매체나 영화에 묘사된 방식과 정말 달라요? 정말 그래요?"라고 물었다.

그 중독자는 "글쎄요, 금단증상이 아주 심각하지는 않다고 교수님이 말씀하시죠? 그렇죠? 금단증상의 고통으로 몸부림치며 손톱으로 벽을 긁지는 않는다고 말씀하시죠? 그렇다면, 내가 바로 지금 금단증상을 겪고 있다는 사실을 여러분이 눈치챘는지 궁금하군요"라고 대답했다.[5] 그 중독자는 학생들에게 이야기하는 동안 금단증상을 겪고 있었다. 그래서 코를 약간 훌쩍이고, 땀을 흘렸다.[6] 그것이 전부였다.

의학 연구원 존 볼John Ball과 칼 체임버스Carl Chambers는 1875년부터 1968년까지의 의학 문헌을 연구했다.[7] 그리고 그 기간 동안 헤로인 금단증상으로 사망한 사람이 아무도 없었다는 사실을 발견했다. 이미 아주 허약했던 사람만 금단증상 때문에 목숨을 잃을 수 있다는 사실이 드러났다. 빌리 홀리데이는 간질환으로 이미 심각한 상태였을 때 금단증상이 더해져 사망했다. 예를 들어 아흔다섯 노인은 평범한 독감으로도 사망할 수 있는 상황과 똑같다.

또 다른 수업에서 브루스가 화학물질이 중독의 주요 원인이 될 수 없다고 주장했더니, 한 학생이 손을 들고 말했다. "말도 안 돼요. 사람들이 왜 헤로인을 복용하는지 우리는 알잖아요. 한 번 복용하고 나면 그들의 뇌를 사로잡기 때문이죠…. 그런 가설이 맞다는 사실을 보여주는 쥐 실험이 증거죠."

내가 앞에서 이야기했듯, 쥐를 대상으로 여러 해에 걸쳐 연이어 실험하면서 중독에 대한 약물 이론의 가장 강력한 증거로 삼았다.[8] '마약 없는 미국을 위한 파트너십'이 비용을 지불해 1980년대 미국 텔레비전에 등장한 유명 광고가 그런 내용을 가장 잘 설명했다. 이 광고는 물병에 바짝 다가가 핥고 있는 쥐를 보여주면서 이런 내레이션을 들려준다. "이중 단 하나의 약물에 정말 중독성이 있어요. 실험 쥐 열 마리 중 아홉 마리가 그 약물을 먹을 거예요. 먹고, 또 먹고. 죽을 때까지 먹을 거예요. 코카인이라고 부르는 약물이죠. 그리고 그 약물은 당신에게도 똑같은 짓을 할 수 있어요."[9] 그 쥐는 미친 듯이 돌아다닌다. 그다음 무시무시한 음악으로 예고했듯 푹 쓰러져 죽는다. 헤로인과 다른 약물들의 중독성을 증명하기 위해서도 비슷한 쥐 실험들을 했다.

그런데 브루스는 이 실험들을 살펴본 후 뭔가 이상하다는 사실을 알아차렸다. 이 쥐들은 빈 우리에 갇혀 있었다. 쥐들은 장난감도, 놀거리도, 친구도 하나 없이 홀로 갇혀 있었다. 약물을 먹는 일말고는 달리 할 일이 하나도 없었다.

브루스는 실험 방법을 바꾸면 결과가 어떻게 달라질지 궁금했다.[10] 그는 동료 몇 명과 함께 실험 쥐들을 위한 우리 두 곳을 만들었다. 첫 번째 우리에는 처음 실험처럼 쥐를 혼자 가뒀다. 그 쥐는 고립된 채 약물을 먹는 일말고는 할 일이 없었다. 브루스는 그다음 쥐들을 위한 천국과 같은 두 번째 우리를 만들었다. 합판으로 만든 벽 안에 쥐가 좋아할 만한 모든 물건을 갖추어놓았다.[11] 돌리면서 놀 수 있는 쳇바퀴, 색색의 공, 그리고 최고의 먹이와 함께, 어울리고 짝짓기를 할 수 있는 다른 쥐들도 있었다.

브루스는 이 우리를 '쥐 공원'이라고 불렀다.[12] 이 실험에서 보금자리 두 곳의 쥐들 모두 두 가지 병에 다가갈 수 있었다. 첫 번째 병에는 물만 들어 있었다. 다른 병에는 모르핀이 들어 있었다. 쥐는 아편제인 모르핀을 인간과 비슷한 방식으로 처리한다. 그리고 모르핀이 쥐의 뇌에 들어가면 헤로인과 똑같은 역할을 한다. 매일 저녁마다 브루스 혹은 그의 연구팀 중 한 명이 그 병들의 무게를 쟀다. 쥐들이 아편제를 얼마나 많이 먹으려고 했는지, 그리고 얼마나 멀쩡한 상태로 있으려고 했는지 확인하기 위해서였다.

그들이 찾아낸 사실은 놀라웠다. 혼자 우리에 갇힌 쥐들은 이전 실험들과 마찬가지로 하루에 최대 25밀리그램의 모르핀을 먹어 치웠다. 그런데 행복한 보금자리에서 지낸 쥐들은 모르핀을 거의 먹지 않았다. 섭취량이 5밀리그램도 되지 않았다. 브루스는 "쥐 공원에서 지낸 쥐들에게도 24시간 내내 모르핀을 제공했지만, 그 쥐들은 이용하지 않았다"라고 설명했다. '쥐 공원'에서 지낸 쥐들은 마약으로 스스로를 죽이지 않았다. 그 쥐들은 다른 즐거운 일들을 하면서 살겠다고 선택했다.

따라서 이전 실험들이 잘못된 것으로 보였다. 해로운 행동을 하게 되는 원인은 약물이 아니라 환경이었다. 고립된 쥐는 거의 언제나 중독이 된다. 즐겁게 생활하는 쥐는 아무리 많은 약물을 먹을 수 있어도 거의 절대 그렇게 먹지 않는다. 브루스는 그 실험을 하면서, 중독은 질병이 아니라는 사실을 깨닫고 있었다고 표현했다. 중독은 적응의 문제다. 우리가 아니라, 우리가 살고 있는 환경의 문제다.

인간은 왜 중독에 빠지는가

브루스와 동료들은 환경이 마약을 복용하려는 충동을 얼마나 좌우하는지 확인하기 위해 실험을 계속 조금씩 수정했다.

브루스는 한 쌍의 쥐를 선택해 우리에 혼자 가두고 57일 동안 모르핀을 마시게 했다.[13] 약물이 뇌를 장악할 수 있다면 분명히 장악하게 될 조건이었다. 그다음 마약에 중독된 이 쥐들을 쥐 공원에 들여보냈다. 그 쥐들은 환경이 좋아졌어도 강박적으로 모르핀을 계속 마셨을까? 모르핀이 그 쥐들의 뇌를 좌지우지했을까? 쥐 공원에 들어간 마약중독 쥐들은 금단증상으로 어느 정도 씰룩거리는 것 같았다. 그러나 상당히 빨리 모르핀을 마시지 않기 시작했다. 사회적으로 행복한 환경에서 지내니 중독에서 해방된 것 같았다. 브루스는 "쥐 공원에서 우리가 시도했던 어떤 요소도 모르핀을 찾으려는 강력한 욕구를 불어넣거나 중독처럼 보이는 어떤 것도 만들어내지 않았다"라고 썼다.[14]

브루스는 자연스레 이런 실험 결과가 인간에게는 어떻게 적용되는지 알고 싶었다. 공교롭게도 바로 얼마 전에 마약중독과 관련된 대규모 인간 실험이 진행되고 있었다. 베트남전쟁이라는 이름의 실험이었다.

당시 잡지 〈타임〉이 보도했듯 동남아시아에서 미국 군인들 사이에 헤로인 복용은 "껌을 씹듯 흔했다."[15] 이것은 그저 언론의 과장된 표현이 아니었다.[16] 미국의사협회의 〈정신의학 학술지〉에 실린 연구에 따르면, 베트남에 있던 미국 군인의 20퍼센트가 헤로인에 중독되었다. 미국 본토의 헤로인중독자보다 미군으로 복무하는 헤로인중독자가 더 많다는 뜻이었다.[17] 미군은 군대 안에서 피우는 대마초에 대해 엄격하게 단속했다.[18] 대마초 냄새를 맡는 개들을 파견해 무더기로 체포했다. 그러자 긴장을 풀어주는 수단 없이는 극심한 압박감을 이겨낼 수 없었던 엄청나게 많은 군인들이 대마초 대신 헤로인을 이용하기 시작했다. 당시 마약 탐지견은 헤로인 냄새를 맡지 못했다. 코네티컷주 상원의원 로버트 스틸은 창백한 얼굴로 베트남 정글에서 돌아와 "오늘날 남베트남으로 가는 군인이 전투의 사상자가 될 위험보다 헤로인중독자가 될 위험이 훨씬 더 크다"라고 설명했다.[19]

당연히 많은 미국인이 두려움에 휩싸였다. 베트남전쟁은 머잖아 끝날 예정이었다. 그리고 전쟁이 끝나 베트남에 있던 군인들이 돌아오면, 미국의 거리마다 전례없이 많은 마약중독자들이 넘치게 된다고 걱정했다. 그들은 중독에 대한 약물 이론을 믿었다. 그래서 당연히 그렇게 된다고 생각했다. 아이오와주 상원의원 해럴드 휴스는 "그들의 두뇌와 몸이 마약에 사로잡히고 있다. 그래서 우리 대도시에서 몇 달 안에 벌어질 상황과 비교하면, 1920년대 알 카포네 시대는 주일학교 소풍 정도로 보일 수도 있다"라고 경고했다.[20]

전쟁이 끝났다. 베트남의 마약중독자들이 집으로 돌아왔다. 그런데 무엇인가 아무도 예상하지 못했던 일이 일어났다. 미국 의사협회의 〈정신의학 학술지〉에 실린 연구 결과 그리고 사람들이 미국 전역에서 볼 수 있었던 경험에 따르면, 베트남에서 중독된 군인들의 95퍼센트는 1년이 되지 않아 그냥 마약을 끊었다.[21] 아무 치료도 받지 않은 중독자가 마약중독 치료와 재활 치료를 받은 중독자들만큼 아무 문제없이 마약 사용을 중단했다. 베트남 참전용사 중 극소수만 계속해서 마약에 의존했다. 불안정한 어린 시절을 보냈거나 참전하기 전부터 중독자였던 경우였다.[22]

마약이 우리 뇌를 사로잡아 화학적 노예로 만든다는 이론, 앤슬링어 이후 마약과의 전쟁에서 토대가 되었던 그 이론을 믿는다면 이것은 말이 되지 않는 상황이다. 그래서 다른 해석이 나왔다. 작가 댄 바움Dan Baum은 "눈에 보이지도 않는 사람들이 이해할 수 없는 이유로 자신을 죽이려고 하는 지긋지긋한 정글에서 빠져나온 남자는 어떻게 될까? 놀랍게도 마약 주사를 맞으려던

욕구가 사라진다"라고 표현했다.[23]

이 모든 사실을 알고 난 후 브루스는 하나의 이론을 발전시키기 시작했다. 중독에 대한 우리의 이전 지식과는 정반대지만, 그에게는 이 모든 증거들을 설명할 수 있는 유일한 이론으로 보였다. 만약 건강한 유대관계를 맺을 사람들과 즐기면서 할 일이 많은, 쥐 공원처럼 안전하고 행복한 공동체에서 산다면 중독에 쉽게 빠지지 않을 것이다. 만약 우리에 홀로 갇힌 쥐처럼 외롭고 무기력하고 무의미하다고 느낀다면, 중독에 쉽게 빠져들 것이다.

그래서 브루스는 마약 사용자 중 90퍼센트는 문제를 일으키고, 10퍼센트는 문제를 일으키지 않는다는 비율이 고정되어 있지 않다고 믿는다. 그런 비율은 사회적 환경이 낳은 결과물이기 때문에 환경이 바뀌면 비율도 변할 수 있다는 것이다.

혼자 우리에 갇힌 쥐들, 그리고 베트남전쟁에 참전했던 군인들은 가까이 있던 화학물질에 장악된 것만이 아니었다. 삶의 의미와 즐거움을 느낄 수 있는 모든 일에서 단절된 상황에 대처하려 애쓰고 있었다. 그들을 둘러싼 세상은 견디기 힘든 곳이 되었다. 그들은 육체적으로는 그곳에서 벗어날 수 없었기에 정신적으로 벗어나기로 마음먹었다. 시간이 흐른 후 의미 있는 삶으로 돌아오게 되자, 그들은 더이상 마약에 대한 욕구를 느끼지 않았다. 놀랍도록 쉽게 마약에서 벗어났다.

브루스는 중독의 숨은 원인을 이해할 수 있는 열쇠를 다른 무엇보다 단절, 의미의 단절에서 찾을 수 있다고 믿게 되었다.[24] 그는 자신의 생각을 《중독의 세계화 *The Globalization of Addiction*》라는 놀라운 책에 담았다.

그는 인간이 왜 중독에 빠지게 되었는지 그 이유를 추적했다. 인류는 아프리카 사바나에서 수렵 채집으로 먹고살던 소규모 무리에서 진화했다. 그 부족을 벗어나면 생존할 수 없었다. 함께 의식을 치르던 부족에서 내쫓기면 정말 불행해진다. 그러면 사바나에서 홀로 세상에 맞서야 하고, 거의 틀림없이 죽고 만다. 그래서 인류는 유대관계를 맺으려고 하는 뿌리깊은 욕구를 가지도록 진화해온 것 같다. 살아남기 위해서는 유대관계가 절대적으로 꼭 필요했기 때문이다.

브루스는 중독에 빠진 사람이 갑자기 급증한 시기도 역사적으로 살펴봤다. 그리고 사람들이 유대감을 제대로 느끼지 못했던 시기에 중독이 빠르게 늘어났다는 사실을 연달아 발견했다. 북아메리카 원주민들은 그들의 땅과 문화를 빼앗겼을 때 집단 알코올중독에 빠졌다. 18세기 영국의 가난한 사람들은 살던 땅에서 쫓겨나 무시무시하고 어지러운 도시로 내몰렸다. 그러자 알코올 농도가 높고 값이 싸서 쉽게 취할 수 있는 진에 빠져들었다. '진 광풍Zin Craze'이라는 이름이 붙을 정도의 사회현상이었다.[25] 1970년대와 1980년대 미국 대도시들의 중심부에 살던 저소득층 주민들은 공장의 일자리를 잃었고, 그들을 둘러싼 공동체도 무너졌다. 그들이 일하던 조립 라인이 폐쇄되자 너 나 할 것 없이 크랙코카인을 피우기 시작했다. 1980년대와 1990년대 미국 농부들은 농산물 시장과 정부 보조금이 쪼그라드는 현실을 무력하게 지켜보고 있었다. 그리고 약물에 빠져들었다.[26]

브루스는 "오늘날 중독이 이렇게 흘러넘치는 이유는 과도한 개인주의와 위기감에 시달리는 미친 듯한 사회에서 대부분의 사람들이 사회적·문화적으로 고립되었다고 느끼기 때문이다. 사람들은 만성적으로 고립감을 느끼기 때문에 위안거리를 찾는다. 중독에서 일시적인 위안을 찾는다…. 중독에 빠지면 감정적 억압에서 벗어나고, 정신이 무뎌지고, 중독적인 생활방식이 충만한 삶을 대신한다고 느끼기 때문이다"라고 설명한다.[27]

브루스의 주장은 거보르의 주장과 다르지 않다. 거보르의 주장을 더 심화한 내용이다. 치노의 엄마나 빌리 홀리데이처럼 방치되거나 구타당하거나 강간당한 아이는 사람들을 신뢰하면서 건강한 유대관계를 맺기가 어렵다. 그래서 그들은 종종 우리에 혼자 갇힌 쥐처럼 고립된 채 쥐와 똑같은 반응을 보인다.

브루스의 친구 피터 코언Peter Cohen 교수는 '중독'이라는 단어를 완전히 버리고, '유대감 형성'이라는 새로운 단어를 사용해야 한다고 썼다.[28] 인간은 유대감을 형성해야 한다. 그것은 인간의 가장 원초적인 욕구 중 하나다. 그러니 다른 사람들과 유대감을 형성할 수 없을 때 외설물을 보거나, 크랙코카인을 피우거나, 도박에 빠져들면서 유대감을 달리 형성할 행동을 하려고 한다. 컴퓨터 화면에 등장해 다리를 벌리는 여성이나 마약가루 혹은 룰렛 돌림판이 주는 위안과 의미에서만 유대감을 찾을 수 있다면, 강박적으로 그런 유대감을 다시 찾으려고 한다. 다운타운 이스트 사이드에서 헤로인과 코카인중독을 치료 중인 딘 윌슨은 "중독은 외로움 때문에 생기는 질병이죠"라고 간단하게 표현했다.

쥐 공원 실험은 중독에 대해 우리가 이해하지 못했던 부분을 채워주는 것 같다. 그러나 언뜻 보기에 최소한 한 가지는 여전히 이해되지 않는다. 사람들은 왜 헤로인을 구하기 어려웠을 때도 중독자처럼 행동했을까?

비참한 사람들은 고통을 덜 느끼려고 정신상태를 바꾸려고 한다. 그 정도는 이해가 된다. 그런데 브루스가 다운타운 이스트사이드에서 치료하고 있던 헤로인중독자들은 밴쿠버 항구가 완전히 봉쇄된 시기에 실제로는 헤로인을 복용하지 않았다. 어떤 물리적 차원으로도 정신상태를 바꾸고 있지 않았지만, 그들은 팔에 가짜 마약을 주사하면서 마약중독자와 똑같이 행동했다.

브루스는 여러 달 그리고 여러 해에 걸친 면담을 통해 중독자들이 살아온 이야기를 들으면서, 그들이 내내 그 질문에 대한 해답을 알려주고 있었다는 사실을 깨달았다. "사람들은 내가 알아들을 때까지 반복해서 설명했어요."

그들은 중독자가 되기 전 젊을 때 삶의 의미를 잃은 채 우두커니 방에 혼자 앉아 있었다. 그들 대부분은 기껏해야 단순 노동의 저임금 직종밖에 바랄 수 없었다. 평생 햄버거를 뒤집으면서 중간중간 텔레비전을 보고, 아껴가며 자질구레한 물건들이나 사는 삶이다. 브루스는 "'왜 마약 복용을 중단하지 않나요?'라고 묻는 일이 기본적으로 내가 하는 일이에요. 그런데 한 남자가 내게 아주 잘 설명해주었어요. 그는 '글쎄요. 잠시만 생각해보세요. 만약 내가 마약 복용을 끊으면 무엇을 하겠어요? 어쩌면 수위 같은 직업을 구할 수도 있겠지요. 바로 지금 내가 하고 있는 진짜 신나는 일과 그 일을 비교해보세요. 여기에는 친구들이 있고, 그들과 함께 가게를 털고, 매춘부들과 어울리기도 하니까요'라고 말했어요. 마약을 사용하면 갑자기 새로운 세계에 들어가 다른 중독자들과 함께 십자군전쟁을 벌이는 기분이 들어요. 마약을 사고, 감옥에 들어가지 않으려고 경찰을 피해다니고, 생활할 돈을 얻으려고 도둑질을 하면서 끊임없이 광란의 십자군전쟁을 벌이는 거예요"라고 설명했다.

"만약 사회적 유대감에 계속 굶주려왔던 문제가 있었다면, 헤로인 자체 그리고 헤로인이 주는 안도감에서 유대감을 느끼며 해결할 수도 있어요. 그런데 헤로인을 사용하면서 접하게 되는 하위문화와 유대감을 형성할 수 있다는 사실이 더 큰 부분이에요. 마약을 복용하는 또래 집단은 같은 일을 하려고 하고, 같은 위협에 부딪치고, 매일 함께 죽음의 위험을 넘나듭니다. 그런 삶에서 정체성을 느끼죠. 한없이 단조로운 삶 대신 오르락내리락 짜릿한 삶을 맛보니까요. 세상은 이제 그들에게 무관심하지 않아요. 그들을 적대적으로 대하죠. 그것은 최소한 그들이 아직 죽지 않고 살아 있다는 증거예요."

헤로인을 사용하면 다른 사람들과 정상적인 유대감을 형성하지 못해서 느끼는 고통을 해결하는 데 도움이 된다. 또한 헤로인과 관련된 하위문화로 다른 사람들과 유대감을 형성하게 된다. 이런 말을 처음 들었을 때는 이상야릇하고 엉뚱하게 느껴졌다. 길거리 중독자의 삶은 끔찍하다. 불량배들, 저체온증, 강간, 경찰에 의해 언제든 죽을 수 있다. 나도 브루스처럼 사실을 확인하기 전까지는, 그런 논리를 마음속으로 계속 떠올리며 내가 아는 중독자들에게 적용할 수밖에 없었다.

헤로인을 전혀 구할 수 없을 때도 헤로인중독자와 똑같이 행동했던 사람들을 떠올려보자. 브루스가 지적하듯 "아무것도 아닌 존재가 되기보다는 마약중독자로 사는 삶이 훨씬 낫다. 아무것도 아닌 존재로 살아야 하는 사람들이 찾는 대안이 마약중독자가 되는 길이다. 그래서 헤로인을 얻지 못할 때조차 그들은 헤로인중독의 본질, 하위문화 중독을 유지했다"라는 점이 소름 끼치는 사실이다. 평생 머저리라는 소리를 들어왔다면 머저리라는 정체성을 받아들이고, 다른 머저리들과 친구가 되어 대놓고 머저리처럼 사는 삶이 혼자 지내는 삶보다 나은 것 같다.[29]

한 중독자는 브루스에게 "이것도 삶이에요. 텅 빈 삶보다 낫죠"라고 말했다.

마약의 증가 vs. 단절감의 심화

거보르와 브루스의 이야기를 들으면서 설득되고 싶었지만, 마음 한편에는 의구심이 있었다. 이 주장의 반대편은 무엇일까? 그들의 주장은 내가 학교에서 배운 내용과 다르다. 우리 대부분이 믿는 내용과도 다르다. 그들의 말이 아무리 설득력 있게 들려도, 내 마음 한구석에서 계속 떠오르는 생각이 있었다. 분명히 화학물질이 중독을 일으킬 것이라는 생각이었다. 그것이 상식이다.

내 생각에 거보르나 브루스의 주장을 가장 잘 반박할 수 있는 사람은 로버트 듀폰 같았다. 그는 전 세계 불법 마약에 대한 모든 연구 자금의 90퍼센트를 지원하는 미국 '국립약물남용연구소NIDA'의 설립자다. 그는 아주 저명한 과학자로, 오늘날 우리의 마약 이해에 바탕이 되는 수많은 상징을 만들어낸 사람이다. 나는 스웨덴 스톡홀름에서 열린 '마약 반대 세계 연맹' 콘퍼런스에서 그를 찾아냈다. 나는 이틀에 걸쳐 전 세계 마약 반대 운동가들 사이를 돌아다녔다. 듀폰은 키가 크고, 늘씬하고 상냥한 오하이오 출신 남자다. 그는 콘퍼런스에서 청중을 휘어잡는 연설을 했다. 화학물질이 뇌를 사로잡아 화학적 노예로 만들 수 있다고 경고한 콘퍼런스의 내용을 요약하면서, 마약과의 전쟁을 촉구하는 유창한 연설이었다.[30]

그는 내가 그 논리에서 허점이 될 수 있는 부분을 지적해도 된다고 동의했고, 이야기를 나누는 동안 열심히 들었다. 나는 마약의 부정적 영향 중 약리적 요소로 인한 부분이 얼마나 차지한다고 믿느냐고 물으면서 대화를 시작했다. 그는 멍하니 나를 바라보았다. "약리적 요소가 아니면…?" 그리고 침묵이 흘렀다. 나는 어린 시절의 정신적 외상과 고립에 대해 말했다. 그는 계속 멍한 표정이었다. 그는 "환경이 정말 중요하다고 생각해요"라고 말했다. 그다음 마약이 합법적인지 아닌지, 한 가지 환경 요인만 이야기했다. 마약 복용을 계속 법으로 금지해야 하고, 그러지 않으면 마약중독자가 폭발적으로 증가한다고 강조했다. 나는 중독에 영향을 주는 다른 요인들을 제시하려고 했다. 그러나 그가 인정하는 요인은 마약의 법적인 허용 여부뿐이었다.

나는 약간 당황해서 다른 질문을 던졌다. "당신이 설립한 연구소는 마약이 중독자를 화학적 노예로 만든다고, 말하자면 화학물질이 그 사람을 좌지우지한다고 주장합니다. 나는 대부분의 중독자가 간단히 마약 복용을 끊는다는 사실을 보여주는 연구결과와 그런 주장이 어떻게 부합하는지 알아내려고 노력하고 있습니다. 화학적 노예가 된다면 어떻게 마약 복용을 중단할 수 있나요? 흑인 인권운동가 프레더릭 더글러스가 어느 날 갑자기 노예생활을 하던 농장을 떠난 게 아니잖아요?" 듀폰은 난처해 보였고, 이 문제에 대해 잠시 생각했다. "당신이 무슨 이야기를 하고 싶은지 잘 이해했습니다…. 그 문제에 대해 이런 식으로 생각해본 적이 별로 없어요. 2세기 전 흑인 노예에게는 확실한 특징이 있습니다. 그런데 마약으로 인한 화학적 노예는 상징적 노예에 더 가깝죠."

우리는 약간 어색하게 서로 바라보며 웃었다. 나는 그가 설립한 조직이 내세우는 또 다른 핵심적인 은유인 '뇌를 하이재킹하다'라는 표현에 대해 물었다. 대부분의 하이재킹은 인질이 납치범에게서 도망치려는 것으로 끝나지 않는다고 지적했다. 그는 "아, 그렇군요. 일부만 하이재킹하는 문제죠. 그것도 좋은 지적입니다"라고 답했다.

나는 약간 당황스러웠다. 화학물질이 뇌를 하이재킹한다는 표현은 핵심적 은유로, 그 은유를 바탕으로 중독에 대한 일반적 논리가 만들어졌다. 그리고 듀폰은 마약중독 문제에서 가장 저명한 전문가로, 이런 개념을 핵심으로 삼는 학회에서 강연한다. 그런데도 뇌를 하이재킹한다는 표현이 더 폭넓은 환경과 어떤 관련이 있는지에 대해 가장 기본적인 질문을 던졌을 때, 그는 친절한 태도로 그런 문제에 대해 한 번도 생각해본 적이 없다고 답했다. 듀폰은 세계 마약 연구에서 중심 역할을 하는 기관을 설립한 사람이다. 그런데도 이런 대안 이론들에 대해서는 분명 들어본 적도 없었다. 그는 거보르나 브루스가 누구인지, 그리고 그런 사람들이 어떤 연구를 했는지 모르는 것 같았다.

공정하게 말하자면, 나중에 과학 문헌을 훑어보고 이것이 듀폰만의 약점이 아니라는 사실을 깨달았다. 이 분야의 과학자들, 심지어 최고의 과학자들도 다를 바 없는 것 같다. 그들 대부분은 화학작용과 뇌에만 초점을 맞춘다. 브루스와 거보르가 던졌던 질문, 사람들이 길거리에서 어떻게 마약을 복용하는지에 대한 질문은 하지 않는다. 그런 문제에 대한 연구에는 아무도 자금을 대고 싶어하지 않는다는 말을 계속 들었다.

왜 그럴까? 컬럼비아대학교 칼 하트Carl Hart 교수는 마약이 두뇌에 미치는 영향에 대한 세계 최고 전문가 중 한 명이다. 칼 하트 교수는 마약에 대해 지나치게 단순하고 케케묵은 개념을 바탕으로 경력을 쌓아온 과학자들에게 이런 사실들을 설명하면, 그들은 대체로 "이봐요, 이건 내 입장이에요. 날 내버려둬요"라고 이야기한다고 말했다. 단순하고 케케묵은 개념이 그들이 아는 사실이기 때문이다. 그들은 그런 개념을 바탕으로 경력을 쌓아왔다. 만약 그들의 주장을 무색하게 만들 위험이 있는 개념을 제시하면 그냥 무시해버릴 것이다. 나는 하트 교수에게 마약에 대해 우리가 들어온 핵심적 개념이 정말 그렇게 속 빈 강정일 수 있느냐고 물었다. "그렇게 속이 비었을 수 있느냐고요? 당신이 알아차렸다고 생각해요. 정말 속이 비었죠⋯. 그 증거를 보세요. 비었죠⋯. 그런데 진실을 교묘하게 숨기죠"라고 그는 대답했다.

"그렇다면 이런 개념들이 어떻게 계속 살아남아 있나요? 왜 더 훌륭하고 정확한 개념을 제시하는 과학자들이 이런 케케묵은 이론들을 무색하게 만들지 못했을까요?"라는 질문에, 하트는 직설적으로 대답했다. "불법 약물 연구에 대한 거의 모든 자금은 마약과의 전쟁을 벌이고 있는 정부가 대고 있어요. 그리고 정부는 마약에 대한 기존 개념들을 강화하는 연구만 의뢰하죠. 이 모든 다른 이론들에는 급진적인 내용들이 포함되어 있습니다⋯. 그러니 정부가 왜 그런 연구들에 자금을 대고 싶겠어요?"

에릭 스털링Eric Sterling은 1979년부터 1989년까지 미국의 마약 관련 법률을 작성한 변호사다. 마약과 관련된 모든 주요 법률안의 초안을 만들 때 그는 그 자리에 있었다. 나는 에릭을 메릴랜드에 있는 그의 사무실에서 만났다. 그는 만약 정부의 연구 자금 지원을 받은 과학자가 마약이 두뇌를 하이재킹한다는 전통적인 이론을 넘어서는 연구 결과를 내놓는다면, 정확히 무슨 일이 벌어질지 안다고 말했다. NIDA 소장이 의회 위원회에 불려가 미쳤느냐고 비난받게 된다. 그 소장은 해고될 수도 있다. 그러니 분명히 그런 연구를 중단시키게 된다. NIDA의 의뢰로 연구하는 모든 과학자들, 그리고 앞에서 이야기했듯 전 세계 마약 연구의

90퍼센트가 이런 현실에 좌우된다.

그래서 연구자들은 다른 증거들을 모두 외면하고 마약 자체의 화학적 영향만 보게 된다. 마약의 화학적 영향이 없다는 이야기가 아니다. 그런 영향은 그저 전체 그림의 작은 부분일 뿐이라는 뜻이다. 그런데 강력한 정치적 제동 때문에 전체 그림을 더 깊이 탐구하지 못하게 된다. 브루스 역시 그런 일을 당했다. 쥐 공원 실험 연구 결과의 핵심이 명확해지자, 브루스가 몸담은 대학교는 그 실험을 위해 지원하던 연구 자금을 뚝 끊었다. 실험 과정에서 제기된 여러 의문들을 미처 모두 살펴보기 전이었다. 브루스는 몇 년 후 그 대학교의 한 고위 인사로부터 연구 자금이 끊긴 이유를 들었다. 너무 당혹스러운 연구였기 때문이라고 했다. 중독에 대한 전통적인 해석에서 한참 벗어난 연구가 무모해 보였기 때문이었다.

보수적인 군인 가정에서 자란 냉철한 브루스에게 쥐 공원, 그리고 가짜 헤로인에 대한 연구 결과는 놀라웠다. 그래서 그가 세상을 보는 관점이 바뀌었다. 그는 나에게 "그렇게 많은 사람이 믿는 이론이 맞지 않다는, 그냥 틀렸다는 사실을 알게 되다니 정말 놀라운 일이었죠"라고 말했다.

브루스는 처음에 자신의 발견이 중독 연구 분야에 엄청난 충격을 주면서 관련 연구가 잇따를 것이라고 기대했다. 그는 축하 행진을 할 준비가 되어 있었다. 그러나 그런 일은 일어나지 않았다. 아무 일도 없었던 것처럼 그의 연구 결과는 깡그리 무시되었다. "이런 증거가 그렇게 완전히 무시될 수 있다니…. 정말 놀라운 일이죠. 그런 경험이 나의 인생관에 전체적으로 나쁜 영향을 주었다고 말할 수 있을 거예요."

이후 아무도 쥐 공원 실험을 되풀이하기 위한 자금을 지원받지 못했다.

나는 이 모든 내용을 소화하기 위해 애쓰면서 밴쿠버 거리를 걸었다. 그러면서 마약과의 전쟁이 처음 시작된 이야기를 다시 생각해보았다. 그러자 전에는 보이지 않았던 무엇인가가 보였다.

내가 전혀 이해하지 못했던 세 가지 질문이 있었다. 왜 20세기 초에 마약과의 전쟁이 시작되었을까? 사람들은 왜 해리 앤슬링어의 주장을 그렇게 잘 받아들였을까? 그리고 마약과의 전쟁이 의도와 정반대 영향을 준다는 사실, 즉 마약중독이 늘어나고 범죄를 부추긴다는 사실이 분명해졌을 때 왜 그 전쟁을 포기하지 않고 강화했을까?

나는 브루스 알렉산더의 연구에 해결책이 담겨 있을 수도 있다고 생각한다. 브루스는 2011년 런던에서 강연하면서 "인간은 더 나은 삶을 살기 위한 목적을 찾지 못할 때, 그리고 공허함 때문에 무너질 것 같아서 그 공허함을 필사적으로 채우려고 할 때에만 중독이 됩니다. 그런데 마약에 중독된 사람들만 내면의 공허함을 채워야 할 필요를 느끼는 게 아닙니다. 현대의 대다수 사람들은 많든 적든 그런 공허함에 시달립니다"라고 설명했다.[31]

단절감은 20세기 내내 뼈암처럼 우리 사회에 퍼져나갔다. 우리 모두 단절감을 느낀다. 우리는 더 부유해졌다. 그러나 서로의 유대관계는 더 약해졌다. 이것이 단순한 추측이 아니라는 사실을 증명하는 연구는 셀 수 없이 많다.[32] 한 사람이 가깝게 지내는 친구의 평균 숫자가 꾸준히 줄어들고 있다. 우리는 점점 더 혼자가 되고 있고, 그래서 우리는 점점 더 중독되고 있다. "우리는 현대 사회에 대처하는 방법을 배우고 있다"라고 브루스는 믿는다. 우리는 현대 사회에서 살면서 놀라운 혜택을 누리지만, 비교할 바 없는 깊은 스트레스의 원천인 고립감에 빠지기도 한다. "인간은 원자화하고 파편화하고 혼자 지내도록 진화하지 않았어요. 어떤 사회도 그렇게 진화하지 않았어요"라고 브루스는 지적했다.

그리고 또 한 가지 중요한 사실이 있다. 서로에 대한 유대감은 계속 약해지고 있는 가운데, 거대한 쇼핑 광고 기계가 우리의 꿈과 희망을 완전히 다른 방향, 물건을 사는 일에 쏟아부으라고 매일 끊임없이 떠드는 말을 듣게 된다. 거보르는 "물건을 팔기 위해 온갖 잘못된 욕구와 욕망을 부추기고 강화하는 일을 토대로 경제 전체가 짜여 있습니다. 그래서 사람들은 언제나 상품에서 만족과 충족감을 얻으려고 합니다. 이것이 우리가 고도로 중독된 사회에 살고 있는 주요 이유죠"라고 설명했다. 우리는 서로 고립되었다. 그래서 행복을 얻기 위해 물건으로 눈을 돌렸다. 하지만 물건은 우리에게 정말 하찮은 만족만 줄 뿐이다.

바로 그 지점에서 마약과의 전쟁이 끼어든다. 20세기 초부터 사람들은 점점 고립되었다. 그리고 곧이어 마약과의 전쟁이 시작되었다. 단순히 유색 인종에 대한 두려움 때문에만 마약과의 전쟁이 시작되지는 않았다. 마약과의 전쟁은 중독에 대한 두려움에서 촉발되었다. 그리고 그 전쟁에는 진짜 원인이 있었다. 진짜 원인은 마약의 증가가 아니었다. 단절감의 심화가 진짜 원인이었다.

우리가 너무 외로웠기 때문에, 주변 어디에서나 퍼지는 중독 충동에 우리 자신도 빠져들까 봐 두려웠기 때문에 마약과의 전쟁이 시작되었다. 그렇다면 자신이 동성애를 느낄까 봐 두려워서 동성애자들에 대해 분노를 터뜨리는 복음주의 설교자처럼, 우리도 우리 자신이 점점 더 중독되기 쉬워질까 봐 두려워 중독에 대해 분노하는 것일까?

브루스를 마지막으로 만난 후 나는 다운타운 이스트사이드에서 작은 콘크리트 건물들이 제멋대로 들어선 피전파크의 벤치에 앉았다. 중독자들이 술을 마시면서 이야기하고, 마약을 사는 곳이었다. 나는 이 모든 사실을 이해한다면, 이제 마약과의 전쟁에 대한 우리의 관점을 어떻게 바꾸어놓아야 할지 파악하려고 노력했다.

우리는 지금 중독 치료에 대해 생각할 때 오직 한 가지 렌즈, 즉 개개인의 치료만 떠올린다고 브루스는 지적했다. 우리는 중독자 개인의 문제를 찾으려 하고, 중독자가 스스로 해결하거나 동료 중독자들과 함께 해결해야 한다고 믿는다. 하지만 이런 관점은 우리에 홀로 갇힌 쥐가 중독성 약물을 먹는 모습을 보면서 도덕적 결함이 있다고 판단하는 태도와 다를 바 없다고 브루스는 믿는다. 그런 관점은 중요한 사실을 놓치고 있다. 그는 그 문제를 중독자들이 아니라 문화에서 찾으려면, 매직아이를 바라보듯 우리 눈의 초점을 다시 맞춰야 한다고 주장한다. 그는 개인의 회복에 대해서만 생각하지 말고 '사회적 회복'에 대해 생각하라고 주장한다.

만약 우리가 이렇게 생각한다면, 마약 관련 정책에 대한 우리의 질문이 달라져야 한다. '어떻게 위협하고 강요해서 마약 복용을 중단하게 할까, 어떻게 사람들을 겁주어서 애초에 마약을 멀리하게 할 수 있을까?'라는 질문은 더이상 하지 말아야 한다. '어떻게 하면 외로움과 두려움을 느끼지 않고, 더 건강한 유대감을 형성할 수 있는 사회로 만들 수 있을까? 어떻게 하면 소비보다 서로에게서 행복을 찾는 사회를 만들 수 있을까?'라는 질문으로 바꿔야 한다.

이것은 근본적인 질문들이어서 마약과의 전쟁이라는 주제를 훨씬 뛰어넘고, 이 책보다 더 큰 의미를 담고 있다. 하지만 반드시 해야 할 질문들이다. 나는 우리가 잘못된 질문을 해왔기 때문에 그동안 중독을 줄일 수 없었다는 생각이 들었다.

브루스는 고립감과 중독의 역학관계가 마약과의 전쟁보다 더 암울한 결과를 낳고 있다고 지적한다. 서로 단절되고 고립되면서 우리 모두 중독자가 되고 있다. 그리고 문화적으로 우리의 가장 큰 중독은 필요하지 않고, 심지어 사실은 원하지도 않는 물건을 사들이고 소비하는 행태다. 광고에서 본 번쩍이는 소비재를 구매하기 위해 끊임없이 일하는 삶이 행복하지 않다는 사실을 우리 모두 마음속 깊이 알고 있다. 그런데도 우리는 매일같이 그렇게 살아간다. 우리가 지구에서 보내는 시간 대부분을 그렇게 쓰고 있다. 우리는 속도를 늦출 수 있다. 일을 덜 하고 물건을 덜 사들일 수도 있다. 그러면 우리의 서식지인 환경의 토대가 파괴되는 재앙을 막을 수 있다. 하지만 우리는 그렇게 하지 않는다. 각자 자신의 '우리'에 고립되어 있기 때문이다. 이런 환경에서는 소비를 줄인다는 생각만 해도 두려움에 휩싸이게 된다. 브루스는 정상적인 인간관계로 채워야 할 자리를 온갖 물건들이 대신 채우고 있다고 믿는다.

우리가 쥐 공원 실험에서 교훈을 얻지 못하면 마약과의 전쟁보다 더 심각한 문제에 부딪치게 된다고 브루스는 지적한다. 오늘날 우리의 가장 뿌리깊고 파괴적인 중독인, 광적인 소비로 지구가 망가져버린다는 문제다.

신체적 의존성과 중독의 차이

브루스, 거보르와의 대화가 담긴 녹음을 반복해 들으면서 그들이 나에게 말하려는 내용을 파악하려고 노력했던 몇 달 동안, 나는 계속 명백한 질문으로 되돌아갔다. 두 사람은 중독에는 화학물질 자체와는 아무 관련이 없는 중요한 요인들이 있다고 나를 설득하려고 했다. 하지만 화학물질이 흡연이나 마약중독에 아무런 역할도 하지 않는다고 말한다면 터무니없다. 그렇다면 실제로 중독에서 화학물질과 사회적 요인이 차지하는 영향력은 각각 얼마나 될까? 비율이 각각 얼마일까?

자료를 더 찾아서 읽다가 (리처드 드그랜드프리Richard DeGrandpre라는 뛰어난 과학자의 논문에서), 각각의 요인이 중독에서 몇 퍼센트나 영향을 끼치는지에 대해 상당히 정확한 답을 제시하는 실험을 발견했다. 바로 지금도 그 실험에 참여하고 있는 사람이 있을 것이다.

1990년대 초 금연용 반창고가 처음 발명되었을 때, 공중보건을 담당하는 사람들은 흥분했다. 거의 모든 사람들이 믿는 중독에 대한 이론을 그들도 믿었다. 약물에 숨어 있는 화학적 갈고리에 의해 중독이 된다는 이론이었다. 일정 기간 약물을 흡수하고 나면 우리 몸은 그 화학물질을 필요로 하면서 갈망하기 시작한다. 이런 과정은 이해하기 어렵지 않다. 카페인을 끊으려고 노력해본 사람이라면 누구나 화학적 갈고리가 실제로 존재한다는 사실을 안다. 나는 이 글을 쓰면서 카페인을 섭취하지 않으려고 애쓰고 있다. 그랬더니 손이 아주 약간 떨리고, 머리가 지끈거린다. 그리고 도서관에서 내 맞은편에 앉아 있는 남자에게 방금 쏘아붙였다.

흡연이 가장 강력한 중독 중 하나라는 사실에 모두가 동의한다. 흡연은 헤로인, 코카인처럼 상당히 중독성이 높다. 흡연은 가장 치명적인 중독이기도 하다.[33] 10만 명 중 650명이 흡연 때문에 사망하지만,[34] 코카인으로 사망하는 사람은 10만 명 중 4명밖에 되지 않는다.[35] 그리고 담배 안에 들어 있는 화학적 갈고리를 우리는 확실히 알고 있다. 니코틴이다.

피부를 통해 실제로 니코틴을 공급해 흡연자의 욕구를 충족시켜주면서도, 흡연의 몇몇 위험한 영향은 피할 수 있다는 점이 금연용 반창고의 놀라운 특성이다. 그러니 우리 모두가 머릿속에 가지고 있는 중독에 대한 개념이 맞는다면, 금연용 반창고의 성공률이 아주 높아야 한다. 우리 몸이 니코틴이라는 화학물질에 중독되어 있어도, 금연용 반창고를 통해 니코틴을 얻을 수 있기 때문이다. 그러니 이제 더이상 담배를 피우고 싶다는 욕구를 느끼지 않아야 한다.

금연용 반창고의 약리 효과는 아주 잘 발휘된다. 흡연자들이 중독되어 있는 화학물질을 실제로 공급한다. 금연용 반창고를 사용하면 혈중 니코틴 농도가 떨어지지 않는다. 그러니 니코틴이라는 화학물질에 대한 갈망도 사라져야 한다. 그런데 한 가지 문제가 있다. 금연용 반창고를 붙이고도 여전히 담배를 피우고 싶은 욕구를 참지 못하는 사람이 많다는 점이다. 미국 공중보건국은 금연용 반창고를 붙인 사람 중 17.7퍼센트만이 담배를 끊을 수 있었다는 사실을 알게 되었다.

어떻게 그럴 수 있을까? 한 가지 설명밖에 없다. 담배에 들어 있는 화학물질보다 더 중요한 무엇인가가 흡연에 영향을 주고 있기 때문이다. 화학물질에 대한 몸의 갈망을 채워줄 때 중독자의 17.7퍼센트만 흡연을 중단할 수 있다면, 나머지 82.3퍼센트에 대해서는 뭔가 다른 방식으로 설명해야 한다.

17.7퍼센트도 분명 사소한 수치는 아니다. 수많은 사람들의 삶이 개선되었다는 의미다. 약물이 아무런 영향을 주지 않는다고

주장한다면 어리석고 틀린 말이다. 그러나 우리가 한 세기에 걸쳐 줄기차게 들어온 말처럼, 화학물질 자체가 약물중독의 주요 원인이라고 주장해도 똑같이 어리석은 말이다. 그런 주장은 증거와 일치하지 않는다.

이런 결론을 이해하기 위해 나는 수많은 과학자들과 이야기를 나누었다. 그리고 그들은 나에게 정말 도움이 되었던, 신체적 의존성과 중독의 차이를 설명해주었다. 몸이 어떤 화학물질에 중독되면 신체적 의존성이 생긴다. 그래서 그 화학물질을 끊으면 어느 정도 금단증상을 경험하게 된다. 나는 카페인에 대해 신체적 의존성이 있다. 그래서 이런, 오늘 아침도 그런 의존성을 느낄 수 있다.

하지만 중독은 다르다. 중독은 차분해지거나 흥분하거나 무감각해지는 등 원하는 마음 상태가 되기 위해 약물이 필요하다고 느끼는 욕구다. 내가 커피 금단증상으로 느끼는 고통은 이틀 안에 완전히 사라질 수 있다. 하지만 2주쯤 지나 정신을 다시 집중해야 한다고 절실하게 느낄 수도 있다. 그러면 카페인 없이는 집중할 수 없다고 스스로 변명하면서 커피를 다시 찾게 될 것이다. 그것은 신체적 의존성이 아니다. 화학물질의 갈고리가 아니다. 중독이다. 이것이 결정적인 차이다. 카페인처럼 가볍고 비교적 해가 없는 중독이 그렇다면, 메타암페타민(필로폰 - 옮긴이)처럼 심각한 중독도 마찬가지다. 그래서 중독자들이 금단증상을 이겨낼 수 있도록 몇 주 동안 돌보면서 화학물질에 대한 육체적 갈망이 서서히 사라지는 것을 확인했고, 그들의 몸에서는 그런 갈망이 오래전에 사라졌는데도, 몇 달이나 몇 년 후 그들이 다시 중독에 빠져드는 모습을 보게 된다. 그들의 몸은 더이상 화학물질에 의존하지 않게 되었다. 그런데도 중독되어 있다. 우리는 중독의 실제적 측면이긴 하지만 작은 부분인 신체적 의존성이 중독 전체를 설명한다고 100년에 걸쳐 문화적으로 설득되어왔다.

어느 날 밤 거보르는 내게 말했다. "정말이지 그것은 양자물리학 시대가 되었는데도 여전히 뉴턴 물리학을 벗어나지 못하고 있는 상황과 비슷해요. 물론 뉴턴 물리학은 정말 유용하죠. 수많은 문제들을 해결해요. 그러나 문제들의 핵심은 해결하지 못하죠."

12장
헤로인을 처방하겠습니다

중독에서 벗어나기 위한 첫 관문

나는 제네바로 향하는 비행기에 올랐다. 제네바는 해리 앤슬링어가 마약에 대한 자신의 신념을 밀어붙이기 위해 처음 찾아갔던 유엔 사무국이 있는 스위스 도시다. 역사의 미묘한 반전 속에, 마약에 대한 해리의 통제가 드디어 무너지고 있던 곳도 제네바였다. 나는 이런 변화를 이끈 여성을 다른 사람들과 함께 만났다. 그녀는 자신의 이야기를 시작했다.

루트 드라이푸스와 동행한 경찰관은 눈물을 글썽였다. 그는 훗날 스위스 대통령이 되는 루트를 취리히의 버려진 기차역을 거쳐 강변으로 안내하고 있었다. 그곳에는 취리히의 모든 마약중독자들이 감염된 소떼처럼 모여 있었다.

루트는 몇 년째 그런 광경을 지켜보고 있었다. 그녀는 몇 년 전 그곳처럼 마약중독자들이 모여 있는 베른의 공원에 가본 적이 있었다. 공원에는 드러내놓고 매춘을 하는 여성들과 통제 불능

상태로 비틀거리며 돌아다니는 중독자들이 있었다. 루트는 이렇게 회상했다. "상상도 할 수 없는 곳에 주사를 놓는 사람들이 있었죠. 다른 혈관들이 모두 도망치기라도 한 듯 찾아낼 수가 없었기 때문이죠." 시끌벅적한 가운데 마약상들이 목소리를 최대한 높여 가격을 외쳤다. 루트는 그 소리를 들으면서 월스트리트 거래소의 주식 중개인을 떠올렸다.[1] 마약상들이 손님을 차지하려고 싸우는 동안, 언제라도 무시무시한 폭력 사태가 벌어질 것 같았다.

스위스 사람 대부분은 이런 광경을 아예 본 적도 없었다. 그 경찰관은 그저 울기만 한 것이 아니었다. 스위스인들은 두려웠다. 번영을 누리던 1980년대와 1990년대의 스위스에 이런 광경이라니. 스위스의 자부심을 깎아먹는 모욕처럼 느껴졌다.[2]

스위스는 아무것도 변하지 않는 듯 언제나 안정되어 있는 것 같고, 모든 일이 이치에 맞게 돌아가는 곳이다. 내 아버지는 스위스 알프스의 산골 소년이었다. 그리고 아버지가 살았던 마을에서는 한니발이 기원전 221년 코끼리들을 데리고 알프스산맥을 침공했던 일이, 스위스가 마지막으로 겪은 가장 큰 곤경이었다고 믿었다. 스위스의 상징은 모두 질서와 청결, 영구불변과 관련이 있다. 인류가 핵무기 때문에 재앙을 입어도 스위스 시계는 과학적 정밀함으로 똑딱똑딱 소리를 낼 것 같다. 스위스 엽서들은 움직이지도 변하지도 않는 알프스산맥을 배경으로, 제네바호수에서 하늘로 뿜어져 올라가는 9미터 높이의 푸른 물줄기를 보여준다. 스위스에서는 밤 10시 이후에 화장실 물을 내리면 형사 범죄가 될 수도 있다고 진지하게 이야기한다.[3] 이웃에 방해가 되기 때문이다.

그런데 그 당시 스위스는 정말 깨끗하고 정확한 도시들에서 마약 금지가 회오리바람을 일으키는 광경을 목격하고 있었다. 마약중독자들이 모여 있는 모습을 지켜볼 때는 몰랐지만, 루트 드라이푸스는 얼마 지나지 않아 스위스 최초의 여성 대통령이자 최초의 유대인 대통령이 된다. 더 중요하게는, 1930년대 이후 마약 관련 정책을 개혁한 세계 최초의 대통령이 된다. 루트 드라이푸스는 대통령 임기 내내 마약중독자들을 만나고, 그들의 이야기를 듣고, 그들을 변호했다. 그리고 그들이 합법적으로 마약을 제공받을 수 있도록 했다.

예방은 존중에서 시작된다

마약정책 전문가들이 '마약과의 전쟁에서 생긴 문제를 누구보다 정확하게 파악했던 정치 지도자가 전 세계에 딱 한 명 있다'고 알려주어서 루트 드라이푸스에 대해 처음 알게 되었다. 나는 루트 드라이푸스에게 즉시 편지를 썼다. 그리고 2013년 초, 드라이푸스의 아파트를 찾아갔다. 그녀는 줄담배를 피웠고, 커다란 노란 재떨이에 담뱃재를 털었다. 그녀는 담배 연기를 마시게 해 미안하다고 사과했다. 그리고 "나도 중독자예요"라고 말하면서 웃었다.

빌리 홀리데이가 헤로인 소지로 미국 감옥에 갇혔을 때, 빌리를 도우려고 했던 스위스 부부가 있었다. 빌리 홀리데이는 "스위스 취리히에 사는 한 멋진 부부가 내게 천 달러를 보냈다. 그리고 내가 감옥에서 나와도 미국에서는 절대 살기 어려울 테니, 유럽에 있는 그들에게 와야 한다고 권하는 전보도 받았다"라고 썼다.[4]

다른 모든 나라들과 마찬가지로 스위스에서도 마약중독자를 연민으로 대해야 한다는 사람들과 무자비하게 대해야 한다는 사람들이 끊임없이 옥신각신하고 있다. 빌리 홀리데이가 그 전보를 받을 때쯤, 루트 드라이푸스는 스위스 학교에 다니고 있었다. 그 학교의 다른 아이들은 예수를 죽인 유대인들은 영원히 벌을 받아야 한다면서 때때로 루트를 괴롭혔다. 루트 드라이푸스가 어른이 된 다음에는, 여자는 신경질적이고 감정적이어서 투표권을 줄 수 없다는 말을 들었다. 만약 여성에게 투표권을 주면 가정이 무너지고 나라가 혼란에 빠질 것이라고 스위스 정치인들은 경고했다. 그녀와 수천 명의 사람들이 거리 행진을 하면서 여러 해에 걸쳐 요구한 끝에, 1971년 스위스 여성은 마침내 선거권을 얻었다. 그래서 루트 드라이푸스는 가장 견고하고 확고해 보이는 제도도 무너질 수 있고, 다음 세대의 눈에는 이전의 제도가 미친 짓처럼 보일 수도 있다는 사실을 알았다.

루트 드라이푸스가 내무장관으로 스위스의 보건정책을 책임지게 된 1993년, 그가 해결해야 할 문제가 기다리고 있었다. 스위스는 유럽에서 에이즈 전염 문제가 가장 심각했고, 아무도 이 문제의 해결책을 찾을 수 없었다.[5] 스위스에는 중독자들이 숨어 지낼 빈민가가 없다. 스위스 샬레에서는 너와 나를 구분하지 않는다. 누군가 제멋대로 약물을 사용하면 모두가 볼 수 있다. 그래서 루트 드라이푸스 장관은 동성애자, 매춘부, 마약중독자 등 스위스에서 가장 경멸하는 소수집단의 대표들을 자신의 사무실로 불러들였다. 그들이 에이즈 전염 문제를 안고 있을 뿐 아니라, 그런 위기 상황에 대한 해결책도 알고 있을 수 있다고 생각했기 때문이다. 루트는 성 노동자들에게 콘돔과 보건의료 정보를 제공하면, 실제로 그들이 '아주 훌륭한 보건 요원'이 될 수 있다는 사실을 깨달았다. "그러려면 먼저 그들을 믿어야 해요. 그들의 직업을 인정해야 해요. 그러니 예방은 존중과 함께 시작합니다."

사회주의자인 드라이푸스는 아무리 가망 없어 보이는 사람도 잘 대해주면 힘을 얻을 수 있다고 언제나 믿었다. 하지만 그녀는 마약중독자들을 보면서 스스로에게 물었다. 어떻게 하지?

스테이크 대신 반죽 덩어리를 먹어야 한다면

스위스는 에이즈 전염을 막고자 이미 마약중독자들을 위한 주삿바늘 교환소를 만들어놓았다. 중독자들이 찾아와 마약을 주사하고, 금단증상을 완화하는 메타돈 처방을 받을 수 있는 안전한 공간도 제공했다. 그런데도 에이즈는 계속 퍼져나갔다. 많은 마약중독자들이 메타돈을 싫어한다는 사실이 드러났다. 그들은 메타돈을 스테이크가 정말 먹고 싶을 때 대신 먹어야 하는, 아무 맛이 없는 반죽 덩어리에 비유했다. 루트 드라이푸스는 길거리에서 환자를 돌보는 의사들과 자주 만나 소통하고 있었다. 어느 날 그 의사들이 영국 리버풀에서 진행하던 실험을 보러 갔다고 한다.[6] 급진적인 실험은 끝나가고 있었는데 놀라운 결과가 기다리고 있었다.

몇 년 전 과학 실험의 일환이라면 시민들에게 헤로인을 제공할 수 있다는 스위스의 법률 조항이 발견되었다. 그러나 그때까지는 아주 소수의 사람에게만 헤로인을 제공했다. 의사들의 이야기에 귀를 기울이던 루트 드라이푸스는 이렇게 답했다. "좋아요. 정말 대규모 실험을 해보죠. 메타돈을 얻고 싶은 중독자는 누구든 훨씬 쉽게 얻을 수 있도록 할 거예요. 그리고 메타돈만으로는 감당이 되지 않는 사람들을 위해서는 헤로인을 처방할 거예요."[7] 스위스는 합의를 바탕으로 하는 정치제도를 가지고 있다. 어떤 관료도 혼자서 정책을 추진할 수는 없다. 드라이푸스는 동료 정치인 그리고 스위스연방의 여러 주들을 설득해야 했다. 그녀는 그 방안을 통과시키기 위해 투쟁했다. 지금은 비상 상황이며, 비상 상황에서는 획기적인 방법을 활용해야 한다고 설득했다.

20년이 지난 지금, 루트 드라이푸스는 자신의 정치적 투쟁 덕분에 세워진 제네바의 헤로인 처방 진료소 중 한 곳의 길 건너편에 살고 있다. 아침 7시, 나는 제네바호수에서 꽥꽥거리는 갈매기들을 서둘러 지나쳤다. 한밤중처럼 깜깜했다. 자그마하고 깔끔한 스위스 카페에서 양복을 입은 남녀들이 신문을 읽으며 커피를 마시고 있었다. 게슴츠레한 눈빛을 가진 사람은 아무도 없는 것 같았다. 스위스 사람들은 일찍 잠자리에 들어가고, 아직 깜깜할 때 불평 없이 일어난다.

큼직한 헤드폰을 쓴 젊은 남자와 팔꿈치에 가죽 조각을 덧댄 트위드 양복을 입은 노인이 헤로인을 처방하는 진료소 복도에 나란히 앉아 있었다. 그들은 헤로인 주사를 맞기 위해 참을성 있게 기다리는 중이었다. 먼저 노인이 간호사의 안내로 주사실로 들어갔다. 그는 얼마 후 돌아와 20분 동안 가만히 혼자 앉아 있었다. 그다음 방 한구석에서 나와 이야기를 나누었다. 그는 유럽 중부의 작은 나라인 스위스의 국무장관처럼 보였다. 품위 있고 주름진 얼굴에 공들여서 윤을 낸 구두를 신고 있었다. 의료진이 나를 소개하자 그는 내가 그의 진짜 이름을 밝히지 않아야 자신의 이야기를 계속 들려주겠다고 했다. 마약과 관련된 법이 바뀌기 전에 저지른 범죄들을 자백하려고 했기 때문이었다. 그래서 이 책에서 그를 '진'이라고 부르려고 한다.[8]

"처음 이곳에 왔을 때 나는 병들고 지저분한 상태였어요. 정말 전형적인 중독자였죠." 그는 몇 분 이상 집중해서 영화를 볼 수 없었다. 과일이나 조금이라도 기름진 음식은 아예 먹지 못했다. 길거리에서 더러운 음식을 먹은 탓에 소화기관이 망가졌기 때문이었다. 그는 35년 동안 마약을 주사하고 있었다. "길거리에서 마약 주사를 놓고 있으면 이미 몸 안에서 죽음을 느껴요. 죽음을 느끼고, 죽음을 볼 수 있어요. 몸 안에 죽음이 도사리고 있고, 죽음이 진행되고 있죠."

진은 메타돈을 복용하려고 했지만, 아무 소용이 없었다. 그의 몸과 마음은 계속해서 헤로인을 갈망했다. 그는 매일 아침 극심한 공포로 식은땀을 흘리며 잠에서 깨곤 했다. 그러면서 '오늘 당장 내가 사용할 마약을 사려면 어떻게 돈을 벌어야 하지?'라고 스스로에게 물었다. 진은 돈을 벌고, 헤로인을 사고, 헤로인을 맞고, 돈을 벌고, 헤로인을 사고, 헤로인을 맞는 일과를 매일 하루 종일 끊임없이 되풀이하는 비참함의 회전목마에서 벗어나지 못했다. "그것은 그저 중독이 아닙니다. 직업입니다." 어느 날, 루트 드라이푸스가 헤로인을 처방하는 진료소를 설립했다는 이야기를 듣기 전까지 진은 마약 밀매와 관련된 일을 하며 먹고살았다. 그는 '중개인'이었다는 말 외에는, 어떤 일을 했는지 자세히 밝히려 하지 않았다.

루트 드라이푸스가 만든 제도에서 헤로인 처방은 다른 어떤 방법으로도 도움받을 수 없는 중독자들을 위한 마지막 선택지다. 헤로인 처방을 받을 수 있는 조건은 세 가지. 열여덟 살이 넘어야 하고, 최소한 두 가지 이상의 치료를 거쳤지만 실패했어야 하며, 운전면허증을 제출해야 한다. "처음에는 그런 조건을 이해하고 받아들이기가 쉽지 않았습니다. 모든 중독자들이 완전히 혼란스러워했죠"라고 진은 말했다. 하지만 그는 이제 마약을 얻기 위해 몸부림칠 필요가 없다. 급작스러운 변화였다. 이제 다른 일들로 하루를 채워야 했다. 하루하루의 일상이 달라졌다. "이곳에 오는 환자들은 삶을 재창조해야 합니다. 우리는 상상력을 새로 만들어내야 합니다." 헤로인 처방 진료소는 환자들이 치료를 받고, 집을 구하고, 직업을 찾으면서 삶을 서서히 재건하도록 돕는다. 예를 들어 진과 같은 환자들 중 한 명은 주유소를 운영하고, 다른 환자는 은행에서 일한다. "일단 안정이 되면 사건 사고가 덜 벌어지고, 정상적인 삶으로 돌아가게 됩니다. 그래서 '좋아, 이제 난 뭘 해야 하지?'라고 묻게 되죠." 진의 말이다.

오랫동안 중독에 빠져 지낸 후 새로운 생활에 적응하기란 어렵다. 그러나 진은 "지금 내가 느끼는 고통은 질병의 고통이 아닙니다. 다시 태어나는 고통이죠. 완전히 잊었던 것들을 수십 년 만에 처음으로 되찾아서 기분이 좋고 행복합니다"라고 고백했다. 진은 과일을 먹고, 영화를 보고, 음악을 다시 듣기 시작했다. "진료소 덕분에 현실 세계로 돌아올 수 있었습니다."

해리 앤슬링어는 이런 헤로인 처방 진료소들에 결정적인 결함이 있다고 믿었다. 중독자들의 몸에 그 약물에 대한 내성이 점점 커져서, 똑같은 효과를 얻으려면 점점 더 양을 늘려나가야 한다는 것이 해리의 주장이었다. "중독자들은 절대 주어진 양에 만족하지 않아. 언제나 더 많이 복용하려고 하지."[9] 또 앤슬링어는 중독의 제1법칙을 제시한 마약국의 두 직원들을 칭찬했다. "아편중독자가 아편제를 자유롭게 사용할 수 있다면, 어떤 외적인 힘으로 중단시키지 않는 한 점점 더 자주 아편제를 찾으면서 그런 상태에서 벗어날 수 없게 된다"라는 법칙이다.[10]

이 주장은 이치에 맞는 것 같다. 그러나 스위스의 헤로인 처방 진료소에서 일하는 사람들은 이와 반대되는 현상을 발견했다고 내게 말했다. 헤로인 처방 진료소를 찾는 중독자가 더 많은 양의 헤로인을 원하면 곧바로 더 받을 수 있다. 그래서 처음에는 앤슬링어와 그의 직원들이 예측했듯, 대부분의 중독자들이 점점 더 많이 달라고 요구한다. 그러나 대부분의 중독자들은 몇 달 안에 요구를 중단한다. 순전히 그들의 자유의지로 투여량을 늘리지 않기로 결단하는 것이다.[11]

이 진료소의 정신과 의사인 리타 망히Rita Manghi 박사는 "그 후에는 한결같이 대부분의 중독자들이 투여량을 줄이고 싶어합니다"라고 설명했다. 예를 들어 진은 이 진료소에서 하루에 세 번 헤로인을 투여하는데 아침에 80밀리그램, 오후에 60밀리그램, 저녁에 80밀리그램이었던 것이 이제 아침에 30밀리그램, 저녁에 40밀리그램으로 줄었다. "이제는 더이상 헤로인을 원하지 않는다고 의사에게 말하기 직전이에요." 진은 이 진료소를 찾는 전형적인 중독자다.

마약과의 전쟁이 시작될 때 해리 앤슬링어와 헨리 스미스 윌리엄스가 벌였던 약간 맥이 풀리는 논쟁, 마약을 영원히 금지해야 한다는 주장과 영원히 처방해주어야 한다는 주장이 맞섰던 논쟁이 갑자기 바보 같아 보인다. 스위스의 헤로인 처방 진료소 사람들은 둘 중 하나를 선택해야 하는 문제가 아니라는 사실을 알게 되었다. 심각한 중독자들에게 안전하고 합법적으로 처방해주면서 그들 스스로 투여량을 조절할 수 있게 하면, 대부분은 자발적으로 서서히 마약 사용을 줄이게 된다. 진료소에 온다고 곧장 마약 사용을 중단하지는 않는다. 그러나 많은 사람들이 진료소를 마약 중단을 위한 통로로 삼는다.[12] "이 진료소는 잃어버렸던 통제력을 매일매일 한 걸음 한 걸음 회복할 기회를 줍니다."

진의 설명이다.

이곳에서 사람들을 치료하는 포르투갈 출신 정신과 의사 다니엘 마르팅Daniel Martin 박사는 나에게 시각적으로 설명하려고 했다. 그는 이곳을 찾아오는 대부분 중독자들의 내면에는 빈 유리잔이 있다고 했다.[13] "그들이 헤로인 주사를 맞으면 유리잔은 몇 시간 동안만 가득 채워져요. 그다음 헤로인이 빠져나가면서 다시 빈 잔이 되지요. 중독자들이 삶을 재건해서 사회적 관계, 직업, 몇몇 일상적인 즐거움 등 다른 것들로 빈 잔을 채울 수 있도록 돕는 것이 진료소의 목적입니다. 그렇게 할 수 있다면, 헤로인이 빠져나가는 동안에도 유리잔이 완전히 비어버리지는 않아요. 삶에 더 많은 것이 담길수록, 유리잔에도 점점 더 많은 것이 담겨서 헤로인으로 채워야 할 양은 줄어들 거예요. 그러다 마침내 헤로인을 전혀 넣지 않아도 충만감을 느낄 정도로 내면이 꽉 찰 수 있지요."

마약중독자들은 얼마든지 오랫동안 이 진료소를 이용할 수 있다. 그래도 평균 3년 정도만 찾아온다. 그 기간이 지나도 계속해서 매일 마약을 찾는 사람은 15퍼센트밖에 되지 않는다.[14]

헤로인중독자들의 이전 삶은 폭력적이고 짜릿했다. 쫓아다니고 돌격했다. 오늘날 스위스에서 마약중독자의 삶은 조금 따분하다. 진료소에 앉아서 기다리고, 차 한잔 대접받는 일 정도가 전부다. 마약과 관련된 하위문화는 사라졌다. 진료소가 문을 연 후, 스위스 사람들은 조금씩 변화를 알아차렸다. 중독자들로 꽉 찼던 공원과 기차역에서 이제 그들을 찾아볼 수가 없다. 오늘날에는 그곳에서 아이들이 다시 놀고 있다. 거리는 더 안전해졌다. 헤로인 처방을 받은 사람들의 차량 절도는 55퍼센트, 강도와 도둑은 80퍼센트 줄어들었다.[15] 헤로인 처방 후 범죄가 '거의 즉각적으로' 감소했다는 사실은 가장 상세한 학술연구가 밝혀냈다.[16] 마약 사용자들 사이의 HIV바이러스 전염도 멈췄다. 1985년 스위스에서 HIV바이러스에 새로 감염된 사람의 68퍼센트 정도가 마약 주사 때문이었다. 그러나 2009년에는 5퍼센트 정도로 감소했다.[17]

매년 사망하는 중독자의 수가 획기적으로 줄었고,[18] 정규직으로 일하는 비율은 세 배가 늘었으며, 노숙자가 사라졌다.[19] 복지 혜택을 받았던 모든 중독자 중 3분의 1이 중독에서 완전히 벗어났다.[20] 리버풀에서처럼 중독자들의 다단계 판매가 산산이 무너져 내렸다. 지속적으로 헤로인 처방을 받은 사람들은 치료를 받기 전보다 마약을 팔 가능성이 94.7퍼센트 줄어들었다.[21] "마약상들이 이 진료소를 정말 싫어합니다. 예전에는 나도 그들 밑에서 일했죠. 그들은 취약한 상태인 마약중독자들을 좌지우지하면서 돈을 벌고 싶어해요. 내가 예전 같은 범죄 환경 속에 있다면 그들이 나를 살인자로 만들 수도 있을 거예요. 나도 무슨 짓이든 할 거고요." 진이 이렇게 말하는 동안, 나는 치노와 로사리오를 떠올렸다. "그런데 지금은? 아뇨, 그들에 대해 할 말이 없죠."

이 진료소는 환자 한 명당 하루에 35스위스프랑의 비용을 들인다.[22] 대신 마약중독자들을 체포하고, 괴롭히고, 유죄 판결을 내리느라 하루에 44스위스프랑의 세금을 쓰지 않아도 된다.[23] 그래서 누군가 "내가 왜 이런 일에 세금을 내야 하죠?"라고 물으면, 대부분의 스위스 사람들은 아주 실용적으로 "비용이 더 들지 않아요. 이 진료소 덕분에 돈을 아낄 수 있어요"라고 대답한다.

하지만 나는 여전히 궁금했다. 어떻게 루트는 이토록 보수적인 나라에서 이런 정책을 납득시킬 수 있었을까? 내 스위스 친척들은 종종 보수당 편에 서는 온건파다. 진보적인 샌프란시스코에서 마약정책을 개혁하려는 사람들보다는, 보수적인 텍사스주 러벅에서 마약정책을 더 강경하게 바꾸려는 사람들과 비슷하다. 나는 루트 드라이푸스가 보통 사람들의 생각과 상관없이 마약정책을 추진할 수 없었다는 사실을 안다. 스위스에는 뿌리깊은 민주주의제도가 있기 때문이다. 만약 한 스위스 시민이 의회가 통과시킨 법이 마음에 들지 않으면 같은 생각을 가진 5만 명의 서명을 받기만 하면 된다.[24] 그러면 그 법을 폐지할지 말지 국민투표에 부칠 수 있다. 1990년대 후반, 한 보수적인 단체가 헤로인 처방에 대해 국민투표에 부치자고 했고, 전국적으로 떠들썩한 혹은 스위스답게 떠들썩한 논쟁이 벌어졌다.

중독자들이 아니라 자신을 위한 결정

루트 드라이푸스, 그리고 그녀의 정책을 지지하는 많은 사람들은 전 세계 어느 곳의 누구도 시도하지 않았던 방법으로 마약 논쟁을 주도했다. 앤슬링어 이후 마약과의 전쟁을 주장하던 사람들은 마약 관련법을 조금이라도 완화하면 어쩔 수 없이 혼란이 심해진다고 주장했다. 그리고 그런 혼란에 맞서 싸우며 질서를 바로잡는 세력으로 자신을 내세웠다. 그런데 루트는 정치적 투쟁을 하면서 그 주장을 정반대로 이용했다. 스위스 시민들은 이제 미국처럼 마약을 단속하면 거리가 혼란에 빠진다는 사실을 눈으로 확인할 수 있었다. 그런데 정부가 헤로인을 합법적으로 처방할 수 있는 길을 열어주자 혼란이 사라졌다. 이에 드라이푸스와 그녀의 지지자들은 마약과의 전쟁을 하면 사회가 무질서해지고, 마약과의 전쟁을 끝내면 서서히 질서를 회복할 수 있다고 주장했다.

　이 주장이 이겼다. 1997년 스위스 유권자의 70퍼센트 정도가 개정된 마약 관련 법을 유지하자고 찬성표를 던졌다. 그러다 2008년 보수 세력이 결집해 또다시 국민투표를 요구했다. 새로운 마약정책의 유지를 주장하는 진영에서는 아기와 함께 있는 젊은 엄마가 "우리 공원에서 주사기가 보이지 않으면 좋겠어요"라고 말하는 포스터들을 내걸었다. 또 다른 포스터는 "치료를 받은 덕분에 우리 아들이 마약을 끊을 수 있었어요"라고 말하는 50대 부부를 보여주었다. 그 국민투표에서는 68퍼센트가 새로운 마약정책을 지지했다.[25] 이런 캠페인들은[26] 전 세계의 마약 금지 정책을 바꿀 수 있는 근거를 초기 단계에서 보여주고 있다.[27]

　스위스 사람들은 중독자들이 아니라 그들 자신을 보호하고 방어하기 위해 그런 선택을 했다. 스위스의 사례가 마약 관련 정책을 개혁하려는 사람들에게 결정적인 교훈을 준다는 생각이 들었다. 마약과의 전쟁을 끝내야 한다고 믿는 사람들은 진보주의자나 좌파를 우군으로 확보하고 있다. 그들이 설득해야 할 대상은 온건주의자와 보수주의자들이다. 이를 위해 멀리 스위스 산꼭대기에서 들리는 요들송 같은 사례에서 방법을 찾을 수 있다.

대통령이 된 루트는 어느 날, 마약중독자와 이야기를 나누기 위해 베른의 헤로인 처방 진료소를 찾았다. 그리고 그곳에서 잘 차려입은 잘생긴 청년을 만났다. 루트는 그와 대화해보려고 노력했지만, 그 청년은 수줍어했다. 그는 거의 한마디도 하지 않으려고 했다. 루트가 그 진료소에서 나오려고 할 때 놀랍게도 그 청년이 쪽지를 건넸다. 집무실로 돌아간 다음에 읽어보라는 부탁과 함께.

"저는 6개월 전까지만 해도 거리에서 살았어요. 나 자신이 싫었고, 자존감을 모두 잃었죠. 나는 지저분했고, 길거리와 공원에서 잤어요. 그런데 이 진료소가 나를 받아들여 주었어요…. 그리고 이제는 하루에 세 차례 헤로인 주사를 맞으려고 이곳으로 오고 있어요. 나는 자존감을 되찾았어요."[28] 쪽지에는 지금 정부기관에서 일하기 때문에 대통령인 루트와의 대화를 주저했다는 설명도 적혀 있었다. 루트는 "그런 쪽지를 읽으면 그 일을 오랫동안 계속할 수 있는 힘을 얻었지요"라고 말했다.

미국 대통령이나 영국 총리가 루트가 했던 일, 마약중독자들을 만나고, 그들이 어떻게 살아왔는지 듣고 나서 그들을 돕자고 사람들에게 호소하는 모습을 상상하기란 어렵다. 어느 날 오후,

루트가 사는 제네바의 아파트에서 그렇게 말했더니 "미국 대통령이나 영국 총리도 그렇게 해야 해요. 그들의 눈으로 보고 배워야 해요"라는 답이 돌아왔다. 만약 루트가 버락 오바마, 데이비드 캐머런과 함께 탄 엘리베이터가 멈춰서 갇히게 된다면 이렇게 말할 것이다. "당신들은 당신들 나라의 모든 국민을 책임지고 있어요. 그들을 보호하고, 그들이 스스로를 보호할 수단을 제공해야 한다는 뜻이죠. 당신들이 버릴 수 있는 집단은 없어요."

하지만 중독자들에게 헤로인을 처방했던 영국 의사 존 마크스를 제재하라고 영국을 압박했던 세력이 스위스를 똑같이 위협하려고 했다. '국제 마약 통제 위원회'는 "불을 가지고 노는 사람은 누구든 불을 통제할 수 없다"라고 단호하게 밝혔다.[29] 그리고 "스위스가 마약을 생산하는 국가들에 끔찍한 신호를 보내고 있다"라고 비난했다. 하지만 누구도 루트 드라이푸스를 겁주지 못했다. 미국 마약 통제정책국 국장을 지내며 마약 황제로 불릴 정도로 강경책을 주장했던 배리 매캐프리는 유럽을 방문했을 때 네덜란드에서 기자회견을 열었다. 그는 식민지 총독이 원주민에게 연설하듯, 네덜란드 정부가 부도덕하다고 비난했다. 매캐프리는 곧바로 스위스로 갈 예정이었다. "그가 네덜란드에서 대마초 가게에 대해 했던 말은 형편없었어요"라고 루트는 말했다. 그래서 루트는 매캐프리에게 전화를 걸었다. "스위스에서는 기자 회견을 열지 못할 거예요. 우리는 당신이 우리나라의 정치적 논쟁에 개입하지 못하게 할 거예요."[30]

루트 드라이푸스는 대통령에서 물러난 후 페르난도 엔리케 카르도소 브라질 대통령 등 국가 원수를 지냈던 사람들과 '마약정책에 대한 세계 위원회'라는 단체를 설립했다. 전 세계에 마약과의 전쟁을 끝내라고 요구하는 단체다. 루트는 나를 만나기 얼마 전에도 멕시코, 가나, 부다페스트와 빌뉴스 그리고 이탈리아를 다녀왔다. 루트는 어디에 가든 마약과의 전쟁에 대한 의구심이 커지고 있고, 사람들이 합리적인 대안에 대해 듣고 싶어한다는 사실을 확인할 수 있다고 말했다.

나는 미국 대통령이나 영국 총리를 지낸 사람이 걸어서 1분 거리에 마약중독자 진료소가 있는 곳에서 산다고 상상하기란 어렵다고 털어놓았다. 그러자 루트는 담뱃재를 털면서 답했다. "우리는 최대한 도심에서 이런 진료소를 운영하고 싶어요. 여러 가지 이유 때문이죠. 무슨 말인가 하면, 정기적으로 그곳을 찾아야 할 사람들이 있으니까요. 그들을 어딘지 모를 곳으로 보낼 수는 없잖아요? 그들에게 직업이 있으면 점심시간 같은 때에 올 수 있는 곳이어야 한다는 점이 중요해요. 그것이 현실적이죠."

그 말을 마친 루트 드라이푸스는 마약중독자 진료소 방향으로 고개를 돌리고 창밖을 내다봤다.

13장
1974년, 혁명의 정신으로

마약의 비범죄화를 선언하다

나는 2001년에 대마초부터 크랙코카인까지 모든 마약 사용을 처벌 대상에서 제외한 나라가 있다는 사실을 몇 년 전부터 알고 있었다. 나는 그런 방법이 어떤 의미가 있는지 궁금했다. 그러나 마약 문제에 대한 이 여정을 시작하고 거의 2년이 지날 때까지 그곳의 방문을 미뤘다. 이 이야기를 긍정적인 분위기로 끝내고 싶어서였다. "사랑하는 독자여, 여기에 해결책이 있어요"라고 말하고 싶었다. 하지만 또 다른 이유도 있었다. 우울할 때만 스스로 인정한 이유였다. 대안을 확인하려고 찾아갔는데, 그런 방법이 별 도움이 되지 않고 있다면 어쩌지? 그다음에는 어떻게 하지?

2013년, 마약 사용을 범죄로 처벌하지 않는 나라를 돌아보기 위해 겨울인데도 햇살이 따뜻한 포르투갈 땅을 밟았다. 며칠 동안은 리스본 거리를 쏘다녔다. 그리고 거리에서 뭔가 다른 점을 확인하게 될 수 있다고 기대했다. 이 포르투갈 수도의 일곱 언덕에서 소년과 소녀들이 서로 손을 잡고 오르락내리락 한가로이 걸어다녔다. 어디로 이어지는지 모를, 좁고 들쭉날쭉하고 정신없는 중세 거리, 그리고 계획적으로 설계해 바다까지 곧게 뻗은 대로도 지나갔다. 그들은 길거리에 앉아 커피를 마시고, 허리가 그렇게 얇고 분명 지갑은 더 얇을 텐데 케이크를 잔뜩 먹었다.

리스본 사람들은 밝게 칠한 작은 아파트 단지에서 살았다. 집들은 큰길이나 골목길 너머로 마주보고 있었다. 어느 집 창문에서도 여섯 채의 집을 들여다볼 수 있었다. 느슨하게 매단 빨랫줄에 속옷이 걸려 있어 누구든 볼 수 있었다. 그래도 나는 영국인답지 않게 당황하지 않았다. 리스본 사람들은 느긋한 눈빛이지만, 언제 어디에서든 커피를 홀짝이며 나를 바라보고 있었다.

나는 관청 건물 안 이름 없는 작은 사무실에서 조앙 골랑이라는 남자를 만났다. 그는 갈색 양복을 입고 갈색 넥타이를 매고 있었다. 오랫동안 가족 주치의로 일했던 조앙은 지금도 의사처럼 엄밀한 태도로 말했다. 그의 몸가짐은 부드럽고, 조금 보수적으로 보였다. 하지만 조앙 골랑은 해리 앤슬링어가 전 세계로 퍼뜨린 체제를 깨뜨리는 사상 최대의 혁신을 이끈 인물이다. 그는 여러 사람에게 공을 돌리고, 칭찬은 사양했다. 그러나 대부분의 사람들은 조앙 골랑이 포르투갈의 진정한 변화를 이끌었다고 믿는다. 여러 차례 대화를 나누면서 그와 포르투갈의 마약 혁명에 참여한 다른 많은 사람들이 어떻게, 왜 그런 일을 했는지 들었다.

포르투갈의 가장 급진적이고 대담한 시도

1973년, 열아홉 살의 포르투갈 대학생이었던 조앙 골랑은 의학 교과서를 훑어보다 비밀 쪽지를 발견했다. 화장지에 쓴 글이었다. 누군가 그 쪽지를 그곳에 슬며시 놓아두고 사라졌다. 조앙 골랑은 글을 꼼꼼히 읽었다.

혁명을 외치는 지하신문의 내용이었다. 이런 글을 가지고 있다가 들키면 비밀경찰이 그를 잡으러 오고, 그는 쥐도 새도 모르게 사라질 수 있다는 사실을 조앙은 알았다. 그는 대학교 캠퍼스 곳곳에서 '사라진' 학생을 돌려보내달라고 요구하는 표지판을 보았다. 드물게 사람들이 시위를 벌이면 경찰은 개를 풀고 경찰봉을 휘둘렀다. 그리고 더 많은 사람들이 사라졌다.

며칠 후, 어떤 학생이 조앙에게 "네 책 안에 뭔가 이상한 종이가 들어 있지 않았어?"라고 물었다. "있었어"라고 조앙은 대답했다. 그 학생이 "그 글에 대해 어떻게 생각해?"라고 묻자 조앙은 "우리는 아주 조심해야 한다고 생각해"라고 답했다. 그러면서 "그 글이 마음에 들긴 했어"라고 덧붙였다. "네가 원하면 아무도 몰래 그런 글들을 더 많이 보여줄 수 있어." 조앙은 그렇게 포르투갈 민주화운동과 관련을 맺었다.

조앙 골랑의 가족은 그가 그런 일에 관심을 갖지 않기를 바랐다. 조앙은 1950년대와 1960년대에 걸쳐 침묵을 강요받고 있던 포르투갈 내륙, 독재국가의 메마른 시골 이곳저곳을 옮겨다니며 성장했다. 조앙의 아버지는 기술자였고, 사람들이 그들의 의지와 상관없이 살던 땅을 떠나도록 내모는 일이 그의 직업이었다. 정부와 전기 회사들이 원하는 댐 건설을 위해서는 주민들을 이주시켜야 했다. 사람들은 아버지를 좋아하지 않았다. 그래서 아버지는 총을 가지고 다녔다.

조앙의 가족은 사악한 세력들이 포르투갈을 장악해서 모든 것을 파괴하려고 한다는 독재정권의 선전을 의심 없이 믿었다. 조앙이 성장한 곳에서는 아무도 제대로 된 정치 이야기를 하지 않았다. 그저 정부 선전을 모호하고 상투적인 말로 따라할 뿐이었다. 위험한 생각을 떨쳐내려고 중얼거렸다. "정치 경찰이 잡아가서 실종되는 사람들도 있다고 그저 막연하게 느꼈습니다. 그래도 가족끼리 그런 이야기는 전혀 하지 않았어요. 금기였죠"라고 조앙은 말했다.

대학교에 진학하려고 대도시에 온 후 그는 진실을 알아가고 있었다. 어느 날 조앙은 버스정류장에서 비밀 동지 중 한 명에게 비밀 신문에서 읽은 기사 중 하나에 대해 물었다. 그런데 그 친구는 대답은 하지 않고, 뚱딴지같이 큰 소리로 축구 이야기를 늘어놓았다. 조앙은 어리둥절했다. 그 친구는 나중에야 연유를 설명했다. "정치 경찰 중 누군가가 우리에게 다가오고 있었어. 우리 대화를 엿들으려고 했어."

조앙은 어디선가 큰일을 준비하고 있다는 사실을 알게 되었다. 소문으로 들었다. 그러나 언제 그 일이 일어날지는 몰랐다. 1974년 4월 25일 새벽,[1] 포르투갈 군대의 장교였던 조앙의 매형이 누나에게 전화를 걸어 깜짝 놀랄 이야기를 했다. "우리는 혁명을 준비해왔어. 그런데 이제, 그 혁명을 시작했어." 탱크들이 이미 리스본 도심의 재무부 건물을 향해 굴러가고 있었다. 혁명군은 국민들에게 거리로 나오지 말라고 당부했다.[2] 라디오에서는 행진 음악만 끊임없이 흘러나왔다. 그러나 조앙은 수만 명의 사람들과 함께 그날 아침 곧장 도심으로 갔다. 날씨는 쌀쌀했고, 도시는 숨죽인 듯 보였다. 조앙은 군함이 강 위에 떠서 정부 청사를 향해 대포를 겨누고 있는 모습을 보았다. 거리에서 행진하는 군인들도 보았다. 리스본의 좁고 구불구불한 길에서 바깥을 향해 기관총을 겨누고 있는 탱크가 너무 크고 흉측해 보였다.

그리고 어느 순간, 조앙과 그 거리에 함께 서 있던 모든 사람은 다시는 내 나라 군대의 총에 맞지 않으리라는 사실을 알게 되었다. 도시를 가로지르며 굴러가던 탱크들은 꽃 파는 좌판을 준비하던 노부인 앞에서 멈췄다. 노부인은 미소를 지으며 탱크 지휘관에게 빨간 카네이션 한 송이를 조용히 건넸다. 오후가 되자 어린 소녀들이 군인들에게 다가가 총구에 빨간 카네이션을 꽂았다.[3] 포르투갈 사람들이 두려움을 잃은 순간이었다. 사람들은 탱크 위로 올라가 춤을 췄다.[4] 그리고 독재정권은 무너졌다.

그 후 몇 달 동안 온갖 토론과 시위가 분출했고, 수십 년 동안 억눌렸던 온갖 희망이 터져 나왔다. 민주주의의 축제였다. 마치 그의 아버지가 수십 년 동안 건설했던 댐이 한꺼번에 무너진 것 같았다.

포르투갈은 마약 문제에 쏟아부을 교훈을 이렇게 배우고 있었다. 어떤 체제도 똑같은 상태로 남아 있을 수는 없다는 교훈이었다. 어떤 신조가 효과가 없다면, 아무리 강력하고 확고해 보여도 그 신조를 버리고 새롭게 시작할 수 있어야 한다는 교훈이었다.

그로부터 25년이 지난 21세기 초, 조앙 골랑은 포르투갈이 전례없이 놀라운 일을 추진하도록 도왔다. 2013년에 만났을 때 조앙은 나에게 "독재정권을 뒤집어엎는 꽃들을 봤던 1974년 그날부터 그 모든 과정이 시작되었습니다"라고 말했다.

독재정권 때에는 봉쇄된 채 정적만 감돌던 알가르브는 매일 24시간 머리를 흔들어대는 해변 파티가 열리는 지역으로 바뀌었다. 포르투갈의 남해안에 자리한 이곳에서는 노란 모래, 노란 태양, 푸른 물의 꿈같은 풍경이 펼쳐진다. 그런데도 옛날 체제에서는 50년 동안 전 세계 관광객들이 사실상 거의 찾아오지 않는 곳이었다. 하지만 1980년대가 되자 유럽 곳곳에서 모여든 관광객들이 낮에는 햇볕에 몸을 태우고, 밤에는 해변에서 보드카를 들이켰다. 그 당시 조앙은 알가르브에서 일하는 가족 주치의였다. 그는 알가르브 지역 주민 모두가 1년 중 몇 달 동안 현금 다발을 만지고, 곤드레만드레 취해 흥청망청하는 전 세계 관광객들과 즐겁게 어울리며, 모든 면에서 성수기를 보내는 모습을 지켜보았다. 그다음 관광객들은 집으로 돌아가고, 알가르브는 텅 비어 일거리가 없어지곤 했다.

알가르브는 집단으로 조증에 빠졌다 이어서 집단으로 우울증에 빠져드는 조울증 지역이 되었다. "물론 환각제, 코카인 등등 파티용 마약을 사용하는 사람들을 많이 봤어요. 하지만 마약에서 진짜 큰 문제는 헤로인 때문에 생기죠"라고 그는 설명했다. 조앙이 이 문제를 해결하려고 애쓸 때 마약을 금지해야 한다는 또 다른 해결책으로 접어들었을 수도 있다. 2013년 조앙 자신과 포르투갈 마약중독자 치료 분야의 동료들, 조앙이 중독 치료를 했던 몇몇 사람들이 나에게 들려주었던 이야기, 그리고 조앙에 대한 뉴스 보도를 바탕으로 정리한 내용은 이렇다.

1980년대에 포르투갈은 세계에서 헤로인중독 문제가 가장 심각한 나라 중 하나였다. 어느 날, 비토르라는 젊은 음악가이자 시인이 조앙의 진료실로 찾아왔다. "그는 아주 지적인 남자였어요. 아주 감수성이 예민했죠. 그래서 우리는 열띤 대화를 나누었습니다." 그 청년은 마약이 예술 창조에 필요한 잠재력을 불러일으킨다고 믿었다. 조앙은 그의 생각에 동의하지 않았다. 시간이 흐르면서 헤로인 사용이 전국적으로 엄청나게 급증할 때 조앙은 비토르를 설득해 헤로인 주사를 중단시킬 수 있었다. 그리고 비토르가 주변 사람들에게 모범이 될 만한 '경이로운 회복'을 이루어나가는 과정을 지켜보았다.

2년 후, 비토르는 이상야릇한 병에 걸려 조앙을 다시 찾아왔다. 에이즈였다. 비토르는 스물세 살 나이에 세상을 떠났다. "정말 비극적이었어요. 비토르의 어머니가 어제 내게 전화해서 그냥 복 많이 받으라고 말했어요. 매년 크리스마스 전에 전화하세요. 그리고 울기 시작하죠."

이전에는 포르투갈이 사실상 이런 마약 문제를 겪은 적이 없었다. 1960년대에는 나라 전체가 독재정권에 억눌려 있었기 때문에, 포르투갈은 민주화 후 백지상태에서 마약정책에 대해 고민해야 했다.[5] 국제적인 기준으로 볼 때 대마초나 코카인 같은 마약은 많이 사용하지 않았지만, 헤로인 사용은 엄청나게 급증하고 있었다.[6] 포르투갈 정부는 필사적으로 대응하려고 했고, 세계적인 마약 금지론자들이 주장하는 방법이 기다리고 있었다. 마약 사용을 법률로 금지하고 단속하고 처벌한다는, 명확하고 분명한 방법이었다. 포르투갈은 그 방법을 모두 열렬히 받아들였다.

하지만 당혹스럽게도 마약 문제는 계속 악화되기만 했다. 조앙은 헤로인중독자들을 점점 더 많이 진료하고 있었고, 에이즈에 감염된 경우도 점점 더 많아졌다. "헤로인 사용은 소외된 사람들 사이에서 시작되었습니다. 그러나 그다음 중산층 그리고 심지어 상류층까지 퍼졌습니다. 그 당시에는 가족이나 가까운 이웃 중 마약중독자가 없는 포르투갈 가정을 하나도 찾을 수 없을 정도였죠"라고 그는 말했다. 1990년대 초, 포르투갈 국민 100명 중 1명이 헤로인에 중독되어 있었다.[7]

그런데도 중독자들은 도움을 청하려고 나서기 두려워했다. 심지어 의료 봉사를 받을 때조차 그랬다. 중독자들은 종종 절망적인 상태에서 조앙의 진료실에 들어섰다. 그러나 성이나 어떤 연락처도 가르쳐주려고 하지 않았다. 중독자들은 마약과의 전쟁이 벌어지고 있고, 그들 자신이 무찔러야 할 적이 되었다는 사실을 알았다.

조앙은 한 기자에게 이 시기에 대해 "우리는 선택의 여지가 없었습니다. 수백만 달러를 썼지만, 전혀 도움이 되지 않았으니까요"라고 설명했다.[8] 그는 중독자들에게는 경멸이 아니라 도움이 필요하다는 믿음을 바탕으로, 알가르브 역사상 최초로 마약중독자 치료 센터를 설립했다. 그의 팀은 수백 명의 환자들을 치료했다. 그리고 무엇이 효과가 있고, 무엇은 효과가 없는지 관찰했다. 이후 1997년, 조앙 골랑은 포르투갈 전체 중독자들의 치료를 책임지는 자리를 맡았다. 포르투갈 정부는 1999년, 그에게 독립적인 위원회의 위원장을 맡아 마약 문제를 실질적으로 해결할 수 있는 종합적인 계획안을 만들어달라고 요청했다. 아홉 명의 의사와 판사, 공정하고 학구적인 연구자로 구성된 위원회였다.

그들은 무제한의 자유를 누리며 마약 문제를 밑바닥부터 충분히 살펴볼 수 있었다. 대부분의 나라에서 오랫동안 무시해왔던 상당히 명백한 사실들을 인정할 수 있었다는 의미다. 첫 번째는 압도적으로 많은 성인이 아무 문제없이 마약을 이용한다는 사실이었다. 그들은 위안 삼아 마약을 사용했지만, 중독되지는 않았다. 이런 사람들에 대해서는 안전하게 사용하라고 조언하는 일 말고는 신경쓸 필요가 없다고 위원회의 전문가들은 판단했다. 중독자에 관한 한 포르투갈은 앤슬링어가 개척해놓은 '폭력적인' 방법을 이미 시도한 적이 있다는 사실이 두 번째 요점이었다고 조앙은 말했다. 마약중독자들을 위협하고, 계속 마약을 사용하면 엄청난 고통을 주는 방법이었다. 조앙은 자신의 진료 경험을 바탕으로, "이런 방법으로는 중독자들이 마약을 계속 이용하고 싶게 만들 뿐입니다. 마약 문제를 해결한다는 명분으로 중독자들을 얽어매고 굴욕감을 주면, 그들이 그런 제도에 분노하면서 정상적인 삶으로 돌아가고 싶지 않게 되죠"라고 설명했다.

위원회는 마약 문제를 그보다 더 정교하게 관찰하고 싶었다. 조앙은 그를 찾아온 모든 중독자들이 '마약을 계속 사용하고 싶은 욕망과 끊고 싶은 욕망 사이에서 언제나 갈등하고 있다'라고 판단했다. 그런데 마약 금지론자들이 만들어놓은 체제에서는 회복 중인 중독자들을 팍팍한 현실로 계속 내동댕이친다. 그래서 중독자들이 마약에서 벗어나려는 마음을 먹기가 더 어려워진다. 조앙은 "마약을 끊으려고 정말 힘들게 몸부림치고 있는 환자가 '이제 나는 어떤 삶을 살까요? 나는 준비가 되어 있지 않고, 갈 곳도 없어요'라고 말할 때 정말 좌절감을 느꼈습니다"라고 고백했다.

그와 그의 동료들은 완전히 다른 개념을 바탕으로 새로운 정책을 만들자고 제안했다. 중독자에게 '고통 대신 즐거움을 주면서 새로운 삶을 살 수 있게 하는' 정책이었다. 중독자들이 '과거에 무슨 일을 겪었기 때문에' 일상생활을 견딜 수 없게 되었는지 알아내고, 그들이 새로운 삶을 살면서 과거를 극복할 수 있도록 연민을 가지고 돕는 일이 의사로서 언제나 그의 목표였다. 이제 위원회는 '그것이 모든 훌륭한 의사의 목표라면 왜 정부 정책의 목표가 될 수는 없을까?'라고 묻고 있었다.

위원회는 이런 통찰을 바탕으로 권고안을 내놓았다. "마약 사용자들을 범죄자로 내몰거나 따돌리지 말고, 사회의 온전한 구성원으로 대우해야 한다. 마약 사용을 완전히 없애는 일 같은 도달할 수 없는 완벽한 목표를 이루려고 애쓰는 대신, 모든 마약 사용을 처벌 대상에서 제외해야 한다. 몸에 화학물질을 집어넣는 선택을 했다고, 중독자가 되었다고 처벌하지 말아야 한다. 중독자들을 체포하고, 재판하고, 처벌하느라 돈을 쏟아붓는 대신, 아이들을 교육하고 중독자들의 회복을 돕는 일에 그 돈을 써야 한다."[9]

놀랍게도 포르투갈 의회는 그 문제에 대해 속속들이 논쟁을 벌였다. 포르투갈의 한 고위 관료에게는 헤로인중독으로 힘들어하는 형제가 있었다.[10] 조앙은 그 관료와 함께 마약중독자들을 덜 잔인하게 대하는 유럽 곳곳의 여러 장소를 방문했다. 그 정치인은 이 새로운 접근법을 통과시키기 위해 열렬히 싸우는 사람 중 한 명이 되었다. 포르투갈에서 마약 문제가 너무나 널리 퍼져 있었기 때문에 오히려 예상보다 대중을 설득하기가 쉬웠다. "우리 사회는 마약중독자가 범죄자라기보다 아픈 사람이라고 이미 느끼고 있었어요. 사람들은 '그래, 내 아들은 좋은 아이야. 걔는 범죄자가 아니고, 도움을 받아야 할 사람이지'라고 생각했어요." 조앙의 설명이다.

2001년 포르투갈에서는 마약 사용자와 중독자에 대한 박해가 공식적으로 막을 내렸다. 새로운 법은 "마음의 위안을 얻으려고 마약을 사용하는 사람들에 대해 사회적 낙인을 찍거나 소외시키지 말아야 한다. 그리고 국가는 오로지 '치료를 받도록 격려하기' 위한 목적으로만 중독자들에게 다가가야 한다"라고 규정하고 있다.[11] 열흘 정도 혼자 사용할 분량의 마약을 소지하는 일은 이제 더이상 범죄가 아니다.

포르투갈에서 마약을 사용하고 소지하는 일은 불법이 아니지만, 마약을 판매하면 여전히 불법이라는 사실을 이해하는 일이 중요하다. 포르투갈이 마약 판매를 합법화하려면 앤슬링어가 입안한 유엔의 마약 관련 협약을 부인하는 최초의 국가가 되어야 했다. 그것은 다른 나라들의 제재와 압박을 받을 수도 있는 움직임이었다. 마약 판매가 불법이라면 아직 범죄조직이 무기를 들고 마약 거래를 좌지우지한다는 뜻이다. 그래도 포르투갈 의회와 조앙 골랑이 이끄는 위원회는 최대한 대담한 시도를 하고 있다고 느꼈다. 마약을 금지하기 시작한 후 다른 어떤 나라도 이 정도로 대담한 적이 없었다.

포르투갈의 일부 우파와 전 세계는 이런 정책으로 대참사가 일어날 것이라고 널리 예측했다.[12] 리스본 경찰청의 마약단속국 국장 조앙 피게이라는 '많은 사람들이 마약을 소비하기 시작하면서 폭발적으로 소비가 늘고, 그다음에는 그런 상황을 통제할 수 없게 된다'라고 믿었다. 그 당시 어디에서나 마약 금지론자들의 글에는 "두고 보면 어떻게 될지 알게 될 거야"라고 장담하는 목소리가 담겨 있었다.

조앙 골랑은 그의 사무실에서 포르투갈의 마약 혁명에는 두 가지 차원이 있다고 말했다. 그 위원회는 그저 법적인 처벌 규정만 없앤 것이 아니었다. 마약중독자들이 중독에서 벗어나 회복할 수 있도록 이끌려고 했다. 그들은 마약과의 전쟁에서 별로 효과를 보지 못했던 정책을 버리고, 마약으로 혼란스러웠던 사회의 평화를 되찾기 위한 정책으로 바꾸었다. 조앙은 "마약 사용을 처벌하지 않아서 얻은 가장 큰 효과는 다른 모든 정책들을 새로 만들어낼 수 있게 되었다는 점입니다"라고 설명했다. 미국에서 마약정책을 위해 지출하는 비용 중 90퍼센트는 치안 유지와 처벌에 쓰고, 10퍼센트만 치료와 예방에 사용한다. 포르투갈에서는 그 비율이 정반대다.[13] 브루클린 브라운스빌에서 치노가 활동했던 구역을 다시 떠올려보자. 뉴욕주 정부는 중간 등급 정도의 마약 관련 범죄로 체포해 유죄 판결을 내리는 사람 다섯 명당 100만 달러씩 지출한다.[14] '말썽꾸러기들'을 한동안 거리에서 내쫓기 위해 들어가는 비용이다. 조앙이 포르투갈에서 추진한 정책은 그런 돈을 아주 다른 방식으로 사용하기 위한 방법이었다.

중독을 범죄로 처벌하면서 생기는 사회적 낙인과 수치심을 없애면, 중독자들을 돌보고 치료하고 지원하는 사회적 안전망으로 불러들일 수 있다고 조앙은 믿었다.[15] 나는 그 말이 맞기를 바랐다. 하지만 정말 그렇게 되었을까?

중독 치료의 핵심

어느 흐린 날 오후, 나는 산탄데르은행 맞은편의 아무 표시도 없는 건물에 들어갔다. 그 건물 안 한 복도에서 삐죽삐죽한 머리카락의 열일곱 살 소년이 큼직한 파카에 푹 싸인 채 기다리고 있었다. 그 소년은 방금 한 임상심리사와 한 시간 동안 면담했다. 그리고 이제 키가 큰 30대 중반의 사회학자 누누 카파스가 그를 작은 면담실로 부르고 있었다.

조앙과 그의 동료들이 만든 제도는 아무 문제가 없어서 내버려두어도 되는 90퍼센트의 마약 사용자들과 도움이 필요한 10퍼센트의 마약중독자들을 뚜렷이 구별한다. 그렇게 구별하려면 마약 사용자들 중 중독자들을 가려내야 했다. 이 작은 면담실, 그리고 포르투갈 곳곳의 수십 군데 면담실이 해결책이다. '충고위원회'라고 부르는 방이다. 경찰은 더이상 마약 사용자를 찾으러 다니지 않는다. 하지만 마약 사용자를 우연히 발견하면 딱지를 뗀다. 딱지를 받으면 다음날 이곳으로 와야 한다. 충고위원회의 임무는 그 사람에게 마약중독 문제가 있는지 알아내는 일뿐이다.[16] 마약 사용자는 그들에게 솔직하게 말할 수 있다. 그곳에서 어떤 말과 행동을 해도 범죄 기록으로 남지 않기 때문이다.

옆방의 임상심리사와 면담한 후 문제가 없는 마약 사용자라는 사실이 밝혀지면, 충고위원회 방으로 옮겨간다. 충고위원회는 그에게 마약의 위험성에 대해 경고하고, 최대한 안전하게 사용하는 방법을 알려준다. 예를 들어 부작용이 나타날 경우에 대비해 혼자 있을 때는 절대 사용하지 말라고 조언한다. 그런 다음 제 갈 길을 가게 한다.

비공식적인 심문을 감독하는 누누는 그가 이곳에서 만나는 사람들 대다수가 "그저 마약을 좋아하기 때문에 사용해요. 그들은 마약 사용으로 문제를 겪지 않아요. 그저 마약으로 기분이 좋아지기 때문에 사용할 뿐이에요. 그런 경우에는 사실 치료를 하거나 가둘 필요가 없어요. 결국 조심해야 할 수는 있어요. 그래도 의사나 교도관, 법적인 개입이 필요하지는 않아요"라고 강조했다. 누누는 술집에서 일하면서 매달 첫째 토요일에만 코카인을 흡입하는 한 남자를 전형적인 사례로 언급했다. 다른 날에는 절대 코카인을 흡입하지 않는다고 했다. 그 남자는 코카인을 좋아했다. 그리고 코카인을 좋아하기 때문에 엄격하게 제한해서 사용해야 한다는 사실을 알았다. 그래서 나머지 시간에는 유혹을 이겨낼 수 있었다. 누누는 그 남자에게 "조심해야 해요. 그 규칙을 그대로 지키세요. 한 달에 한 번만, 마약을 하지 않는 사람들과 함께 있을 때만 사용하세요. 발작이 일어날 수도 있으니까요"라고 조언했다. 마약 사용자 열 명 중 아홉 명에게는 이런 조언만 하면 된다.

거리에서 대마초를 피우다 들켜 그곳에 오게 된 파카 입은 10대 소년과 누누가 20분 동안 대화를 나누는 모습을 지켜봤다. 대마초를 피우면 기억력과 집중력이 떨어지고, 공부를 잘하려면 기억력과 집중력이 모두 필요하다고 누누는 설명했다. 그 소년은 누누의 말에 동의하면서 그런 내용을 더 자세히 설명해주는 자료를 좀 달라고 했다. 그리고 떠났다. 그것이 전부다.

그 소년이 자리를 뜨자 누누는 "미성년자의 경우, 불안해하는 부모를 다독이기 위해 애써야 할 때가 많아요. 아이가 0.3그램의 대마초를 가지고 있다 잡히면 부모들이 '쟤는 마약중독자가 될 거예요! 우리 가족을 망칠 거예요!'라면서 난리를 피우기 때문이죠. 우리는 '좀 진정하세요…. 대부분은 결국 대마초 사용을 중단할 거예요. 그리고 다른 어떤 마약도 사용하지 않을 거예요. 마약 사용으로 인한 심리적·육체적 문제도 생기지 않을 거예요. 그러니 크게 문제 삼지 않아도 됩니다'라고 말하죠. 특히 미성년자들의 문제를 다룰 때는 아이들 자신보다 부모에 대해 더 신경을 써야 합니다. 아이들이 부모보다 훨씬 더 잘 아니까요"라고 내게 말했다.

"아주 운이 나쁘거나 일부러 붙잡히려고 하지 않는 한, 문제를 일으키지 않는 마약 사용자가 충고위원회에 다시 올 일은 없어요. 경찰이 길거리에서 느닷없이 나타나 '네 주머니 안에 무엇이 들어 있는지 보여줘'라고 요구하지는 않기 때문이죠. 공공장소에서 노골적으로 마약을 사용하거나 경찰이 길거리 싸움을 벌인 사람을 조사하다 우연히 마약을 발견할 때에야 마약 사용자들이 붙잡히니까요. 두 번 붙잡히는 일은 아주 드물죠." 하지만 두 번 붙잡히면 충고위원회가 약간의 벌금을 물릴 수도 있다. 일반적으로 80유로 정도여서 "그 사람이 이제껏 피운 대마초 중 가장 비싼 대마초가 되죠. 그러나 상당히 상징적인 벌금이라고 말할 수도 있습니다"라고 누누는 설명했다. 하지만 면담을 하다 마약을 상당히 위험한 방법으로 사용하고 있다는 사실이 밝혀지면(예를 들어 주삿바늘을 다른 사람과 함께 사용하는 일 같은), 주삿바늘을 교환하는 곳 그리고 병에 걸리거나 죽지 않도록 안전하게 보호해줄 다른 곳들로 안내한다.

마약 사용자의 10퍼센트를 차지하는 중독자를 대할 때는 '비판 없이 정보만' 제공하고, 생명을 지키면서 치료할 수 있도록 돕는 곳으로 보내는 일이 누누의 임무다. "치료에 관한 한 누구에게도 무엇을 하라고 강요할 수 없어요. 그러나 그들이 도움을 받겠다고 하면 곧바로 받을 수 있죠. 마약중독자가 만약 오전 10시에 나타나 도움을 받겠다고 말하면, 그날 오후 1시에 치료 시설에서 분석을 시작할 수 있도록 우리가 일정을 잡아줄 수 있어요."

마약을 끊고 싶은 중독자는 누구나 무료로 누누의 사무실에서 타이파스 치료 센터를 예약할 수 있다.[17] 그 센터는 리스본의 또 다른 언덕 위에 있는 커다란 분홍색 병원의 가장자리에 있다.

중독자 여섯 명이 헬스장의 매트 위에 누워 부드럽게 마사지를 받고 있었다. 몇몇 사람은 눈을 감았고, 몇몇 사람은 살짝 미소를 지으며 곁눈질하고 있었다. 이런 마사지는 중독자들이 금단증상을 극복하는 데 도움이 되지만, 더 중요한 기능이 있다고 간호사 중 한 명이 나에게 말했다. 중독자들이 화학물질 없이 마음을 달래는 방법을 배우는 데 도움이 된다고 했다. 그런 방법을 처음 배우는 중독자들도 많다.

나는 포르투갈의 마약정책이 '마약 사용은 마음의 고통 때문에 생긴 증상이다. 그러니 우리는 중독자들이 왜 아무 생각 없이 하루를 보내고 싶게 되었는지, 그 이유를 찾아서 치료해야 한다'라는 조앙 골랑의 신념을 바탕으로 만들어졌다는 이야기를 들었다. "중독자들이 한동안 마약을 끊을 수도 있어요. 그러나 마음속 문제를 해결하지 않으면 같은 상황이 반복될 거예요. 살면서 겪은 정신적 외상을 해결하기 위해 노력해야 해요. 그런 다음에야 그 문제에 대처하는 방식을 바꿀 수 있어요."

그래서 이 치료 센터는 조앙의 표현대로 "중독자들이 통찰력을 키우고, 그들 자신을 분석하고, 그들 자신 그리고 그들이 대처하는 방식을 이해하도록 돕는다."[18] 중독자들이 1년 6개월에 걸쳐 중독 치료를 받는 동안, 오랫동안 회피해왔던 문제에 직면할 수 있도록, 그들의 감정을 표현하고 자신의 이야기를 있는 그대로 할 수 있도록, 치료 센터는 안전하고 신뢰할 수 있는 분위기를 만들고자 노력한다.

이런 치료는 보통 기본적인 단계부터 시작한다. 중독 치료를 받으면서 먼저 표정 알아맞히기 게임을 한다. 분노나 슬픔 같은 감정을 얼굴 표정으로 표현해야 하는 게임이다. 처음에는 많은 중독자들이 감정 표현을 하지 않으려고 한다. 너무 두려워서다. 그들은 이런 감정들을 잠깐 게임으로라도 보여주는 일을 참을 수가 없다. 그들이 그렇게 오랫동안 정신없이 취해 있어야 했던 이유들 중 하나가 감정을 억압해야 했기 때문이다. 그런 감정들을 느끼면 두려움에 휩싸이고 자제력을 잃을 수 있다.

또 다른 게임에서는 자신의 몸이 뒤로 넘어가도록 내버려두어야 한다. 넘어갈 때 뒤에 있는 사람이 붙잡아준다고 믿어야 한다. 중독자들은 누가 뒤에서 붙잡아주는 상황을 상상도 할 수 없어서 시도조차 하지 않을 때가 많다. 그들은 어느 누구도 믿을 수 없다. 하지만 시간이 흐르면서 서서히 그곳에서는 마약으로 멍해지지 않아도 이런 감정들을 탐구할 수 있다는 사실을 알게 된다. 조앙이 보기에 이것이 회복되는 과정이다.

나는 감정을 느끼는 방법을 배우려고 노력하면서 어린아이 같은 게임을 하는 중독자들을 지켜보았다. 나는 이곳에서 드디어 자신의 감정을 읽는 방법을 배우고 있는 치노의 어머니를 상상해보려고 했다. 하지만 이런 방법은 내가 알아내려고 했던 포르투갈의 마약중독자 지원에서 첫 단계일 뿐이다. 가장 중요한 단계는 따로 있다.

중독은 절망의 표현이고, 더 나은 삶을 살게 해서 절망에서 벗어나게 하는 일이 가장 좋은 방법이라고 조앙 골랑은 믿는다. 그러면 중독자들은 더이상 스스로를 마비시킬 필요를 느끼지 않는다. 위협하기보다 혜택을 주어야 마약에서 벗어날 수 있다. 그들에게 박수를 보내자. 그들에게 선택권을 주자. 그들이 삶을 재건하도록 도와주자.

그의 이런 논리를 바탕으로 포르투갈 중독자 치료에서 두 번째이자 가장 중요한 단계가 만들어졌다. 마약중독자가 타이파스 치료 센터 같은 곳에서 용기 있는 첫걸음을 내디뎠다면, 괜찮은 임금을 받는 직업을 우선적으로 가질 수 있도록 정부가 도와준다. 마약을 사용하던 세계에서 멀어지도록 하기 위해서다. "그들은 사회의 건강한 구성원이 되고 싶어합니다. 그들에게 평범한 시민처럼 행동하라고 요구하면서 사회에서의 역할을 빼앗을 수는 없습니다. 그들도 직업을 가지고, 일을 하고, 월급을 받게 해야죠." 그들이 무언가를 지키고 싶게 만드는 일이 조앙의 목표다.

포르투갈 정부는 중독에서 회복 중인 사람을 고용하면 누구든 1년 동안 세금 우대를 많이 해준다. 중독에서 회복 중 주유소나 제과점, 상점에서 일했던 사람들은 세금 우대 기간인 1년이 지나도 거의 대부분 계속 일하고 있다. 일을 잘한다고 인정받았기 때문이다.

조앙은 얼마 전 가족과 함께 이사하면서 그가 맡은 기관의 도움으로 설립된 이삿짐 운송 회사에 일을 맡겼다. 회복 중인 중독자 10명이 모여 협동조합을 결성했고, 정부는 그들에게 아주 낮은 금리로 트럭 살 돈을 빌려주었다. 그의 아내는 불안해했지만, 그들은 일을 완벽하게 해냈다고 조앙은 자랑스럽게 말했다. "물론 그 협동조합의 10명 중 몇 명은 다시 중독에 빠질 거예요. 그래도 이번에는 힘이 되고 돌봐줄 동료가 옆에 있죠. 동료들이 중독 문제를 극복할 수 있도록 도울 거예요. 그들이 '의사에게 가봐. 최대한 빨리, 지금 당장 가봐. 다시 마약을 끊으려고 노력해봐. 그러면 다시 우리와 함께 일할 수 있어'라고 강하게 권유할 거예요. 그들은 하나의 집단으로서 서로를 보호하죠."

이야기를 마친 후 이런 방법이 마약 금지를 주장하는 사람들과 정반대 방법이라는 생각이 들었다. 마약과의 전쟁을 벌이는 곳에서는 중독자들의 범죄 기록에 주홍 글씨로 표시해 다시 일하기가 거의 불가능하게 만들어버린다. 마약과의 전쟁을 끝낸 포르투갈에서는 회복 중인 중독자들이 더 쉽게 일자리를 얻도록 고용주에게 보조금을 준다. 이런 방법이 가두겠다는 위협보다 더 효과적으로 중독의 재발을 막는다고 생각하기 때문이다.

그런데 만약 아직 마약중독에서 벗어날 준비가 되지 않았다면, 다른 종류의 지원을 받게 된다.

안개가 자욱한 금요일 아침, 나는 지하철을 타고 리스본 교외에 있는 저소득층 주택 단지로 갔다. 아파트들이 리스본의 다른 곳보다 훨씬 빽빽하게 모여 있었다. 밝은 색 벽돌들이 암울한 미래를 보여주는 레고 모형처럼 층층이 쌓여 있었다. 10층 창문 밖의 빨랫줄에 속옷을 널고 있던 몇몇 여자들처럼 커다란 그라피티 벽화 속에서 누군지 모를 래퍼가 나를 빤히 쳐다보았다. 옅은 안개가 그곳을 감싸고 있어서 거리 이름을 확인하기 위해 열심히 눈의 초점을 맞춰야 했다. 확실했다. 나는 시다드 드 브라티슬라바 거리를 돌아다니고 있었다.

그 주택 단지 맨 아래, 붐비는 도로 옆을 보니 안개가 걷히고 있었다. 그래서 창문이 열린 흰색의 평범한 승합차와 그 승합차 옆에서 수다를 떨며 한 줄로 서 있는 남자와 여자들을 볼 수 있었다. 줄이 길지는 않았다. 그들이 건네받은 작은 흰색 컵에는 메타돈이 담겨 있었다. 그들은 메타돈을 삼켰다. 그다음 그곳에 서서 연민을 가지고 귀를 기울이는 임상심리사, 의사들과 이야기를 나눴다. 그리고 그들은 그곳을 떠나 각자의 하루를 살아나갔다. 이전에 조앙이 사무실에서 내게 "메타돈을 먹는다고 기분이 들뜨지는 않아요. 그래도 헤로인이 부족해서 생기는 고통은 전혀 느끼지 않게 되죠…. 그래서 일이나 공부나 무엇이든 문제없이 할 수 있어요. 트럭 운전까지도 할 수 있죠. 메타돈 처방을 받는 트럭 운전사들도 몇 명 있어요"라고 말했었다.

나는 사회복지사들과 함께 서서 그들의 대화를 엿들었다. 그 중독자들을 돕는 사람들의 목표는 타이파스 치료 센터보다 낮다는 사실이 금방 확실해졌다. 그곳에 모인 사람들은 아직 마약을 끊을 준비가 되어 있지 않다고 느끼는 중독자들이었다. 그들은 마약의 과다 복용이나 더러운 주삿바늘로 전염되는 질병으로 죽을 위험이 아주 높았다.

30대 중반 임상심리사 누노 비스카이아는 그곳을 찾는 사람들의 이름을 하나하나 모두 정확하게 알았다. 몇 년 동안 그들과 친구로 지냈기 때문이다. 나는 해가 얼굴을 내밀고 있는 몇 시간 동안 그와 이야기를 나누었다. 그는 자신이 상담하고 있는 중독자들 중 한 명이라도 헤로인을 주사하는 방법에서 헤로인을 피우는 방법으로 바꾸라고 설득할 수 있다면 일에서 보람을 느끼는 날이라고 말했다. 나는 줄을 서 있는 중독자들을 보았다. 3개 국어를 할 수 있고 키가 큰 젊은 남성, 풀이 죽어 보이는 40대 여성, 오토바이를 타고 와서 말하고 싶지 않다고 화를 내는 남자…. 그들에게 이런 도움을 더이상 주지 않으면 그들 중 몇 명이나 살아남을 수 있을지 궁금했다.

어떤 사람들은 이렇게 폭넓은 치료를 하려고 굳이 포르투갈처럼 마약 사용에 대한 처벌을 없앨 필요는 없다고 주장한다. 마약을 범죄로 다스리면서도 더 많이 치료할 수 있다고 주장한다. 나는 바로 이곳에서 중독자들과 함께 줄을 서 있었기 때문에 그런 주장의 허점이 명확하게 보였다. 이 포르투갈 중독자들은 사람들로 붐비는 곳, 친구들과 이웃, 고용주들이 보는 앞에서 길게 줄을 섰다. 그들이 도움을 받고 있는 동안 경찰차가 지나갔다. 그런데 나를 제외한 그 누구도 긴장하거나 심지어 알아차리지조차 못하는 것 같았다. 마약 사용을 범죄로 처벌한다면 그들이 과연 매일 아침 모든 사람들 앞에 나서서 자신이 범죄자라고 자백할까?[19]

며칠 후 나는 다른 팀과 함께 밖으로 나갔다. 길거리나 버려진 집에 사는, 가장 접근하기 어려운 중독자들에게 도움을 주는 일이 그 팀의 임무였다. 초라한 돌집들과 낡은 저소득층 주택 단지를 걸어서 지나갈 때 그 팀의 사회복지사들이 나에게 "조앙의 마약 혁명 전에는 사람들이 우리를 보자마자 도망쳤어요"라고 말했다. 이제는 사람들이 그들을 향해 달려온다. 중독자들이 그들 앞으로 다가와 주삿바늘을 바꾸고, 수다를 떨고, 도움을 요청할 생각이었다고 말했다. 그들의 반응은 마약 사용을 금지하는 나라에서 알게 된 중독자들의 반응과 너무 달랐다. 그래서 그들을 보면서 계속 당황했다. 이 사람들이 공무원으로 보이지 않아? 도망쳐!

나는 마약 문제에 대한 이런 접근법이 개개인에게 장기적으로 어떤 영향을 주는지 이해하고 싶었다. 그래서 포르투갈에서 두 번째로 큰 도시인 포르투에서 전형적인 사례로 보이는 남자를 만났다.

마약 혁명 이후

세르지우 로드리게스는 포르투갈에서 마약과의 전쟁이 끝나기 직전까지 지붕이 없어 하늘이 보이는 버려진 집에서 잠을 잤다. 그러던 어느 날, 갑자기 잠을 깼다.

누군가 그의 온몸을 계속해서 심하게 발로 걷어찼다.

그는 무슨 일이 벌어지고 있는지 알았다. 포르투갈의 길거리 중독자들은 이런 일이 무슨 의미인지 알았다.

그들은 경찰이었다. 그리고 경찰들은 재미로, 장난삼아 마약 중독자들을 두들겨 팼다. 마약과의 전쟁이 벌어지고 있었고, 중독자들은 적이기 때문이었다. 그들은 "여기에서 꺼져!"라고 고함쳤다.

세르지우는 11년 동안 중독자로 지냈다. 그는 헤로인과 코카인을 하루에 5번, 10번, 20번씩 맞았다. 최대한 의식을 잠재우기 위해 있는 돈을 다 털어 최대한 많이 맞았다. 그는 포르투에서 가장 가난한 동네 중 한 곳에서 성장했다. 16세기 건물들과 21세기 범죄가 기묘하게 뒤엉켜 폐쇄공포증을 느끼게 하는 거리에 있는 동네였다. 그의 동네에서 또래 친구들은 모두 아주 오래된 자갈길 위에 서서, 콜롬비아에서 생산한 코카인을 팔거나 흡입했다. 그의 형제들도 모두 길거리 중독자였다.

세르지우는 열여섯 살에 마약을 시작했다. 언제 끊을지는 몰랐지만, 막연히 곧 끊을 수 있으리라고 생각했다. 거리에서 함께 어울리던 그의 친구들은 모두 죽어가고 있었다. 때로 그 친구는 어디에 있느냐고 묻곤 했다. 한동안 보이지 않았기 때문이다. 하지만 그 친구가 보이지 않는 이유를 마음속으로는 짐작하곤 했다.

그러나 조앙 골랑이 마약 관련 법을 바꾸었기 때문에 아주 다른 무리의 사람들이 세르지우를 찾아올 참이었다. 조앙 골랑과 그가 이끄는 위원회는 세르지우 같은 사람에게는 손을 내밀기 어려우리라는 사실을 알았다. 한 세대에 걸친 마약과의 전쟁이 진행되는 동안 사회에서 단절되고, 정부 관계자들을 두려워하게 되었기 때문이다. 그래서 마약정책 혁명의 일환으로, 그런 사람들을 도울 또 다른 방법을 마련했다. 그들은 포르투갈 곳곳의 거리를 구석구석 누빌 임상심리사 팀을 만들었다. 가장 심각한 마약중독자들이 사는 낡은 폐가와 부서진 틈새를 들여다보고, 그들에게 도움을 주기 위해서였다. 처음에는 이 팀이 조심스럽게 다가가 깨끗한 주삿바늘을 제공하고, 더럽고 오래된 주삿바늘을 거두어갔다.[20]

시간이 흐르면 주삿바늘을 바꿔주는 동안 대화를 나누면서 관계를 형성해나갔다. 최대한 안전하게 지내기 위해서는 마약을 어디에서 주사해야 하는지, 그리고 질병에 걸리지 않기 위해 어떻게 해야 하는지도 조언했다. 그다음, 원한다면 마약에서 벗어날 방법이 있다고 조심스럽게 설명했다.

그들은 때때로 몇 년이 걸려야 자라날 씨앗을 심기만 했다. 때로는 중독자들이 오히려 빠른 도움을 원하기도 했다. 이제 처벌을 받지 않게 되자 세르지우 같은 중독자들이 머뭇거리며 귀를 기울이기 시작했다. 정부 관계자의 얼굴이 바뀌고 있었다. 이전에는 경찰들이 경찰봉을 들고 두들겨 팼는데, 이제 임상심리사들이 도움을 주고 있었다.[21] 마약을 끊을 수 있도록 재활 치료 센터에 가보라고 세르지우를 설득한 사람도 길거리에서 만난 임상심리사였다. 세르지우는 재활 치료 센터에 갔다. 마약을 끊으려고 노력했다. 하지만 효과가 없었다. 헤로인을 완전히 끊을 수는 없었다.

그런 방법이 맞지 않아도 임상심리사 팀은 실패라며 포기하지 않았다. 그들은 더 잘 맞을 다른 방법을 시도해보려고 했다. 임상심리사 팀은 더 장기적인 도움을 받을 수 있는 치료 공동체로 세르지우를 안내했다. 그는 그곳에서 1년 6개월 동안 거주하며 정기적으로 임상심리사를 만났다. 그리고 매일 헤로인 대신 먹을 메타돈을 받았다.

세르지우는 일자리를 얻었다. 연애도 시작했다. 그의 여자친구는 얼마 전 임신을 했다. 그가 주변 세상과 점점 더 강하게 유대감을 맺자 마약에 대한 집착이 꺾이고 약해지기 시작했다. 그래서 그는 메타돈을 끊기로 결심했다. 그는 이제 파티 때나 아주 가끔 대마초나 코카인 정도만 사용한다. 포르투의 멋진 카페에서 만났을 때 세르지우는 "내 인생은 완전히 바뀌었어요"라고 말했다. 한쪽 구석에서 피아노 연주자가 댕그랑거리며 연주하고, 종업원이 고개를 숙여 비위를 맞추며 주문을 받는 곳이었다. 그는 그곳의 다른 손님들과 전혀 다르게 보이지 않았다. 그는 세금을 내는 시민이다. 그리고 곧 아빠가 될 생각을 하니 얼마나 신나는지 모르겠다면서 활짝 웃었다. 그와 마주앉아 이야기를 나누는 동안, 아직도 마약과의 전쟁이 벌어지는 나라였다면 그는 지금도 범죄자이자 실패자로 여겨질 것이라는 생각을 하지 않을 수 없었다.

우리는 자갈이 깔린 거리로 걸어나왔다. 그가 한때 낙담한 채

지독하게 더러운 몸으로 잠을 잤던 곳이다. 세르지우는 마약과의 전쟁이 끝났기 때문에 가능할 수 있었던 삶으로 돌아가면서 손을 흔들어 작별 인사를 했다.

그랬다. 중독자 입장에서는 이렇게 허용하는 상황이 더 낫다고 언제나 생각했다. 그럴 것이라고 예상했다. 하지만 아이들에게는 어떨까? 나는 조카들과 아주 가깝게 지낸다. 이 책도 그들에게 바치려고 한다. 그리고 마약과의 전쟁이 엄청난 공포를 빚어내지만, 그 전쟁을 끝내면 더 많은 아이들이 결국 마약을 사용하게 될지도 모른다는 생각이 언제나 나의 가장 큰 걱정거리였다. 아이들이 마약을 가까이하면 온갖 피해를 입을 수 있다. 한 가지 강력한 과학적 증거도 있다. 지속적으로 대마초를 사용하면 청소년과 10대의 두뇌 발달에 영향을 주어서, 지능 지수를 영구적으로 떨어뜨릴 수 있다는 연구 결과가 있다.[22] 어렸을 때 가장 친했던 친구 중 한 명이 대마초를 많이 피웠다. 그리고 그는 대마초 때문에 평생 피해를 입었다고 느낀다. 그의 생각이 옳을지도 모른다. 성장하고 있는 두뇌는 성인 두뇌보다 더 취약하기 때문에 보호해야 한다.

호메우코헤이아고등학교 교실을 가득 채운 열여섯 살 포르투갈 학생들은 사브리나라는 소녀가 코카인을 흡입해보라는 권유를 처음으로 받는 장면을 동영상으로 지켜보고 있었다.[23] 사브리나는 키가 크고 날씬하며 매력적이다. 그녀는 슈퍼모델이 되고 싶어한다. 하얀 가루를 건네는 20대 남자는 잘생기고 매혹적이다. 사브리나가 어떻게 해야 할지 학생들이 토론한다. 그와 함께 가야 할까? 코카인을 흡입해야 할까?

그 학생들은 마약 혁명이 이루어진 이후의 세대다. 그들이 다섯 살 때, 어떤 마약을 사용해도 처벌하지 않는 마약 혁명이 일어났다. 그래서 그들은 마약과의 전쟁을 전혀 경험한 적이 없다.

1980년대에 성장한 우리 세대의 많은 사람들이 받은 마약 교육은 주로 마약에 손을 대면 인생이 망가진다는 위협을 듣는 데서 끝났다. 그게 다였다. 그래서 처음 대마초를 피운 후 멀쩡하다고 느끼자마자 선생님들이 마약 문제에 대해 거짓말을 했다고 생각하고, 어른들 말을 무시해버렸다. 그리고 들어야 할 말까지 더이상 듣지 않았다. 포르투갈은 마약 관련 법을 바꾸면서 그저 안 된다는 예방 교육 대신 뭔가 근본적으로 다른 교육을 하기 시작했다.

교사 루스 바이아오는 사브리나가 어떻게 행동해야 할지 솔직한 생각을 이야기해보자고 학생들에게 제안했다. 그들 기억으로는 범죄라고 생각한 적이 없는 행동에 대해 논하고 있기 때문에, 학생들은 아무 제약 없이 발언해도 된다고 느끼는 것 같았다. 학생들이 바라보는 화이트보드에는 그들이 이야기를 나눌 개요가 제시되어 있었다.

한 아이는 이런 마약을 사용하면 아주 위험할 수 있다고 말했다. 그가 파티에서 친구들과 몇 번 피워본 대마초보다 중독성이 더 강하기 때문이라고 했다. 또 다른 남자아이는 그 말에 반박하면서 삶은 어차피 위험하다고 말했다. 그 말에 한 여자아이는 "맞아요. 그렇지만 쓸데없이 위험을 무릅쓸 이유는 없죠"라고 반박했다. 그 교실의 아이들은 그런 주제에 대해 이야기한다는 사실에 조금 키득댔다. 하지만 토론에 열심히 참여하는 것 같았다. 확실히 어디에서나 10대들이 나눌 만한 대화였다. 내가 그 나이였을 때 버스에서, 공원에서, 파티에서 나누곤 했던 대화를 떠올릴 수 있었다. 하지만 우리는 서로 주고받으면서 영향을 주지 못하고, 혼자만의 생각에 갇혀 있었다.

루스는 중립적인 태도로 그 토론을 조정하며, 학생들의 이야기에 귀를 기울였다. 그들 이야기를 비판하거나 놀라는 표정을 절대 보이지 않았다. 그래서 루스가 이런 마약을 사용할 때 생길 수 있는 진짜 위험에 대해 이야기할 때 아이들이 귀를 기울이는 것 같았다. 정확히 말하자면, 선생님이 자신의 말만 옳은 척하지 않기 때문이었다.

학생들은 논쟁을 끝내면서 사브리나가 코카인을 사용하면 어리석은 짓이 될 것이라는 결론에 이르렀다. 그리고 사브리나가 코카인을 거절해야 한다는 주장에 찬성표를 던졌다. 아이들은 스스로 이런 결론을 내렸다. 그들이 선생님을 기쁘게 하려고 이런 결론을 내렸다고 생각하지 않는다. 아이들은 그들 자신의 생각을 표현하고 있었다. 예전의 마약 관련 법이 사라졌다고 마약 중독에 대한 사회적 반감이 사라지지는 않았다. 사실 사회적 반감은 이제 더 강해졌을 수도 있다. 더이상 마약 사용으로 사회적 저항을 표현하지 않기 때문이다.

이런 방법을 활용하면 10대들의 결정을 어른들과의 논의에 끌어들일 수 있다. 그들의 결정은 존재하지도 않는 척할 수 없게 된다. 포르투갈의 10대들은 자기들 세계 안에서만 삶의 심각한 문제들을 펼쳐놓지 않는다. 부모님, 선생님과 대화를 나누고, 그들의 지도를 받으면서 심각한 문제들을 해결해나간다. 마약 사용을 범죄로 다루지 않게 된 후 더 솔직하고 새로운 대화를 시작할 수 있게 되었다.

학생들을 지켜보면서 이런 수업에서 드러나는 철학이 2001년 이후 포르투갈의 모든 마약정책 개혁을 관통하는 정신이라는 생각이 들었다. 마약 금지는 공포와 폭력을 통해 사람들이 마약을 사용하지 못하도록 외부에서 막는 방법을 바탕으로 삼는다. 반면 포르투갈의 대안은 마약은 사라지지 않으니, 폭력 대신 사람들에게 자신감, 지식, 지지 같은 내적인 도구를 주어서 스스로 올바른 결정을 내리게 해야 한다는 믿음을 바탕으로 삼는다.

수업이 끝났음을 알리는 종이 울리자 학생들은 교실을 빠져나갔다. 마약에 대해 조롱하는 이야기만 들었던 우리 세대와 달리 그들은 어른들과 솔직하게 대화를 나누었다는 사실을 깨달았다.

이런 방법이야말로 진보주의자들이 오랫동안 주장해온 일종의 성숙한 접근법이다. 그래도 그런 주장을 실행에 옮기는 장면을 보면 이상하게 불안해진다. 만약 실패하면 어떻게 하지? 마약과의 전쟁을 끝냈는데, 마약 사용이 폭발적으로 늘어나면 어떻게 하지? 마약 사용을 처벌하는 방법이, 많은 사람이 마약에 빠져들지 않게 하는 데 실제로 효과가 있다면 어떻게 하지? 더 많은 사람이 내가 사랑하는 사람들처럼 결국 중독되어버리면 어떻게 하지? 다른 끔찍한 일들, 지금은 예측조차 할 수 없는 일들이 나타나기 시작하면 어떻게 하지?

포르투갈이 마약 혁명을 시작하기 전에 누구보다 강력하게 이런 경고를 한 사람이 있었다. 조앙 피게이라 리스본 경찰청 마약단속국 국장이었다. 미국 마약단속국 국장이나 런던 경찰청 마약단속국의 경감과 비슷한 자리다. 그는 온화한 태도로 조심스럽게 말하는 남자로, 빅토리아 시대 후기 소설에나 등장할 것 같은 엄청난 콧수염을 기르고 있었다. 그는 어두침침한 경찰서 복도에서 나를 맞이했다. 복도의 노란색 형광등 때문에 벽이 누르스름해 보였다. 우리는 덜커덕거리는 엘리베이터를 타고 그의 사무실로 올라갔다.

마약 사용을 비범죄화하던 시기에 그는 포르투갈의 많은 사람들을 대변해 우려를 드러냈다. 앞에서 이야기했듯 그는 "마약 사용을 처벌하지 않으면 마약 소비가 폭발적으로 늘어날 수 있다…. 많은 사람들이 마약을 소비하기 시작하고, 그다음에는 걷잡을 수 없는 상황이 된다"라고 경고했다.

완전히 솔직해지자면, 마약정책 개혁 운동에 참여하는 우리들 중 일부도 이런 두려움을 가지고 있다. 그런데 포르투갈의 그 누구보다 조앙 피게이라의 지휘를 받던 경찰들이 거리에서, 가장 가까이에서, 변화하는 모습을 곧바로 지켜보았다.

조앙 피게이라는 마약 혁명이 실패하리라고 예상하면서 어떤 결과가 빚어지는지 실시간으로 아주 면밀하게 지켜보았다. 그런데 그의 예상과 다른 일이 벌어지고 있었다. 그는 "우리가 두려워했던 상황은 생기지 않았어요"라고 말했다. 공정하다고 상당히 높은 평가를 받는 '유럽 마약과 마약중독 감시 센터EMCDDA'와 〈영국 범죄학 학술지〉 두 곳이 마약 혁명으로 인한 영향을 연구했다. 그들은 이 문제에 대해 아무런 이해관계가 없다. 그들의 역할은 오로지 실제로 무슨 변화가 생겼는지 알아내는 일이었다.

그들은 포르투갈에서 마약을 사용하는 인구가 전체적으로 3.4퍼센트에서 3.7퍼센트로 약간 증가했다는 사실을 발견했다.[24] 그러나 헤로인을 제외하면 다른 나라에 비해 낮은 비율을 유지하고 있었다. 포르투갈의 대마초 사용률은 유럽 28개국 중 아홉 번째로 낮고, 필로폰 사용률은 다섯 번째로 낮고, 엑스터시 사용률은 다섯 번째로 낮다고 EMCDDA는 밝혔다.[25] 어떤 마약 사용도 처벌하지 않은지 10여 년이 지난 후 포르투갈의 마약 사용률은 전체적으로 유럽 평균보다 낮고, 바로 이웃한 스페인보다 훨씬 낮다고 한다.

그렇다면 마약 금지론자들이 마약과의 전쟁을 지속해야만 하는 이유로 설득력 있게 내세우는 세 가지 문제, 즉 마약으로 인한 중독과 죽음, 10대들의 마약 사용 문제는 어떨까? 이 수치들은 신중하게 수집됐다.

포르투갈 보건부는 문제를 일으키는 마약 사용자의 수가 10만 명에서 5만 명으로, 말 그대로 절반으로 줄었다고 밝혔다. 〈영국 범죄학 학술지〉도 이 수치가 감소했다고 확인했다.[26] 그러나 감소폭은 인구 1천 명당 7.6명에서 6.8명으로 포르투갈 정부가 밝힌 수치보다 조금 더 작게 파악했다. 대신 마약을 주사하는 사람의 수는 인구 1천 명당 3.5명에서 2명으로, 실제 거의 절반으로 줄었다는 사실을 확인했다. 그들은 그 상황을 아직 마약과의 전쟁을 벌이고 있는 인근 국가인 스페인, 이탈리아와 비교할 때 "포르투갈은 이들 국가 중 유일하게 문제를 일으키는 마약 사용이 줄어드는 현상을 보여주었다"라고 설명했다.

마약 사용을 처벌하지 않자 중독자가 줄어들었다는 사실을 알 수 있다. 〈영국 범죄학 학술지〉는 그와 동시에 마약의 과다 복용도 '상당히 줄어들었고', 마약 사용으로 인해 HIV바이러스에 감염되는 사람의 비율도 52퍼센트에서 20퍼센트로 뚝 떨어졌다는 사실을 발견했다.[27] 이런 변화가 생기기 전, 조앙 골랑이 알가르브의 진료실에서 만나 오랫동안 대화를 나누었던 비토르 같은 젊은이들이 에이즈에 걸릴 일이 줄어들었다는 의미다.

조앙 피게이라는 이 모든 일이 일어난 이유를 알고 있다고 생각한다. "우리가 마약중독자를 더이상 범죄자로 보지 않기 때문이에요. 도움이 필요한 사람으로 보죠. 이제 모두가 그렇게 생각해요. 그러니 그들도 그들 자신을 아픈 사람이라고 여겨요. 스스로를 사회를 해치는 존재로 생각하지 않아요. 그것이 가장 큰 변화입니다. 마약중독은 그저 교통사고와 같아요. 마약중독자도 이제 사회에서 소외되지 않는다는 뜻이에요. 그들은 경계선 바깥에 있는 사람들이 아닙니다. 그들도 분명히 시민입니다. 단지 문제를 겪고 있을 뿐이지요."

"예전에 우리가 아는 누군가가 알코올중독자가 되면 우리는 그 사람을 도움이 필요한 친구로 대했습니다. 학대하지 않았지요"라고 피게이라는 말했다. "이제 마약을 소비하는 사람들도 정확히 똑같은 처지입니다…. 사실 완전히 똑같은 상황이죠. 마약 중독은 치료해야 할 질병입니다." 그들은 이제 시궁창 같은 삶으로 내몰리는 대신, 병원의 도움을 받는다. 포르투갈에서 헤로인 사용을 처벌하지 않기 시작한 후 몇 년이 지나자 헤로인 사용이 절반으로 줄어들었다. 반면 마약과의 전쟁을 계속하는 미국에서는 두 배로 늘었다.[28]

모순에 대한 해답

하지만 나는 여전히 10대들에 대해 걱정이 되었다. 루스의 반 아이들은 영국의 내 조카들보다 마약에 손을 댈 가능성이 더 많을까, 적을까? 10대들은 가장 취약한 집단이다. 마약 사용이 늘어나면 평생 그들 뇌의 화학 작용에 영향을 주기 때문이다.

"15~16세 청소년들이 평생 대마초를 사용할 가능성은 포르투갈이 13퍼센트로, 서유럽에서 제일 낮은 나라 중 하나다. 코카인 사용 수준은 EU 평균의 거의 절반밖에 되지 않는다"라고 EMCDDA는 밝혔다.[29] 새로운 마약정책을 시작한 후 헤로인 사용도 약간 줄어들었다. 1999년에는 16~18세 청소년 중 2.5퍼센트가 헤로인을 사용했다. 새로운 마약정책을 도입한 지 6년이 지난 2005년에는 그 수치가 1.8퍼센트로 떨어졌다.[30] 조앙 피게이라는 "예전에는 거리를 돌아다니며 마약을 소비하는 사람들을 체포하느라 많은 시간을 보냈죠. 그때는 그렇게 해야 한다고 믿었습니다"라고 말했다. 그는 약간 경이로워하는 어조로 지금의 거리 모습을 설명했다.

그는 마약에 한 번도 손을 대지 않은 사람들의 삶도 새로운 마약정책으로 인해 많이 바뀌었다고 강조했다. 마약과의 전쟁이 끝나기 전에는 헤로인중독자들이 다음에 맞을 헤로인을 구하기 위해 강도짓을 벌이는 일이 '아주 흔했다.' "그러나 이제 마약 소비와 관련된 범죄는 사라졌어요. 그런 범죄는 일어나지 않죠. 마약 소비와 관련해 거리에서 벌어지는 범죄는 더이상 존재하지 않아요. 중독자들이 모두 메타돈을 먹거나 치료를 받거나 회복 중이니까요. 그래서 자동차를 훔치거나 사람들을 폭행할 필요가 없어졌어요." 이어서 피게이라는 "이것은 완전한 변화예요"라고 덧붙였다.

그리고 이런 변화가 또 다른 변화를 낳았다. 사람들이 경찰을 바라보는 시선이 달라졌다. "가난한 동네에 사는 사람들도 이제 경찰을 적으로 생각하지 않아요. 나는 이것이 중요하다고 생각합니다. 이것이 달라진 점이죠"라고 피게이라는 말했다. 나는 볼티모어에서 만난 리 매덕스, 그리고 그녀가 했던 말을 떠올렸다. 리 매덕스는 마약과의 전쟁을 끝내면 바로 조앙 피게이라가 이야기한 것 같은 변화가 생긴다고 말했다. 피게이라는 마약 혁명 덕분에 결국 모든 종류의 범죄를 더 쉽게 수사할 수 있게 되었다고 말했다. "마약중독자들을 쫓아다니지 않으니 진짜 범죄자들을 뒤쫓을 물자나 인력, 서류 작업, 돈을 많이 확보할 수 있죠." 이전에 그는 "아무 결실도 얻지 못하면서 마약을 소비하는 사람들을 체포하느라" 시간을 허비했다. 이제는 "결실을 맺을 수 있는 일을 하고 있습니다"라고 그는 말했다.

조앙 피게이라는 조심스럽게 한 가지 유의할 점이 있다고 덧붙였다. 이런 결실을 맺은 이유는 법률이 바뀌었기 때문만은 아니라고 했다. 1980년대와 1990년대에는 헤로인 사용이 너무 널리 퍼져 있었고, 너무 많은 피해를 입혔다. 그래서 젊은 사람들 사이에 반발심이 생겼다. 그들은 형이나 누나, 오빠나 언니가 헤로인에 휘둘리는 모습을 보고, 그들처럼 자신을 망가뜨리는 길로 절대 접어들지 않겠다고 결심했다. 그러니 마약과 관련된 법을 바꾸지 않았어도 어느 정도 이런 변화가 일어났을 것이라고 그는 생각했다. 그러나 부분적인 변화에 그쳤을 것이라고도 확신했다.

조앙 피게이라는 자신에 대해 "아주 보수적인 사람"이라고 설명했다. "법이 처음 바뀌었을 때는 좌익이 '이렇게 하자'라고 하고, 우익은 '안 돼, 안 돼, 안 돼'라면서 반대했죠…. 마약 혁명의 결과에 대해서는 사실 더이상 어떤 종류의 이념 논쟁도 하지 않아요. 그 문제가 이념과 관련이 없기 때문이죠. 마약 관련 법을 바꾸자 효과가 나타났어요. 좋은 결실을 맺었죠. 그리고 우리의 통계가 그 사실을 증명해요. 이것은 이념 문제가 아니에요…. 이제 보수주의자나 사회주의자나 모두가 그런 상황을 인정해요."

마약정책을 혁명적으로 바꾼 후 포르투갈에는 좌파 정부가 두 번, 우파 정부가 두 번 들어섰다. 그러나 어떤 정부든 바뀐 마약 정책을 그대로 유지했다. 어느 정당도 이전으로 되돌리려고 하지 않았다.

그의 이야기를 들으면서 그리고 이 수치들을 검토하면서 몸이 편안해지는 느낌이었다. 사람들이 마약에 저항할 수 있도록 내면의 힘을 키워주는 방법이 폭력적으로 겁을 줘서 마약에서 멀어지게 하려는 방법보다 훨씬 효과가 좋다는 사실이 드러난 것 같았다. 대안은 효과가 있다. 그리고 포르투갈에서 사실상 아무도 예전 방식으로 돌아가자고 주장하지 않는다는 사실이 가장 좋은 증거다.

"포르투갈 사회는 모두 그 마약정책을 완전히 받아들입니다. 자리가 잡힌 제도지요"라고 피게이라는 말했다. 포르투갈 여기저기를 다니면서 기차와 카페, 거리에서 만난 사람들과 대화를 나누었다. 그리고 마약을 허용하는 일이 얼마나 금방 포르투갈의 상식이 되었는지를 확인하면서 놀라웠다. 사람들은 마약 사용자와 중독자들을 덮쳐서 체포한다는 개념에 대해 마치 먼 옛날 중세의 이상한 관행처럼 얼떨떨해하면서 이야기했다. 몇몇 사람들은 중독자들이 혜택을 너무 많이 받는다고 주장했다. 그러나 그것이 내가 들은 유일한 비판이었다. 아무도 이것을 할리우드 영화 같은 결말이라고 생각하지는 않는다. 중독 문제는 끝나지 않고, 여전히 비극적인 문제라는 사실을 모두가 안다. 그래도 중독자 수는 훨씬 줄어들었다.

덥수룩한 콧수염의 조앙 피게이라가 나를 보고 웃었다. 그는

"이런 방법이 이렇게 효과가 좋을지 예상하지 못했어요"라고 말했다.

조앙 피게이라와 만나고 난 후 아찔할 정도로 신나는 낙관적인 생각에 빠져 몇 시간이나 리스본 거리를 걸어다녔다. 가장 열렬한 마약 금지론자와 마약을 금지하는 법을 근본적으로 바꾸고 싶은 사람 사이의 틈이 얼마나 좁은지 이제 처음으로 확인했기 때문이었다.

이 여정에서 만난, 마약과의 전쟁을 지지하는 사람들 대부분은 인종차별주의자에 증오심이 넘치고 무능했던 해리 앤슬링어와는 달랐다. 그들은 조앙 피게이라와 비슷한 사람들이었다. 마약 금지를 없애는 대안에 대해 이해할 만한 여러 걱정을 하는 훌륭한 사람들이었다. 그들은 법을 완화하면 피해자가 될까 봐 두려워하는 모든 사람에 대해 연민을 느끼기 때문에 마약과의 전쟁을 지지한다. 그들은 좋은 사람들이다. 그들은 조심스럽게 행동한다.

리스본 거리를 오르락내리락 걸어다니면서 마약과의 전쟁을 외치는 대다수나 마약의 합법화를 주장하는 대다수나 우리 모두가 함께 소중히 여기는 가치들이 있다는 생각이 들었다. 우리 모두 아이들을 마약으로부터 보호하고 싶어한다. 우리 모두 사람들이 마약 사용 때문에 죽어가지 않도록 지키고 싶어한다. 우리 모두 중독을 줄이고 싶어한다. 그리고 이제, 우리가 마약과의 전쟁을 넘어설 때 공동의 목표를 훨씬 더 성공적으로 달성할 수 있다는 사실을 강력하게 보여주는 증거가 있다.

나는 이 여정을 시작하면서 나의 내면, 그리고 우리 문화 안에 깃든 모순에 대한 해답을 찾아 나섰다. 중독자들에 대해 연민을 느끼려는 욕구와 우리 사회에 널리 퍼진 중독 충동을 짓밟고 파괴하려는 욕구가 충돌하면서 생기는 모순이었다. 이제 마침내 두 욕구를 모두 충족시키는 방법이 있다고, 그것이 전혀 모순된 일이 아니라는 사실을 이해하고, 실제로 느끼게 되었다. 중독자들을 연민으로 대하는 방법이 중독을 줄이고 있었다. 내가 정말 불편하다고 느꼈던 내면의 갈등은 전혀 갈등할 일이 아니었다. 하나의 욕구가 다른 욕구를 억눌러야 하는 문제가 아니었다. 제대로만 한다면 두 가지 욕구 모두 충족시킬 수 있다.

이런 통찰력을 가지는 사람이 더 많아진다면 우리의 논쟁은 어떻게 바뀔 수 있을지 스스로에게 물었다. 이것이 가치에 대한 논쟁이 아니라는 사실을 우리가 이해하기 시작했다고 나는 생각한다. 그런 가치들을 실현하는 방법에 대한 논쟁이다. 케이토연구소의 치밀한 연구에 따르면, 미국에서 마약을 합법화하면 현재 마약 사용자와 판매자를 체포하고, 재판하고, 감옥에 가두느라 매년 쏟아붓는 410억 달러의 비용을 절약할 수 있다.[31] 하버드대학교 경제학과 제프리 마이런 교수가 계산한 바에 따르면, 마약에 술이나 담배와 비슷한 세율로 세금을 매기면 매년 467억 달러의 세금을 더 거둬들일 수 있다.[32] 그렇다면 바로 다음 해부터 매년 877억 달러를 더 거둬들일 수 있다는 뜻이다. 그 돈으로 포르투갈처럼 미국의 모든 마약중독자들을 치료해주고, 사회적 연결망을 다시 만들어줄 수 있다.

  미국이나 영국 같은 강대국들은 다른 나라에서 배울 필요가 없다고 말하는 사람들이 있다는 사실을 나는 안다. 그런 사람들은 포르투갈이 너무 작고 너무 달라서 강대국에 가르칠 만한 것이 없다고 생각한다. 어떤 마약 사용자도 다시는 체포될 일이 없는 나라의 경찰서에서 피게이라가 내게 작별 인사를 하며 손을 흔들 때 리 매덕스를 떠올렸다. 볼티모어에서 만났을 때 그녀는 이런 본보기가, 그가 사는 도시도 구할 수 있다고 말했다. 나는 계속 걸었다.

  그날 오후 리스본 광장을 거닐고 있을 때, 중년 남성들이 슬그머니 내게 다가와 마약 뭉치를 슬쩍 보여주었다. 그들은 "할래요? 할래요?"라고 집요하게 물었다.

  포르투갈 실험의 한계를 이해하는 일이 중요하다. 포르투갈에서는 마약을 개인적으로 가지고 있으면 처벌하지 않지만, 마약을 팔면 처벌한다. 이상한 조합이다. 마약을 가지고 있으려면 사야만 한다는 사실을 모두가 안다. 그래서 이런 제도에서는 여전히 대부분 이런 마약상이나 마약 밀매조직에게서 마약을 산다. 포르투갈의 새로운 법이 마약 사용자들을 수렁에서 구할 수는 있지만, 아널드 로스스타인이나 로사리오 레타나 멕시코의 마약 카르텔을 막지는 못한다는 뜻이다.

  사실 새로운 법 때문에 마약 밀매조직의 사업이 여러 면에서 타격을 입었다. 메타돈을 나눠주는 승합차가 포르투갈의 거리 곳곳을 돌아다니기 시작했을 때 마약상들은 그 승합차에 돌을 던졌다. 그리고 의료진 사무실을 때려 부수었다. 조앙 골랑의 말처럼 "그들 기억으로는 수입이 줄어든 일을 처음 겪었기" 때문이었다. 하지만 지금도 그들이 마약 거래의 대부분을 장악하고 있다. 마약 사용을 처벌하지 않는다고 그들의 마약 밀매를 막을 수는 없다. 마약의 합법화로만 막을 수 있다.

포르투갈 마약 혁명의 토대를 만든 사람들은 언젠가는 마약을 합법화할 날이 올 것이라고 믿는다. 나는 마약 합법화 주장에 동의하느냐고 조앙 골랑에게 물었다. 그의 답은 이랬다. "동의해요. 그리고 그런 방향으로 나가고 있다고 믿습니다. 그러나 그런 방향을 추진하려면 국가들 사이의 어마어마한 합의가 필요하다고도 믿어요. 그런데 심지어 이곳 유럽의 정치 환경도 그런 움직임에 크게 찬성한다고 생각하지는 않습니다. 그러나 앞으로는 그렇게 될 거예요."

마약과 관련된 법이 바뀌기 전, 마약 치료가 확대되기 전, 마약과의 전쟁이 끝나기 전, 1996년 알가르브의 노란 모래밭으로 다시 돌아가보자. 이 책의 마지막 등장인물인 또 다른 젊은 마약중독자가 의사 진찰을 받으러 비틀거리며 들어왔다.

안토니우 가구는 마약에 중독된 지저분한 청년이었다. 그는 아버지에게 학대를 당하는 현실을 열네 살 때부터 헤로인으로 애써 잊으려 하기 시작했다. 그는 그런 상태로 스물한 살이 되었다. 그는 알가르브의 마약중독자들이 모두 조앙 골랑 박사의 개인 전화번호를 가지고 있다는 사실을 알았다. 골랑 박사는 필요할 것 같다고 생각하는 모든 사람에게 전화번호를 나누어주었다. 조앙 골랑은 안토니우를 만나 치료하면서 매일 헤로인 대신 복용할 메타돈을 주었다. 그러나 아마도 더 중요하게는, 안토니우의 말에 귀를 기울였다. 조앙 골랑은 안토니우의 감정과 생각을 중요하게 여기는 것 같았다. 조앙 골랑은 쉬는 날에도 때때로 안토니우를 만나 이야기를 나누었다. 어느 크리스마스 날, 안토니우는 조앙의 전화를 받았다. 조앙은 모든 중독 환자들 한 명 한 명에게 전화하고 있었다. 조앙은 안토니우에게 "너는 네가 원하는 새로운 삶을 살게 될 거야"라고 용기를 불어넣어 주었다.

그로부터 한참 세월이 지난 후, 나와 만난 안토니우는 "이런 의사에게는 더 솔직해질 수 있어요. 나는 어떤 종류의 비난도 받는다고 느낀 적이 없습니다. 그것이 내 마음 그리고 내 삶을 조금 더 활짝 여는 데 도움이 되었습니다"라고 고백했다. 안토니우는 자신이 마약을 사용하는 진짜 이유, 아버지에게 받은 학대에 대해 말하기 시작했다. "나는 진짜 이유를 마약으로 은폐해야 했습니다."

조앙 골랑은 안토니우가 재활 치료 시설에 들어갈 수 있도록 도왔다. 안토니우는 그곳에서 나온 후 다시 헤로인에 빠져들었다. 그래도 조앙은 비난하지 않았다. 조앙은 그저 그 자리에 있으면서 지지해주었다.

조앙 골랑은 포르투갈의 마약정책을 책임지게 된 후 장기 치료 공동체에 자금을 지원했다. 중독자들이 일정 기간 살면서 그들의 삶을 재건하기 위한 도움을 받을 수 있는 곳이다. 이 공동체는 안토니우에게 딱 맞는 곳이었다. 안토니우는 리스본 교외의 목가적인 녹색 들판에 자리잡은 팀챌린지라는 센터에서 지냈다. 조용히 윙윙 돌아가는 풍력 발전 시설에 둘러싸여 있는 곳이었다. 그는 그곳에서 처음으로 사람을 신뢰하는 법을 배웠다. 안토니우는 만나는 사람들이 그의 옆에 지갑이나 아이들을 남겨두고 자리를 떠서 놀랐다. 그는 그런 신뢰를 다시 받을 수 있으리라고 절대 생각하지 못했다. 안토니우는 마약 사용을 중단할 수 있다는 자신감을 한 걸음 한 걸음 얻어가고 있었다. 나와 만났을 때 안토니우는 여러 해 동안 마약에 손을 대지 않고 있었다.

안토니우는 이제 매일 아침, 승합차를 타고 아직도 길을 잃은 채 고통에 몸부림치는 길거리 중독자들을 찾아다닌다. 그리고 음식이나 깨끗한 주삿바늘이나 뭐든 그들에게 필요한 것을 제공한다. 그들이 준비되면, 무료로 머물면서 사랑을 느낄 수 있는 안전한 장소가 있다는 사실을 알려준다. 안토니우는 그들을 많이 껴안아주면 도움이 된다고 믿는다. 포르투갈 전역에는 이렇게 중독자 출신들이 중독자들을 도와주는 팀이 있다. 아직 길거리에 남아 있는 중독자들을 구하기 위해 고용된 사람들이다.

안토니우를 만나고 그의 작은 흰색 승합차를 본 다음에야 마약과의 전쟁을 끝낸 후 10여 년 동안 포르투갈에서 어떤 변화가 일어났는지 생생하게 이해하게 됐다. 내가 여러 대륙 그리고 세기를 오가며 추적한 마약 금지정책은 끝없이 아래로 소용돌이치며 퍼져나간다. 마약 금지정책은 중독된 사람들에게 굴욕감과 수치심을 줘서 중독이 더 심해지게 만든다. 그렇게 된 사람들이 계속 마약을 사용하기 위해 돈을 벌려면 더 많은 사람들에게 마약을 팔아서 차례로 중독시켜야 한다. 그렇게 중독된 사람들은 또 굴욕감과 수치심을 느끼게 된다. 이런 식으로 계속 소용돌이치며 아래로 퍼져나간다.

그렇다면 마약과의 전쟁을 끝낸 포르투갈은 어땠을까? 중독자들이 더 나은 삶을 살도록 국가가 도왔다. 그렇게 회복된 사람들이 더 많은 사람들이 회복되도록 도왔다. 그다음 도움을 받은 사람이 또 더 많은 사람들이 회복되도록 도왔다. 그러자 마약과의 전쟁에서 아래로 퍼져나가던 소용돌이가 서서히 사회 전체로 퍼져나가는 치유의 물결로 바뀌었다.

나는 리스본을 떠나기 전날, 리스본 거리에서 독재정권이 무너지는 장면을 지켜보고 있던 청년 시절의 조앙 골랑을 상상해보았다. 그리고 그가 왜 포르투갈의 새로운 마약정책이 1974년 정신의 연장선에 있다고 믿는지 이유를 이해할 수 있다고 생각했다. 그 당시 포르투갈 사람들은 들고일어나 모두가 독자적인 삶을 살면서 각자의 목소리를 낼 권리가 있다고 외쳤다. 그리고 다시는 두들겨 맞거나 입을 다물고 있지 않겠다고 밝혔다. 그리고 이제 포르투갈의 마약정책은 형제자매 중 가장 나약하고 병든 사람들까지 누구든 두들겨 맞거나 입을 다물지 않아도 된다고 말한다. 그들을 따뜻하게 받아들이고, 희망과 사랑을 주어야 한다고 말한다.

진정한 민주주의가 꽃핀 곳에서는 어떤 사람도 무가치하다고 여기거나 단념하지 말아야 한다. 어떤 사람도 포기하지 말아야 한다. 어떤 사람의 삶도 살아갈 가치가 없다고 단언하지 말아야 한다. 그것이 혁명 정신이었다. 그 혁명 정신은 아직 살아 있다.

마치며

중독의 반대말

나는 전화기를 들어 그 번호로 전화를 걸곤 했다. 그러나 그들이 전화를 받기 전에 끊곤 했다.

마약과의 전쟁을 탐구하는 여정 내내 나는 자주 런던으로 돌아와서 지내곤 했다. 그럴 때마다 내가 애초에 마약 문제에 관심을 갖게 된 계기가 되었던 사람들, 마약에 중독되었던 친척 그리고 옛 남자친구를 보러 가야 한다는 사실을 알았다. 하지만 무언가가 나를 계속 가로막았다. 그렇게 두루 살펴보았지만, 마약을 금지해야 한다는 생각과 합법화해야 한다는 생각 사이에서 갈팡질팡하는 내면의 갈등을 최종적으로 해결할 준비가 되어 있지 않았다. 나는 다른 생각들로 바빴다.

나는 이 여정에서 우연히 마주쳤던 모든 사람들, 이 마약과의 전쟁에서 사랑하는 누군가를 잃은 사람들을 계속 떠올렸다. 그리고 이런 이미지가 떠올랐다.

두 번의 세계전쟁은 1914년에 시작되었다. 제1차세계대전은 4년 동안 지속되었다. 그 전쟁이 얼마나 무의미했는지는 이런 문구로 기억되게 되었다. '진흙탕 몇 미터 더 차지하려고 수많은 사람들이 죽고 죽이는 전쟁이었다'라는 문구다. 마약과의 전쟁은 내가 이 글을 쓰고 있는 지금까지 거의 100년 동안 지속되었고, 계속 이어지고 있다.

나는 이제 그 전쟁의 희생자들이 다른 이름난 전쟁에서 죽은 사람들처럼 거대한 묘지 한곳에 모여 누워 있는 모습을 상상해 보려고 한다.[1]

바다처럼 끝없이 이어지는 이름 모를 하얀 십자가들 아래 누가 묻혀 있을까?

빌리 홀리데이, 그리고 그녀가 채 부르지 못하고 죽은 모든 노래들.

에드워드 윌리엄스의 진료소가 문을 닫는 바람에 도움을 받지 못하게 된 환자들. 앤슬링어의 요원들이 "물에 빠뜨려 죽이는 방법이 그들에게 가장 잘 어울리는 방법이야"라고 했던 사람들.

하얀 인조 이빨을 드러내며, 그가 죽으면 그의 부하들이 복수할 것이라고 장담했던 아널드 로스스타인.

치노의 어머니 데버라 하딘.

마약상이 머리에 쏜 총에 맞아 죽은 잠복요원 에드 토틀리. 리 매덕스는 그의 죽음 때문에 마약과의 전쟁에 맞서서 싸우기 시작했다.

마약이 무엇인지도 모를 정도로 어린 나이에 현관 앞에서 총에 맞아 죽은 티파니 스미스.

후안 마누엘 올긴이 시우다드후아레스의 산들바람에 천사 날개를 펄럭이며 내려다보던 그 모든 죽은 사람들.

로사리오 레타가 제타스에서 일하면서 고문하고 죽인 모든 사람들. 시간이 지나면 아마 로사리오 레타 자신도 묻힐 것이다.

조앙 골랑이 포르투갈의 새로운 마약정책을 이끌 수 있기 전에 죽은, 그가 알가르브에서 만났던 환자들.

그리고 이들 한 명 한 명 뒤에는 내가 결코 알지 못할, 그리고 이름이 절대 기록되지 않을 수만 명이 더 있다.

나는 억지로 전화를 걸었다. 내가 사랑하는 사람들이 아직 마약 희생자들의 묘지에는 없다는 사실을 알았다. 그들의 소식을 전해 듣곤 했다. 하지만 그들이 여전히 마약에 빠져서 지내는지 아닌지는 몰랐다.

내 친척은 소파에 앉아서 미소를 지었다. 그녀는 1년 넘게 마약에 손을 대지 않고 있었다. 그녀는 매일 열 시간씩 중독 상담 전화일을 하고 있다고 약간 정신없이 설명했다. 그녀가 여전히 때때로 현재에 집중하기 어려워한다는 사실을 눈치챘다. 하지만 그녀는 살아 있었고, 발전하고 있었다.

그로부터 얼마 지나지 않은 어느 날 오후, 영국 도서관 카페에서 전 남자친구를 만났다. 그는 확실히 마약을 끊었다. 얼굴이 더 통통하고 둥그스름해졌고 혈색이 좋았다. 그는 약물중독자 자조모임에 매일 나갈 생각이라고, 거의 일 년 동안 마약에 손을 대지 않았다고 설명했다. 이전에는 마약 사용에 대해 "나한테 효과가 있어, 젠장"이라며 방어적인 태도를 보이거나 "나는 멍청이야. 내 인생을 망쳐 버렸어"라고 자기혐오에 빠져 이야기한 적밖에 없었다. 그는 이제 조금 더 깊이 생각하면서 자신을 표현했다. 그는 견딜 수 없었던 어린 시절의 고통을 잊으려고 어떻게 마약을 이용해왔는지에 대해 조금 털어놓을 수 있었다.

그래서 나는 그의 이야기를 행복한 결말로 마무리짓기 시작했다. 그리고 몇 달 후 그는 문자를 보내왔고, 자신이 다시 마약에 빠졌다고 털어놓았다. 그의 표현으로는, 그가 느끼는 고통의 속도보다 더 빨리 작용할 약물이 필요했다. 그는 이스트런던의 마약 밀매소에 있었다.

우리 문화는 이런 상황에서 어떻게 해야 하는지 가르쳐왔다. 나는 끝없이 많은 영화, 그리고 〈개입Intervention〉 같은 텔레비전 다큐멘터리 시리즈에서 그렇게 배워왔다. 중독자와 맞서 싸우고, 그가 무엇을 잘못했는지 지적하면서 수치심을 느끼게 하고, 전문적인 도움을 받아서 마약을 끊지 않으면 절교하겠다고 위협하라고 가르쳤다. 그것이 우리가 개인적인 삶에서 실천하고 있는 마약과의 전쟁 논리다. 나도 예전에 그런 식으로 하려고 했다. 언제나 실패하고 만 방법이었다.

나는 이제 그 방법이 왜 실패했는지 이유를 알 수 있다. 옛 남자친구는 자신의 감정을 차단하면서 어린 시절의 아픔을 잊으려고 했다. 그는 오랫동안 다른 사람과 진정한 관계를 맺을 수 없었기 때문에 화학물질에 집착했다. 그래서 내가 그와 관계를 끊겠다고 위협했을 때, 그가 소중하게 여겼던 몇 안 되는 관계 중 하나를 끝내겠다고 위협했을 때, 사실은 그의 중독을 더 심하게 만들겠다고 위협하고 있는 셈이었다.

그런데 이제, 그와 내 친척 그리고 나 자신을 비난하려는 욕구가 서서히 사라지고 있는 것 같았다. 이전에는 요란했던, 비난하고 억압하려는 내면의 목소리가 이제 그저 속삭임 정도로 줄어들었다. 나는 그에게 언제든 전화하라고 말했다. 약물중독자 자조모임에 함께 가주겠다고도 했다. 그가 만약 다시 마약에 빠지고 싶은 유혹을 느끼면, 아무리 시간이 오래 걸려도 그런 욕구가 사라질 때까지 함께 있어주겠다고 말했다. 나는 그와의 관계를 끊겠다고 위협하지 않았다. 더 깊은 관계를 맺겠다고 약속했다.

내가 이 글을 쓰는 동안, 그는 의식을 잃은 채 내 집의 예비용 침대 위에 누워 있다. 그는 지난 몇 주 동안 이틀에 한 번씩 헤로인과 크랙코카인에 흠뻑 취해 있었다. 그는 직장을 잃을까 봐 걱정했다. 그래서 이런 식의 삶에서 벗어나고 싶어한다. 그는 어제 내게 최소한 처음 48시간은 마약을 다시 찾지 않고 버틸 수 있도록 잠시 내 집에 머무를 수 있느냐고 물었다. 그다음에는 점차 쉬워진다고 말했다. 아마도 그럴 것이다. 바로 지금 여기에 누워 있는 그를 바라보았다. 그의 얼굴은 다시 창백해졌다. 그의 머리를 쓰다듬으면서 처음으로 무언가를 이해했다고 생각했다. 중독의 반대는 마약 끊기가 아니다. 중독의 반대는 관계 맺기다. 그것이 내가 줄 수 있는 모든 것이다. 결국 그를 도울 수 있는 모든 것이다. 혼자라면 중독에서 벗어날 수 없다. 그러나 사랑을 받고 있다면 가능성이 있다. 우리는 100년에 걸쳐 중독자들을 물리치자고 군가를 불러왔다. 우리는 중독자들에게 내내 사랑노래를 불러주었어야 했다.

다른 무엇보다 한 가지가 이렇게 치유하려는 노력을 무너뜨릴 수 있다. 바로 마약과의 전쟁이다. 만약 내가 사랑하는 사람이 다시 마약중독에 빠졌을 때 경찰이 체포한다면, 그래서 범죄 기록으로 남는다면, 그래서 취업을 할 수 없게 된다면, 그다음에는 세상과 관계를 맺기가 훨씬 더 어려워진다. 내가 사는 영국은 미국 애리조나주나 러시아, 태국 정도는 아니다. 영국 중산층 백인이 마약 문제로 체포될 가능성은 희박하다. 그래도 마약과의 전쟁은 여전히 벌어지고 있다. 대마초 소지만으로 영국에서 매년 2만 4천 명이 경고를 받거나 기소된다.[2] 다른 마약들은 말할 것도 없다. 만약 다른 마약을 사용하다가 발각된다면? 내가 이 여정에서 만난 수많은 사람들처럼 그들도 길을 잃고 말 것이다.

나는 이 교훈을 나 자신에게 적용하는 법을 배우려고 노력하고 있다. 나는 예전에 알약을 삼키고 미친 듯이 날뛰고 싶은 욕구가 치솟을 때 수치심을 느끼며 그런 감정을 억누르려고 했다. 그래서 더 흥청망청하게 되었을 뿐이다. 지금도 효과가 좋은 화학물질로 감정을 폭발시키고 싶은 충동을 느낄 때가 있다. 그럴 때면 브루스 알렉산더와 버드 오즈본에게 배운 교훈을 기억해내려고 애쓴다. 우리에게 필요한 것은 화학물질이 아니라, 관계다. 그래서 나는 사랑하는 사람들을 찾아가 그들과 함께 지낸다. 그들의 말에 귀를 기울인다. 과거나 미래의 어느 곳이 아니라 지금 이 순간 이곳에 집중하려고 최선을 다한다. 그리고 시간이 지나면 그 충동이 어느 정도 사라진다는 사실을 알게 되었다.

나는 이제 마약과의 전쟁에 대한 내면의 갈등을 끝냈다. 이것은 내가 백인에 중산층이고, 최악의 마약 전쟁이 나 같은 사람은 겨냥하지 않는 서유럽의 한구석에 살기 때문에 누리는 특권이라는 사실을 어느 때보다 잘 알고 있다. 나는 내가 만났던 모든 사람들, 피부색 때문에 혹은 나쁜 환경에서 태어났기 때문에 이런 특권을 얻지 못했던 사람들에 대해 계속 생각한다. 그것은 옳지 않다. 이런 식이 되지 말아야 한다. 그리고 그럴 필요도 없다.

해리 앤슬링어는 1930년대에 더이상 알코올 금지를 지지하지 않는다고 밝혔다. 그는 "법은 사실에 부합해야 한다. 미국인들이 아주 불쾌하게 여긴다면 그저 법의 공표만으로 결코 성공할 수 없다. 자발적인 금주가 지금과 같은 강제적인 금주보다 훨씬 낫다"라고 썼다.[3] 이 논리를 마약에도 적용했다면, 마약과의 전쟁에서 희생된 사람들로 가득한 묘지는 생기지 않았을 것이다. 여전히 푸른 언덕으로 남아 있을 것이다.

2013년 크리스마스 다음날, 빌리 홀리데이의 대자 베번 더프티는 샌프란시스코의 한 진료소에 앉아 있었다. 빌리 홀리데이는 아기였던 베번에게 빈 젖을 빨리며 베번의 엄마에게 "이년아, 얘는 내 아이야!"라고 웃으면서 말하곤 했다. 베번 더프티는 샌프란시스코의 노숙자들을 돕는 일을 하고 있었다. 그는 헤로인

중독에서 벗어나려고 메타돈 처방을 받다가 중단하고, 금단증상을 겪는 사람들을 진료소에서 돕고 있었다. 그들은 베번을 향해 마약의 힘을 빌리지 않으면 1분도 더 견딜 수가 없어서, 자신의 몸에서 피부를 벗겨내고 싶을 정도라고 말했다.

네 살이었던 베번은 죽어가는 빌리 홀리데이를 보러 들어가겠다고 부탁하는 부모님을 경찰들이 거절하는 장면을 지켜보았다. 경찰들이 메타돈 복용을 중단시킨 지 얼마 되지 않아 빌리 홀리데이는 사망했다. 베번은 빌리 홀리데이와 비슷한 상태인, 진료소에 있는 주위 사람들을 둘러보았다. "빌리가 사망한 후 65년이 지나도록 마약과의 전쟁이 계속되고 있어요. 그리고 나는 여기에서 그저 빈 껍데기처럼 사는 이 모든 사람들을 보고 있어요"라고 베번은 말했다. 그는 나와 마주보면서 "'그 오랜 세월이 지났는데, 우리는 왜 이렇게 되었을까'라는 생각밖에 할 수가 없었어요"라고 고백했다.

마약과의 전쟁을 끝내기 위한 싸움이 너무 가팔라서 올라갈 엄두가 나지 않는 절벽처럼 보이는 날들이 있다. 하지만 나는 절망에 빠져들려고 할 때 몇 가지를 떠올린다. 버락 오바마 대통령은 재선 취임 연설에서 스톤월항쟁을 미국 역사에서 가장 위대한 순간 중 하나로 꼽았다. 나는 오바마 대통령의 연설을 들으면서 1969년 6월의 어느 날 밤, 뉴욕 그리니치빌리지 스톤월인 밖에서 동성애자들, 여장 남자들과 함께 서 있는 상상을 했다. 그들은 최루가스를 마시면서 경찰에게 두들겨 맞았다. 전에도 너무

나 여러 차례 경찰에 구타를 당했다. 그들과 같은 성적 소수자들은 사실 2천 년에 걸쳐 폭행을 당해왔다.

그들은 세상에서 가장 경멸을 받는 소수집단 중 하나를 대표했다. 성적 소수자에 대한 증오는 모든 주요 종교의 경전, 그리고 전 세계 모든 나라의 법률에 새겨져 있다. 진보적인 뉴욕에서도 그들은 버림받은 사람들이었다. 성적 소수자들의 폭동을 지켜본 사람들은 그들에 대해 혐오감을 느꼈다. 그들의 저항은 절망 속에서 터져 나오는 외침, 어둠 속의 울부짖음이었다.

나는 그날 밤 그들을 향해 "들어보세요"라고 말하는 상상을 했다. "지금은 내 말이 믿기지 않을 거예요. 그렇지만 지금으로부터 45년 후면 흑인 대통령이 취임 연설에서 지금 여러분들이 하고 있는 일이 미국 역사에서 가장 위대한 순간 중 하나였다고 말할 거예요. 그 말이 그날 연설 중 가장 큰 환호를 받을 거예요. 취임식장을 가득 메운 수많은 사람들, 대부분 이성애자인 사람들이 바로 여러분에 대해 환호할 거예요. 여러분이 승리할 거예요. 매일, 매년, 아주 조금씩 서서히 변화할 거예요. 여러분이 패배하고 있는 것처럼 보이는 기간이 길 거예요. 하지만 여러분은 한 사람 한 사람 설득해나갈 거예요. 여러분은 목표를 이룰 거예요. 결국 승리할 거예요."

내가 그들에게 이렇게 말했다면, 공상과학소설처럼 들렸을 것이다. 그러나 그날 밤 스톤월항쟁에 참여한 수많은 사람들은 살아생전에 그런 일이 실현되는 장면을 지켜보았다. 한 사람의 일생 중에 그런 놀라운 변화가 생겼다. 그들이 어딘가에서 시작했고, 함께 싸웠기 때문이다.

만약 그들이 따로 떨어져 절망한 채 한 명 한 명 고립되어 있었다면, 아무 변화도 생기지 않았을 것이다. 워싱턴의 정치인들이 분별력을 갖기를 기다렸다면 영원히 기다려야 했을 것이다. 그들은 그러지 않고 힘을 합했다. 자유와 평판을 잃을 위험을 무릅써야 할 때 힘차게 서로를 찾았다. 그다음 그들은 밖으로 나가 거리를 누비며 얼굴을 찌푸리고 증오하는 사람들 앞에서 설득해나갔다. 그렇게 서서히 문화와 세상을 바꾸어놓았다.

마약과의 전쟁을 끝내자고 주장할 때 우리는 1969년에 동성애자 인권운동을 하는 사람들과 어느 정도 비슷하다. 투쟁의 최종 결말은 너무 멀어서 아직 보이지 않지만, 내디딘 첫걸음은 볼 수 있다. 목표가 있고, 이룰 수 있다. 그래서 나는 낙심할 때 스스로에게 말한다. '오늘날에도 힘든 것 같지? 자신이 동성애자라고 공개한 첫 세대는 훨씬 더 힘들었을 거야. 그런 행동을 하면 징역형을 받을 수도 있었어. 그러나 그들은 포기하지 않았어.[4] 그들은 들고일어났어.'

그다음 이 여정에서 만났던 사람, 이미 마약과의 전쟁에 맞서 싸우기 시작한 사람들을 떠올린다. 치노는 감옥을 들락날락한 마약상이어서 아무도 그의 말을 듣고 싶어하지 않았다. 그러나 그는 포기하지 않았다. 그는 들고일어났고, 자신이 경험한 소년원의 폐쇄를 주장했다. 그리고 그는 승리했다.

우리가 어떤 사람이든, 목소리를 가진 인간이라면 사람들을 설득하기 시작할 수 있다고, 그리고 우리 주장이 충분히 훌륭하고 우리가 절대 멈추지 않는다면 사람들이 마음을 바꿔 함께할 것이라고, 그래서 우리가 이길 수 있다는 사실을 치노에게 배웠다.

우리가 지고 있는 것처럼 보일 때조차 더 완전하게 이길 수 있는 과정을 시작하고 있을지도 모른다. 에드워드 윌리엄스는 패배했다. 그의 진료소는 폐쇄되었고, 그는 사람들 앞에 나서지 못하게 되었다. 하지만 70년이 지난 후 내가 그의 이야기를 찾아냈다. 그의 이야기는 내가 이 책을 잘 마무리하도록 영감을 불어넣어주었다. 빌리 홀리데이는 패배했다. 마약과의 전쟁을 벌인 사람들이 빌리를 감옥에 보냈고, 죽음에 이르게 했다. 그러나 70년 가까이 지난 지금, 전 세계 사람들이 매일 빌리 홀리데이의 노래를 듣고 힘을 얻는다.[5] 빌리 홀리데이는 죽기 전 몇 년 동안 자신이 잊힐 것이라고 확신했다.[6] 우리가 용감하다면, 패배하지 않겠다고 결심하면, 우리 행동에서 파급효과가 생긴다. 우리 자신은 그런 행동의 결과를 결코 보지 못할 수도 있지만, 그런 효과는 사라지지 않고 사람들의 삶을 바꾸어놓을 것이다.

누구든 싸움을 시작할 수 있다. 그리고 세계 어느 나라든 사슬을 끊으면서 마약의 합법화 과정을 시작할 수 있다.

빌리 홀리데이는 죽기 얼마 전 "언젠가는 미국이 정신을 차릴 거야…. 내가 살아 있는 동안에는 그런 변화가 일어나지 않을 수도 있지. 그러든 말든 나에게는 중요하지 않아. 이제까지 받아온 상처보다 더 받을 수 있는 상처는 없기 때문이지"라고 말했다.[7]

혼자라면 중독되기 쉽고, 혼자라면 마약과의 전쟁에 맞서기 어렵다.[8] 하지만 우리가 첫걸음을 내딛고 뜻을 같이하는 다른 사람들을 찾으면, 우리가 서로 관계를 맺으면 취약함을 극복하고 이기기 시작한다. 이 책을 내려놓고 지금 당장 그런 관계 맺기를 시작할 수도 있다.

한국의 많은 사람들이 이렇게 서로 관계를 맺고, 한국의 마약 정책이 나라를 해치고 있다는 사실을 깨닫기 시작하고 있다. '국제 마약정책 협력단'의 아시아 지역 책임자 글로리아 라이Gloria Lai는 〈뉴욕타임스〉에 "자료를 확인하면 수십 년 동안 시행해온 가혹한 정책이 효과가 없었다는 사실을 알 수 있습니다. 사람들의 삶을 엄청나게 희생시켰죠"라고 말했다. 보스턴대학교 사회사업대학교 함혜욱 교수 역시 〈뉴욕타임스〉에 "이렇게 가혹하게 처벌하면서 탄압하고, 불합리하게 오랫동안 감옥에 가둔다고 마약 관련 문제를 줄이는 데 효과가 있지는 않을 것입니다. 미국 역사를 봐도 그런 사실을 알 수 있습니다"라고 설명했다. 김희준 변호사는 〈로스앤젤레스타임스〉에 "검사로 일하던 시절에는 마약 사용자들을 엄하게 처벌해야 한다고만 생각했습니다. 그러나 시간이 흐르면서 그렇게 해도 재범률이 높다는 사실을 알게 되었습니다. 그래서 더 많은 정보를 찾으면서 범죄뿐 아니라 질병과 중독 측면에서도 마약 문제를 바라보게 되었습니다"라고 밝혔다.

이번 기회에 한국의 미래를 위한 더 중요한 대화의 문이 열릴 수도 있다. 한국인은 세계에서 가장 높은 수준의 스트레스와 압박감을 느끼고 있다. 한국의 청년들은 엄청난 수준의 우울증과 불안을 겪는다. 학생들이 학교에서 학업에 대해 느끼는 어마어마한 압박감 그리고 직장에서 모두가 받는 엄청난 수준의 압박감 때문이다. 한국보건사회연구원은 외로움과 고립감이 치솟고 있다는 사실을 보여주는 보고서를 발표했다. 자살은 현재 한국 청소년들의 가장 큰 사망 원인이다. 한국은 OECD 전체 국가 중 자살률이 가장 높다.

너무 많은 스트레스와 절망에 허덕이는 한국인들은 중독에 빠지기가 아주 쉽다. 살아가기가 너무 고통스러워 지금의 삶에서 벗어나고 싶은 마음 상태가 중독의 핵심이다. 그러니 중독의 해결책은 사람들이 살고 싶은 사회로 새롭게 재건하는 일이다. 절망감을 드러내면서 마약 사용에서 일시적인 위안을 찾는 사람들을 처벌하는 방법만이 해결책은 아니다. 증상에 맞서 전쟁을 벌이지 말고, 질병을 치료해야 한다.

한국이 이 문제를 이해하고 나면 마약에 대한 논쟁보다 훨씬 더 뿌리깊은 방식으로 치유하기 시작할 수 있다.

❖❖❖

이 책을 덮기 전에 해리 앤슬링어에 대해 마지막으로 알아야 할 두 가지가 있다. 그가 결국 마약 사용자가 되었다는 사실, 그리고 마약상 역할을 했다는 사실이다.

해리는 1950년대 미국 의회에서 아주 주목받는 한 의원이 헤로인중독자라는 사실을 알게 되었다. "그는 영향력이 큰 의회 위원회 중 하나를 이끌었다. 미국과 자유세계가 어느 쪽으로 나가

야 할지 방향을 정하고 운명을 만들어가는 일에 그의 결정과 발언이 큰 역할을 했다"라고 해리는 썼다.[9]

해리는 국회의사당 복도에서 그 의원에게 다가가 마약 사용을 중단해야 한다고 단호하게 말했다. 그러나 그 의원은 "나는 마약과 관련해 아무 시도도 하지 않을 거예요, 국장님. 무언가를 하면 당신에게 좋지 않을 거예요. 당신이 어떤 조치를 하든 나는 마약을 얻으려고 폭력배들을 찾아갈 거니까요. 그리고 그 일이 사회적 스캔들이 되면 이 나라에 해가 될 거예요. 나는 상관하지 않을 겁니다…. 선택은 당신 몫이죠"라고 협박하듯 대답했다.[10]

해리 앤슬링어는 미국 어디에서든 합법적으로는 마약을 구할 수 없도록 차단했다. 그래서 중독자들은 더럽혀진 마약을 얻기 위해 폭력배들을 찾아가야만 했다. 그러나 그는 언제나 '감정적이고, 히스테리를 부리고, 퇴폐적이고, 정신적으로 문제가 있고, 사악한' 계층들이나 그런 일을 당한다고 상상했다.[11]

그런데 이제, 해리가 중요하게 생각하는 남자가 알고 보니 중독자였다. 해리의 태도는 달라졌다. 워싱턴D.C.의 약국이 안전하고 합법적으로 마약을 제공해줄 테니, 절대 폭력배들을 찾아가거나 마약 없이 지낼 필요가 없다고 그 의원에게 장담했다. 심지어 그 의원이 사망하는 날까지 마약국이 약값을 치렀다. 한 기자가 그런 내용을 알아냈고, 기사로 터뜨리려고 했다. 해리는 한 마디라도 보도하면 2년 동안 감옥에서 지내게 하겠다고 그 기자를 협박했다. 그래서 그 기자는 그 이야기를 덮었다.[12]

여러 해 후, 관련자가 모두 죽었을 때, 해리 앤슬링어와 함께

책을 썼던 윌 어슬러는 잡지 〈레이디스 홈 저널〉에 이 의원이 사실은 조지프 매카시 상원의원이라고 밝혔다. 해리는 윌에게 그 사실을 털어놓은 후 이내 눈길을 돌렸다고 했다.[13] 공산주의자 탄압에 열을 올리던 붉은 얼굴의 매카시는 마약중독자였고, 해리 앤슬링어는 그에게 마약을 공급했다. 사랑하는 누군가를 상대로 마약과의 전쟁을 벌여야 한다고 믿는 사람은 아무도 없다. 심지어 해리 앤슬링어조차 중요하게 여기던 사람이 중독자라는 사실을 알게 되자 에드워드 윌리엄스처럼 따뜻하게 대했다.

해리 앤슬링어는 은퇴하고 몇 년 후 협심증에 걸렸다. 그래서 그토록 없애려고 했던 바로 그 마약을 사용하기 시작했다. 그는 매일 모르핀을 복용했다.[14] 앤슬링어는 세상에서 추방하기 위해 싸웠던 그 화학물질들을 혈관에 집어넣으면서 사망했다.

나는 지금, 처음 복용한 아편제가 몸속을 훑고 지나가면서 고요하고 평온해진 해리의 모습을 상상해보려고 한다. 그는 그 순간에 어떤 생각을 했을까? 헨리 스미스 윌리엄스와 빌리 홀리데이, 그리고 "마약이 보이면 일단 무조건 잡아들여"라고 부하직원들에게 했던 명령을 떠올렸을까? 그 옛날 어린 소년이었을 때 이웃 농가에서 들었던 비명소리, 그리고 그가 인간의 조건에서 그런 느낌을 없애버리려고 애쓰면서 비명을 지르게 했던 그 모든 사람들을 떠올렸을까? 아니면 마약을 손에 쥐고 드디어 그 비명이 서서히 사라지는 소리를 들었을까?

주

1장 중독자, 범죄자 그리고 단속자

1. Anslinger archives, box 1, file 10, "Address by Commissioner of Narcotics before the National Conference on Crime."
2. 앤슬링어를 자신의 부서와 관료 조직을 유지하는 수단으로 마약 전쟁을 앞장서서 이끌면서 도덕적 명분을 내세운 인물로 보는 관점은 사회학자 하워드 베커(Howard Becker)가 그의 대표작 Outsiders: Studies in the Sociology of Deviance에서 처음 제기했다. 나는 그 책을 보고 베커를 인터뷰했다. 앤슬링어 관련 기록을 읽으면서 베커의 주장이 옳았고, 놀랍도록 선견지명이 있었다는 사실을 확인했다.
3. Harry Anslinger, *The Murderers: The Shocking Story of the Narcotics Gang*, 17–18; Jill Jonnes, *Hep-Cats, Narcs, and Pipe-Dreams: A History of America's Romance With Illegal Drugs*, 91
4. Anslinger, *The Murderers*.
5. 위의 책.
6. Larry Sloman, *Reefer Madness*, 258.
7. David Pietrusza, *Rothstein: The Life, Times, and Murder of the Criminal Genius Who Fixed the 1919 World Series*, 17.
8. Nick Tosches, *King of the Jews*, 32. Leo Katcher, *The Big Bankroll: The Life and Times of Arnold Rothstein*, 18–19.
9. John White, *Billie Holiday*, 18–19.
10. 빌리 홀리데이와 마이크 월리스(Mike Wallace)의 1956년 11월 8일 인터뷰는 다음을 참조. *Julia Blackburn archives*, Box 18, Linda Kuehl notes VIII.
11. http://www.bbc.co.uk/blogs/thereporters/markeaston/2010/12/can_we_imagine_a_britain_where.html, (접속일: 2012. 12. 9.) 또한 다음을 참조. Marek Kohn, *Dope Girls*, 33.
12. 이 묘사는 켄 번스(Ken Burns)가 제작한 다큐멘터리 시리즈 〈Jazz〉 5화에 등장하는 빌리 홀리데이의 이미지를 바탕으로 작성했다.

13 Julia Blackburn, *With Billie*, 112.
14 이 노래의 역사에 관한 아름다운 설명은 다음을 참조. *Strange Fruit: Billie Holiday, Café Society, and an Early Cry for Civil Rights*.
15 John White, *Billie Holiday*, 24–25.
16 John Chilton, *Billie's Blues*, 69.
17 Billie Holiday, *Lady Sings the Blues*, 84.
18 Margolick, *Strange Fruit*, 19.
19 Blackburn, *With Billie*, 111.
20 Anslinger, *The Murderers*, 16–24. Douglas Valentine, *The Strength of the Wolf: The Secret History of America's War on Drugs*, 21. Jonathon Erlen and Joseph F. Spillane, eds., *Federal Drug Control: The Evolution of Policy and Practice*, 66.
21 Harry Anslinger, *The Protectors: Our Battle Against the Crime Gangs*, 24.
22 Anslinger, *The Murderers*, 42.
23 Arthur Benavie, *Drugs: America's Holy War*, 25; Rufus King, *The Drug Hang-Up*, 45; Erlen and Spillane, *Federal Drug Control*, 39.
24 Richard Davenport-Hines, *The Pursuit of Oblivion: A History of Narcotics*, 275.
25 Valentine, *Strength of the Wolf*, 298.
26 Sloman, *Reefer Madness*, 196. Valentine, *Strength of the Wolf*, 32.
27 King, *Drug Hang-Up*, 69–71; Erlen and Spillane, *Federal Drug Control*, 61.
28 John McWilliams, *The Protectors: Harry J. Anslinger and the Federal Bureau of Narcotics, 1930–62*, 25.
29 위의 책.
30 위의 책, 26쪽.
31 Anslinger, *Murderers*, 18.
32 위의 책, 18-20쪽.
33 McWilliams, *Protectors*, 27.
34 위의 책.
35 Anslinger, *Murderers*, 19.
36 McWilliams, *Protectors*, 28; Anslinger, *Murderers*, 19.
37 McWilliams, *Protectors*, 28. Anslinger, *Murderers*, 17, 81. Arthur Schlesinger, *Robert Kennedy and His Times*, vol. 1, 268.
38 Anslinger, *Protectors*, 82.
39 Anslinger, *Murderers*, 79.
40 그의 아카이브에는 이와 같은 기사 스크랩이 많이 포함되어 있다.
41 Erlen and Spillane, *Federal Drug Control*, 64.
42 King, *Drug Hang-Up*, 70.

43 위의 책, 64쪽. Anslinger, *Murderers*, 25.
44 Anslinger, *Murderers*, 20-24.
45 위의 책, 21-21쪽.
46 위의 책, 22-23쪽.
47 위의 책, 23-24쪽.
48 Anslinger archives, Box 1, File 1.
49 위의 자료.
50 Anslinger, *Murderers*, 23.
51 *Playboy*, February 1970, "The Drug Revolution," 74. 이 대화에서 앤슬링어는 자신의 경력 내내 그랬듯이, 마약 사용을 문명 붕괴의 개념과 연결시켰다.
52 King, *Drug Hang-Up*, 70; Anslinger, *Murderers*, 11.
53 Anslinger, *Protectors*, 10–15.
54 Sloman, *Reefer Madness*, 36.
55 Anslinger, *Protectors*, 42.
56 McWilliams, *Protectors*, 33.
57 Sloman, *Reefer Madness*, 20.
58 Erlen and Spillane, *Federal Drug Control*, 68–69; McWilliams, *Protectors*, 14.
59 Erlen and Spillane, *Federal Drug Control*, 76.
60 Richard Bonnie and Charles Whitehead, *The Marijuana Conviction: A History of Marijuana Prohibition in the United States*, 32–40.
61 McWilliams, *Protectors*, 53.
62 Sloman, *Reefer Madness*, 39.
63 Erlen and Spillane, *Federal Drug Control*, 75.
64 William O. Walker, *Drug Control in the Americas*, 111.
65 http://www.redhousebooks.com/galleries/assassin.htm (접속일: 2013. 3. 20.)
66 Bonnie and Whitebread, *Marijuana Conviction*, 117.
67 McWilliams, *Protectors*, 61.
68 King, *Drug Hang-Up*, 82.
69 Walker, *Drug Control in the Americas*, 113.
70 Erlen and Spillane, *Federal Drug Control*, 73.
71 Sloman, *Reefer Madness*, 63.
72 위의 책, 61쪽.
73 http://hightimes.com/lounge/ht_admin/8215, (접속일: 2013. 4. 1.)
74 Isaac Campos, *Home Grown: Marijuana and the Origins of Mexico's War on Drugs*.
75 Erich Goode et al., *Moral Panics: The Social Construction of Deviance*, 196–202.

76 다음 책에서 발췌한 내용이다. "Marijuana—The New Prohibition" by John Kaplan. 다음을 참조하라. http://www.drugtext.org/Marijuana-The-New-Prohibition/iv-marijuana-and-aggression.html, (접속일: 2013. 4. 7.)
77 Sloman, *Reefer Madness*, 62.
78 위의 책.
79 Steve Fox, Paul Armentano, and Mason Tvert, *Marijuana Is Safer: So Why Are We Driving People to Drink?*, 51.
80 Anslinger, *Murderers*, 82, 86.
81 Anslinger, *Protectors*, 203–4.
82 Anslinger, *Murderers*, 83.
83 Anslinger, *Protectors*, 214–15.
84 Anslinger, *Murderers*, 87.
85 Carolyn Gallaher, *On the Fault Line: Race, Class, and the American Patriot Movement*, 140.
86 Valentine, *Strength of the Wolf*, 63.
87 Sloman, *Reefer Madness*, 207.
88 David Patrick Keys and John F. Galliher, *Confronting the Drug Control Establishment: Alfred Lindesmith as a Public Intellectual*, 13, 137.
89 Valentine, *Strength of the Wolf*, 64.
90 John F. Galliher, David P. Keys, and Michael Elsner, "Lindesmith v. Anslinger: An Early Government Victory in the Failed War on Drugs," *Journal of Criminal Law and Criminology* 88:2, Winter 1998, 661–82.
91 Richard Lawrence Miller, *The Case for Legalizing Drugs*, 77.
92 Keys and Galliher, *Confronting the Drug Control Establishment*, 160; King, Drug Hang-Up, 62–63.
93 나는 이 문제에 대해 Yolande Bavan, Annie Ross, Eugene Callendar, Bevan Dufty, Lorraine Feather과 이야기를 나눴다.
94 Anslinger archives, box 9, file 54, "Musicians."
95 위의 책. 앤슬링어는 이러한 생각을 가진 유일한 사람이 아니었다. 다음을 참조하라. Harry Shapiro, *Waiting for the Man: The Story of Drugs and Popular Music*, 56–61.
96 Shapiro, *Waiting for the Man*, 72.
97 Anslinger archives, box 9, file 54, "Musicians." 이 문서는 FBN의 내부 보고서인 것으로 보이지만, 해당 표시가 되어 있지는 않았다.
98 Sebastian Marincolo, *High: Insights on Marijuana*, 106.
99 Anslinger archives, box 9, file 54, "Musicians."

100 위의 책.
101 앤슬링어는 자신의 부하들이 파커를 체포했다고 자랑했다. 다음을 참조하라. *The Protectors*, 157–60.
102 암스트롱의 대마초 사용 역사와 앤슬링어의 법적 기소가 그에게 미친 영향은 다음을 참조하라. Terry Teachout, *Pops: The Wonderful World of Louis Armstrong*, 156–58. 또한 다음을 참조. Shapiro, *Waiting for the Man*, 60.
103 Shapiro, *Waiting for the Man*, 74, 89–90.
104 Shane Blackman, *Chilling Out: The Cultural Politics of Substance Consumption, Youth and Drug Policy*, 83. Sloman, *Reefer Madness*, 149. Shapiro, like Sloman, calls it a "pogrom": *Waiting for the Man*, 67.
105 http://druglibrary.org/schaffer/History/whiteb1.htm (접속일: 2012. 10. 1.) Bonnie and Whitebread, *Marijuana Conviction*, 183.
106 "'Shoot First' is nation-wide slogan for raids on dope peddlers," *Pathfinder* magazine, January 23, 1952, 24.
107 Shapiro, *Waiting for the Man*, 73. Bonnie and Whitebread, *Marijuana Conviction*, 185.
108 Jonnes, *Hep-Cats, Narcs, and Pipe Dreams*, 129.
109 Bonnie and Whitebread, *Marijuana Conviction*, 185. Shapiro, *Waiting for the Man*, 71.
110 Anslinger, *Protectors*, 150–64.
111 Holiday, *Lady Sings the Blues*, 5.
112 그녀의 본명은 엘리노아였다. 어린 시절에만 그 이름을 사용했기 때문에, 이 책 전체에서는 명확하게 하려고 빌리라고 표기했다.

또한 빌리가 윌리엄 더프티와 공동 집필한 회고록 *Lady Sings the Blues*를 이 장에서 전반적으로 신뢰할 만한 자료로 활용했다. 이 회고록의 신뢰성에 대해서는 논란이 있다. 그러나 1995년에 빌리의 전기를 펴낸 스튜어트 니컬슨(Stuart Nicholson)은 그 회고록을 검토한 후 예를 들어 가장 떠들썩하게 논란이 된 구절 중 하나인 어린 시절 강간에 대한 묘사가 정확한 설명이었다는 사실을 알아냈다. 다음을 참조. Nicholson, *Billie Holiday*, 6. 빌리 자신은 한때 "젠장, 난 그 책을 읽어본 적도 없어"라면서 더프티가 자신의 회고록 전체를 썼다고 주장했다. 그러나 사실 출판사는 원고 내용이 그녀의 기억과 일치하는지 확인하기 위해 한 장 한 장 서명을 받았다. 다음을 참조. Margolick, *Strange Fruit*, 33–34.
113 Holiday, *Lady Sings the Blues*, 5.
114 Robert O'Meally, *Lady Day: The Many Faces of Billie Holiday*, 67. White, *Billie Holiday*, 51; Holiday, *Lady Sings the Blues*, 68–69; BBC "Reputations" documentary *Billie Holiday: Sensational Lady*; Shapiro, *Waiting for the Man*, 99.

115 Holiday, *Lady Sings the Blues*, 6.
116 White, *Billie Holiday*, 14.
117 위의 책, 17쪽. Holiday, *Lady Sings the Blues*, 8; O'Meally, *Lady Day*, 171.
118 Holiday, *Lady Sings the Blues*, 13.
119 위의 책, 86쪽.
120 Ken Vail, *Lady Day's Diary: The Life of Billie Holiday, 1937-1959*, 4. 그녀의 자서전 *Lady Sings the Blues*에서 빌리는 그를 "Mr. Dick."이라고 언급한다.
121 Holiday, Lady Sings the Blues, 15-16, 103.
122 Donald Clarke, *Billie Holiday: Wishing on the Moon*, 34. 윌버트 리치가 감옥에 있었던 기간에 대해서는 논란이 있다. 클라크는 3개월이라 주장하고, 빌리의 회고록에는 5년이라고 기록되어 있다. 다음을 참조하라. Holiday, *Lady Sings the Blues*, 17.
123 BBC "Reputations" documentary *Billie Holiday: Sensational Lady*.
124 White, *Billie Holiday*, 18. 그 소년원에 수감된 적 있었던 다른 수감자들은 나중에 인터뷰를 통해 그곳이 매우 잔인한 곳이었다고 말했다. 다음을 참조하라. O'Meally, *Lady Day*, 79-81. 또한 다음을 참조. Julia Blackburn archives, box 18, Linda Kuehl notes, vol. VIII, interview with Peter O'Brien and Michelle Wallace.
125 Holiday, *Lady Sings the Blues*, 20. 그녀의 회고록에서 빌리는 어머니가 그녀를 불러들였다고 말하지만, 다른 대부분의 기록은 그녀가 어머니를 찾기 위해 도망쳤다고 쓰였다.
126 Julia Blackburn archives, box 18, Linda Kuehl notes, vol. VIII.
127 메일리 더프티의 아들 베번 더프티가 제공한 문서.
128 Ebony magazine, July 1949, 32.
129 Holiday, *Lady Sings the Blues*, 23. 일부 사람들은 그녀가 실제로 볼티모어에서 더 어린 나이에 매춘을 강요받았다고 생각한다. 다음을 참조하라. O'Meally, *Lady Day*, 84-87.
130 BBC "Reputations" documentary *Billie Holiday: Sensational Lady*.
131 Blackburn, *With Billie*, 43. Clarke, *Billie Holiday: Wishing on the Moon*, 35. Mike Gray, *Drug Crazy*, 107.
132 Julia Blackburn archives, box 18, Linda Kuehl notes, vol. VIII, 윌러드(Willard)와의 인터뷰. 그의 성은 적혀 있지 않았다.
133 다음 다큐멘터리에 설명된 대로. *The Long Night of Lady Day*, BBC documentary, 1984.
134 Chilton, *Billie's Blues*, 127.
135 위의 책, 22쪽.
136 Holiday, *Lady Sings the Blues*, 103-4.
137 유진 캘린더 인터뷰.

138 Holiday, *Lady Sings the Blues*, 34.
139 White, *Billie Holiday*, 29.
140 Clarke, *Billie Holiday: Wishing on the Moon*, 230.
141 위의 책. 또한 다음에 포함된 실비아 사임스(Sylvia Simms) 인터뷰를 참조할 것. Julia Blackburn archives, box 18, Linda Kuehl notes, vol. VIII.
142 Nicholson, *Billie Holiday*, 198.
143 BBC "Reputations" documentary *Billie Holiday: Sensational Lady*.
144 Blackburn, *With Billie*, 209. 나는 지미 플레처 관련 이 자료의 원본을 확인하고 싶었다. 지미 플레처 관련 1차 자료는 린다 쿠엘(Linda Kuehl)과 했던 인터뷰뿐이다. 나는 그 자료를 소장한 토비 바이런에게 연락했다. 그는 플레처 인터뷰의 녹취록을 잃어버렸다고 당황하면서 말했다. 이제부터는 2차 자료에 의존해야 한다는 뜻이다. 녹취록 원본을 읽은 줄리아 블랙번과 도널드 클라크는 자세히 설명하면서 그 내용에 대해 전화로도 내게 말해 주었다.
145 더글러스 밸런타인(Douglas Valentine) 인터뷰.
146 Blackburn, *With Billie*, 207.
147 더글러스 밸런타인 인터뷰.
148 Clarke, *Billie Holiday: Wishing on the Moon*, 254.
149 Blackburn, *With Billie*, 207.
150 BBC "Reputations" documentary *Billie Holiday: Sensational Lady*.
160 Blackburn, *With Billie*, 94.
161 위의 책, 212쪽.
162 Maely Dufty files, document marked "Introduction."
163 Blackburn, *With Billie*, 211.
164 위의 책, 11쪽.
165 Holiday, *Lady Sings the Blues*, 127.
166 Chilton, *Billie's Blues*, 116.
167 Holiday, *Lady Sings the Blues*, 129-30.
168 http://www.nybooks.com/articles/archives/2005/jul/14/street-diva/?pagination=false (접속일: 2014. 3. 12.)
169 Vail, *Lady Day's Diary*, 103.
170 BBC "Reputations" documentary *Billie Holiday: Sensational Lady*. White, *Billie Holiday*, 93.
171 Clarke, *Billie Holiday: Wishing on the Moon*, 252.
172 Holiday, *Lady Sings the Blues*, 125-26.
173 Maely Dufty files, "Introduction."
174 White, *Billie Holiday*, 94.

175 Blackburn, *With Billie*, 162.
176 위의 책, 255쪽.
177 위의 책, 304쪽. Holiday, *Lady Sings the Blues*, 169-70. 그녀는 마약 범죄 전과로 인해 위탁 부모로 선정되지 못했다. 다음을 참조하라. Shapiro, *Waiting for the Man*, 97.
178 Julia Blackburn archive, box 18, Notes from Linda Kuehl 1, section marked "Billie H. Goes to Cuba."
179 Julia Blackburn archives, box 18, Linda Kuehl notes, article from *Ebony*: "I'm Cured Now" [no date].
180 Julia Blackburn archives, box 18, Linda Kuehl notes, vol. VIII, interview with Peter O'Brien and Michelle Wallace.
181 Ray Tucker, "News Behind the News," Anslinger archives, box 5, file 9.
182 McWilliams, *Protectors*, 101. 앤슬링어가 *Murderers* 184-186쪽에서 "구하기 위해 몇 달 동안 끈질긴 싸움을 벌였다"라고 설명하는 "우리의 가장 사랑스러운 유명 영화배우"들 가운데 이름을 밝히지 않은 여성은 주디 갈런드일 가능성이 높다.
183 Anslinger, *Murderers*, 166.
184 미셸 알렉산더(Michelle Alexander)의 주요 저서 *The New Jim Crow*는 이런 생각이 미국의 오랜 인종 차별 역사와 어떻게 맞물리는지 가장 잘 설명한다. 티머시 A. 힉맨(Timothy A. Hickman)의 *The Secret Leprosy of Modern Days* 60-92쪽에서도 이런 문제를 탁월하게 분석했다. 나는 유진 자레키(Eugene Jarecki)의 다큐멘터리 〈The House I Live In〉에서 이 문제를 거론한 리처드 로런스 밀러(Richard Lawrence Miller)를 통해 초기 마약 금지에서 중국인에 대한 이런 편견이 핵심적인 역할을 했다는 사실을 처음 알게 되었다. 그의 책을 참조하라. *Drug Warriors and Their Prey*, 26, 그리고 *The Case for Legalizing Drugs*, 88-91.
185 Shapiro, *Waiting for the Man*, 87.
186 Anslinger archives, box 1, file 12, "Modern Medical Interviews."
187 Anslinger archives, box 1, file 10, "New York Forum: Saturday, April 28, 1962, Program Transcript." 사실 마약 복용을 법으로 처벌하기 전의 공식 기록을 보면 마약 중독자 중 백인이 압도적으로 많았다. 마약을 법률로 금지한 다음에야 압도적으로 많은 흑인이 중독자로 기록되기 시작했다. 이 통계는 미국 인구 전체에서 중독이 어떻게 분포되어 있는지를 실제로 반영했다기보다 인종 차별적인 법 집행의 결과였다는 사실을 암시한다. 다음을 참조. King, *Drug Hang-Up*, 108-9.
188 Ioan Grillo, *El Narco: Inside Mexico's Criminal Insurgency*, 28.
189 Hickman, *Secret Leprosy*, 77-78.
190 위의 책 116쪽에 실린 해밀턴 라이트의 의회 증언도 참조하라. 아프리카계 미국인이 코카인을 훨씬 더 많이 사용했다거나 코카인 때문에 아프리카계 미국인들이 정

신병을 일으켰다는 생각조차 근거 없는 믿음 같다. '코카인에 취한 검둥이'에 대한 공포가 절정에 이르렀던 시기에 조지아주의 한 정신병원에 입원한 아프리카계 미국인 2,100명 중 코카인 복용자로 확인된 사람은 단 두 명뿐이었다. 다음을 참조. Walker, *Drug Control in the Americas*, 14.

191 King, *Drug Hang-Up*, 27–28; Erlen and Spillane, *Federal Drug Control*, 12–13.

192 Benson Tong, *The Chinese Americans*, 2; 이주 이유에 대한 자세한 설명은 21-22쪽에 수록되어 있다. David Musto, *The American Disease*, 6. Craig Reinarman and Harry Levine, eds., *Crack in America: Demon Drugs and Social Justice*, 6. John Gibler, *To Die in Mexico: Dispatches from Inside the Drug War*, 44–45; Kohn, *Dope Girls*, 2–3. 미국에서 중국인에 대한 편견의 역사를 이해하는 데 가장 도움이 된 책 중 하나는 Yunte Huang의 훌륭한 책이다. *Charlie Chan: the Untold Story of the Honorable Detective and His Rendezvous with American History*.

193 Anslinger, *Murderers*, 29-36.

194 Anslinger, *Murderers*, 37. 그는 보통 여성의 질 안이나(Anslinger, *Protectors*, 4. 참조)나 '풍만한 가슴'(49) 안에 숨겨 밀수한 마약에 관한 이야기를 많이 한다. 그는 자신의 설명에 의도적으로 성적인 요소를 집어넣었던 것으로 보인다.

195 Bruce Alexander, *Peaceful Measures*, 32; Emily Murphy, *The Black Candle*, 188–89.

196 Murphy, *Black Candle*, 5.

197 Huang, *Charlie Chan*, 124.

198 Tong, *Chinese Americans*, 81.

199 Jefferson M. Fish, ed., *How To Legalize Drugs*, 244.

200 Anslinger, *Protectors*, 79.

201 Albarelli, *Terrible Mistake*, 392.

202 Clarke, *Billie Holiday: Wishing on the Moon*, 296. Holiday, *Lady Sings the Blues*, 160–61. Anslinger, *Protectors*, 80. 이 사건에 대한 일부 세부 사항은 논란이 되고 있다. 다음을 참조하라. Albarelli, *Terrible Mistake*, 402-3. 그는 피해자가 일본인이 아니라 중국인이며, 총에 맞았지 목이 졸리지 않았다고 말했다.

203 Blackburn, *With Billie*, 219.

204 위의 책, 220쪽.

205 더글라스 밸런타인 인터뷰.

206 Albarelli, *Terrible Mistake*, 394.

207 Julia Blackburn archive, Box 18, Linda Kuehl notes 1.

208 Julia Blackburn archive, Box 18, Linda Kuehl notes 1, George White section.

209 Maely (Dufty) Lewis, *Killer Jazz*, 3, as provided by Bevan Dufty. 또한 다음을 참조하라. George White archives, box 1, folder 12; Vail, *Lady Day's Diary*, 118;

Nicholson, *Billie Holiday*, 173.

210 George White archives, box 1, folder 12; Maely (Dufty) Lewis, *Killer Jazz*, 3.

211 욜랜드 바반 인터뷰.

212 George White archives, box 1, folder 12.

213 Holiday, *Lady Sings the Blues*, 159–63.

214 Vail, *Lady Day's Diary*, 119. 메일리 더프티는 이에 동의하지 않았다. 그녀는 빌리가 당시 마약을 사용하고 있었다고 기억하며, 그녀에게서 헤로인을 발견했다고 말했고, 그날 밤 그녀가 금단 증상을 겪었다고 덧붙였다. *Killer Jazz*, 4.

215 Martin A. Lee and Bruce Shlain, *Acid Dreams: The CIA, LSD, and the Sixties Rebellion*, 32–33.

216 항상 그렇지는 않았지만, 종종 CIA의 지시에 따라 그런 짓을 하기도 했다. 적에게 사용할 수 있는 '자백하게 하는 약'을 찾아내기 위한 MK-ULTRA 인간 실험 계획의 일부였다. 내가 알게 된 가장 기이한 사소한 역사 중 하나로, 읽어볼 만하다. 이렇게 잘 기록되어 있지 않았다면, 나는 그 이야기를 냉전에 대한 편집증적인 공상으로 여겼을 것이다. 다음을 참조. Douglas Valentine, *The Strength of the Pack*, 16–18, 346–50. 다음을 참조. Albarelli, *Terrible Mistake*, 216–22, 435, 237–41, 279, 379–81. 화이트의 행동은 CIA 내부에서도 의혹을 불러일으켰다(279-281, 289-290, 412쪽 참조). 그는 여러 해에 걸쳐 계속 여성들에게 마약을 섞은 음료를 몰래 먹였다. 427쪽을 참조하라. MK-ULTRA 계획이 물의를 일으켰던 1970년대 후반에 CIA는 화이트의 피해자 중 이름이 알려진 사람들의 명단을 작성했다.

217 Albarelli, *Terrible Mistake*, 279.

218 위의 책, 290쪽.

219 McWilliams, *Protectors*, 168. Lee and Shlain, *Acid Dreams*, 35.

220 Nicholson, *Billie Holiday*, 174.

221 Maely (Dufty) Lewis, *Killer Jazz*, 4.

222 이 재판에 대한 중요한 기록은 퀸스대학교 벨파스트의 사라 램쇼(Sarah Ramshaw)가 저술한 다음을 참조하라. "He's My Man! Lyrics of Innocence and Betrayal in the People vs Billie Holiday" *Canadian Journal of Women and the Law* 87, 2004, http://papers.ssrn.com/sol3/papers.cfm?abstract_id=2041361(접속일: 2013. 3. 14.)

223 Anslinger, *Protectors*, 157.

224 Clarke, *Billie Holiday: Wishing on the Moon*, 433; White, *Billie Holiday*, 110–11. Vail, *Lady Day's Diary*, 204. Chilton, *Billie's Blues*, 193.

225 Maely Dufty files, "Introduction"; Nicholson, *Billie Holiday*, 223.

226 Maely Dufty files, "Introduction."

227 Clarke, *Billie Holiday: Wishing on the Moon*, 434.

228 Vail, *Lady Day's Diary*, 205.

229 White, *Billie Holiday*, 109–10. 다음을 참고하라. Julia Blackburn archives, box 18, Linda Kuehl notes, vol. VIII, interview with Dr. Kurt Altman for the Arena documentary; 또한 다음을 참고하라. William Dufty, "The True Story of Billie Holiday," article 3, *New York Post* series, Julia Blackburn archive, box 18, file VII.
230 Blackburn, *With Billie*, 297.
231 Maely Dufty files, "Introduction."
232 Chilton, *Billie's Blues*, 194.
233 Maely Dufty files, "Introduction."
234 Clarke, *Billie Holiday: Wishing on the Moon*, 440.
235 Blackburn, *With Billie*, 296.
236 Davenport-Hines, *Pursuit of Oblivion*, 275, 282.
237 유진 캘린더 인터뷰.
238 Blackburn, *With Billie*, 296.
239 애니 로스 인터뷰.
240 Maely Dufty files, "Introduction."
241 Clarke, *Billie Holiday: Wishing on the Moon*, 442. 그녀의 초기 전기 작가 중 일부는 그녀가 생애 마지막 시기에 헤로인을 사용했다는 주장을 반박했다. 다음을 참조하라. Chilton, *Billie's Blues*, 193.
242 BBC documentary *The Long Night of Lady Day*.
243 BBC "Reputations" documentary *Billie Holiday: Sensational Lady*.
244 유진 캘린더 인터뷰.
245 Blackburn, *With Billie*, 298.
246 Clarke, *Billie Holiday: Wishing on the Moon*, 438.
247 Holiday, *Lady Sings the Blues*, 126.
248 위의 책, 132쪽.
249 Blackburn, *With Billie*, 253; Julia Blackburn archives, box 18, Linda Kuehl file 1, Memry Midgett interview.
250 BBC "Reputations" documentary *Billie Holiday: Sensational Lady*.
251 Dufty piece for *New York Post*, Julia Blackburn archives, box 18.
252 유진 캘린더 인터뷰.
253 Anslinger, *Protectors*, 157.
254 Anslinger archive, box 1, file 14, poem titled "L'Envoie."
255 https://www.koreatimes.co.kr/opinion/20231231/drugs-and-korea
256 https://english.hani.co.kr/arti/english_edition/e_national/1115767.html
257 https://www.theguardian.com/music/2011/sep/15/shin-joong-hyun-korean-psychedelic

https://au.rollingstone.com/music/music-lists/-48674/shin-joong-hyun-and-yup-juns-beautiful-woman-48761/

https://www.koreaherald.com/article/10376513

258 https://www.upi.com/Archives/1991/03/07/Son-of-Park-Chung-hee-arrested-for-use-of-drug/3360668322000/

https://koreajoongangdaily.joins.com/2003/01/05/socialAffairs/Former-leaders-son-is-held-for-drug-use/1903178.html

2장 미래를 예언한 의사

1   헨리 스미스 윌리엄스는 *Reefer Madness*에서 잠깐 언급되는데, 이로써 래리 슬로만이 그의 책을 읽었다는 것을 알 수 있다. 또한 스미스 윌리엄스 형제에 대한 몇 편의 학술 논문이 존재한다.

2   헨리 스미스 윌리엄스에 대한 묘사는 Google Images에 등장하는 그의 사진에 기반을 두고 있다. http://www.google.co.uk/imgres?q=henry+smith+williams&um=1&hl=en&sa=N&biw=1175&bih=618&tbm=isch&tbnid=VuZQj3kCGqlkwM:&imgrefurl=http://www.librarything.com/author/williamshenrysmith&docid=3-CWdRI5IGZ6yM&imgurl=http://pics.librarything.com/picsizes/a1/0b/a10b615c5a2c06d6370664541514331414f6744.jpg&w=162&h=242&ei=GhqIUPPHJ-y10QW7yYG4BQ&zoom=1&iact=rc&dur=366&si g=109334892739419133305&page=1&tbnh=140&tbnw=93&start=0&ndsp=24& ved=1t:429,r:3,s:0,i:78&tx=47&ty=67 (접속일: 2012. 10. 25.)

3   Henry Smith Williams, *Drugs Against Men*, ix.

4   위의 책, 74쪽.

5   Henry Smith Williams, *Survival of the Fittest*, 35; Henry Smith Williams, *Adding Years to Your Life*, 111–13.

6   이것은 헨리 스미스 윌리엄스의 책 *Drug Addicts Are Human Beings*의 핵심 주장이다.

7   E. H. Williams, *Opiate Addiction: Its Handling and Treatment*; 또한 다음을 참조. http://www.bhrm.org/papers/1920-1941.pdf (접속일: 2013. 5. 23.)

8   Williams, *Drug Addicts*, 149.

9   위의 책 3장과 22장을 참조하라.

10 http://www.ncbi.nlm.nih.gov/pmc/articles/PMC1655029/pdf/calwestmed00219-0042.pdf (접속일: 2014. 5. 4.)

11 Williams, *Drug Addicts*, iii.

12 William L. White, *Slaying the Dragon: The History of Addiction Treatment and*

Recovery in America, 120.
13　Musto, American Disease, 94.
14　http://www.cracked.com/article_15669_the-10-most-insane-medical-practices-in-history.html (접속일: 2014. 5. 4.)
15　Robert J. MacCoun and Peter Reuter, eds., Drug War Heresies, 197.
16　Williams, Drug Addicts, 17, 49.
17　Williams, Drugs Against Men, xii.
18　Williams, Drug Addicts, 15. Miller, Case for Legalizing Drugs, 6.
19　Richard DeGrandpre, The Cult of Pharmacology: How America Became the World's Most Troubled Drug Culture, 126. 위의 책, 104쪽.
20　King, Drug Hang-Up, 18–19.
21　Williams, Drug Addicts, 9
22　위의 책, 11쪽. King, Drug Hang-Up, 65.
23　Williams, Drug Addicts, 12.
24　위의 책, xviii; Hickman, Secret Leprosy, 121–24; King, Drug Hang-Up, 33–34, 40; Wright, Case for Legalizing Drugs, 93.
25　Williams, Drug Addicts, 24.
26　Caroline Jean Acker and Sarah W. Tracey, eds., Altering American Consciousness, 231.
27　Anslinger, Protectors, 48–49.
28　rlen and Spillane, Federal Drug Control, 127.
29　Acker and Tracey, Altering American Consciousness, 230; Bonnie and Whitebread, Marijuana Conviction, 100–101.
30　Williams, Drug Addicts, 37.
31　Musto, American Disease, 178.
32　Williams, Drug Addicts, 70.
33　위의 책, 170쪽. King, Drug Hang-Up, 44–46. John Martin Murtagh and Sara Harris, Who Live in Shadow, 114–16.
34　"The Czar Nobody Knows," New York Post, Anslinger archives, box 5, file 10.
35　Williams, Drug Addicts, 22.
36　위의 책, 91쪽. 더 넓은 맥락에서의 억압에 대한 자세한 설명은 다음을 참조하라. King, Drug Hang-Up, 47–58.
37　Anslinger archives, box 1, file 9.
38　Acker and Tracey, Altering American Consciousness, 238.
39　Sloman, Reefer Madness, 199. 또한 다음을 참조하라. King, Drug Hang-Up, 71.
40　Henry Smith Williams, Luther Burbank, 316.

41 Anslinger archives, box 8, file 8, memo marked "California."
42 Anslinger archives, box 3, file 6, HSW letter to Beck.
43 Anslinger archives, box 3, file 6, letter titled "Memorandum for Mr. Gaston" by Anslinger.
44 Acker and Tracey, *Altering American Consciousness*, 238.
45 King, *Drug Hang-Up*, 61.
46 Acker and Tracey, *Altering American Consciousness*, 238.
47 허버트 하우 박사(Dr. Hubert Howe)는 1955년 상원 분과 위원회 증언에서 그와 그의 동료들은 아편제를 처방하고 싶지만, "의사들은 연방 마약국 때문에 겁을 먹었었다"라고 설명했다. 다음을 참조. King, *Drug Hang-Up*, 125–26. 또한 139–40 참조.
48 Anslinger, *Protectors*, 219.
49 Acker and Tracey, *Altering American Consciousness*, 242.
50 Anslinger, *Murderers*, 221–22.
51 Ryan Grim, *This Is Your Country on Drugs: The Secret History of Getting High in America*, 44.
52 Alfred Lindesmith, *The Washington Post*, 다음에서 재인용. http://www.onlinepot.org/addictandthelaw/AddictandtheLaw/chapter01.htm. *Liberty magazine*, February 26, 1938, 43. Anslinger, *Protectors*, 53–54. 앤슬링어는 부패한 요원에 대한 이 구절에서 핸슨의 이름을 밝히지 않지만, 문맥상 핸슨에 관해 이야기하고 있음이 분명해 보인다. 그가 이야기하는 '붉은 옷을 입은 여성'이 핸슨의 사례에서 핵심적인 부분이기 때문이어서 알 수 있다.
53 National Archives, San Francisco, court cases Nevada, files 9580 and 9581. Williams, *Drug Addicts*, 100–101.
54 핸슨의 범죄는 세 가지로 해석할 수 있다. 첫 번째는 헨리 스미스 윌리엄스의 해석으로, 핸슨이 내내 마약상들을 위해 일했고, 마약상들이 원해서 진료소 문을 닫게 했다는 설명이다. 두 번째는 핸슨이 내내 마약상들을 위해 일했지만, 그가 받은 뇌물은 오늘날 경찰이 눈감아 주는 대가로 마약상들에게 받는 정도에 불과했다는 해석이다. 그리고 세 번째는 그가 캘리포니아주를 떠나 네바다주에 부임한 다음에야 뇌물을 받기 시작했다는 해석이다. 나는 헨리의 해석에 찬성한다. 핸슨이 로스앤젤레스 지국을 이끌던 시기에 마약상들을 위해 일하고 있었을지 모른다고 연방 마약국의 동료들도 대놓고 의심했다. 다음을 참조. *Official Detective Stories*, August 1, 1939, 43.
55 Acker and Tracey, *Altering American Consciousness*, 255.
56 Henry Smith Williams, *Survival of the Fittest*, 309–10. 이것은 단순한 변화가 아니었다. 때로는 윌리엄스가 과거의 편견을 표현했지만, 이전보다 약해졌으며, 그 편

견은 점차 사라지고 있었다. 다음을 참조하라. Williams, *Drugs Against Men*, ix.
57 King, *Drug Hang-Up*, 61.
58 Sloman, *Reefer Madness*, 83.
59 "The Tsar Nobody Knows," *New York Post*, Anslinger archives, box 5, file 10.

3장 해리의 총구가 향한 곳

1 역사학자 데이비드 뷸리-테일러(David Bewley-Taylor)는 이 문제에 관해 탁월한 연구를 했다. 그의 연구를 통해서만 앤슬링어가 국제무대에서 두드러지게 활동하며 어떤 일들을 했는지 완전히 되짚을 수 있다.
2 Anslinger archives, box 2, file 20.
3 McWilliams, *Protectors*, 150; Erlen and Spillane, *Federal Drug Control*, 194.
4 Davenport-Hines, *Pursuit of Oblivion*, 275, 284.
5 *This Week* magazine, 1948년 3월 7일 자. 또한 다음을 참조하라. Anslinger, *Murderers*, 207–11.
6 Valentine, *Strength of the Wolf*, 68.
7 McWilliams, *Protectors*, 153. Valentine, *Strength of the Wolf*, 211.
8 자세한 내용은 다음 책의 2장과 4장을 참조하라. David Bewley-Taylor, *The U.S. and International Drug Control 1909–1997*. 또한 다음 책의 21장을 참조하라. King, *Drug Hang-Up*.
9 Anslinger, *Protectors*, 19.
10 King, *Drug Hang-Up*, 225.
11 Bewley-Taylor, *U.S. and International Drug Control*, 105.
12 위의 책, 48쪽.
13 Anslinger archives, box 5, file 8, article headlined "Gains in War on Dope Told by Anslinger" 작성자나 신문사 이름에 대한 언급은 없었다.
14 Jonnes, *Hep-Cats, Narcs, and Pipe Dreams*, 104; John Rainford, *Consuming Pleasures*, 150; Blackburn, *With Billie*, 53.
15 Jonnes, *Hep-Cats, Narcs, and Pipe Dreams*, 104.
16 McWilliams, *Protectors*, 184.

4장 아무도 그들에게 맞서려 하지 않았다

1 Donald Henderson Clarke, *In the Reign of Rothstein*, 19.
2 위의 책, 9쪽.
3 Leo Katcher, *The Big Bankroll: The Life and Times of Arnold Rothstein*, 227.

Carolyn Rothstein, *Now I'll Tell*, 31.
4   David Pietrusza, *Rothstein: The Life, Times, and Murder of the Criminal Genius Who Fixed the 1919 World Series*, 10.
5   Rothstein, *Now I'll Tell*, 19.
6   Pietrusza, *Rothstein*, 3.
7   위와 동일.
8   "Rothstein: Puzzle in Life, Still Enigma in Death," *Pittsburgh Press*, Nov 13, 1928, p. 1.
9   Rothstein, *Now I'll Tell*, 232.
10 뮤지컬 〈아가씨와 건달들〉은 Damon Runyon의 단편 소설을 바탕으로 제작되었으며, 그 소설은 아널드와 캐럴린으로부터 영감을 받았다. 다음을 참조하라. http://www.new republic.com/article/109050/american-shylock-arnold-rothstein-1882–1928# (접속일: 2012. 2. 24.)
11 Rothstein, *Now I'll Tell*, 50.
12 위의 책, 19쪽.
13 Katcher, *Big Bankroll*, 30.
14 Nick Tosches, *King of the Jews*, 34.
15 Rothstein, *Now I'll Tell*, 40. Pietrusza, *Rothstein*, 2.
16 Rothstein, *Now I'll Tell*, 78.
17 위의 책, 42쪽.
18 Pietrusza, *Rothstein*, 43; Rothstein, *Now I'll Tell*, 20.
19 Rothstein, *Now I'll Tell*, 30.
20 위의 책, 142-43쪽.
21 Clarke, *Reign of Rothstein*, 305.
22 Rothstein, *Now I'll Tell*, 97.
23 Pietrusza, *Rothstein*, 198.
24 Daniel Okrent, *The Rise and Fall of Prohibition*, 221.
25 Jonnes, *Hep-Cats, Narcs, and Pipe Dreams*, 77.
26 Katcher, *Big Bankroll*, 238.
27 Valentine, *Strength of the Wolf*, 7.
28 Rothstein, *Now I'll Tell*, 172.
29 Tosches, *King of the Jews*, 209.
30 Clarke, *Reign of Rothstein*, 5.
31 Ed Vuiliamy, *Amexica*, 4.
32 "Indict Arnold Rothstein: Charged With Shooting Two Detectives," *New York Times*, 1919년 6월 7일 자.
33 Tosches, *King of the Jews*, 288. Clarke, *Reign of Rothstein*, 6-7, 40-48.

34 위의 책, 52쪽.
35 Rothstein, *Now I'll Tell*, 130.
36 Pietrusza, *Rothstein*, 321.
37 위의 책, 323쪽.
38 Reinarman and Levine, *Crack in America*, 68. 스티븐 핑커(Steven Pinker)는 그의 탁월한 책 *The Better Angels of Our Nature*에서 자메이카, 멕시코, 콜롬비아에서 "마약 밀매가 늘어나면서 그 나라의 살인율이 치솟았다"라고 지적한다. 89쪽 참조.
39 Clarke, *Reign of Rothstein*, 50.
40 Rothstein, *Now I'll Tell*, 120.
41 위의 책, 34쪽.
42 위의 책, 52쪽.
43 위의 책, 34쪽.
44 위의 책, 31-3쪽.
45 Katcher, *Big Bankroll*, 214.
46 Clarke, *Reign of Rothstein*, 32.
47 위의 책, 304쪽.
48 Rothstein, *Now I'll Tell*, 116.
49 위의 책, 238쪽.
50 위의 책, 240쪽.
51 위의 책, 241쪽.
52 위의 책, 237쪽.
53 Katcher, *Big Bankroll*, 1.
54 Sherwin D. Smith, "35 Years Ago: Arnold Rothstein was mysteriously murdered," *New York Times Magazine*, 1963년 10월 27일 자.
55 Rothstein, *Now I'll Tell*, 246.
56 Jonnes, *Hep-Cats, Narcs, and Pipe Dreams*, 72.
57 Stanley Walker, *The Night Club Era*, 11. David Wallace, *The Capital of the World: A Portrait of New York City in the Roaring Twenties*, 260.
58 Clarke, *Reign of Rothstein*, 289.
59 "Rothstein Estate Is Held Insolvent," *New York Times*, 1935년 10월 6일 자.
60 Rothstein, *Now I'll Tell*, 252.
61 "Section of Polite Society Is on Trial with McManus," *Miami News*, 1929년 11월 24일 자. 7면.
62 Tosches, *King of the Jews*, 317.
63 "McManus, Gambler, Dies in New Jersey," *New York Times*, 1940년 8월 30일 자. 38면.

64 Charles Bowden, *Murder City*, 18.
65 Anslinger, *Murderers*, 17.
66 뒷장에 나오는 인물인 존 마크스는 '금지의 역설'이라는 글을 나에게 보냈다. 다시 손보기는 했지만, 분명히 이 시기에 쓴 글이다. 그는 '폭력배들의 자연선택'이라는 비유를 이용해서 그런 현상을 '금지의 다윈 효과'라고 부른다. 나는 이 글을 읽기 전에도 이 비유를 활용했었다. 마약 정책 개혁 관련 논문에서 흔히 사용하는 비유 같다.

5장 전쟁터에서 자란 '말썽꾸러기들'

1 마약 정책 연합(Drug Policy Alliance)의 토니 뉴먼(Tony Newman).
2 치노가 태어났을 때 그의 이름은 페마니카(Pemanicka)였다. 그는 한때 팸(Pam)으로 불리다가 제이슨(Jason)이라는 이름을 사용하기도 했으며, 15세 무렵에 치노라는 이름을 사용하기로 정했다. 명확성을 위해 이 글 전체에서 그를 치노라고 부른다.
3 이 표현은 이전에 〈인디펜던트〉의 칼럼에서 Bette Davis를 설명할 때 사용한 적이 있다.
4 Pritchett, *Brownsville, Brooklyn: Blacks, Jews, and the Changing Face of the Ghetto*, 261.
5 Rothstein, *Now I'll Tell*, 96.
6 이 연구를 처음 접한 곳. Michael Massing, *The Fix*, 39. 이후 원본 논문을 읽었다. P. Goldstein & H. Brownstein (1992), "Drug Related Homicide in New York: 1984 and 1988," *Crime and Delinquency* 38, 459–76.
7 Reinarman and Levine, *Crack in America*, 118.
8 James Gray, *Why Our Drug Laws Have Failed and What We Can Do About It*, 77.
9 Elizabeth Pisani, *The Wisdom of Whores*, 231.
10 Pisani, *Wisdom of Whores*, 232.
11 앨런 클리어(Allan Clear)와 주디스 리베라(Judith Rivera)와의 인터뷰.
12 MacCoun and Reuter, *Drug War Heresies*, 26–27.
13 http://www.villagevoice.com/2008-04-08/news/rikers-fi ght-club/ (접속일: 2013. 2. 5.) http://www.nytimes.com/2009/02/04/nyregion/04rikers.html?_r=1 (접속일: 2013. 2. 5.) http://www.nytimes.com/2014/08/05/nyregion/us-attorneys-office-reveals-civil-rights-investigation-at-rikers-island.html (접속일: 2014. 10. 2.)
14 치노의 이야기를 들으면서 믿기 어려운 순간들이 있었다. 이 모든 이야기가 정말 사실일 수 있을까? 그래서 그가 십 대일 때 가장 친하게 지낸 친구, 그의 동업자들, 사촌을 만나 확인했다. 그들 모두 치노에 대해 비슷한 이야기를 했다. 치노는 열여

열 살 전부터 범죄를 저질렀기 때문에 그의 체포 기록은 뉴욕 법에 따라 봉인되어 있다. 그러나 2014년 1월 16일에 전화와 이메일로 뉴욕 법원과 접촉해 이름과 생년월일이 같아서 치노로 추정되는 인물이 치노가 내게 설명했던 시기에 브루클린 브라운스빌에서 여러 범죄를 저질렀던 사실을 확인할 수 있었다. 하지만 뉴욕 법원은 치노가 어떤 종류의 범죄를 저질렀는지는 알려줄 수 없었다. 아널드 로스타인처럼 마약상들은 기록을 남기지 않기 때문에 그들의 이야기 중 다른 누구에게서도 확인할 수 없는 중요한 부분들이 있다. 그러나 내가 확인할 수 있었던 모든 부분이 치노가 내게 이야기했던 내용과 일치했다.

15 Alexander, *New Jim Crow*, 97.
16 나는 글렌 그린월드(Glenn Greenwald)가 내게 최초로 이런 설명을 해준 사람 중 한 명이었다고 생각한다. 나는 이전 글들에서 비슷한 주장을 했었다. 이런 말은 마약 정책 개혁 운동을 하는 사람들이 아주 흔하게 사용하는 비유다. 그리고 나는 우리 중 많은 사람이 동시에 생각해 냈을 수도 있다고 추측한다. 제임스 그레이(James Gray)가 2012년에 출간한 책 *Why Our Drug Laws Have Failed and What We Can Do About It*의 68쪽에 실린 구절이 내가 찾을 수 있는 최초의 활용 사례다.
17 Jeffrey Miron, *Drug War Crimes*, 47.
18 Miron, *Drug War Crimes*, 48.
19 위의 책, 51쪽. The RAND Corporation은 이 주제에 관한 흥미로운 연구를 진행했다. 다음을 참조하라. http://www.rand.org/content/dam/rand/pubs/occasional_papers/2010/RAND_OP325.pdf (접속일: 2014. 1. 14.)

6장 마약상을 체포하면 왜 살인이 증가할까?

1 내가 만난 전-현직 경찰들은 애리조나주의 조 아페이오(Joe Arpaio), 메릴랜드주의 리 매덕스(Leigh Maddox), 뉴욕시의 스티븐 다울링(Stephen Dowling), 뉴저지주의 프레드 마텐스(Fred Martens), 워싱턴 D.C.의 하워드 울드리지(Howard Wooldridge), 리스본의 주앙 피게이라(João Figueira), 네바다주 리노의 조 토프트(Joe Toft), 뉴욕주 북부의 마이클 러빈(Michael Levine), 볼티모어시의 닐 프랭클린(Neil Franklin), 뉴욕시의 피터 모스코스(Peter Moskos), 스위스 뇌샤텔의 올리비에 게니아(Olivier Gueniat), 텍사스주 포트워스의 테리 넬슨(Terry Nelson), 미국의 마리솔 발레스 가르시아(Marisol Valles García)(그녀는 멕시코 카르텔을 피해 도피해야 했기 때문에 안전을 보장받기 위해 도시 이름을 밝히지 말아 달라고 요청했다), 텍사스주 엘패소의 리처드 뉴턴(Richard Newton) 그리고 워싱턴주의 찰리 맨디고(Charlie Mandigo)다.
2 에드 토틀리에 대해 설명한 이 구절은 에드의 동료 닐 플랭클린과의 대화에서도 정보를 얻었다.

3   Timothy Noah, ed., *After Prohibition*, 94-7.
4   Miron, *Drug War Crimes*, 50.
5   전임 미국 국무장관들과 다른 정부 지도자들이 주도한 세계 마약 정책 위원회 (Global Commission on Drug Policy)는 증거를 검토한 뒤 "그 주제에 대한 사실상 거의 모든 연구는 마약 단속의 강화가 마약시장 폭력의 증가와 관련성이 있었다는 결론을 내렸다"라고 결론지었다.
    다음을 참조하라. *The War on Drugs and HIV/AIDS: How the Criminalization of Drug Use Fuels the Global Pandemic*, 14. 또한 다음을 참조하라. http://www.rand.org/content/dam/rand/pubs/occasional_papers/2010/RAND_OP325.pdf (접속일: 2014. 1. 14.)
6   Anslinger, *Protectors*, ix. Anslinger, *Murderers*, 15.
7   Del Quentin Wilbur, "Drug Dealer Gets Life for Killing State Trooper," *Baltimore Sun*, 2001년 12월 15일 자. "Telegraph," 1A.
8   리는 2011년 가을, 케이토 연구소(Cato Institute)에서 열린 연설에서 이 내용을 말했다. 나는 청중 중 한 명으로 참석했다. 해당 연설의 오디오 파일은 다음 링크에서 들을 수 있다. http://www.cato.org/events/ending-global-war-drugs (접속일: 2013. 2. 5.)
9   Stephen Manning, "Slain Trooper Remembered as Model Policeman," Associated Press, November 3, 2000, accessed via LexisNexis April 1, 2013. Wilbur, "Drug Dealer Gets Life."
10 MacCoun and Reuter, *Drug War Heresies*, 114.
11 DeGrandpre, *Cult of Pharmacology*, 174.
12 https://christiansagainstprohibition.org/node/383 (접속일: 2014. 1. 8.)
13 Alexander, *New Jim Crow*, 153.
14 Benavie, *Drugs: America's Holy War*, 14.
15 2011년 가을, 케이토 연구소에서 있었던 리의 연설.

7장 소용돌이의 피해자

1   http://articles.baltimoresun.com/1992-01-20/news/1992020097_1_tiffany-gunmen-baltimore (접속일: 2012. 10. 2.)
2   http://articles.baltimoresun.com/1991-07-11/news/1991192151_1_tiffany-smith-rosedale-turf-war (접속일: 2012. 10. 2.)
3   http://articles.baltimoresun.com/2008-12-11/news/0812100212_1_tiffany-devone-leave-baltimore (접속일: 2012. 10. 2.)

8장 살기 위해 도망친 살인자

1 http://www.bbc.co.uk/news/world-latin-america-10681249 (접속일: 2013. 12. 6.)
2 이 여행의 이 부분에는 영화 감독 레이첼 시퍼트(Rachel Siefert)가 함께했다.
3 그는 몇 달 전에 마지막으로 이렇게 시체를 내려다보며 서 있었다고 내게 말했다.
4 http://www.cnn.com/2013/09/02/world/americas/mexico-drug-war-fast-facts/ (접속일: 2013. 12. 6.)
5 http://www.ice.gov/doclib/cornerstone/pdf/cps-study.pdf; 2013년 12월 6일에 CNN의 위에서 언급된 보도자료를 통해 확인함.
6 Nicholson, *Billie Holiday*, 208.
7 후안은 마약의 합법화를 지지하지 않는다. 그는 사회의 기독교화 그리고 도덕적 경고를 통해 마약과의 전쟁이 끝날 것이라고 믿는다. "청부 살인 업자 몇몇은 내가 전하는 메시지를 보게 될 것이라고 마음속으로 확신해요."
8 로사리오와 면담하는 내내 교도관들이 들락거렸다. 두 시간 정도 지나자 한 여성 교도관이 의자에 앉더니 나머지 시간 거의 내내 귀를 기울였다.
9 내가 살아 있는 인물들 그리고 그들의 내면생활의 단면을 쓴 부분이 이 책에서 중요한 비중을 차지하는 경우, 다시 읽어보거나 내가 쓴 내용을 그들에게 보내 모두 정확하게 표현했는지 확인했다. 딱 두 명만 그렇게 하지 않았는데, 그중 한 명이 로사리오다(다른 한 명은 호세 무히카 우루과이 대통령이었다. 그는 나라를 다스려야 해서 내 글을 읽을 시간이 없었다).

본문에서 설명했지만, 그의 삶에서 제타스와 관련된 사실 몇 가지만 제외하면, 로사리오는 자신의 삶에 대해 비교적 일관되게 이야기해 왔다. 그러나 보다시피 왜 그런 일을 하게 되었는지에 대한 설명에서는 시간이 흐르면서 그의 이야기가 근본적으로 바뀌었다. 처음에는 스스로 선택해서 제타스 조직원이 되었다고 말했지만, 나중에는 강제로 조직원이 되었다고 했다.

길게 대화를 나누다 보니, 그는 자신을 취재하는 모든 기자가 그가 납치되어 어쩔 수 없이 청부 살인 업자가 되었다는 그의 두 번째 이야기를 진실이라고 보도하고, 그가 이전에 했던 첫 번째 이야기는 거짓으로 여기며 도외시하기를 바란다는 사실이 분명해졌다. 나는 로사리오와 이야기를 나누며 그가 자신에 관한 기사를 썼던 모든 기자에게 심하게 분노하고 있다는 사실을 알게 되었다. 그들이 그의 뜻대로 하지 않았기 때문이다. 예를 들어 그는 자신을 인터뷰한 다음 기사를 쓴 기자 러스티 플레밍(Rusty Fleming)에 대해 "그가 쓴 글 대부분은 헛소리다"라고 말했다. 플레밍이 구체적으로 무엇을 잘못 썼는지 묻자, 로사리오는 그의 감방에 플레밍의 기사가 있다면서 "기사 내용 중 아무것도 사실이 아니다"라고 말했다. 하지만 그러다가 "실제 일어났던 일과 비슷하긴 하지. 그런데 자기 말로 표현해서… 그래, 그건 사실이었어"라고 인정했다.

로사리오가 기자들에게 분노하는 근본적인 이유는 그가 두 번째로 한 이야기의 정당성을 입증하지 않을 것이어서라는 사실이 금방 분명해졌다. 그는 기자들이 그의 이야기를 아무 의심 없이 곧이곧대로 보도하기를 바란다. 그는 모든 기자가 그를 왜곡했다면서 "그들은 언제나 상황을 교묘하게 바꾸곤 하지. 나를 피해자가 아니라 악당처럼 보이게 해. 그건 공평하지 않아. 내가 당신에게 부탁하는 일은 그것 하나야. 나를 악당 같은 위치에 두지 마. 당신은 내가 어떤 일을 겪었는지 몰라"라고 내게 말했다. 그는 나중에 "그들은 옳지 않아. 자기 방식대로 이야기하려고 하니. 옳지 않아"라고 말했다. 또한 "기자들은 같은 근거를 활용하지만, 그들 자신의 말로 바꾸어서 쓰지"라고 말했다. 그는 내게 "당신이 내 이야기를 당신 자신의 말로 바꾸어서 다른 기자들이 그랬던 것처럼 하지 않으면 좋겠어"라고 말했다. 나는 인터뷰 전체에 그가 직접 한 말만 담아야 한다고 생각하느냐고 그에게 물었다. 그러자 그는 "그래"라고 대답했다. 나는 이 조건에 동의하지 않았다. 그리고 그에게 "당신이 한 말만 쓸 수는 없어"라고 명확하게 말했다.

그래서 내가 쓴 내용을 검토하는 일반적인 사실 확인 과정이 로사리오의 경우에는 적절하지 않다는 사실이 명백해졌다. 예를 들어 치노 하딘이나 리 매덕스에게는 내가 쓴 내용을 살펴보면서 틀림이 없는지 한 문장 한 문장 확인해 달라고 부탁했다. 그런데 로사리오는 자신의 이야기에 대한 글이 그의 죄를 완전히 벗겨주는 내용이어야만 정확하다고 동의할 것이다. 나는 그가 하는 이야기를 틀림없는 진실로 여기면서 전하면 사실에 맞지도, 합당하지도 않다고 생각한다(본문에서 명확히 밝혔듯이, 실제로 인터뷰하는 동안에도 그의 이야기는 믿을 수 없거나 일관되지 않은 부분이 있었다). 예를 들어 그가 폭력을 저지르면서 즐긴 적이 없었다는 주장은 이 장에서 인용한, 경찰이 도청한 녹음 증거와 완전히 상반된다.

그래서 딜레마가 생겼다. 그의 이야기는 이 책에 실어도 될 만큼 신뢰할 만한가? 만약 그렇다면 어떻게 전해야 할까? 그가 실제로 제타스 조직원으로 활동했다는 사실은 의심할 여지가 없다. 그랬기 때문에 수감 생활을 하고 있고, 도청으로 녹음한 내용이 명백한 증거를 제공한다. 그리고 보다시피 결정적으로 그는 실제로 저지른 일들에 관해 대체로 일관되게 이야기해 왔다. 그런 짓을 하게 된 동기와 이유에 대한 설명만 바뀌었다. 어떻게 시작하게 되었는지에 대한 설명만 빼고, 사실들 자체에 대한 그의 설명은 바뀌지 않았다. 나는 또한 그가 그 사실들에 관해 진실을 말하고 있다고 믿는 편이다. 그 이야기에서 그가 일관되게 말해온 부분이 가장 노골적인 부분이기 때문이다. 그 이야기는 그가 연쇄 살인범이었다는 사실을 있는 그대로 드러내고, 그는 그 사실들을 확인했다. 어떤 사람이 엄청난 범죄들을 저질렀다고 여러 해에 걸쳐 일관되게 설명하면서 이야기한다면 그리고 그런 범죄들이 실제로 벌어졌음을 보여주는 방대한 법적 증거가 있다면, 그의 이야기를 전달해도 합당하다고 생각한다.

그러나 이 인터뷰는 다른 인터뷰들과는 다른 방식으로 작성했다. 몇몇 지점이 상당히 애매모호하다는 사실을 반영하기 위해서다. 첫째, 나는 작성 내용을 로사리오에게 보내지 않았다. 그가 러스티 플레밍의 기사에 대해 보였던 반응과 똑같은 반응을 보일 것이 분명해서다. 로사리오는 자신을 순전히 피해자로 표현하지 않기 때문에 잘못 썼다고 말할 것이다. 하지만 플레밍의 기사에 대해 말할 때처럼, 특별히 어느 부분이 잘못인지 지적하지는 못할 것이다. 우리가 네 시간 동안 나눈 대화의 녹음에서 그가 말한 내용 그리고 다른 믿을 만한 출처에서 찾은 증거만 전달했기 때문이다. 둘째, 그가 어떤 사건들에 대해 그때그때 다르게 이야기한 부분에 대해서는 독자가 스스로 결론을 내릴 수 있도록 본문에서 설명했다. 내가 이 책에서 결론에 이르는 과정을 가능한 한 투명하게 밝히기 위해 이 미주를 포함했다.

10 로사리오의 설명과 일치하는 제타 훈련 캠프에 대한 기록은 다음에 수록되어 있다. George W. Grayson, *The Executioner's Men*, 46–48.
11 Grillo, *El Narco*, 105.
12 Grayson, *Executioner's Men*, 181.
13 http://www.aljazeera.com/indepth/features/2010/10/20101019212440609775.html (접속일: 2012. 10. 5.)
14 Grillo, *El Narco*, 96.
15 Sergio Rodriguez, *The Femicide Machine*, 62.
16 Gibler, *To Die in Mexico*, 59; Grayson, *Executioner's Men*, 46–47.
17 "Mexican cartels lure American teens as killers," *New York Times*, 2009년 6월 23일 자. http://www.nytimes.com/2009/06/23/us/23killers.html?pagewanted=all (접속일: 2012. 10. 5.)
18 http://www.foxnews.com/on-air/war-stories/2009/08/20/day-i-met-cartel-assassin (접속일: 2012. 10. 5.)
19 http://articles.cnn.com/2009-03-12/justice/cartel.teens_1_drug-cartels-los-zetas-mexican-gulf-cartel?_s=PM:CRIME (접속일: 2012. 10. 5.)
20 "Mexican cartels lure American teens as killers,"
21 Grayson, *Executioner's Men*, 179.
22 위의 책, 180-81쪽.
23 "Mexican drug cartels recruit US teenagers as 'expendables,'" *Digital Journal*, 2011년 10월 18일 자. 또한 다음을 참조하라. Grayson, *Executioner's Men*, 36.
24 Howard Campbell, *Drug War Zone*, 29.
25 http://articles.cnn.com/2009-03-12/justice/cartel.teens_1_drug-cartels-los-zetas-mexican-gulf-cartel?_s=PM:CRIME.
26 Grayson, *Executioner's Men*, 91–92.
27 Grillo, *El Narco*, 254.
28 http://www.foxnews.com/on-air/war-stories/2009/08/20/day-i-met-cartel-

29 "Mexican cartels lure American teens as killers,"
30 Luke Dittrich, "Four Days on Mexico Border Control," *Esquire*, 2009년 6월 8일 자.
31 Grayson, *Executioner's Men*, 183.
32 위의 책, 36쪽, 181쪽.
33 http://www.aljazeera.com/indepth/features/2010/10/20101019212440609775.html (접속일: 2012. 10. 5.)
34 위와 동일.
35 http://www.telegraph.co.uk/news/worldnews/centralamericaandthecaribbean/mexico/6962500/Murder-victim-has-face-stitched-on-football.html (접속일: 2012. 10. 8.). Grillo, *El Narco*, 6.
36 Rothstein, *Now I'll Tell*, 119.
37 대부분의 설명이 이런 사실을 뒷받침한다. 다음을 예로 참고하라. Grayson, *Executioner's Men*, 67–82. 그는 이 책에서 제타스에 대해 '이원 주권'을 가지고 '그림자 정부'를 구성했다고 설명한다.
38 Bowden, *Murder City*, 45.
39 이 부분은 'Young Guns'에 가장 명확하게 설명되어 있다.
40 앞서 언급한 바와 같이, 이는 찰스 보든이 창안한 개념이다. 다음을 참조하라. Bowden, *Murder City*, 18.
41 http://www.guardian.co.uk/world/2012/oct/09/zetas-boss-heriberto-lazcano-death-confirmed (접속일: 2012. 10. 6.)
42 http://www.theguardian.com/world/2013/jul/16/mexico-drugs-trade (접속일: 2013. 11. 20.)

9장 기분을 바꾸려는 욕구

1 http://www.guardian.co.uk/commentisfree/2009/mar/05/war-on-drugs-prohibition (접속일: 2012. 7. 1.)
2 "Warning Campaign Launched Against Club Drugs," Associated Press, December 3, 1999, accessed via LexisNexis July 1, 2012.
3 Ronald Siegel, *Intoxication: Life in Pursuit of Artificial Paradise*, 14.
4 위의 책, 72쪽.
5 위의 책, 11쪽.
6 위의 책, 13쪽.
7 위의 책, 105쪽. 또한 시글의 인터뷰를 참조하라.
8 Siegel, *Intoxication*, 198.

9   http://www.unodc.org/documents/commissions/CND-Session51/CND-UNGASS-CRPs/ECN72008CRP17.pdf, 3–4 (접속일: 2012. 7. 12.). 이 사실은 다음에서도 논의되었다. https://news.vice.com/article/cryptomarkets-are-gentrifying-the-drug-trade-and-thats-probably-a-good-thing (접속일: 2014. 9. 24.). 유사한 비율을 보여주는 연구는 다음을 참조하라. DeGrandpre, *Cult of Pharmacology*, 231.
10 Miller, *Drug Warriors*, 5.
11 Jacob Sullum, *Saying Yes*, 10.
12 http://transform-drugs.blogspot.co.uk/2009/06/report-they-didnt-want-you-to-see.html (접속일: 2013. 12. 2.).
13 Sullum, *Saying Yes*, 9.
14 Siegel, *Intoxication*, 14. 또한 시글의 인터뷰를 참조하라.
15 Stuart Walton, *Out of It*, 10.
16 Mike Jay, *High Society*, 14.
17 http://www.telegraph.co.uk/science/science-news/4760882/Did-Shakespeare-seek-inspiration-in-cocaine.html (접속일: 2014. 6. 24.).
18 Okrent, *Last Call*, 8.
19 Walton, *Out of It*, 2; Arnold Trebach, *The Heroin Solution*, xi.
20 Walton, *Out of It*, 208.
21 R. Gordon Wasson, Albert Hofmann, and Carl A. P. Ruck, *The Road to Eleusis: Unveiling the Secret of the Mysteries*, 17.
22 Walton, *Out of It*, 38-39.
23 위의 책, 38쪽. Wasson, Hofmann, and Ruck, *Road to Eleusis*, 51–53.
24 Wasson, Hofmann, and Ruck, *Road to Eleusis*, 9.
25 McWilliams, *Protectors*, 186.
26 Wasson, Hofmann, and Ruck, *Road to Eleusis*.
27 위의 책, 55쪽.
28 Walton, *Out of It*, 38; Wasson, Hofmann, and Ruck, *Road to Eleusis*, 76–85; Carl Kerényi, *Eleusis: Archetypal Image of Mother and Daughter*, 177–80.
29 D.C.A. Hillman, *The Chemical Muse: Drug Use and the Roots of Western Civilisation*, 209. 또한 다음을 참조하라. Wasson, Hofmann, and Ruck, *Road to Eleusis*, 25–34, 47–48. 고대 그리스와 로마 연구자들은 이런 결론에 대해 의견 일치를 보이지 않는다. 어떤 학자들은 동의하고, 어떤 학자들은 동의하지 않는다. 하지만 이런 결론들은 괴짜들의 견해가 아니라, 이 분야에서 저명한 학자들의 견해다. 존스 홉킨스 대학 고전학 명예교수 조지 럭(George Luck)은 "나는 엘레우시스 제전의 의식 중 제공된 음료에 환각을 일으키는 맥각균이 들어 있었다는 사실이 의심할 여지없이 입증되었다고 생각한다. 그리고 이것으로… 또 다른 세상에 대한

기묘한 환상을 보면서 이 종교 체험이 그토록 독특해지는 이유가 충분히 설명된다"라고 말한다. 다음을 참조. Carl A. P. Ruck, *Sacred Mushrooms of the Goddess: Secrets of Eleusis*, 161.
30　Hillman, *Chemical Muse*, 209.
31　Walton, *Out of It*, 44.
32　Hillman, *Chemical Muse*, 3, 6.
33　Walton, *Out of It*, 27.
34　위의 책, 38쪽.
35　위의 책, 11쪽.
36　위의 책, xvii.
37　위의 책, xxv.
38　위의 책, ix.

10장 중독의 원인에 대한 수수께끼

1　주디스의 기억에 대한 거보르의 설명을 바탕으로 썼다. 주디스는 사망했기 때문에 직접 만날 수가 없었다. 거보르 마테와 인터뷰한 내용을 참조하자. 주디스는 거보르에게 이 사건들에 관해 설명했고, 그 당시에 썼던 일기를 보관했다. 그리고 거보르는 그 일기를 읽었다. 거보르는 자신의 책 *Scattered Minds* 87-93쪽에서도 이 경험들에 관해 설명했다.
2　위의 책, 91쪽.
3　Gabor Maté, *In the Realm of Hungry Ghosts*, 241.
4　Maté, *Scattered Minds*, 92.
5　Reinarman and Levine, *Crack in America*, 148.
6　이들에는 버드 오스본(Bud Osborn), 딘 윌슨(Dean Wilson), 리즈 에번스가 포함되어 있다.
7　더글러스 커플랜드(Douglas Coupland)의 책 *City of Glass* 87쪽에서 그 동네에 대해 잘 논의했다. 그는 111쪽에서 이 동네를 종점으로 표현한다.
8　나중에 주택과 아파트로 개발되었다.
9　다큐멘터리 *The Fix*에서 보여주듯이.
10　Charles Demers, *Vancouver Special*, 85.
11　Maté, *Hungry Ghosts*, 11.
12　위의 책, 9쪽.
13　위의 책, 37쪽.
14　위의 책, 165쪽.
15　위의 책, 141쪽.

16 Maté, *Hungry Ghosts*, 140.
17 위의 책, 201-2쪽.
18 http://providence.net/bariatrics/internal.php?page=obesity-facts (접속일: 2013. 2. 27.) "Nearly 70 percent of diagnosed cases of cardiovascular disease are related to obesity."
19 나는 설럼(Sullum)의 책 *Saying Yes* 15쪽에서 처음으로 그 연구에 대해 알게 되었다. 그다음 연구 논문 원본을 읽었다. 다음을 참조. *American Psychologist*, May 1990, 612–30.
20 Sullum, *Saying Yes*, 15. 이상하게 보일 수 있지만, 어린 시절의 정신적 외상이 아동의 신체 성장을 실제로 방해할 수도 있고, 사랑이 넘치는 가정에서 살면 성장이 다시 시작될 수도 있다는 사실을 증명하는 강력한 증거가 있다는 점을 기억하자. 다음을 참조. Daniel E. Moerman, *Meaning, Medicine and the Placebo Effect*, 133.
21 Maté, *Hungry Ghosts*, 189.
22 Ebony, *July* 1949, 32.
23 Anslinger, *Murderers*, 174.
24 Julia Blackburn archives, box 18, Linda Kuehl notes 1, Memry Midgett interview.
25 Julia Blackburn archives, box 18, Linda Kuehl notes, vol. VIII, interview with Peter O'Brien and Michelle Wallace.
26 리즈 에번스가 설명한 대로다.
27 Maté, *Hungry Ghosts*, 75.
28 위의 책, 82-3쪽.
29 위의 책, 84쪽.
30 위의 책, 120쪽.
31 위의 책, 118쪽.
32 위의 책, 21쪽.
33 위의 책, 30쪽.

11장 '화학적 노예'라는 허구

1 나는 이 내용을 로렌 슬레이터(Lauren Slater)의 뛰어난 책 *Opening Skinner's Box*에서 처음 읽은 것 같다.
2 DeGrandpre, *Cult of Pharmacology*, 124, 203; Miller, *Drug Warriors*, 17.
3 이런 현상과 비슷하면서도 훨씬 더 흔한 사례가 있다. 진료소에서 중독 치료를 받은 중독자들, 다시 말해 몸 전체에서 마약이 모두 제거되고, 모든 금단 증상이 멈출 때까지 치료받은 중독자들의 90퍼센트가 다시 마약을 복용하기 시작했다. 다음을 참조. Miller, *Case for Legalizing Drugs*, 30.

4   Miller, *Case for Legalizing Drugs*, 5–6.
5   이 대화는 브루스가 기억하는 대로다.
6   앞에서 이야기했듯 빌리 홀리데이의 금단 증상은 본질적으로 생명을 위협하는 증상이어서가 아니라, 그녀가 너무 취약했기 때문에 그녀의 삶을 그렇게 위협했다. 면역 체계가 약한 사람은 일반적인 독감으로도 사망할 수 있다.
7   John Henry Merryman, ed., *Stanford Legal Essays*, 284. http://www.spectator.co.uk/features/3212846/withdrawal-from-heroin-is-a-trivial-matter/ (접속일: 2013. 3. 3.); http://ps.psychiatryonline.org/article.aspx?articleID=62279 (접속일: 2014. 1. 8.)
8   DeGrandpre, *Cult of Pharmacology*, 29. 또한 다음을 참조하라. "The Effect of Housing and Gender on Morphine Self-Administration in Rats," *Psychopharmacology* 58, 175–79.
9   http://www.youtube.com/watch?v=7kS72J5Nlm8&list=PL6301BC630AE6F23E&index=106&feature=plpp_video (시청일: 2012. 11. 1.)
10 이 실험에 대한 논의는 알렉산더와 동료들의 쥐 공원(Rat Park)에 대한 두 가지 원본 연구에 크게 영향을 받았다. "The Effect of Housing and Gender on Morphine Self-Administration in Rats," *Psychopharmacology* 58, 175–79와 "Effect of Early and Later Colony Housing on Oral Ingestion of Morphine by Rats," *Pharmacology, Biochemistry and Behaviour*, vol. 15, 571–76.
11 Slater, *Opening Skinner's Box*, 165.
12 "The View from Rat Park" by Bruce K. Alexander, http://globalizationofaddiction.ca/articles-speeches/177-addiction-the-view-from-rat-park.html (접속일: 2012. 11. 1.)
13 Slater, *Opening Skinner's Box*, 168.
14 Bruce K. Alexander, *Globalizing Addiction: A Study in Poverty of the Spirit*, 195. 브루스는 다른 인터뷰들과 자신의 글에서 쥐들이 모르핀을 너무 많이 마시는 현상을 쥐가 중독되었다는 개념으로 간략하게 말했다. 그러나 그는 아마도 이런 용어들을 조금 더 신중하게 사용해야 할 수도 있다고 내게 강조했다. "중독이 쥐에게서 어떻게 나타날까요? 나는 그런 질문이 사실상 무의미하다고 생각해요. 우리는 쥐에게서 중독이 어떻게 나타날지 그냥 알 수가 없어요.… 쥐가 중독되었는지 아닌지 어떻게 알 수 있겠어요?" 쥐들은 그들의 심리 상태에 대해 우리에게 말해줄 수 없어서 우리는 그들의 욕구와 갈망에 대해 알 수 없다. 모르핀을 강박적으로 지나치게 마시는 현상에 대해서는 측정할 수 있으니 이야기할 수 있다. 그러나 브루스는 '중독'이란 정신 상태도 포함한다고 믿는데, 쥐들의 정신 상태는 측정할 수 없다. 명확하게 밝히자면, 내가 이 장에서 쥐에 대해 '중독'이라는 용어를 사용할 때는 쥐들이 행복하지 않은 상황에서 모르핀을 너무 많이 마시는 현상을 간략하게 나타내는 말

이다.

15 Dan Baum, *Smoke and Mirrors*, 49.
16 Reinarman and Levine, *Crack in America*, 10; Maté, *Hungry Ghosts*, 142.
17 다큐멘터리 *The Most Secret Place on Earth: The CIA's Covert War on Laos*에서 보고된 바와 같다.
18 Baum, *Smoke and Mirrors*, 50.
19 위의 책, 48쪽. 미국 군인들의 베트남에서의 야굴 사용에 대한 논의는 다음을 참고하라. Valentine, *Strength of the Pack*, 117–32.
20 Reinarman and Levine, *Crack in America*, 10; Sally Satel and Scott O. Lilienfeld, *Brainwashed: The Seductive Appeal of Mindless Neuroscience*, 49–50.
21 Maté, *Hungry Ghosts*, 142; DeGrandpre, *Cult of Pharmacology*, 117.
22 Maté, *Hungry Ghosts*, 146.
23 Baum, *Smoke and Mirrors*, 62. Miller, *Case for Legalizing Drugs*, 54–55.
24 Bruce K. Alexander, "The Rise and Fall of the Official View of Addiction," http://globalizationofaddiction.ca/articlesspeeches/240-rise-and-fall-of-the-official-view-of-addictionnew.html (접속일: 2013. 3. 12.)
25 Jessica Warner, *Craze: Gin and Debauchery in an Age of Reason*.
26 Nick Reding, *Methland: The Death and Life of an American Small Town*.
27 Bruce K. Alexander, "The View From Rat Park," http://globalizationofaddiction.ca/articles-speeches/177-addiction-the-view-from-rat-park.html (접속일: 2013. 3. 12.)
28 http://www.cedro-uva.org/lib/cohen.addiction.html (접속일: 2012. 2. 5.) 다음을 참조하라. Peter Cohen, "Is the Addiction Doctor the Voodoo Priest of Western Man?" http://www.cedro-uva.org/lib/cohen.addiction.html, 또한 다음을 참조하라. *Addiction Research*, special issue, vol. 8, no. 6: 589–98.
29 최근의 증거가 이런 가설에 힘을 더 실었다. 21세기 유럽에서 헤로인 공급이 부족해졌을 때, 헤로인 복용자들은 멀쩡해지기는커녕 사실상 더 치명적인 마약에 의지했다. 다음을 참조하라. https://reportingproject.net/occrp/index.php/en/ccwatch/cc-watch-indepth/1901-heroin-shortages-drive-users-to-deadly-alternatives (접속일: 2013. 3. 30.)
30 로버트 듀폰은 뇌를 사로잡아 화학적 노예로 만든다는 중독의 개념을 대중화하는데 다른 어떤 기관보다 많은 역할을 한 기관인 미국 약물 남용 연구소의 설립자다. 나는 브루스 알렉산더, 거보르 마테 등이 제시한 주장들을 현재 미국 약물 남용 연구소를 이끄는 노라 볼카우 소장에게 전달하고 싶었다. 중독에는 이런 비유들을 부정확하게 만드는, 근본적으로 다른 이유들이 있다는 주장이다. 그러나 그녀는 내 인터뷰 요청을 거절했다(이 책을 쓰는 전체 과정에서 내 인터뷰 요청을 거절한

몇 명 되지 않는 인물 중 하나였다).

그런데도 나는 미국 약물 남용 연구소 그리고 그 연구소의 세계관과 대체로 입장이 같은 저명한 과학자가 이런 주장들을 어떻게 생각하는지 충분한 반론을 책에 싣는 일이 중요하다고 믿었다. 미국 약물 남용 연구소에서 핵심 역할을 하는 과학자로부터 이런 주장들에 대한 공식적인 답변과 반론을 얻어내지 못했기 때문에, 이 문제를 제기하기에 그다음으로 적합한 사람이 누구인지 신중하게 따져 보았다. 로버트 듀폰은 뇌를 사로잡아서 화학적 노예로 만든다는 구체적인 비유를 개인적으로 사용하지 않고, 그런 표현을 좋아하지 않는다. 그런 표현들 때문에 중독자들이 개인적으로 책임지고 중독에서 벗어나야 한다는 신념이 약해진다고 믿기 때문이다. 그런데도 나는 그가 미국 약물 남용 연구소와 같은 관점에서 이런 주장들에 대해 공식적으로 답변할 수 있는 최적의 인물이라고 결론지었다. 세 가지 이유 때문이다.

첫째: 그는 미국 약물 남용 연구소의 설립자다. 둘째: 그는 중독에 대한 이런 사고방식을 마약 금지의 근거로 활용하는 회의나 사회 운동에서 대표 연설을 한다.

가장 중요한 세 번째 이유: 미국 약물 남용 연구소의 과학자들이 알렉산더와 마테가 제시한 완전히 다른 중독 이론에 관심을 가졌는지 점검하고 싶었다. 듀폰과 이야기해 보니, 그러지 않았다는 사실이 정말 확실했다. 미국 약물 연구소가 그런 이론들에 관심을 가졌다는 증거를 어디에서도 전혀 찾을 수 없었기에 그런 사실이 더욱 확실해졌다. 그러니 그가 이런 문제에서 미국 약물 남용 연구소의 입장을 대변해도 된다고 생각했다. 게다가 내가 인터뷰했던 브루스 알렉산더와 다른 모든 비주류 과학자는 그들의 주장이 조직적으로 무시된다면서 증거를 보여주었다. 만약 노라 볼카우 소장이 생각을 바꿔 나와 인터뷰하겠다고 하면 미국 약물 남용 연구소 현재 소장의 답변을 전임 소장의 답변과 함께 아주 기쁜 마음으로 책에 실을 것이다. 나는 가능한 한 가장 충실한 답변을 실으면서 중독의 원인에 대해 이렇게 정말 중요한 논쟁의 모든 측면을 탐구하기를 간절히 바란다.

일간지 〈가디언〉에 쓴 논평에서 이 점에 대한 설명이 더 필요하다고 지적한 존 해리스(John Harris)에게 감사드린다. 그가 옳았다.

31 http://www.thersa.org/events/audio-and-past-events/2011/addiction-what-to-do-when-everything-else-has-failed (접속일: 2012. 12. 15.)
32 Matthew E. Brashears, "Small Networks and High Isolation? A Reexamination of American Discussion Networks," *Social Networks* 33 (2011): 331–41.
33 Benavie, *Drugs: America's Holy War*, 12.
34 위의 책, 11쪽.
35 DeGrandpre, *Cult of Pharmacology*, 85.

12장 헤로인을 처방하겠습니다

1. 이 거리 장면들의 역사는 다음 논문에 잘 요약되어 있다. "Heroin-Assisted Treatment in Switzerland: A Case Study in Policy Change," *Addiction*, doi: 10.111/j.1360-0443.2009.02741.x.
2. Joelle Kuntz, *Switzerland: How an Alpine Pass Became a Country*, 7.
3. http://www.guardian.co.uk/travel/blog/2007/aug/02/itsillegaltowhatofficer (접속일: 2012. 1. 22.)
4. Holiday, *Lady Sings the Blues*, 137.
5. Joanne Csete, *From the Mountaintops*, 17; Uchtenhagen, "Heroin-Assisted Treatment in Switzerland: A Case Study in Policy Change."
6. 암브로스 우흐텐하겐 박사(Dr. Ambros Uchtenhagen)와의 인터뷰. 그는 또한 스위스에서의 자신의 임무를 "Heroin-Assisted Treatment in Switzerland: A Case Study in Policy Change."에서 설명하고 있다. 또한 다음을 참조. O'Hare, "Merseyside," 141–44.
7. Csete, *From the Mountaintops*, 18; Uchtenhagen, "Heroin-Assisted Treatment in Switzerland: A Case Study in Policy Change"; Ambros Uchtenhagen, "The Medical Prescription of Heroin to Heroin Addicts," *Drug and Alcohol Review* 16 (1997), 297–98.
8. 제네바의 그 진료소에서 리타 망히 박사와 의료진이 나에게 진을 소개했을 때, 진은 그의 진짜 이름을 밝히거나 인터뷰 녹음을 온라인에 올리지 않는다는 조건으로 이야기할 수 있다고 했다. 그의 이야기에는 마약 밀수처럼 법이 바뀌기 전에 저지른 범행을 자백하는 내용이 포함되고, 그중 일부는 공소시효가 아직 지나지 않았기 때문이라고 이유를 밝혔다. 이런 이유로 이 인용문들은 웹사이트에 녹음을 올리지 않은 유일한 사례가 되었다. 대화는 녹음했고, 블룸즈버리 출판사에 제출했다. 망히 박사 역시 자신의 진료소에서 몇몇 환자들을 내게 소개했고, 그중 진이 포함되어 있었다고 서면으로 확인해 주었다.
9. "Narcotic Addiction," *Spectrum magazine*, 1957년 3월 1일 자, 139쪽.
10. *The Narcotics Officer's Handbook*, 79–80. 앤슬링어는 이 점을 그의 책에서도 강조한다. *The Murderers*, 219.
11. Csete, *From the Mountaintops*, 19.
12. 3년의 기간 동안, 다음 연구에서 조사하기를, 헤로인 프로그램에서 퇴소한 353명의 환자 중 83명이 금단 치료를 선택했다. *Prescription of Narcotics for Heroin Addicts: Main Results of the Swiss National Cohort Study* (Uchtenhagen et al., 6) 또한 다음을 참조하라. Uchtenhagen et al., *Prescription of Narcotics*, 7.
13. 우리 사이에는 언어 장벽이 조금 있었다. 그러나 그 비유를 최대한 이해해서 표현

했다.

14 http://www.time.com/time/health/article/0,8599,1926160,00.html (접속일: 2013. 1. 22.)

15 Denis Ribeaud, "Long-term Impacts of the Swiss Heroin Prescription Trials on Crime of Treated Heroin Users," *Journal of Drug Issues* 34:163 (2004), 173, doi: 10.1177/002204260403400108, http://jod.sagepub.com/content/34/1/163.

16 위의 문헌, 188쪽.

17 http://hivlawandpolicy.org/resources/view/753 (접속일: 2013. 1. 22.)

18 Jurgen Rehm and colleagues, "Mortality in heroinassisted treatment in Switzerland 1994-2000," *Drug and Alcohol Dependence* 79 (2005), 137–43.

19 Uchtenhagen et al., *Prescription of Narcotics*, 6.

20 위와 동일.

21 Ribeaud, "Long-term Impacts," 173.

22 Uchtenhagen et al., "Prescription of Narcotics for Heroin Addicts," 89.

23 위의 문헌, 94쪽. Woods, "Heroin and Methadone Substitution Treatments," 33.

24 Csete, *From the Mountaintops*, 16.

25 위의 문헌 27-8쪽. Uchtenhagen et al., "Prescription of Narcotics," 96.

26 동시에 그녀는 대마초 합법화도 옹호하려고 했다. 그러나 스위스 국민은 이런 시도를 거부했다.

27 조안 체테(Joanne Csete)의 멋진 소책자 덕분에 이 사실을 알게 되었다.

28 이 표현은 루스의 기억에 따른 것이다.

29 Peter Reuter and Robert MacCoun, "Heroin Maintenance: Is a US Experiment Needed?" *One Hundred Years of Heroin*, ed by D. Musto.

30 매캐프리가 스위스의 메타돈 프로그램에 '정말, 정말' 관심이 많았다고 루트는 은밀하게 말했다.

13장 1974년, 혁명의 정신으로

1 포르투갈 혁명에 관한 좋은 설명은 말콤 잭(Malcolm Jack)의 책 *Lisbon: City of the Sea*의 7장에서 찾을 수 있으며, 이는 이 부분을 작성하는 데 참고가 되었다.

2 Phil Mailer, *Portugal: The Impossible Revolution?* 38-9.

3 Hugo Gil Ferreira and Michael W. Marshall, *Portugal's Revolution: Ten Years On*, 5.

4 Martin Kayman, *Revolution and Counter-Revolution in Portugal*, 74.

5 Artur Domoslawski, *Drug Policy in Portugal: The Benefits of Decriminalizing Drug Use*, 13.

6 위의 책, 15쪽. Kellen Russoniello, "The Devil (and Drugs) in the Details:

Portugal's Focus on Public Health as a Model for Decriminalization of Drugs in Mexico," *Yale Journal of Health Policy, Law and Ethics* 12 (2012), 382.
7   Michael Specter, "Getting a Fix," *New Yorker*, 2011년 10월 17일 자.
8   위와 동일.
9   Russoniello, "The Devil (and Drugs) in the Details," 385.
10   조앙은 그 정치인 그리고 나중에 마약과 관련 없는 이유로 사망한 그의 형제 이름을 알려주었다. 하지만 그 가족의 사생활을 존중하기 위해 그들의 이름을 공개하지 말아 달라고 요청했다. 몇몇 다른 사람들도 이 이야기를 내게 해주었다. 포르투갈에서는 널리 알려진 사실 같다.
11   *European Monitoring Center for Drugs and Drug Addiction report* "Drug Policy profiles: Portugal" on Portugal 2012, p12.
12   Otto Pohl, "Portugal shifts aim in drug war," *Christian Science Monitor*, 2011년 10월 11일 자.
13   pecter, "Getting a Fix," *New Yorker*, 2011년 10월 17일 자.
14   Tara Herivel and Paul Wright, eds., *Prison Profiteers*, 27–35.
15   포르투갈의 마약 법규 변경 배경에 대한 이 설명은 다음 연구에서도 영향을 받았다. Mirjam van het Loo et al., "Decriminalization of Drug Use in Portugal: the Development of a Policy," *Annals of the American Academy of Political and Social Science* 582, July 2002, 49–63.
16   "The Devil (and Drugs) in the Details," 386–88.
17   비용을 감당할 수 있다고 판단될 경우, 그 비용의 20퍼센트를 부담해야 한다.
18   조앙은 현재 금지된 마약이 어떻게든 사라질 수 있다고 하더라도 중독자들은 그저 다른 중독으로 옮겨갈 것이라는 브루스 알렉산더와 거보르 머테의 주장에 동의한다. "그들 대부분은 법이 허용하는 물질이나 다른 종류의 중독에 빠지게 된다고 생각해요. 정말 중요한 문제는 각 사람이 그 물질과 맺는 관계지, 그 물질 자체가 아니니까요."라고 그는 말한다.
19   Artur Domoslawski, *Drug Policy in Portugal*, 18.
20   내가 어느 날 오후 리스본에서 함께 지낸 길거리 팀도 길거리 팀들이 어떻게 활동하는지에 대한 정보를 알려주었다.
21   그는 경찰이 더 이상 예전처럼 자주 중독자들을 때리지 않는 주된 이유가 마약 복용을 처벌하지 않아서보다는 한 중독자가 구타로 사망했던 사건 때문이라고 생각한다.
22   http://www.pnas.org/content/early/2012/08/22/1206820109.abstract 및 http://www.bbc.co.uk/news/health-19396351 (접속일: 2012. 11. 21.)
23   영어 교과와 통합한 수업이어서 학생들은 영어로 말하고 있었다. 그러나 일부 학생들은 약간 어색하게 말했다(내가 영국에서 보았던 어떤 외국어 수업보다 훨씬

나았지만). 이 구절은 그들이 하는 말을 내가 최대한 이해한 내용이다. 그들의 말을 모두 녹음했다.

24 http://www.boston.com/news/world/europe/articles/2011/01/16/drug_experiment/ (접속일: 2014. 1. 9.) 또한 다음을 참고하라. http://www.npr.org/2011/01/20/133086356/Mixed-Results-For-Portugals-Great-Drug-Experiment (접속일: 2014. 1. 9.)

25 *European Monitoring Centre for Drugs and Drug Addiction (EMCDDA) Statistical Bulletin 2010*.

26 BJC article http://www.scribd.com/doc/46235617/What-Can-We-Learn-From-The-Portuguese-Decriminalization-of-Illicit-Drugs, p.1006.

27 위의 자료, 1015쪽. Domoslawski, *Drug Policy in Portugal*, 40.

28 http://www.latimes.com/nation/shareitnow/la-sh-heroin-comeback-20140203,0,5569498.story (접속일: 2014. 2. 20.); http://www.bostonglobe.com/magazine/2014/02/23/philip-seymour-hoff man-and-danger-romanticizing-heroin/dJhAQgBSmvtzNpPK4HYTRP/story.html, (접속일: 2014. 2. 23.)

29 *European Monitoring Center for Drugs and Drug Addiction report* "Drug Policy profiles: Portugal" on Portugal 2012, 20.

30 Domoslawski, *Drug Policy in Portugal*, 19.

31 http://www.cato.org/sites/cato.org/files/pubs/pdf/DrugProhibitionWP.pdf (접속일: 2013. 2. 5.)

32 http://www.ibtimes.com/pros-cons-drug-legalization-us-246712 (접속일: 2012. 12. 7.)

마치며 중독의 반대말

1 나는 애덤 학스차일드(Adam Hochschild)가 집필한 제1차세계대전에 저항한 사람들에 관한 놀라운 역사책 *To End All Wars*를 읽다가 마약 전쟁 희생자들의 묘지에 대한 이 이미지를 처음 떠올렸다. 학스차일드는 그 책에서 모든 저항자를 위한 묘지를 상상한다.

2 http://www.release.org.uk/blog/drugs-its-time-better-laws (접속일: 2014. 1. 14.)

3 Sloman, *Reefer Madness*, 34.

4 '포기하지 말고, 들고일어나라'(don't give up, get up)라는 표현은 내 친구 제러미 하이먼스(Jeremy Heimans)가 공동 설립한 호주 사회운동 단체 겟업(Get Up)의 이름을 보고 생각한 것 같다.

5 빌리 홀리데이의 노래가 어떻게 사람들에게 힘을 불어넣는지에 대해 가장 먼저 내게 이야기해 준 사람은 빌리 홀리데이의 전기 작가 줄리아 블랙번이었다고 생각한

다. 내가 정말 좋아하는 표현이어서 머릿속에서 내내 맴돌았다.
6 욜랜드 바반 인터뷰.
7 Julia Blackburn archives, "The Story of Billie," article V, by William Dufty, box 18, file VII.
8 후안 프라이레 에스코베도(Juan Fraire Escobedo)와의 인터뷰, 그의 어머니의 말을 회상하며.
9 Anslinger, *Murderers*, 172–73.
10 http://druglibrary.org/schaffer/library/joe_mccarthy.htm (접속일: 2013. 2. 24.)
11 Sloman, *Reefer Madness*, 258.
12 Anslinger, *Murderers*, 173.
13 http://druglibrary.org/schaffer/history/e1970/drugswashdc.htm.
14 McWilliams, *Protectors*, 187. 앤슬링어에 아주 호의적인 전기 작가 존 맥윌리엄스조차 이것이 "마약 복용을 그렇게 통제하고 처벌하는 일에 일생을 바친 사람으로서는 믿을 수 없을 정도로 역설적인 상황이었다"라고 말한다.

참고문헌

Acker, Caroline Jean and Sarah W. Tracy, eds. *Altering American Consciousness.* Amherst, MA: University of Massachusetts Press, 2004.

Acker, Caroline Jean. *Creating the American Junkie: Addiction Research in the Classic Era of Narcotic Control.* Baltimore, MD: Johns Hopkins University Press, 2006.

Albarelli, H. P., Jr. *A Terrible Mistake: The Murder of Frank Olson and the CIA's Secret Cold War Experiments.* Walterville, OR: Trine Day, 2009.

Alexander, Bruce K. *The Globalization of Addiction: A Study in Poverty of the Spirit.* Oxford: Oxford University Press, 2008.

———. *Peaceful Measures: Canada's Way Out of the "War on Drugs."* Toronto: University of Toronto Press, 1990.

———. "Rise and Fall of the Official View of Addiction." Published on the Globalization of Addiction website: http://globalizationofaddiction.ca/

Alexander, Michael. *Jazz Age Jews.* Princeton, NJ: Princeton University Press, 2001.

Alexander, Michelle. *The New Jim Crow.* New York: New Press, 2010.

Andreas, Peter, ed. *Policing the Globe: Criminalization and Crime Control in International Relations.* Oxford: Oxford University Press, 2006.

Anslinger, Harry. *The Murderers: The Shocking Story of the Narcotics Gang.* New York: Garden City Press, 1962.

———. *The Protectors: Our Battle Against the Crime Gangs.* New York: Farrar, Straus and Co., 1966.

———, and William F. Tompkins. *The Traffic in Narcotics.* New York: Funk and Wagnalls, 1953.

Arpaio, Joe, and Len Sherman. *Joe's Law: America's Toughest Sheriff Takes On Illegal Immigration, Drugs, and Everything Else That Threatens America.* New York: Amacom Books, 2008.

Attwood, Shawn. *Hard Time: Life with Sheriff Joe Arpaio in America's Toughest Jail.* New York: Skyhorse Publishing, 2011.

Balko, Radley. *Overkill: The Rise of Paramilitary Police Raids in America*. Washington, D.C.: Cato Institute, 2006.

———. *Rise of the Warrior Cop*. New York: PublicAffairs, 2013.

Barrett, Damon, ed. *Children of the Drug War: Perspectives on the Impact of Drug Policies on Young People*. London: International Debate Education Association, 2011.

Baum, Dan. *Smoke and Mirrors*. New York: Little, Brown, 1996.

Becker, Howard. *Outsiders: Studies in the Sociology of Deviance*. New York: Free Press, 1966.

Beith, Malcolm. *The Last Narco: Hunting El Chapo, the World's Most Wanted Drug Lord*. New York: Penguin, 2010.

Benavie, Arthur. *Drugs: America's Holy War*. New York: Routledge, 2009.

Bennett, William J., John R. DiIulio, and John P. Walters. *Body Count: Moral Poverty... and How to Win America's War Against Crime and Drugs*. New York: Simon and Schuster, 1996.

Bergmann, Luke. *Getting Ghost: Two Young Lives and the Struggle for the Soul of an American City*. New York: New Press, 2008.

Bewley-Taylor, David. *The United States and International Drug Control, 1909–1997*. New York: Continuum, 1999.

———. *International Drug Control: Consensus Fractured*. Cambridge, UK: Cambridge University Press, 2012.

Blackburn, Julia. *With Billie: A New Look at the Unforgettable Lady Day*. New York: Vintage, 2005.

Blackman, Shane. *Chilling Out: The Cultural Politics of Substance Consumption, Youth and Drug Policy*. New York: Open University Press, 2004.

Bonnie, Richard J., and Charles H. Whitebread. *The Marijuana Conviction: A History of Marijuana Prohibition in the United States*. New York: Lindesmith Center, 1999.

Bowden, Charles. *Down by the River: Drugs, Money, Murder and Family*. New York: Simon and Schuster, 2004.

———. *Murder City: Ciudad Juárez and the Global Economy's New Killing Fields*. New York: Nation Books, 2010.

———. *A Shadow in the City*. New York: Harcourt, 2005.

Bowden, Mark. *Killing Pablo*. New York: Penguin, 2001.

Boyd, Susan, Donald MacPherson, and Bud Osborn, eds. *Raise Shit! Social Action Saving Lives*. Vancouver: Fernwood Publishing, 2009.

Brand, Russell. *My Booky Wook*. London: Hodder, 2007.

――. *Booky Wook 2: This Time It's Personal*. London: HarperCollins, 2010.

Burroughs, William. *Junky*. New York: Penguin, 2003.

Butler, Paul. *Let's Get Free: A Hip-Hop Theory of Justice*. New York: New Press, 2009.

Callender, the Reverend Eugene. *Nobody's a Nobody: The Story of a Harlem Ministry Hard at Work to Change America*. New York: CreateSpace Independent Publishing Platform, 2012.

Campbell, Howard. *Drug War Zone: Frontline Dispatches from the Streets of El Paso and Juárez*. Austin, TX: University of Texas Press, 2009.

Campbell, Larry, Neil Boyd, and Lori Culbert. *A Thousand Dreams: Vancouver's Downtown Eastside and the Fight for Its Future*. Vancouver: D&M Publishers Incorporated, 2009.

Campbell, Nancy, J. P. Olsen, and Luke Walden. *The Narcotic Farm: The Rise and Fall of America's First Prison for Drug Addicts*. New York: Abrams, 2008.

Campos, Isaac. *Home Grown: Marijuana and the Origins of Mexico's War on Drugs*. Chapel Hill, NC: University of North Carolina Press, 2012.

Carpenter, Ted Galen. *Bad Neighbor Policy: Washington's Futile War on Drugs in Latin America*. New York: Palgrave Macmillan, 2003.

Carroll, Jim. *The Basketball Diaries*. New York: Penguin, 1995.

Chadwick, Charlie, and Howard Parker. "Wirral's Enduring Heroin Problem: The Prevalence, Incidence and the Characteristics of Drug Use in Wirral, 1984–87." The Misuse of Drugs Research Project, presented to the Wirral Drug Advisory Committee, Department of Social Work Studies, University of Liverpool, 1988.

Chilton, John. *Billie's Blues*. New York: Quartet Books, 1975.

Clarke, Donald. *Billie Holiday: Wishing on the Moon*. Cambridge, MA: Da Capo Press, 2000.

Clarke, Donald Henderson. *In the Reign of Rothstein*. Ann Arbor, MI: University of Michigan Press, 2006.

Clegg, Bill. *Portrait of an Addict as a Young Man: A Memoir*. New York: Jonathan Cape, 2010.

Cordano, Jose Alberto. *Mujica en Búsqueda*. Montevideo, Uruguay: Búsqueda: Editorial Fin de Siglo, 2009.

Courtright, David, Don Des Jarlais, and Herman Joseph: *Addicts Who Survived: An Oral History of Narcotic Use in America, 1923–1965*. Knoxville, TN: University of Tennessee Press, 1989.

Coupland, Douglas. *City of Glass*, rev. ed. Vancouver: Douglas and McIntyre, 2009.

Csete, Joanne. *From the Mountaintops*. London: Open Society Foundation, 2011.

Davenport-Hines, Richard. *The Pursuit of Oblivion*. New York: W. W. Norton, 2003.

DeGrandpre, Richard. *The Cult of Pharmacology: How America Became the World's Most Troubled Drug Culture*. Durham, NC: Duke University Press, 2006.

Demers, Charles. *Vancouver Special*. Vancouver: Arsenal Pulp Press, 2009.

Dhywood, Jeffrey. *World War D: The Case Against Prohibitionism: A Roadmap to Controlled Re-legalization*. Columbia Communications, Inc., 2011.

Domoslawski, Artur. *Drug Policy in Portugal: The Benefits of Decriminalizing Drug Use*. New York: Open Society Foundations, 2011.

Edwards, Griffith, ed. *Addiction: Evolution of a Specialist Field*. London: Blackwell, 2002.

Elsner, Alan. *The Gates of Injustice: The Crisis in America's Prisons*. New York: FT Press, 2004.

Elton, Ben. *High Society*. London: Black Swan, 2003.

Eppinga, Jane. *Arizona Sheriffs: Badges and Bad Men*. Phoenix, AZ: Rio Nuevo, 2006.

Epstein, Edward Jay. *Agency of Fear: Opiates and Political Power in America*. New York: Verso Books, 1990.

Erlen, Jonathon, and Joseph F. Spillane, eds. *Federal Drug Control: The Evolution of Policy and Practice*. Binghamton, NY: Haworth Press, 2004.

Escohotado, Antonio. *A Brief History of Drugs: From the Stone Age to the Stoned Age*. South Paris, ME: Park Street Press, 1999.

Evans, Dylan. *Placebo: The Belief Effect*. London: HarperCollins, 2003.

Feiling, Tom. *The Candy Machine: How Cocaine Took Over the World*. New York: Penguin Books, 2009.

Ferentzy, Peter. *Dealing with Addiction: Why the Twentieth Century Was Wrong*. Raleigh, NC: Lulu Enterprises Incorporated, 2010.

Ferreira, Hugo Gil, and Michael W. Marshall. *Portugal's Revolution: Ten Years On*. Cambridge: Cambridge University Press, 1986.

Fine, Doug. *Too High to Fail: Cannabis and the New Green Economic Revolution*. New York: Gotham Books, 2012.

Fish, Jefferson M., ed. *How to Legalize Drugs*. Northvale, NJ: Jason Aaronson, 1998.

Fox, Steve, Paul Armentano, and Mason Tvert. *Marijuana Is Safer: So Why Are We Driving People to Drink?* White River Junction, VT: Chelsea Green, 2009.

García, Alfredo. *Pepe Coloquios*. Montevideo, Uruguay: Fin de Siglo, 2009.

García Márquez, Gabriel. *News of a Kidnapping*. New York: Vintage, 2008.

Gerber, Rudolph Joseph. *Legalizing Marijuana: Drug Policy Reform and Prohibition Politics*. Westport, CT: Greenwood Publishing, 2004.

Gerhardt, Sue. *Why Love Matters*. London: Routledge, 2004.

Gibler, John. *To Die In Mexico: Dispatches from Inside the Drug War*. San Francisco: City Lights, 2011.

Glenny, Misha. *McMafia*. London: Bodley Head, 2008.

Goblet d'Alviella, Eugène. *The Mysteries of Eleusis: The Secret Rites and Rituals of the Classical Greek Mystery Tradition*. Wellingborough: Aquarian Press, 1981.

Gonzalez Rodriguez, Sergio. *The Femicide Machine*. Los Angeles: Semiotext(e), 2012.

Graham-Mulhall, Sara. *Opium: The Demon Flower*. Montrose: Montrose Publishing Company, distributed by World Foundation for Public Enlightenment on Traffic in Opium, 1928.

Gray, Judge James P. *Why Our Drug Laws Failed and What We Can Do About It: A Judicial Indictment of the War on Drugs*. Philadelphia, PA: Temple University Press, 2001.

Gray, Mike. *Drug Crazy*. New York: Random House, 1998.

Grayson, George W., and Samuel Logan. *The Executioner's Men: Los Zetas, Rogue Soldiers, Criminal Entrepreneurs, and the Shadow State They Created*. New Brunswick, NJ: Transaction, 2012.

Greenfield, Robert. *Timothy Leary: A Biography*. New York: Harcourt, 2006.

Greenwald, Glenn. *With Liberty and Justice for Some*. New York: Metropolitan Books, 2011.

Grillo, Ioan. *El Narco: Inside Mexico's Criminal Insurgency*. New York: Bloomsbury Press, 2011.

Grim, Ryan. *This Is Your Country on Drugs: the Secret History of Getting High in America*. Hoboken: John Wiley and Sons, 2009.

Harney, Malachi, and John Cross. *The Narcotic Officer's Notebook*. Springfield, IL: Charles C. Thomas, 1973.

Heather, Nick, ed. *The Essential Handbook of Treatment and Prevention of Alcohol Problems*. Hoboken: John Wiley and Sons, 2004.

Hentoff, Nat. *At the Jazz Band Ball*. Berkeley, CA: University of California Press, 2010.

———. *The Jazz Life*. Cambridge, MA: Da Capo Press, 1961.

Herivel, Tara, and Paul Wright, eds. *Prison Profiteers: Who Makes Money from Mass Incarceration*. New York: New Press, 2007.

Hickman, Timothy A. *The Secret Leprosy of Modern Days: Narcotic Addiction and Cultural Crisis in the United States, 1870–1920*. Amherst, MA: University of Massachusetts Press, 2007.

Hillman, D.C.A. *The Chemical Muse: Drug Use and the Roots of Western Civilization*.

New York: St. Martin's Press, 2008.

Holiday, Billie, with William Dufty. *Lady Sings the Blues*. London: Penguin UK, 1984.

Huang, Yunte. *Charlie Chan: The Untold Story of the Honorable Detective and His Rendezvous with American History*. New York: W. W. Norton, 2010.

Huidobro, Eleuterio. *Le Fuga de Punta Carretas*. Montevideo, Uruguay: Banda Oriental, 2012.

——, and Mauricio Rosencof. *Memorias del Calabozo*. Montevideo, Uruguay: Banda Oriental, 1988.

Huxley, Aldous. *The Doors of Perception*. New York: Vintage, 2004.

Inkster, Nigel, and Virginia Comolli. *Drugs, Insecurity and Failed States: The Problems of Prohibition*. London: Routledge, 2012.

Jack, Malcolm. *Lisbon: City of the Sea; A History*. London: I. B. Tauris, 2007.

Jarvis, Brian. *Cruel and Unusual: Punishment and U.S. Culture*. Sterling, VA: Pluto Press, 2004.

Jay, Mike. *Emperors of Dreams: Drugs in the Nineteenth Century*. Sawtry, Cambridgeshire: Dedalus, 2000.

——. *High Society: Mind-Altering Drugs in History and Culture*. London: Thames and Hudson, 2010.

Jonnes, Jill. *Hep-Cats, Narcs, and Pipe Dreams*. New York: Scribner, 1996.

Kaiser, David. *How the Hippies Saved Physics: Science, Counterculture, and the Quantum Revival*. New York: W. W. Norton, 2011.

Katcher, Leo. *The Big Bankroll: The Life and Times of Arnold Rothstein*. Cambridge, MA: Da Capo Press, 1994.

Kayman, Martin. *Revolution and Counter-Revolution in Portugal*. Wolfeboro, NH: Merlin Press, 1987.

Kerényi, Carl. *Eleusis: Archetypal Image of Mother and Daughter*. Princeton: Princeton University Press, 1967.

Keys, Daniel Patrick, and John F. Galliher. *Confronting the Drug Control Establishment: Alfred Lindesmith as a Public Intellectual*. New York: SUNY Press, 2000.

King, Alexander. *May This House Be Safe from Tigers*. London: Heinemann, 1960.

King, Rufus. *The Drug Hang-Up: America's Fifty-Year Folly*. New York: W. W. Norton, 1972.

Kobler, John. *Capone: The Life and World of Al Capone*. Cambridge, MA: Da Capo Press, 1992.

Kuntz, Joelle. *Switzerland: How an Alpine Pass Became a Country*. Historiator Editions, 2008.

Lasch, Christopher. *The Culture of Narcissism: American Life in an Age of Diminishing Expectations.* New York: W. W. Norton, 1991.

Lee, Martin A., and Bruce Shlain. *Acid Dreams: The CIA, LSD, and the Sixties Rebellion.* Grove Press, 1985.

Levine, Michael. *Deep Cover: The Inside Story of How DEA Infighting, Incompetence and Subterfuge Lost Us the Biggest Battle of the Drug War.* Backprint, Lincoln, NE: Authors Guild, 2000.

Liddy, G. Gordon. *Will.* New York: St. Martin's Press, 1998.

Lindesmith, Alfred. *The Addict and the Law*, online ed. http://www.druglibrary.eu/library/books/adlaw/.

Longmire, Sylvia. *Cartel: The Coming Invasion of Mexico's Drug Wars.* New York: Palgrave, 2011.

Lowes, Peter. *The Genesis of International Narcotics Control.* Geneva, Switzerland: Librarie Droze, 1966.

Lynch, Mona. *Sunbelt Justice: Arizona and the Transformation of American Punishment.* Redwod City, CA: Stanford University Press, 2010.

Lynch, Timothy, ed. *After Prohibition: An Adult Approach to Drug Policies in the 21st Century.* Washington D.C.: Cato Institute, 2000.

MacCoun, Robert J., and Peter Reuter, eds. *Drug War Heresies: Learning from Other Vices, Times, and Places.* Cambridge, UK: Cambridge University Press, 2006.

Mailer, Phil. *Portugal: The Impossible Revolution?* London: Solidarity London, 1977.

Malinowska-Sempruch, Kasia, and Sarah Gallagher, eds. *War on Drugs, HIV/AIDS and Human Rights.* New York: International Debate Education Association, 2004.

Marez, Curtis. *Drug Wars: The Political Economy of Narcotics.* Minneapolis, MN: University of Minnesota Press, 2004.

Margolick, David. *Strange Fruit: Billie Holiday, Café Society, and an Early Cry for Civil Rights.* Edinburgh: Canongate Books, 2001.

Marincolo, Sebastian. *High: Insights on Marijuana.* Indianapolis, IN: Dog Ear Publishing, 2010.

Martinez, Oscar J. *Border Boom Town: Ciudad Juárez Since 1848.* Austin, TX: University of Texas Press, 1978.

Massing, Michael. *The Fix.* Berkeley, CA: University of California Press, 2000.

Maté, Gabor. *In the Realm of Hungry Ghosts: Close Encounters with Addiction.* Berkeley, CA: North Atlantic Books, 2010.

———. *Scattered Minds: The Origins and Healing of Attention Deficit Disorder.* Toronto, ON: Knopf Canada, 1999.

———. *When the Body Says No: Exploring the Stress-Disease Connection*. Hoboken, NJ: John Wiley and Sons, 2011.

McKenna, Terence. *Food of the Gods: A Radical History of Plants, Drugs and Human Evolution*. New York: Random House, 1992.

McKibben, Bill. *Deep Economy: The Wealth of Communities and the Durable Future*. New York: Holt Paperbacks, 2007.

McWilliams, John C. *The Protectors: Harry J. Anslinger and the Federal Bureau of Narcotics, 1930–62*. Newark, DE: University of Delaware Press, 1991.

Merryman, John Henry. *Stanford Legal Essays*. Stanford, CA: University of California Press, 1975.

Miller, Richard Lawrence. *The Case for Legalizing Drugs*. Santa Barbara, CA: Praeger, 1991.

———. *Drug Warriors and Their Prey: From Police Power to Police State*. Santa Barbara, CA: Praeger, 1996.

Miron, Jeffrey. *Drug War Crimes: The Consequences of Prohibition*. Chicago: Independent Institute, 2004.

Molloy, Molly, and Charles Bowden, eds. *Confessions of a Cartel Hit Man*. London: Arrow Books, 2012.

Moskos, Peter. *Cop in the Hood: My Year Policing Baltimore's Eastern District*. Princeton, NJ: Princeton University Press, 2008.

Murphy, Emily. *The Black Candle*. Toronto, ON: Thomas Allen, 1922.

Murtagh, John Martin, and Sara Harris. *Who Live in Shadow*. London: New English Library, 1960.

Musto, David. *The American Disease: Origins of Narcotic Control*. Oxford, UK: Oxford University Press, 1987.

Musto, David, ed. *One Hundred Years of Heroin*. Westport, CT: Greenwood, 2002.

Nawa, Fariba. *Opium Nation: Child Brides, Drug Lords, and One Woman's Journey Through Afghanistan*. New York: Harper Perennial, 2011.

Newark, Tim. *Boardwalk Gangster: The Real Lucky Luciano*. New York: St. Martin's Press, 2010.

Nicholson, Stuart. *Billie Holiday*. London: Victor Gollancz, 1995.

Nutt, David. *Drugs Without the Hot Air: Minimising the Harms of Legal and Illegal Drugs*. Cambridge, UK: UIT Cambridge, 2012.

Okrent, Daniel. *Last Call: The Rise and Fall of Prohibition*. New York: Simon & Schuster, 2012.

O'Meally, Robert. *Lady Day: The Many Faces of Billie Holiday*. New York: Arcade

Publishing, 1993.

O'Rourke, Beto, and Susie Byrd. *Dealing Death and Drugs: The Big Business of Dope in the U.S. and Mexico*. El Paso, TX: Cinco Puntos Press, 2011.

Osborn, Bud. *Hundred Block Rock*. Vancouver: Arsenal Pulp Press, 1999.

———. *Signs of the Times*. London: Anvil Press, 2005.

Parenti, Christian. *Lockdown America: Police and Prisons in the Age of Crisis*. New York: Verso, 1999.

Pietrusza, David. *Rothstein: The Life, Times, and Murder of the Criminal Genius Who Fixed the 1919 World Series*. New York: Basic Books, 2003.

Pinchbeck, Daniel. Breaking Open the Head: A Psychedelic Journey into the
Heart of Contemporary Shamanism. New York: HarperCollins, 2003.

Pisani, Elizabeth. *The Wisdom of Whores: Bureaucrats, Brothels, and the Business of AIDS*. London: Granta, 2009.

Pritchett, Wendell E. *Brownsville, Brooklyn: Blacks, Jews, and the Changing Face of the Ghetto*. Chicago: University of Chicago Press, 2002.

Putnam, Robert D. *Bowling Alone: The Collapse and Revival of American Community*. New York: Simon & Schuster, 2000.

Quinones, Sam. *True Tales from Another Mexico*. Albuquerque, NM: University of New Mexico Press, 2001.

Rastello, Luca. *I Am the Market: How to Smuggle Cocaine by the Ton and Live Happily*. London: Granta, 2010.

Reding, Nick. *Methland: The Death and Life of an American Small Town*. New York: Bloomsbury, 2009.

Reed, Jeremy. *Saint Billie*. London: Enitharmon Press, 2001.

Reinarman, Craig, and Harry Levine, eds. Crack in America: Demon Drugs
and Social Justice. Berkeley, CA: University of California Press, 1997.

Rempel, William C. *At the Devil's Table: The Untold Story of the Insider Who Brought Down the Cali Cartel*. New York: Random House, 2011.

Rolles, Steve. *After the War on Drugs: Blueprint for Regulation*. Bristol, UK: Transform, 2009.

Rosencoff, Mauricio and Eleutorio Huidobro. *Memorias del Calobozo*. Montevideo, Uruguay: Bandas Orientale, 2004.

Rothstein, Carolyn. *Now I'll Tell*. New York: Vanguard Press, 1934.

Ruck, Carl A. P. *Sacred Mushrooms of the Goddess: Secrets of Eleusis*. Berkeley, CA: Ronin Publishing, 2006.

Rudgley, Richard. *The Alchemy of Culture: Intoxicants in Society*. London: British

Museum Press, 1993.
Sasso, Rolando W., ed. *Pepe en la Radio, Pensando el Pais*. Montevideo, Uruguay: Ediciones Participando, 2010.
Satel, Sally, and Scott O. Lilienfeld. *Brainwashed: The Seductive Appeal of Mindless Neuroscience*. New York: Basic Books, 2013.
Schlesinger, Arthur. *Robert Kennedy and His Times*. Vol. 1. London: Deutsch, 1978.
Schlosser, Eric. *Reefer Madness: Sex, Drugs, and Cheap Labor in the American Black Market*. London: Penguin, 2003.
Self, Will. *Junk Mail*. London: Bloomsbury, 1995.
Shapiro, Harry. *Shooting Stars: Drugs, Hollywood and the Movies*. London: Serpent's Tail, 2003.
———. *Waiting for the Man: The Story of Drugs and Popular Music*. London: Helter Skelter, 2003.
Shapiro, Nat, and Nat Hentoff. *Hear Me Talkin' to Ya: The Story of Jazz as Told by the Men Who Made It*. New York: Penguin, 1962.
Siegel, Ronald K. *Intoxication: Life in Pursuit of Artificial Paradise*. New York: Simon & Schuster, 1989.
Simon, David, and Ed Burns. *The Corner: A Year in the Life of an Inner-City Neighborhood*. London: Canongate, 2009.
Slater, Lauren. *Opening Skinner's Box: Great Psychological Experiments of the Twentieth Century*. New York: W. W. Norton, 2004.
Sloman, Larry. *Reefer Madness: A History of Marijuana*. New York: St. Martin's Griffin, 1998.
Sondern, Frederic. *Brotherhood of Evil: The Mafia*. London: Hamilton and Co, 1961.
Stevens, Alex. *Drugs, Crime and Public Health: The Political Economy of Drug Policy*. London: Routledge, 2011.
Strickland, Joy. *In the Mourning: A Mother's Journey from Tragedy to Triumph*. Dallas, TX: Strickland, 2010.
Sullum, Jacob. *Saying Yes: In Defense of Drug Use*. New York: Penguin, 2003.
Szasz, Thomas. *Ceremonial Chemistry: The Ritual Persecution of Drugs, Addicts, and Pushers*. London: Routledge and Segan Paul, 1975.
———. *Our Right to Drugs: The Case for Free Markets*. New York: Praeger, 1992.
Teachout, Terry. *Pops: The Wonderful World of Louis Armstrong*. London: JR Books, 2009.
Thompson, Hunter S. *Hell's Angels: A Strange and Terrible Saga*. London: Michael Joseph, 2009.

Thornton, Mark. *The Economics of Prohibition*. Salt Lake City, UT: University of Utah Press, 1991.

Tong, Benson. *The Chinese Americans*. Boulder, CO: University Press of Colorado, 2003.

Tosches, Nick. *King of the Jews: The Greatest Mob Story Never Told*. New York: Hamish Hamilton, 2005.

Trebach, Arnold S. *The Heroin Solution*. New Haven, CT: Yale University Press, 1982.

Uchtenhagen, Ambros, et al. *Prescription of Narcotics for Heroin Addicts: Main Results of the Swiss National Cohort Study*. Basel; London: Karger, 2000.

Vail, Ken. *Lady Day's Diary: The Life of Billie Holiday, 1937-1959*. London: Castle Communications, 1996.

Valentine, Douglas. *The Strength of the Pack: The Personalities, Politics and Espionage Intrigues That Shaped the DEA*. Walterville, OR: TrineDay, 2009.

———. *The Strength of the Wolf: The Secret History of America's War on Drugs*. New York: Verso Books, 2004.

Vulliamy, Ed. *Amexica: War Along the Borderline*. London: Bodley Head, 2010.

Wallace, David. *Capital of the World: A Portrait of New York City in the Roaring Twenties*. Guildford, CT: Lyons Press, 2011.

Walker, Stanley. *The Night Club Era*. Baltimore, MD: Johns Hopkins University Press, 1999.

Walker, William O. *Drug Control in the Americas*. Albuquerque, NM: University of New Mexico Press, 1981.

Walton, Stuart. *Out of It: A Cultural History of Intoxication*. London: Penguin, 2001.

Warner, Jessica. *Craze: Gin and Debauchery in an Age of Reason*. London: Profile, 2003.

Wasson, R. Gordon, Albert Hofmann, and Carl A. P. Ruck. *The Road to Eleusis: Unveiling the Secret of the Mysteries*. New York: Harcourt, 1978.

Watt, Peter, and Roberto Zepeda. *Drug War Mexico: Politics, Neoliberalism and Violence in the New Narcoeconomy*. London, Zed Books, 2012.

Weston, Paul, ed. *Narcotics USA*. New York: Greenberg, 1952.

Whipple, Sidney. *Noble Experiment: A Portrait of America Under Prohibition*. London: Methuen, 1934.

White, John. *Billie Holiday: Her Life and Times*. Universe Books, 1987.

White, William M. *Slaying the Dragon: The History of Addiction Treatment and Recovery in America*. Bloomington, IL: Chestnut Health Systems, 1998.

Williams, E. H. *Opiate Addiction: Its Handling and Treatment*. New York: The

Macmillan Co., 1922.
Williams, Henry Smith. *Adding Years to Your Life*. New York: Hearst's International Library Co., 1914.
──. *Drug Addicts Are Human Beings*. Washington, D.C.: Shaw Publishing Company, 1938.
──. *Drugs Against Men*. Reprint. New York: Arno Press, 1981.
──, ed. *The Historians' History of the World*. Vol 3. Encyclopedia Britannica Company, 1926.
──. *Luther Burbank*. New York, Hearst's International Library Co., 1915.
──. *The Science of Happiness*. New York; London: Harper & Brothers Publishers, 1909.
──. *The Survival of the Fittest*. New York: R.M. McBride & Co., 1932.
Woods, Sally C. "Heroin and Methadone Substitution Treatments." Unpublished thesis, Liverpool John Moores University, 2005.
Yardley, Tom. *Why We Take Drugs: Seeking Excess and Communion in the Modern World*. London, New York: Routledge, 2012.

다큐멘터리

8 Murders a Day, produced by Charlie Minn (2011).
Bastards of the Party, produced by Alex Alonso and Lisa Caruso (2005).
Billie Holiday: Sensational Lady (BBC "Reputations" series), produced by David F. Turnbull (2001).
Cocaine Unwrapped, produced by Rachel Siefert (2011).
Dateline NBC: Inside Mexico's Drug War, produced by Solly Granatstein and Rayner Ramirez (2011).
Endgame: AIDS in Black America, produced by Raney Aaronson (2012).
The Fix, produced by Nettie Wild and Betsy Carson (2012).
Gladiator Days, produced by Marc Levin (2002).
The House I Live In, produced by Eugene Jarecki (2013).
Jazz, directed by Ken Burns, produced by Wynton Marsalis (2000).
Nothing Personal, "Young Guns," episode 5, produced by Steve Schirripa (2011).
Our Drug War, produced by Angus MacQueen (2011).
Pablo's Hippos, produced by Lawrence Elman and Antonio Von Hildebrand (2010).
Return Engagement, directed by Alan Rudolf (1983).
Sins of My Father, directed by Nicolas Entel (2009).

기록보관소 및 도서관

Harry Anslinger archives at Penn State University, Pennsylvania
George White archives at Stanford University, California
National Archives at San Francisco, California
Wellcome Trust Library, London
Federal Bureau of Narcotics archives, Virginia
New York Public Library, New York
Library of Congress, Washington, D.C.
British Library, London
Julia Blackburn Archives at Brotherton Library, University of Leeds
Public records office, Phoenix, Arizona

옮긴이 이선주
연세대학교 사학과를 졸업하고, 서울대학교 대학원에서 미술사를 공부했다. 《조선일보》 기자, 월간지 《톱클래스》 편집장을 지냈다. 현재는 바른번역 소속 전문 번역가로 활동하고 있다. 옮긴 책으로는 《코끼리도 장례식장에 간다》, 《히틀러를 선택한 나라》, 《세계사를 바꾼 16가지 꽃 이야기》, 《100가지 식물로 읽는 세계사》, 《도슨트처럼 미술관 걷기》, 《혼자 보는 미술관》 등이 있다.

마약 전쟁

초판 1쇄 발행 2025년 9월 10일

지은이 요한 하리
옮긴이 이선주
발행인 김형보
편집 최윤경, 강태영, 임재희, 홍민기, 강민영, 송현주, 박지연, 김아영
마케팅 이연실, 김보미, 김민경, 고가빈 **디자인** 김지은, 박현민 **경영지원** 최윤영, 유현

발행처 어크로스출판그룹(주)
출판신고 2018년 12월 20일 제 2018-000339호
주소 서울시 마포구 동교로 109-6
전화 070-8724-0876(편집) 070-8724-5877(영업) **팩스** 02-6085-7676
이메일 across@acrossbook.com **홈페이지** www.acrossbook.com

한국어판 출판권 ⓒ 어크로스출판그룹(주) 2025

ISBN 979-11-6774-230-8 03330

- 잘못된 책은 구입처에서 교환해드립니다.
- 이 책은 저작권법에 따라 보호를 받는 저작물이므로 무단 전재와 무단 복제를 금지하며, 이 책의 전부 또는 일부를 이용하려면 반드시 저작권자와 어크로스출판그룹(주)의 서면 동의를 받아야 합니다.

만든 사람들
편집 임재희 **교정** 고아라 **디자인** 데일리루틴 **조판** 박은진